読んで楽しむ

当て字・難読語の辞典

東京堂出版編集部 編

東京堂出版

はじめに

近年、パソコンや携帯電話の変換機能を利用して、自分では書けない字でも正しい漢字表記をすることができるようになった。しかし、漢字の読みについては、今もなお日常的に大いに悩まされるところである。文章の中で読み方のわからない語に出会うと前後の流れを考えて適当に見当をつけたり、ついつい飛ばして読んだりしてしまうことがしばしばあろう。

国語辞典は、読み方がわからなければ使えない。読み方を調べるには漢和辞典があるが、部首や総画数、漢字の音訓読みからの検索が煩雑であったり、漢字の読みはわかっても、その漢字を含む熟語収録語例は限られており、また訓読語についてはあまり触れられていないために、なかなか目当ての単語の読みが見つからないことが多い。難読語の中でも、本書のカバーに掲げた「有耶無耶《うやむや》」「丁抹《デンマーク》」のような漢字の意味に関係なくその音や訓を借りて当てたことばや、「洋杯《コップ》」「轡尾蛇《がらがらへび》」のように名詞に意味から漢字を当てたことば、「破落戸《ごろつき》」「為体《ていたらく》」などの熟字を訓読みした熟字訓の類は特に検索が難しい。

そこで本書は、国語辞典、漢和辞典では探しにくい、それら読みの難しい語、あるいは読み誤りやすい語について、その読み方と簡単な意味、用例を示したものである。簡便で引きやすく実用的な辞典を意図し、一般的な語を中心に、日頃目にする漢字について、通常とは異なる読み方をする言葉を採録した。

より使いやすく、検索しやすくするために、第一部は難読語彙の一字目の漢字を用いて部首別・画数順に配列（見出し漢字約二七〇〇字に語数約六一五〇語）、第二部は意味分類から探せるようにカテゴリー（四字熟語・動物名・植物名・旧国名・外来語・外国の地名）別に配列（約一二〇〇語）、第三部は読みから漢字表記を調べることもできるように一部・二部の語彙を五十音順に配列（約七三五〇語）している。これらを併用しながら「読み」「書き」に便利に活用していただき、また多くの人々が本書を眺めて豊かな表現を楽しみながら漢字に親しんでくれることを願う次第である。

なお、本書の作成にあたっては『学研国語大辞典』、『広辞苑』、『新明解国語辞典』、『大修館新漢和辞典』、『角川漢和中辞典』、そのほか多くの辞典のお世話になった。ここにあつく感謝申し上げる。

平成二十三年五月

東京堂出版編集部

凡例

(1)第一部は、採録した見出し漢字約二七〇〇字を部首別・画数順に配列し、そこに約六一五〇語の当て字・難読語彙を一字目の漢字で配し、読みの五十音順に収録。第二部は四字熟語、動物名、植物名、旧国名、外来語、外国の地名約一二〇〇語を五十音順に収録。そして第三部には、第一部、第二部合わせた約七三五〇語を読みの五十音順に改めて配列した。

(2)一般に、正式な部首引きは使いにくいという人も多いので、本書では「亻と行」は一つにまとめ、「刀と刂」「忄と心」「扌と手」「氵と水」「犭と犬」「月と肉」「火と灬」「ネと示」「衤と衣」など字体が明らかに違うものは、別々に掲載するなど工夫した。また「⺿」「⻎」は「艹」「⻌」で部首を統一した。部首は新字体を基準とした画数に配列している。

(3)見出し漢字に付した音訓は、常用漢字はその音訓表の読みを記し、それ以外の漢字は基本的に漢字の音のみを記した。

(4)同一漢字で読み方・意味が異なる場合は、五十音順にこだわらず、まとめて並べた。

〈例〉仇《あだ》　仇《かたき》
何方《どちら》　何方《どっち》　何方《どなた》

(5)通常とは異なる読み方の語を掲げる場合、その語のふつうの読みは示していないことが多い。

〈例〉天皇《すめらみこと》　※「てんのう」の読みは示していない。

(6)見出し語とは違う読み方、違う漢字を当てることのある場合は［　］内に示した。第一部で別表記を複数箇所に収録している場合、第三部では一つにまとめ、それぞれの頁数を示している。

(7)慣用表現等で長くなるものは、難読部分のみを見出しに掲げ、解説冒頭に「―　」と続けている。その意味解説は、（　）内に入れた。

〈例〉一縷《いちる》　「―の望み」（かすかに残っている望み）

(8)見出し語にはごく簡単な意味解説か、「　」に入れて用例を掲げたが、言葉の意味は何通りもあるので、意味を知りたいときには必ず国語辞典を参照されたい。

(9)解説の中で、⇔で示したものは反対語・対照語などの意味である。

目次

はじめに……1
凡例……3

第一部

一部 一七丁下…004、三上丈万与丑不…005、世丙両並…006
丨部 中串…006
丶部 之丹主…006
丿部 乃…006、久乍乖…007
乙(乚)部 乙九丸乞乱乳乾…007
亅部 了予…007、争事…008
二部 二云五井丼亘亜些…008
亠部 亡…008、亢亦亥交享…009
人(亻)部 人仇今什仍仁仄…009、内仆仏以仕仔他代付伊仮企伎…010、仰件伍全仲伝伐位佚何…011、伽作似住伸体佇佃伯伴余依佳供…012、使侍侘侮併例俄侠係俟俏信俎俗俘便俚俤俥…013、俺倶倹倦倅倒俯倣偶健偲偖側停偏…014、傀備傅傍僅傾傲催傷僧傭僥僭僕億…015、儂僻儘僂優儲…016
儿部 兀兄兇光充先克児兌…016、兎禿兜…017
入部 入…017
八部 八公六共兵…017、其具兼冀…018
冂部 円冊再冑…018
冖部 冠冤冥…018
冫部 冴冶冷准凄凋凍凌凜凝…019
几部 几凡…019、処凧夙凩凪凭凱…020
凵部 凹出凸画函…020
刀部 刀刃切分初剪劈…021
刂部 刎列判別利…021、刮剞刷刺制刹到削前則剃剣剛…022、剔剝剰副割創剽劇…

力部 023
加功劫助努労勅勃…023、勉勘動勤
勝勧勢…024
勹部 勺勾勿匂匁匆包匈匍…024、匏…025
匕部 匕化北匙…025
匚部 巨区匡匠医匣匿…025
十部 十千…025、午半卍卒卓南卑博…026
卜部 卜卦…026
卩(㔾)部 卯…026、印危却即…027
厂部 厄厖厠厨厩厭…027
厶部 去参…027
又部 又双反友収取叔叡叢…028
口部 口…028、可叶古叩司只叱台叺右吉
吃…029、向后合吊吐同名含吟呉吾吼吹吶
…030、呑吠否呆呂吝呵咎呟呱呷周呪呻
咀咄…031、咆味命和哀咽咳咬哄哉咨哮唐
唄哺啞…032、唖喝啓商唾啄啖啜唸唯喙喀
喚喊喫喬喧喉…033、善喘喪喋啼喩喇喰嗚
嗅嗟嗄嗜嗤嘔嘉噓嘖嘗…034、嗾嗽噎嘶噂
嘲嘸噴噯噦噤嘴嘯噺嚇嚆嚊嚙…035、嚏
嚥囂囁囃囀囈…036
囗部 四囚因回団囲囮図…036、固国圃…037
土部 土圧在地均坐坊坩…037、垂坦垣垢
城埃埋埒執埴堆埠堰堪堅…038、堕塔堡報
塩塞塒塡塗塵墨墜壊壟…039
士部 壬壱声…039、壳壺…040
夂部 冬変夏…040
夕部 夕外夜夢夥…040
大部 大太天夫…041、夭失夷夾奇奈奥奢
奠奨…042
女部 女奴奸好…042、如妃妄妙妖委姑妻
姉姓妾姐…043、姤威姨姻姦姸姪姥姿婀婉
娶娼婆媛媒媚媼…044、嫉嫋嫂嫗嫁媾嫡嬉
嬌嬰嬲嬶…045
子部 子孔孕字存学孤孰…045、孵…046
宀部 安守完宏宛宜実宗宝宣宥宴家…046、
宦宸容寄寅寂宿密寒寓寛寝…047、寡寧審
寵…048
寸部 寸寿対封射将尋尊導…048
小(⺌)部 小…048、少尖尚…049
⺍部 単巣厳…049
尢部 尤尨就…049

尸部
尸尺尻尽局尿屁尾居屈屍屎屑…050、屏属屠屢…051

屮部
屯…051

山部
山屹岐岳岩岡峙…051、峨峻島崖崎崇嵌嵐嵩嶺巌…052

川部
川…052

工部
工巧左巫…052

己部
己已巳巴巻巷…053

巾部
巾市布希帚…053、帙帖帛帝帰席帯常帳幇幌幕幔幟幣…054

干部
干平…054、年幸幹…055

幺部
幼幽幾…055

广部
広序庇庚店庖度…055、庫座庵庶廂廃廉廓廟…056

廴部
延廻建…056

廾部
弁弄…056

弋部
弐…057

弓部
弓引弘弗弛弥弱強…057、弾彎…058

ヨ(彑・彐)部
当彗彙…058

彡部
形修彫…058

彳・行部
彳行彷往…058、彼後待律従徐徒…059、衒術御…060、得徘復…061、微徴徳徹衝…062

忄部
忖忙快忸怪怯性怖…062、怜怺悔恰恍恃恬恫悦悍悄悖恪惟惚慘…063、情悴惘愕愉慎慄慚慥慟憔憬憧憚憮憤憐懊懐懈…064、憾懶懺懼…065

扌部
才打払扱托扨抉抗抒抄…065、折抓択投把抜扶扮抔扼抑押拗拐…066、拡拋拘招拙拓抽拈拍披拇抛抹拉按括…067、拮拱指持拭拵拶挨挫挿捉捗挺捏捌挽…068、掩掛掬掘捲推掟接措掃掉掏捺捻排…069、描捧掠捩捥握援揮揉揃提揶揺搾搦摂搔…070、搗摑摺摘撮撒撰撞撓撚播…071、撥撫撲擒擅擂擱擬擦擡擢擲擽攘攪…072、攬…073

氵部
汁汀氾汚汗汝汐汎汽汲沙沁沢沈没…073、沐沃河況沽沼沮注泥波沸法泡沫油…074、泪洟海活洒洲浄洩浅洗洞浣浚浸…075、涎涕涅浮涌浴流涙浪淫液淹涵涸混済…076、淑淳渚渉深清添淀淘淋湮淵温渠…077、減渾湿渫湊湛湯満湧溢滑溝滓溲…078、準溯溺滔滅溜演漁滾漆滲漸漱漕

漲…079、漫漣漏漉潰潜澄潮潑澎激濁澱濃
澪濠濡…080、濯濛瀉瀑濫濾瀞瀕瀝瀟瀰灌
灘…081

犭部

狂狐…081、狙狛狭狡狩独狷狼猊猜
猪猫猛…082、猟猩猶猥猿獅獲獰…083

艹部

艾芋芒花芥…083、芸芯芙芬芳英苑
苛芽苦苟若苔苧苗…084、苞茅茵荒茨茲茹
茜草荘茶茫…085、荷莚華莟莞莢莫荼莫萎
菰菜菩萌菱…086、葭葛萱葺葱葡落葦蓋蓑
蒔蒐蓆…087、蒸蒼蒲蒙蔕蔑蓬蔓蓮蕊蔬蔵
蕁蕩蕪蔽…088、薫蕘薪薦薙薄薬蕾藁薯薹
藪蘂蘊蘇…089、蘞…090

辶(⻌)部

辷辺辻迂迄辿迎迚迫逆退追迷這
…090、逡逍造速逐通逞途透逗逢連逸進…
091、迸過遇遑遂達道遁逼遍遊遥違遠遣
…092、遡遜遮適遺遵選遷邂還避邁…093

阝部

那邦邪邸…093、郭郷都鄙鄭…094

阝部

防阿限陋陥降除陰…094、険陳陶陸
陵階随陽隈隘隕隗隙隠…095、際障隧…096

心部

心応忌忽忠忝忿怨急…096、思怠怒
恩恐恵恣息恙悪…097、患悉惣悲悶惑愛意
愚惹愁想愈態…098、慰慶慧慚慫憂慮憖憑
懸…099

戈部

戈戊戌成我或…099、戦截戯戴…100

戸(戶)部

所扁扇…100

手部

手…100、承挙拳拿掌掣撃摩攀…101、
攣…102

支部

支…102

攵(攴)部

改放故敏教敢敬散数敲…102、敵敷
整斃…103

文部

文斑…103

斗部

斗料斜斟斡…103

斤部

斤斥…103、斧斬断斯新…104

方部

方於施旁旅旋族…104

日部

日…104、旧旦旭旨旬早旱易旺昂昏
昇昔明…105、昨昵春是昼昴冒晒時書晦曼
暑智…106、晩普暗暈暇暖暢暫暮曖曙曠曝
…107

曰部

曰曳曲更曹最曽…108

月部

月有朋朔望朝…108、朦朧…109

月部

肌肋肝肛肖肘肚育肩股肴肯肱肥
胃…109、胤胡胆肺背胚胞胸脅脇脂脆脊能

脈脚…110、脛脱脳腋腔脹脾腓腑胼腕腱腫
腎…111、腥腺腸腹腰膏腿膀膂膠膝膣膚膵
膳臆膾…112、臀膿臂臈臑臍…113

木部
木札朮本末…113、未朱朴杞杏杖束
村杜杓杙来枉果…114、杭采枝杵松枘杼枕
東板枚杳枡柿枷柑枯…115、柩柵柔染柏柄
某柚柳柾案格核栞框校桁根柴桟栖…116、
梅梗梱梢梲梳梯梃桶梶桴梵梨梁椅棺棊
極棘…117、検棍棲椎棹棚棟棉椀楷楽棄業
楫楯楔楚楕椿楊概榾槍…118、模槌様横権
樟槽樋標樏機橋樹橇樵樽檜檄檀…119、櫃
櫂檻櫛櫓…120

欠部
欠欹欺歎…120

止部
止正此…120、武歩歪歳歴…121

歹部
死歿殆残殊殲…121

殳部
段殷殺…121、毀殿毅…122

毋部
母毎毒…122

比部
比昆…122

毛部
毛毟毬毫…122

气部
気…122

水（氺）部
水永氷求沓…123

火部
火…123、灰灯灸灼炙炊炒炬炯炸炷
炭炮烟烙烽焰焜…124、焼焙焚煌煖煤煩煉
熅熔煽熨…125、熾燃燗燐燠燦燭燧燥燻爆
爛…126

灬部
為…126、点烏烈焉煮焦然…127、無煎
熊勲熟熱燕…128

爪（爫）部
爪爬爰…128

父部
父爺…129

爻部
爽爾…129

片部
片…129

牙部
牙…129

牛（牜）部
牛牝牡牢…129、物牴牽犀犇犒犠犢
…130

犬部
獣…130

王部
玩玻玲珪珠現…130、理琴琥琵琺瑕
瑞瑣瑪瑠環…131

ネ部
祈祝神…131、祥祖祐禍…132

玄部
玄率…132

瓜部
瓜瓢…132

瓦部
瓦瓶甃甍甑甕…132

甘部
甘…132、甚…133

生部 生産甥甦…133
用部 用…133
田部 田…133、甲申由男畏界畔畝畚留畠異畦…134、畢略番畸…135
疋(𤴔)部 疋疏疎疑…135
疒部 疚疝疥疣疳疾…135、疼病疱痕疵痔痒痙痣痛痘痼痰痴痺瘧瘋瘠瘡痩…136、瘤癇癌癒癪癩…137
癶部 癸発登…137
白部 白百…137、皇皐…138
皮部 皹皺…138
皿部 盂盃益盗盤盟盪…138
目部 目…138、直看相眉眇眩…139、真眼眴眦眸着睍睫睥睦瞑…140、瞠瞳瞥瞼瞽瞬矍…141
矛部 矜…141
矢部 矢知矩短矮矯…141
石部 石…141、矻研砂砌砒砥破砦硯硬硫碍碇硼…142、碌碗碩碑確磔碾磐磊磨磯礑礫…143
示部 祀祇祠祟…143、祓祭禊禦禰禱…144
内部 禽…144
禾部 私科秕称秤秘秣稀稍稔…144、稚稠稟稜穀種稲稽穎穢…145
穴部 究空突…145、窃穿窄窘窪窮窺窶竈…146
立部 立竣竦竪端競…146
罒部 罠罫睪罪罵罷罹…147
衤部 衿袂袖袢被袴袷袱裃裄補…147、裾裨裸褄褌褞褥褪襁襖襠襦襤襷…148
竹部 竹竿笑笊笙答…148、笠筈筋筓筍等筒筏筆筵筥筧筮節箝箕箍算箏…149、箒箔箴箸篆範篇篝篩築篠篤篦簀簞簗簪簟簾籠…150、籤…151
米部 …151、米籾粋粃粔粗粕粒粥粧粳精粽糀糊糅糠糝糟糜糞糯…152
糸部 糾紅約索紙素…152、紐納紛紊経紺細紮終…153、紲紬絆給結絢絎紫絨絣絡継綺綽緒総綻綴…154、綯緋網綾緑綸縁緩緞編緯縊縕縞縒縦…155、緻縋縢繁縫徽縮織繃縷縺繙繋繰繻纏…156
缶部 罅…156

羊（⺶）部　羊美…156、羞義群羨…157
羽（𦐂）部　羽翁翅翔翠翡翩翳翻耀…157
老部　老耄…158
而部　而…158
耒部　耕…158
耳部　耳耽聊聖聟聡聢…158、聳聾…159
肉部　肉腐…159
自部　自臭…159
臼部　臼舂舅興…159
舌部　舌舐…159
舟部　般…159、舫舷舳船舵艀艘艤艪艫…160
艮部　良…160
色部　艶…160
虍部　虎虐虚…160、虞虜…161
虫部　虫虹蚊蛆蛇蛋蛭蜃蛻蜂蛹蜿蜜蜎蝦蝕…161、蝶融螯螺蟬蟠蟹蟻蠕蠢蠟蠱…162
血部　血衆…162
衣部　衣…162、表衰袈装裂裏裳襞…163
襾部　要…163
臣部　臥…163
見部　見…163、視覚覗親観覿…164
角部　角解…164
言部　言…164、訃訓訊託訛訝許訣設訥訪詠詐詞詛証…165、診註詭詰詣詳詮詫誂誉誡誑語誤読認誣誘…166、誼諄諸誰請諍諾諂誹諒論諳謂諱…167、諧諫諺謚諜諦諷謀謙謗謎謳謦謬譏警護譫譬譴…168、讃讒…169
谷部　谷谺豁谿…169
豆部　豆豈豊…169
豕部　象豪…169
豸部　豹…169
貝部　貝負…169、貫責貪貶貴貰貯貼賄賑賜質賞賤賢賭…170、賽購賺贅贋贔贖贓…171
赤部　赤赦赫赭…171
走部　走起…171、越趨…172
足（⻊）部　足距跋跪跨跡践跣路跼踠踝踞踏蹂踵…172、蹄蹉蹌蹶蹴蹲蹼躁躊躓躙…173
身部　身…173、躱躾軀軆…174
車部　軋軍転軽較輔輩輻輿…174、轆轍轟

轡轢…175

辛部
辛辞辟辣…175

辰部
辰辱…175

酉部
酉酌…175、酒配酣酬酪酷酸醇醂醒醍醜醤醪醸…176

釆部
釈釉…176

里部
重野…177

麦（麥）部
麩麴麵…177

金部
金針釘釜釣鈍…177、鉞鉤鉈鉦鉄鉋銜銀銓銛銅鉾銚鋏銹…178、鋤銷鋳鋒鋲鋸錦錯錫錘錐錆錚錬録鍋鍔鍵鍬…179、鍾鍼鍛鍍錨鎧鎬鎖鎗鎌鎹鏨鏃鏝鏤鏢鐔鐙鑓鑑鑪鑷…180、鑿…181

長部
長…181

門部
門閃閉問開間閑閏…181、関閨閲閣閾闇闊闌闖闡…182

隹部
雀雁集雄雅…182、雑雌雖雛難…183

雨部
雨雪雫雲電雹雷…183、零震霊霍霖霙霞霜霰霹露靄…184

青部
青静…184

非部
非靡…184

斉（齊）部
斉斎齎…185

面部
面靨…185

革部
革靭靴鞍鞋鞘鞠鞣鞭…185、韛…186

韋部
韋韜…186

音部
音…186

頁部
頁頃頂項須頑頌頓頒…186、頗領頷頬頸頹頭頻額顎顔顕題類顛…187、顰顱…188

風部
風颪颯飄…188

飛部
飛…188

食（𩙿・飠）部
食飢…188、飲飯飴飽餌餓餡館餞餅餾饅饐饑饒饗…189

首部
首…189、馘…190

香部
香馥馨…190

馬部
馬馭馴馳駄駕駒駈…190、駑駻駿験騙驀驚驕騾…191

骨部
骨骰骸髑…191

高部
高…191

髟部
髣髴髷髭鬆鬘鬢鬚鬣…192

鬥部
鬩鬪…192

鬯部
鬱…192

鬼部 鬼魁魂魅…192、魔魘…193
魚部 魚魯鮓鰤鮨鯉鯣鯨鰡鰓鯱鰭鰈鰾鱈鱓鱗…193、鱠鱵…194
鳥部 鳥鳩梟鳶鴉鴨鴟鵜鶏鶴鷹…194
鹵部 鹹…194
鹿部 鹿麗…194、麓麝…195
麻(麻)部 麻麿…195
黄部 黄…195
黒(黑)部 黒黙黛黝黴…195
亀部 亀…195
黍部 黎黐…195
歯(齒)部 歯齟齣齢齧齷…196
黽部 鼈…196
鼎部 鼎…196
鼻(鼻)部 鼻鼾…196

第二部

四字熟語……198
動物名 獣…205、鳥…206、魚…207、昆虫…209、その他…210
植物名 樹木…211、草花…214、作物…216、その他…210
旧国名……217
外来語……219
外国の地名……223

第三部

あ行…228、か行…242、さ行…258、た行…272、
な行…283、は行…286、ま行…298、や行…305、
ら行…308、わ…310

読んで楽しむ

当て字・難読語の辞典

第一部

◉見出し漢字を部首別・画数順に配列し、当て字・難読語をその一字目の漢字で配し、読みの五十音順に配列してあります。簡単な語意、用例付。

第一部は読めない漢字を探す際に活用してください。

一部

【一】イチ・イツ　ひと・ひとつ

一往《いちおう》　[一応]　ひととおり。

一《いち》か八《ばち》か　のるかそるか。

一見《いちげん》　「—の客」(なじみでない初めての客)

一途《いちず》　ひたすら。「—に思い込む」

一番鶏《いちばんどり》　夜明けに最初に鳴く鶏。

一瞥《いちべつ》　ちらっと見る。

一縷《いちる》　「—の望み」(かすかに残っている望み)

一揆《いっき》　「農民—」「百姓—」

一掬《いっきく》　「—の涙」(わずかばかりの涙)

一顧《いっこ》　「—だにしない」(ちょっと注意することもしない)

一矢《いっし》　「—を報いる」(敵の攻撃に反撃する)

一蹴《いっしゅう》　簡単にはねつける。

一旦《いったん》　ひとたび。「—緩急あれば」

一端《いっぱし》　一人前。「—の職人」

一昨日《おととい》　[おとつい]　前々日。

一昨年《おととし》　前々年。

一昨昨日《さきおととい》　おとといのさらに一日前。

一昨昨年《さきおととし》　おととしのさらに一年前。

一寸《ちょっと》　[鳥渡]　すこし。

一向《ひたすら》　[只管]　いちずに。

一廉《ひとかど》　[一角]　ひときわすぐれている。「—の人物」

一際《ひときわ》　いちだんと。「—目につく」

一括《ひとくく》り　まとめて一つにくくる。

一齣《ひとくさり》　ひと区切り。「—演説をぶつ」

一齣《ひとこま》　映画などの一場面。「人生の—」

一行《ひとくだり》　文章のある一部分。

一入《ひとしお》　いちだんと。「喜びも—だ」

一頻《ひとしき》り　しばらくの間。「—雨が降る」

一撮《ひとつま》み　わずかの量。「塩を—入れる」

一年《ひととせ》　いちねん。一年間。

一片《ひとひら》　[一枚]　薄く平らなもの一枚。「—の雪」

一渉《ひとわた》り　[一渡り・一亙り]　ひととおり。

【七】シチ　なな・ななつ・なの

七五三縄《しめなわ》　[注連縄・標縄]　神聖な場所に張る縄。

七輪《しちりん》　[七厘]　炊事用のこんろ。

七夕《たなばた》　[棚機]　七月七日の夜の祭り。

七十路《ななそじ》　[七十]　七十歳。

【丁】チョウ・テイ

丁髷《ちょんまげ》　江戸時代の男の髪型の一。

丁稚《でっち》　昔、商店に年季奉公した少年。「—奉公」

丁《ひのと》　十干の四番目。

【下】カ・ゲ　した・しも・もと・さげる・くだる・おろす

下戸《げこ》　酒があまり飲めない人。⇔上戸(じょうご)

下剋上《げこくじょう》　[下克上]　下位の者が上位の者の地位を奪う。

下手人《げしゅにん》　江戸時代、殺人を犯した者。

下種《げす》 ［下衆・下司］ 身分の低い者。「―のかんぐり」

下世話《げせわ》 世間でよく口にされることばや話。「―にいう」

下賤《げせん》 身分が低いこと。「―の生まれ」

下駄《げた》 履物の一。「―を預ける」

下手物《げてもの》 珍奇な品物。「―食い」「―趣味」

下卑《げび》る 下品に見える。「―たまねをする」

下拵《したごしら》え 「料理の―」

下穿《したば》き 腰から下につける肌着。

下脹《しもぶく》れ ［下膨れ］ 顔の下のほうがふくれること。

【三】 サン み・みつ・みっつ

三叉路《さんさろ》 道が三つに分かれている所。

三途《さんず》の川《かわ》 あの世へ行く途中で渡るという川。

三竦《さんすく》み 三者がけん制しあって自由な行動がとれない。

三一《さんぴん》 身分の低い侍をさげすんだ語。

三昧《さんまい》 「ぜいたく―」「読書―」「刃物―」

三味線《しゃみせん》 ［さみせん］ 邦楽の楽器の一。

三和土《たたき》 砂利やセメントで固めた玄関などの土間。

三行半《みくだりはん》 ［三下半］ 江戸時代の離縁状。

三十日《みそか》 ［晦日］ 月の最終の日。

三十路《みそじ》 ［三十］ 三十歳。

三十一文字《みそひともじ》 短歌のことをいう。

三《み》つ巴《どもえ》 三者が対立すること。「―の戦い」

【上】 ジョウ・ショウ うえ・うわ・かみ・あげる・のぼる

上《あ》がり框《かまち》 家の上がり口に渡した横木。

上手《うま》い ［巧い］ じょうず。⇔下手・拙い

上衣《うわぎ》 ［上着］ 上半身に着るもの。

上戸《じょうご》 酒が強い人。「泣き―」⇔下戸（げこ）

上巳《じょうし》 五節句の一つで陰暦三月三日の桃の節句。

上梓《じょうし》 書物を出版すること。

上人《しょうにん》 僧の位の一。また知徳のすぐれた僧。

【丈】 ジョウ たけ

丈夫《ますらお》 ［益荒男］ りっぱな男子。⇔手弱女（たおやめ）

【万】 マン・バン

万朶《ばんだ》 たくさんの花のついた枝。「―の桜」

万華鏡《まんげきょう》 筒をのぞくときれいな模様が見える玩具。

万《よろず》 すべて。なんでも。「―相談承ります」

【与】 ヨ あたえる

与《あずか》る 関係する。「―り知らない」「相談に―」

与《くみ》し易《やす》い 相手にして扱いやすい。

与《くみ》する 味方になる。仲間に加わる。

与太者《よたもの》 愚か者。ごろつき。

【丑】 チュウ

丑《うし》 十二支の二番目。牛。

丑寅《うしとら》 ［艮］ 方角の名で北東。俗にいう鬼門。

丑三《うしみつ》 ［丑満］ 時刻名で現在の午前二時から二時半。

【不】 フ・ブ

不知火《しらぬい》 熊本県の八代海で、夏の夜に見える無数の火。

不恰好《ぶかっこう》 ［不格好］ 格好が悪い。

不躾《ぶしつけ》　［不仕付け］　無作法。

不揃《ふぞろ》い　そろっていないこと。

不遜《ふそん》　思い上がること。「―な態度」⇔謙遜

不束《ふつつか》　才能や礼儀にうといこと。「―者ですが」

不逞《ふてい》　けしからぬこと。「―の輩（やから）」

不貞腐《ふてくさ》れる　不満があって人のいうことを聞かない。

不図《ふと》　何かの拍子に。「―思い出す」「―目を覚ます」

不憫《ふびん》　［不愍］　かわいそう。気の毒。

不埒《ふらち》　不届きなこと。「―千万」

不味《まず》い　「―料理」⇔美味い（うまい）

不見転《みずてん》　芸者が金で身をまかせること。「―芸者」

【世】　セイ・セ　よ

世帯《しょたい》　［せたい］［所帯］　「―主」「―持ち」

世故《せこ》　世の中のさまざまな事がら。「―にたける」

世知辛《せちがら》い　［世智辛い］　暮らしにくい。

世迷《よま》い言《ごと》　他人にはわからない不平をつぶやく。

【丙】　ヘイ

丙《ひのえ》　十干の三番目。

丙午《ひのえうま》　干支（えと）の四十三番目。この年は火災が多いという。

【両】　リョウ

両刃《もろは》　［諸刃］　刃が両方についている刀。「―の剣」

両棲類《りょうせいるい》　［両生類］　水中でも陸上でもすめる動物。

両天秤《りょうてんびん》　ふたまたをかけること。「―をかける」

【並】　ヘイ　なみ・ならべる

並《な》べて　おしなべて。概して。

丨部

【中】　チュウ・ジュウ　なか

中《うち》　［内］「心の―に」「腹も身の―」

中《あた》る　［当たる］　命中する。的中する。

中風《ちゅうぶう》　［ちゅうふう・ちゅうぶ］　手足のまひなどの病気。

【串】　くし

串《くし》　「―刺し」「―焼き」

丶部

【之】　シ

之《これ》　［此・是］　「―だけ」「―まで」

之繞《しんにゅう》　「しんにょう」の慣用読み。漢字の部首の一。

【丹】　タン

丹前《たんぜん》　おもに京阪で使われ、関東では「どてら」。

丹色《にいろ》　赤色。赤土色。

【主】　シュ・ス　ぬし・おも

主《あるじ》　一家の主人。商店の主人。

主筋《しゅうすじ》　主人・主君の家筋。

ノ部

【乃】　ダイ・ナイ

乃《すなわ》ち　［即ち・則ち］　すぐに。そこで。そして。

乃父《だいふ》 父親。おやじ。

乃至《ないし》 あるいは。もしくは。

【久】 キュウ・ク ひさしい

久闊《きゅうかつ》 ひさしぶり。「―を叙する」

久遠《くおん》 時が限りなくつづくこと。永遠。

【乍】 サ

乍ら《ながら》 「生まれ―」「しかし―」「昔―」

【乖】 カイ

乖離《かいり》 そむき離れること。「人心の―」

乙（乚）部《おつにょう》

【乙】 オツ

乙女《おとめ》 [少女] 未婚の若い女。

乙《きのと》 十干の二番目。

乙張《めりはり》 [減張] 「―がある」「―のあるせりふ」

【九】 キュウ・ク ここの・ここのつ

九十路《ここのそじ》 [九十] 九十歳。

九十九髪《つくもがみ》 [江浦草髪] 老女の白髪。

九十九折り《つづらおり》 [葛折り] 折れ曲がった坂道。

【丸】 ガン まる・まるい・まるめる

丸太棒《まるたんぼう》 「丸太」のやや乱暴な言い方。

丸髷《まるまげ》 既婚女性の日本髪の一種。

【乞】 こう

乞巧奠《きこうでん》 七月七日の夜の七夕祭りの別称。

乞う《こ》 [請う] お願いする。求める。

乞食《こじき》 仏教では「こつじき」。喜捨によって生活する者。

【乱】 ラン みだす・みだれる

乱痴気騒ぎ《らんちきさわ》 酒に酔っての大騒ぎ。

【乳】 ニュウ ちち・ち

乳母日傘《おんばひがさ》 子供をだいじに育てること。

乳兄弟《ちきょうだい》 実母ではないが同じ乳で育った者どうし。

乳飲子《ちのみご》 [乳呑児] まだ乳が必要な幼児。

乳母《うば》 [めのと] 生母にかわって乳児を育てる女。

【乾】 カン かわく・かわかす

乾竹割り《からたけわ》 [幹竹割り] 勢いよく切りさくこと。

乾っ風《からかぜ》 [空っ風] 「関東の―」

乾拭き《からぶ》 つやを出すため乾いた布で拭くこと。

乾分《こぶん》 [子分・乾児] ⇕親分

乾菓子《ひがし》 [干菓子] ⇕生菓子

乾涸びる《ひから》 [干乾びる] かわききる。

乾物《ひもの》 [かんぶつ] [干物] 「魚の―」

乾す《ほ》 [干す] 「飲み―」「布団を―」

亅部

【了】 リョウ

了う《しま》 [終う・仕舞う] 終わりにする。

【予】 ヨ

予め《あらかじ》 前もって。前から。

予予《かねがね》　［兼兼］　前々から。かねて。

予て《かね》　［兼て］　前もって。あらかじめ。

【争】　ソウ　あらそう

争う《あらが》　［抗う・諍う］　さからう。

争でか《いか》　［如何でか］　どうして。なぜ。

【事】　ジ・ズ　こと

事勿れ《ことなか》　何事もなく平穏に。「―主義」

事える《つか》　［仕える］　その人のために働く。

二部

【二】　ニ　ふた・ふたつ

二合半《こなから》　［小半］　一升の四分の一。

二進も三進も《にっちさっち》　「―いかない」

二八《にっぱち》　二月と八月。景気が悪いとされる月。

二十歳《はたち》　［二十・廿］　年齢が二十。

二幅《ふたの》　［二布］　並幅の布を二枚合わせた幅。

二股《ふたまた》　［二俣］　「―をかける」

【云】　ウン

云う《い》　［言う・謂う］　話す。しゃべる。

云云《うんぬん》　以下を省略するときに用いる。「経営方針を―する」

云云《しかじか》　［然然］　これこれ。「かくかく―」

【五】　ゴ　いつ・いつつ

五十路《いそじ》　［五十］　五十歳。

五月蠅い《うるさ》　［煩い］　やかましい。

五月《さつき》　［皐月］　陰暦五月の別称。

五月蠅《さばえ》　五月ごろのハエ。うるさいことのたとえ。

五月雨《さみだれ》　五月ごろに降る長雨。

【井】　セイ・ショウ　い

井桁《いげた》　井戸のまわりを井の字形に組んだ枠。

【丼】　どんぶり・どん

丼《どん》　「うな―」「かつ―」「天―」

丼《どんぶり》　「―勘定」「―飯」「―物」

【亘】　コウ

亘る《わた》　［渡る・亙る］　「二日間に―って行う」

【亜】　ア

亜ぐ《つ》　［次ぐ］　すぐその後に続く。

【些】　サ

些か《いささ》　［聊か］　わずかばかり。少々。

些細《ささい》　［瑣細］　取るに足りないこと。

些事《さじ》　［瑣事］　つまらないこと。

些少《さしょう》　少しばかり。

些末《さまつ》　［瑣末］　ちょっとしたこと。「―なこと」

些し《すこ》　［少し］　わずか。

亠部　なべぶた・けいさんかんむり

【亡】　ボウ・モウ　ない

亡骸《なきがら》　遺体。死体。

亡びる《ほろ》　［滅びる］　「国が―」

亡者《もうじゃ》 成仏できず冥途で迷っている死者。

【亢】 コウ

亢進《こうしん》 ［昂進］ 病状などが進むこと。

【亦】 エキ

亦《また》 ［又・復］ もう一度。再び。

【亥】 ガイ

亥《い》 十二支の十二番目。イノシシ。

【交】 コウ まじわる・まざる・かわす

交誼《こうぎ》 友人としての交わり。「—を結ぶ」

交叉点《こうさてん》 ［交差点］ 十文字に交わる道路。

交交《こもごも》 かわるがわる。

交際《つきあい》 ［付合い］ つきあうこと。

交尾《つる》む ［遊牝む］ 交尾する。

【享】 キョウ

享《う》ける ［受ける］「この世に生を—」

人（亻）部 にんべん

【人】 ジン・ニン ひと

人熅《ひといき》れ ［人熱れ］ 人が大勢集まりむんむんする。

人攫《ひとさら》い ［人掠い］ 子供などを連れ去る者。

人集《ひとだか》り 「黒山の—」

人魂《ひとだま》 夜、空を飛ぶという死者の魂。

人伝《ひとづて》 「—に聞く」

人身御供《ひとみごくう》 人をいけにえとして神に捧げること。

【仇】 キュウ

仇《あだ》 恨みをいだいている相手。かたき。「—討ち」

仇《かたき》 ［敵］「—討ち」「親の—」

仇名《あだな》 ［徒名］ 男女関係についてのうわさ。浮名。

仇敵《きゅうてき》 恨みをもっている相手。

【今】 コン・キン いま

今迄《いままで》 これまで。

今以《いまもっ》て いまなお。

今際《いまわ》の際《きわ》 死にぎわ。

今日《きょう》 ⇕昨日・明日

今朝《けさ》 ⇕今夜・明朝・翌朝

今年《ことし》 ⇕去年・来年

今宵《こよい》 今夜。今晩。

今昔《こんじゃく》 今と昔。「—の感」

今生《こんじょう》 この世に生きている間。「—の別れ」

【什】 ジュウ

什器《じゅうき》 ふだん使用する家財道具。

【仍】 ジョウ

仍《よ》って ［因って・依って］ そういうわけで。

【仁】 ジン・ニ

仁王《におう》 「—立ち」「—門」

仁俠《にんきょう》 ［任俠］「—道」「—の徒」

【仄】 ソク

仄聞《そくぶん》 うすうす聞くこと。「—するに」

仄《ほの》か ［側か］ かすか。「―な光」「―に匂う」

仄仄《ほのぼの》 ほんのり。「夜が―と明ける」

仄《ほの》めかす それとなくいう。

【内】 ナイ・ダイ うち

内法《うちのり》 内側の寸法。⇔外法

内障《そこひ》 ［内障眼・底翳］ 眼病の一。

内証《ないしょ》 ［内緒］ 「―の話」

【仆】 フ

仆《たお》れる ［倒れる］ 「凶弾に―」「病に―」

【仏】 ブツ ほとけ

仏舎利《ぶっしゃり》 釈迦の遺骨。

仏頂面《ぶっちょうづら》 無愛想な顔つき。

【以】 イ

以為《おもえ》らく ［思えらく・謂えらく］ 思うことには。

以《もっ》て 「―のほか」「これを―閉会とします」

【仕】 シ つかえる

仕来《しきた》り ［為来り］ 以前からのならわし。

仕種《しぐさ》 ［仕草・科］ しかた。「子供っぽい―」

仕出来《しでか》す ［為出来す］ 俗語で何かを起こす。

仕舞《しま》う ［終う・了う］ 終わりにする。

仕舞屋《しもたや》 商店でないふつうの家。

仕《つかまつ》る 「仕える」の謙譲語。

【仔】 シ

仔犬《こいぬ》 ［子犬・小犬］ 犬の子。

仔細《しさい》 ［子細］ くわしい事情。

【他】 タ ほか

他愛無《たわいな》い 思慮がない。「―話」

他人事《ひとごと》 ［人事］ 「―ではない」

他《ほか》 ［外］ 「思いの―」「その―」

他所《よそ》 ［余所］ 「―の人」「―見」

【代】 ダイ・タイ かわる・かえる・よ・しろ

代掻《しろか》き 田を耕すこと。

代物《しろもの》 やや俗な言い方で売買する品物。

代赭色《たいしゃいろ》 茶色っぽいだいだい色。

【付】 フ つける・つく

付焼刃《つけやきば》 にわかに習い覚えること。

付会《ふかい》 こじつけること。

付箋《ふせん》 目じるしにはる小さな紙。

【伊】 イ

伊達《だて》 「―男」「―の薄着」

【仮】 カ・ケ かり

仮初《かりそめ》 ［苟且］ 「―の恋」「―にも」

仮令《たとえ》 ［たとい］［縦令］ もし。かりに。

【企】 キ くわだてる

企《たくら》む 悪いことを企てる。「悪事を―」

【伎】 キ

伎楽《ぎがく》 古代の仮面音楽劇。「―面」

伎倆《ぎりょう》 ［技量］ 腕まえ。手腕。

【仰】 ギョウ・コウ
あおぐ・おおせ

仰向《あおむ》け 「―に横たわる」

仰《おお》せ付《つ》かる 「大役を―」

仰《おっしゃ》る [仰有る]「言う」の尊敬語。

仰仰《ぎょうぎょう》しい 大げさなさま。

仰臥《ぎょうが》 あお向けに寝る。

仰山《ぎょうさん》 たくさん。おもに関西で使われる。

仰《の》け反《ぞ》る 後ろへそりかえる。

【件】 ケン

件《くだり》 文章の中のある一部分。

件《くだん》 前に述べたとおり。「よって―のごとし」

【伍】 ゴ

伍《ご》する 仲間に入る。まじる。

【全】 ゼン
すべて・まったく

全貌《ぜんぼう》 全体の姿、かたち。「―が明らかになる」

全《すべ》て [総て・凡て] ことごとく。全部。

全《まっと》うする [完うする]「任務を―」

【仲】 チュウ
なか

仲違《なかたが》い 仲が悪くなる。

仲人《なこうど》 結婚のなかだちをする人。

【伝】 デン
つたわる・つたえる・つたう

伝《つて》 [伝手]「―を頼る」「言(こと)―」

伝誦《でんしょう》 古い物語などを口から口へと伝える。

伝播《でんぱ》 伝わり広まること。

伝法肌《でんぽうはだ》 女が勇ましく活発な気風を持つこと。

伝馬船《てんません》 荷物を運ぶ小さな船。

【伐】 バツ

伐《き》る [切る]「木を―」

【位】 イ
くらい

位牌《いはい》 死者の戒名を記した木の札。

【佚】 イツ・テツ

佚楽《いつらく》 [逸楽] 遊び楽しむ。

【何】 カ
なに・なん

何処《いずこ》 場所を表す語。どこ。どちら。

何処《どこ》 [何所]「―の馬の骨」「―吹く風」

何《いず》れ [孰れ] どれ。どちら。

何《ど》れ 「―がいいか」「―もだめ」

何時《いつ》 「―とはなしに」「―の間にか」

何奴《どいつ》 [どやつ]「―も此奴(こいつ)も」

何斯《どうこ》う どうのこうの。とやかく。

何卒《どうぞ》 [なにとぞ] どうか。「―よろしく」

何方《どちら》 「―かといえば」「―でもよい」

何方《どっち》 「―つかず」「―も―」

何方《どなた》 「だれ」の丁寧な言い方。「―様でしょうか」

何《ど》の 「―くらい」「―の道」

何故《なぜ》 [なにゆえ] どうして。

何某《なにがし》 [某]「―かのお金」

何呉《なにくれ》 「―となく」「―と面倒をみる」

何等《なんら》　なにも。少しも。「―関係ない」

【伽】　カ

伽藍《がらん》　寺の建物。「―配置」「七堂―」

伽羅《きゃら》　香木の名。また香の一種。

伽《とぎ》　話し相手になること。「夜―」

【作】　サク・サ　つくる

作務衣《さむえ》　僧が作業をするときの衣服。

【似】　ジ　にる

似非《えせ》　［似而非］　まやかし。にせもの。

似而非《にてひ》　外見は似ているが実際は違うもの。

【住】　ジュウ　すむ・すまう

住居《すまい》　住んでいる所。

住処《すみか》　［栖］　すまい。「終（つい）の―」

【伸】　シン　のびる・のばす・のべる

伸烏賊《のしいか》　するめを加工した食品。

伸餅《のしもち》　長方形の平たい餅。

伸《の》す　勢いをのばす。

伸《の》るか反《そ》るか　いちかばちか。

【体】　タイ・テイ　からだ

体軀《たいく》　からだ。からだつき。

【佇】　チョ

佇《たたず》む　［イむ］　しばらくその場に立っている。

佇立《ちょりつ》　たたずむこと。

【佃】　デン

佃煮《つくだに》　小魚や貝などを煮つめた食品。

【伯】　ハク

伯父《おじ》　父母の兄。

伯母《おば》　父母の姉。

伯楽《ばくろう》　［博労・馬喰］　馬を商う人。

【伴】　ハン・バン　ともなう

伴侶《はんりょ》　配偶者。「人生の―」

【余】　ヨ　あまる・あます

余儀《よぎ》無《な》い　やむをえない。

余燼《よじん》　残り火。燃え残り。

余所《よそ》　［他所］　「―の人」「―見」

余禄《よろく》　余分の所得。

【依】　イ・エ

依怙地《いこじ》　［意固地］　意地を張り通すこと。

依然《いぜん》　もとのまま。「―として」「旧態―」

依《よ》って　［因って・仍って］　そういうわけで。

依代《よりしろ》　神霊が降りるときに宿る樹木や岩石。

依《よ》る　よりどころとする。「生計は仕送りに―」

【佳】　カ

佳肴《かこう》　［嘉肴］　うまい酒のさかな。

佳《よ》い　［良い・善い・好い］　⇔悪い

【供】　キョウ・ク　そなえる・とも

供花《くげ》　［供華］　仏前に花をそなえること。

供奉《ぐぶ》　行幸などのお供をする。

【使】シ　つかう
使嗾《しそう》　けしかける。そそのかす。
【侍】ジ　さむらい
侍《はべ》る　貴人のそばに控える。
【侘】タ
侘《わび》　［侘］茶道で落ち着いた風情。⇔寂（さび）
侘茶《わびちゃ》　茶の湯の一。
【侮】ブ　あなどる
侮蔑《ぶべつ》　あなどりさげすむ。
【併】ヘイ　あわせる
併《しか》し　［然し］けれども。「―ながら」
併呑《へいどん》　他国の領地などを自分のものにする。

【例】レイ　たとえる
例《ためし》　先例。手本。「約束を守った―がない」
【俄】ガ
俄然《がぜん》　にわかに。だしぬけに。
俄《にわか》　だしぬけ。いきなり。「―雨」「―に」
【俠】キョウ
俠気《おとこぎ》　［男気］勇気のある気性。
俠客《きょうかく》　江戸時代の任俠の徒。
【係】ケイ　かかる・かかり
係《かかわ》る　［関る］関係する。
【俟】シ
俟《ま》つ　［待つ］「君の助けを―」「結果を―って」

【俏】ショウ
俏《やつ》す　［窶す］みすぼらしくなる。「身を―」
【信】シン
信太寿司《しのだずし》　［信田寿司］関西でいなりずしのこと。
信士《しんじ》　男の戒名の下につける語。
信女《しんにょ》　女の戒名の下につける語。
信憑性《しんぴょうせい》　信じて頼れる度合い。
【俎】ソ
俎上《そじょう》　まないたの上。「―に乗せる」
俎板《まないた》　［俎］「―の鯉（こい）」
【俗】ゾク
俗塵《ぞくじん》　俗世間のわずらわしい事柄。

【俘】フ
俘虜《ふりょ》　とりこ。捕虜。
【便】ベン・ビン　たより
便箋《びんせん》　手紙を書くための用紙。
便乱棒《べらぼう》　［箆棒］「―な値段」「―奴（め）！」
便《よすが》　［縁］手がかり。よりどころ。
【俚】リ
俚諺《りげん》　民間で言い伝えられたことわざ。
【俤】おもかげ
俤《おもかげ》　［面影］「昔の―をとどめる」
【俥】くるま
俥《くるま》　人力車。

【俺】おれ

俺等《おいら》 [己等] 俗語でおれ。ぼく。

俺《おれ》 [己] 自分をさす男性語。⇕お前

【倶】ク・グ

倶《とも》に [共に] いっしょに。「—に天をいただかず」

【倹】ケン

倹《つま》しい 質素である。「—暮らし」

【倦】ケン

倦《あ》きる [飽きる・厭きる] 「聞き—」「食べ—」

倦《あぐ》む あぐねる。「考え—」「攻め—」

倦《う》む 物事にあきていやになる。

倦怠《けんたい》 あきていやになる。「—感」「—期」

【倅】サイ・ソツ

倅《せがれ》 [悴] 「伜・悴」は俗字。むすこ。⇕娘

【倒】トウ たおれる・たおす

倒《こ》ける [転ける] ころぶ。

倒《さかさま》 [逆様] 略して「さかさ」

【俯】フ

俯《うつぶ》せ 顔を下に向ける。

俯《うつむ》く 頭を下に向ける。⇕仰向く（あおむく）

俯角《ふかく》 見下ろす角度。⇕仰角

俯瞰《ふかん》 高い所から見下ろす。「—図」

【倣】ホウ ならう

倣《なら》う まねをする。「先例に—」

【偶】グウ

偶《たま》 まれ。「—に」「—の休み」

偶《たま》さか 思いがけず。偶然。

偶偶《たまたま》 ときたま。思いがけず。

【健】ケン すこやか

健気《けなげ》 しっかりして強いさま。

健啖家《けんたんか》 よく食べる人。

健《したた》か [強か] 非常に強いさま。

【偲】シ

偲《しの》ぶ なつかしく思い出す。「昔を—」

【偖】シャ

偖《さて》 [扨] ところで。それで。「—話はかわって」

【側】ソク がわ

側《かたわら》 [傍ら・旁] そば。わき。

側《そば》 [傍] 近くの所。「家の—」

側《はた》 [端・傍] 「—迷惑」「池の—」

側《わき》 [脇・傍] 「—にそらす」「駅の—にある売店」

側杖《そばづえ》 [傍杖] 「—を食う」

側《ほの》か [仄か] かすか。「—な光」「—に匂う」

【停】テイ

停《と》める [止める・留める] 「自転車を—」

【偏】ヘン かたよる

偏《ひとえ》に ひたすら。いちずに。

偏頗《へんぱ》 かたよる。公平でない。

【傀】 カイ

傀儡《かいらい》 あやつり人形。「—政権」

傀儡《くぐつ》 あやつり人形。それをあやつる人。

【備】 ビ そなえる・そなわる

備《つぶさ》に ［具に・悉に］ くわしく。「—調べる」

【傅】 フ

傅《かしず》く 人に仕えて世話をする。

傅育《ふいく》 たいせつに育てる。

【傍】 ボウ かたわら

傍惚《おかぼ》れ ［岡惚れ］ ひそかに恋する。

傍焼《おかやき》 ［岡焼］ 男女の仲を見てねたむこと。

傍《そば》 ［側］「家の—」「聞く—から」

傍《はた》 ［端・側］「—迷惑」「池の—」

傍《わき》 ［脇・側］「—役」「駅の—にある売店」

傍輩《ほうばい》 ［朋輩］ 同僚。仲間。

【僅】 キン わずか

僅《わず》か 少しばかり。「—の違い」「残り—」

【傾】 ケイ かたむく

傾《かし》ぐ かたむく。「家が—」

傾《かし》げる ［かたげる］ かたむける。「首を—」

傾城《けいせい》 絶世の美女。遊女。

傾《なだ》れ込《こ》む 大勢の人が勢いよく入り込む。

【傲】 ゴウ

傲《おご》る ［驕る・倨る］ 思い上がる。

傲慢《ごうまん》 偉ぶって人をあなどる。「—無礼」

【催】 サイ もよおす

催《もよい》 今にもそうなりそうなこと。「雨—」

【傷】 ショウ きず・いたむ・いためる

傷痕《きずあと》 ［疵痕］ 傷の治ったあと。

傷悴《しょうすい》 ひどく悲しみやつれること。

【僧】 ソウ

僧正《そうじょう》 僧官の第一位。

僧都《そうず》 ［そうづ］ 僧正の次の位。

僧尼《そうに》 僧と尼。

僧侶《そうりょ》 僧。お坊さん。

【傭】 ヨウ

傭《やと》う ［雇う］「社員を—」

傭兵《ようへい》 契約で雇われている兵士。

【僥】 ギョウ

僥倖《ぎょうこう》 思いがけない幸運。

【僭】 セン

僭越《せんえつ》 身分を越えた出すぎたまね。「—ながら」

【僕】 ボク

僕《しもべ》 召使。下男。

僕《ぼく》 男が自分をさす語。私。おれ。

僕《やつがれ》 古いことばで自分の謙称。

【億】 オク

億劫《おっくう》 わずらわしく思う。面倒くさい。

【儂】ノウ

儂《わし》　わたし。おもに年配の男性が用いる。

【僻】ヘキ

僻《ひが》む　ことさらに悪くとる。

僻見《へきけん》　片よった見方。ひがんだ考え。

僻地《へきち》　都会から遠く離れたへんぴな土地。

【儘】ジン

儘《まま》　「—ならぬ世」「その—」「なすが—」

【儚】ボウ

儚《はかな》い　［果敢無い］「—希望」「—人生」

【優】ユウ　やさしい・すぐれる

優《まさ》る　［勝る］「—とも劣らない」⇔劣る

優男《やさおとこ》　気立てがやさしい男。

優婉《ゆうえん》　［優艶］しとやかで美しいさま。

【儲】チョ

儲《もう》かる　「—商売」「金が—」

儿部　にんにょう

【兀】ゴツ・コツ

兀兀《こつこつ》　［矻矻］「—とまじめに働く」

【兄】ケイ・キョウ　あに

兄《あん》ちゃん　兄をさす語。俗に庶民的な若い男をさす語。

兄《にい》さん　「兄」の敬称。

【兇】キョウ

兇刃《きょうじん》　［凶刃］「—に倒れる」

兇弾《きょうだん》　［凶弾］「—に倒れる」

【光】コウ　ひかる・ひかり

光芒《こうぼう》　光のすじ。「—一閃（いっせん）」

光一《ぴかいち》　ひときわすぐれていること。「劇団の—」

【充】ジュウ　あてる

充行《あてが》う　［宛行う］適当に割り当てる。

充溢《じゅういつ》　気力がみちあふれる。

充塡《じゅうてん》　欠けたところを埋める。

充《み》たす　［満たす］「好奇心を—」

充《み》ちる　［満ちる］「自信に—」

【先】セン　さき

先達《せんだつ》　［せんだち］その道の先輩。先導者。

先達《せんだっ》て　さきごろ。このあいだ。

先途《せんど》　進み行くさき。「ここを—と攻める」

先鞭《せんべん》　人より先に着手すること。「—をつける」

先鋒《せんぽう》　行動の先頭を切る者。「—隊」

先《ま》ず　まっさきに。だいたい。ともかく。

【克】コク

克《か》つ　「おのれに—」「困難に—」

【児】ジ・ニ

児《こ》　［子］こども。「乳飲み—」⇔親

児戯《じぎ》　取るに足らぬつまらないやり方。「—にひとしい」

【兌】ダ

兌換紙幣《だかんしへい》 昔、正金と交換する約束で発行した紙幣。

【兎】ト

兎《う》の毛《け》 きわめて小さいことのたとえ。「—で突いたほど」

兎角《とかく》 〔左右〕 あれやこれや。「—するうちに」

兎《と》に角《かく》 それはそれとして。ともかく。

【禿】トク

禿《かぶろ》 〔かむろ〕 遊女が召し使う少女。

禿《はげ》 「—頭」「—山」「若—」

禿《ち》びる 先がすりきれる。「鉛筆が—」

禿頭《とくとう》 はげあたま。「—病」

禿筆《とくひつ》 ちびた筆。

禿茶瓶《はげちゃびん》 俗語ではげ頭のおどけた表現。

禿《は》げる 髪の毛が抜けてなくなる。

【兜】ト

兜《かぶと》 〔冑・甲〕 「—をぬぐ」「鉄—」

入 部

【入】ニュウ いる・いれる・はいる

入会《いりあい》 「—漁業」「—権」「—地」

入相《いりあい》 日の暮れるころ。「—の鐘」

入母屋造《いりもやづくり》 「—の屋根」

入籠《いれこ》 大きさの違う箱を順に重ねたもの。

入黒子《いれぼくろ》 顔に書いたりするほくろ。

入魂《じっこん》 〔昵懇〕 親しい交わり。「—の間柄」

入水《じゅすい》 川や海に身を投げ自殺すること。

入内《じゅだい》 皇后などが内裏に入ること。

八 部 はちがしら

【八】ハチ や・やつ・やっつ・よう

八幡《はちまん》 八幡宮・八幡神社の略。

八卦《はっけ》 「当たるも—当たらぬも—」

八朔《はっさく》 陰暦八月朔日（ついたち）のこと。

八百長《やおちょう》 勝負を事前に決めておくこと。

八百万《やおよろず》 数がきわめて多いこと。「—の神」

八尺瓊勾玉《やさかにのまがたま》 三種の神器の一。

八十路《やそじ》 〔八十〕 八十歳。

八咫鏡《やたのかがみ》 三種の神器の一。

【公】コウ おおやけ

公達《きんだち》 上流貴族の子弟。「平家の—」

公卿《くぎょう》 朝廷に仕えた貴族。

公家《くげ》 朝廷に仕えた人たち。

【六】ロク む・むつ・むっつ・むい

六十路《むそじ》 〔六十〕 六十歳。

【共】キョウ とも

共布《ともぎれ》 〔共切れ〕 同じ布地。

【兵】ヘイ・ヒョウ

兵《つわもの》 武士。兵士。「古—」

兵糧《ひょうろう》 〔兵粮〕 軍隊の食糧。「—攻め」

兵戈《へいか》 戦い。「―を交える」

兵站《へいたん》 軍隊で兵器などを補給する機関。

兵児帯《へこおび》 こどものしごき帯。

【其】 キ

其奴《そいつ》 ［そやつ］ その野郎。

其処《そこ》 ［其所］ 「―が大事」「―をどいて」

其処彼処《そこかしこ》 あちこち。

其処此処《そこここ》 そっちこっち。

其方《そちら》 ［そっち］ 話し相手のいる方向。「―に行く」

其方退《そっちの》け 他のことを全く受けつけないこと。

其《そ》の 「―後」「―上」「―他」「―人」

其《それ》 ［夫］ 「―こそ」「―となく」「―にしても」

其式《それしき》 その程度。「―のことでなんだ」

其其《それぞれ》 ［夫夫］ 一つ一つ。

其丈《それだけ》 「―の話」「―はいやだ」

其《それ》っ限《き》り ［其っ切り］ それかぎり。

其処《それどころ》 「―ではない」

其許《そればか》り 「―考えている」

【具】 グ

具《そな》える ［備える］ 必要な準備をする。

具《つぶさ》に ［悉に・備に］ くわしく。「―調べる」

【兼】 ケン かねる

兼兼《かねがね》 ［予予］ 前々から。かねて。

【冀】 キ

冀《こいねが》う ［希う・庶幾う］ 切に望む。

冂部 まきがまえ・けいがまえ

【円】 エン まるい

円錐《えんすい》 「―火山」「―形」

円《つぶら》 まるい。「―な瞳」

円《まどか》 形がまるい。また、おだやか。

円居《まどい》 ［団居］ だんらん。

円《まろ》やか 「―な味」「人柄が―」

【冊】 サク・サツ

冊《そう》子《し》 ［草紙・草子・双紙］ 「お伽（とぎ）―」「草―」

【再】 サイ・サ ふたたび

再来年《さらいねん》 来年の次の年。

再従兄弟《はとこ》 ［再従姉妹］ またいとこ。

【冑】 チュウ

冑《かぶと》 ［兜・甲］ 「―をぬぐ」「鉄―」

冖部 わかんむり

【冠】 カン かんむり

冠木門《かぶきもん》 柱だけで屋根のない門。

【冤】 エン

冤罪《えんざい》 無実の罪。ぬれぎぬ。

【冥】 メイ・ミョウ

冥加《みょうが》 目に見えぬ神仏の助け。「―金」

冥利《みょうり》 「男―に尽きる」「役者―」

冥想《めいそう》 [瞑想] 目を閉じて静かに考える。

冥途《めいど》 [冥土] 死者の魂の行く所。あの世。

冫部 にすい

【冴】 ゴ

冴《さ》**える** 「―た星空」「頭が―」「腕が―」

【冶】 ヤ

冶金《やきん》 鉱物から金属を取り出すこと。

【冷】 レイ つめたい・ひえる・ひやす・さめる

冷冷《ひやひや》 気が気でないさま。「―する」

冷奴《ひややっこ》 冷やした豆腐の料理。

冷罨法《れいあんぽう》 冷たい刺激で炎症などを治す方法。⇔温罨法

【准】 ジュン

准《なぞら》**える** [準える・擬える] 似せる。

【凄】 セイ

凄《すご》**い** 恐ろしくぞっとする感じ。

凄腕《すごうで》 すごい力を持っている人・こと。

凄《すさ》**まじい** ものすごい。「―戦い」

凄艶《せいえん》 ぞっとするほどあでやかなさま。

凄惨《せいさん》 ひどくむごたらしいさま。

凄絶《せいぜつ》 ぞっとするほどものすごいさま。

【凋】 チョウ

凋《しぼ》**む** [萎む] 「花が―」「風船が―」

凋落《ちょうらく》 勢いが衰える。

【凍】 トウ こおる・こごえる

凍《い》**て付**《つ》**く** こおりつく。

凍《い》**てる** こおるような寒さが感じられる。

凍《し》**みる** 寒さのため物がこおりつく。

凍瘡《とうそう》 しもやけ。

【凌】 リョウ

凌《しの》**ぐ** 苦しさを耐え忍ぶ。「寒さを―」

凌駕《りょうが》 [陵駕] 他を追い越してその上に出る。

凌辱《りょうじょく》 [陵辱] 暴力で女性を犯す。

【凜】 リン

凜《り》**凜**《り》**しい** きりっとして勇ましい。

【凝】 ギョウ こる・こらす

凝《しこり》 [痼] 筋肉がこりかたまる。

几部 きにょう

【几】 キ

几下《きか》 [机下] 手紙の宛名に書きそえる敬語。

几帳面《きちょうめん》 まじめできちんとしている。

【凡】 ボン・ハン

凡《あら》**ゆる** [所有] すべての。あるかぎりの。

凡《およ》**そ** [おおよそ] 物事の概略。

凡《すべ》**て** [総て・全て] ことごとく。全部。

凡例《はんれい》 本の初めに編集方針などを記したもの。

【処】ショ

処《ところ》［所］場所。個所。

【凧】たこ

凧《たこ》 関西では「いか」とも。正月の子供の遊びの一。

【夙】シュク

夙《つと》に 早くから。以前から。「―知られる」

【凩】こがらし

凩《こがらし》［木枯し］初冬の冷たい風。

【凪】なぐ

凪《なぎ》「朝―」「夕―」⇔時化（しけ）

凪《な》ぐ 風や波が静かになる。

【凭】ヒョウ

凭《もた》れる「机に―」「腹に―」

凭《よ》り掛《か》かる「柱に―」

【凱】ガイ

凱歌《がいか》 戦いに勝って帰るときの歌。

凱旋《がいせん》 戦いに勝って帰還すること。「―門」

凵部 かんにょう・かんがまえ

【凹】オウ

凹《くぼ》む［窪む］くぼんだ所。

凹《へこ》む「道路が―」「バケツが―」

【出】シュツ・スイ でる・だす

出立《いでた》ち 旅立ち。旅行の身支度。

出湯《いでゆ》 温泉。

出来《しゅったい》 事件や事故が起こる。「一大事が―した」

出納《すいとう》 金銭や物品の出し入れ。「―帳」

出汁《だし》 料理に使う出し汁。

出来《でか》す 俗語で作り上げる。

出涸《でが》らし「―のお茶」

出会《でくわ》す［出交す］ばったり出会う。

出突張《でずっぱ》り 出つづけること。

出鱈目《でたらめ》 でまかせ。いいかげん。

出《で》っ尻《ちり》 俗語で尻がつき出ていること。

出端《ではな》［出鼻］「―をくじく」「―をたたく」

出刃包丁《でばぼうちょう》 魚や鶏肉などの調理に使う包丁。

出張《でば》る 自分から出かけて行く。

【凸】トツ

凸助《でこすけ》 額が出た人をあざけって言う語。ののしり言葉。

凸凹《でこぼこ》「道が―している」

【画】ガ・カク

画《え》［絵］「―に描いたよう」

画《えが》く［描く］絵を書く。「将来像を―」

画《か》く［描く］「絵を―」

画鋲《がびょう》 絵などを壁にとめるびょう。

画餅《がべい》 絵に書いた餅。「―に帰す」

【函】カン

函数《かんすう》［関数］「三角―」

函《はこ》 ［箱・匣・筥］ 物を入れる器。

刀部

【刀】 トウ かたな

刀自《とじ》 古語で家事をつかさどる女性。主婦。

【刃】 ジン は

刃傷《にんじょう》 刃物で人を傷つける。「―沙汰」

刃《は》毀《こぼ》れ 刃物の刃が欠けること。

刃《やいば》 刃物。「―にかかる」「―を向ける」

【切】 セツ・サイ きる・きれる

切籠《きりこ》 ［切子］「―ガラス」「―玉」「―灯籠」

切処《きれっと》 ［切戸］ 山で尾根がV字形に深く切れ込んだ所。

切切《せつせつ》 情のせまるさま。「―と訴える」

切羽《せっぱ》詰《つま》る どうにもならなくなる。

【分】 ブン・フン・ブ わける・わかる

分限者《ぶげんしゃ》 金持ち。物持ち。

分娩《ぶんべん》 出産すること。お産。

【初】 ショ はじめ・はつ・うい・そめる

初初《ういうい》しい 「―少女」

初《うぶ》 ［初心］ ういういしいこと。

初《しょ》っ端《ぱな》 いちばん初め。

初手《しょて》 物事の初め。最初。

初詣《はつもうで》 新年に初めてお参りすること。

【剪】 セン

剪《き》る ［切る］「枝を―」「花を―」

剪定《せんてい》 庭木などの枝を整える。

剪刀《はさみ》 ［鋏］ 物を切る道具。「―を入れる」

剪《はさ》む ［鋏む］ はさみで切る。「枝を―」

【劈】 ヘキ

劈《つんざ》く 勢いよく突き破る。「耳を―雷鳴」

劈頭《へきとう》 まっさき。冒頭。

刂部 りっとう

【刎】 フン

刎《は》ねる 首を切り落とす。

【列】 レツ

列《つら》ねる ［連ねる］ 並べる。「名を―」

【判】 ハン・バン

判子《はんこ》 印判。印鑑。

判《わか》る ［分かる・解る］「味が―」「結果が―」

【別】 ベツ わかれる

別嬪《べっぴん》 ［別品］ 美人。美女。

別《わか》つ ［分かつ］「袂（たもと）を―」

別《わ》ける ［分ける］「二つに―」

別無《わりな》い ［理無い］ どうしようもない。「―仲」

【利】 リ きく

利《き》き酒《ざけ》 ［聞き酒］ 酒のよしあしの判断をする。

利《き》き目《め》 ［効き目］ 効能。効果。「―の早い薬」

利鞘《りざや》　差益金。マージン。

【刮】カツ

刮目《かつもく》　目を見はる。「―に価する」

刮《こそ》げる　削りおとす。

【剞】コ

剞《えぐ》い　[蘞い]　えがらっぽい。「のどが―」

剞《えぐ》る　[抉る]　「傷口を―」「心を―」

剞《く》り貫《ぬ》く　えぐって穴をあける。

剞舟《くりぶね》　太い木をくりぬいて作った舟。

【刷】サツ　する

刷《は》く　筆などで軽く塗る。「金粉を―」

刷毛《はけ》　糊（のり）や塗料を塗る道具。ブラシ。

【刺】シ　さす・ささる

刺青《いれずみ》　[入墨・文身]　肌に絵などを彫る。

刺子《さしこ》　柔道着などのようなじょうぶな布地。

刺客《しかく》　「せきかく」の慣用読み。暗殺者。

刺戟《しげき》　[刺激]　気持ちを高ぶらせること。

刺繍《ししゅう》　「フランス―」

刺《とげ》　[棘]　「―が刺さる」「―のあることば」

刺刺《とげとげ》しい　「―ものの言い方」「―雰囲気」

【制】セイ

制禦《せいぎょ》　[制御]　自分の思うようにあやつる。

【刹】セツ

刹那《せつな》　非常に短い時間。瞬間。

【到】トウ

到《いた》る　[至る]　「好機―」「大事に―」

【削】サク　けずる

削《そ》ぐ　[殺ぐ]　けずり落とす。「興味を―」

【前】ゼン　まえ

前栽《せんざい》　草木の植えてある庭。

前哨戦《ぜんしょうせん》　大きな戦いの前のこぜりあい。

前屈《まえかが》み　上半身を前に曲げること。

前以《まえも》って　あらかじめ。

【則】ソク

則《すなわ》ち　[即ち・乃ち]　すぐに。そこで。そして。

則《のっと》る　[法る]　模範としてならう。「古式に―」

則《のり》　[法・矩]　おきて。きまり。

【剃】テイ

剃刀《かみそり》　ひげをそるのに使う刃物。

剃《そ》る　[する]　「ひげを―」

剃髪《ていはつ》　仏門に入るため髪をそること。

【剣】ケン　つるぎ

剣客《けんかく》　[けんきゃく]　剣術のすぐれた武士。

剣戟《けんげき》　刀を使う戦い。ちゃんばら。

剣突《けんつく》　あらっぽく叱りつけること。「―を食う」

剣呑《けんのん》　[険呑]　危険なようす。

【剛】ゴウ

剛毅《ごうき》　意志が強く物事に屈しないこと。

【剔】テキ・テイ

剔出《てきしゅつ》　［摘出］えぐりだすこと。「―手術」

剔抉《てっけつ》　えぐり出す。あばく。

【剝】ハク　はがす・はぐ・はがれる・はげる

剝《へ》ぐ　［折ぐ］薄く削りとる。

剝《む》く　「皮を―」「目を―」

剝《む》くれる　怒ってふくれる。

【剰】ジョウ

剰《あまつさ》え　その上に。そればかりか。

【副】フク

副《そ》う　［添う］ぴたりとついている。「付き―」

副《そ》える　［添える］そばにつける。「書き―」

【割】カツ　わる・わり・われる・さく

割烹《かっぽう》　料理屋。「―着」

割下《わりした》　鍋料理に使われる調味してある液。

割箸《わりばし》　割れ目を入れてあるはし。

【創】ソウ

創《きず》　［傷・疵］「かすり―」「切り―」「古―」

創《つく》る　［作る・造る］創造する。創立する。

創《はじ》める　［始める］物事を新しくおこす。

【剽】ヒョウ

剽軽《ひょうきん》　気軽でこっけいなこと。「―者」

剽窃《ひょうせつ》　他人の詩文を無断で使うこと。盗作。

【劇】ゲキ

劇《はげ》しい　［激しい・烈しい］「―雨」「―口調」

力部

【加】カ　くわえる・くわわる

加薬飯《かやくめし》　関西で肉・野菜などの入った五目飯。

【功】コウ・ク

功《いさお》　［いさおし］［勲］功績。てがら。

功徳《くどく》　神仏のめぐみ。ごりやく。

【劫】ゴウ

劫火《ごうか》　仏教語で人間世界を焼きつくす大火。

【助】ジョ　たすける・たすかる・すけ

助《すけ》っ人《と》　手助けしてくれる人。

助《す》ける　手助けする。

【努】ド　つとめる

努努《ゆめゆめ》　必ず。きっと。「―忘れてはいけない」

【労】ロウ

労《いたわ》る　「体を―」「年寄りを―」

労《ねぎら》う　［犒う］いたわり慰める。「苦労を―」

労咳《ろうがい》　肺結核の昔の呼び方。

【勅】チョク

勅《みことのり》　［詔］天皇のことば。勅語。

【勃】ボツ

勃興《ぼっこう》　にわかに興ること。興隆。

勃発《ぼっぱつ》　突然に起こること。「戦争が―する」

【勉】ベン

勉《つと》める　〔努める〕努力する。

【勘】カン

勘当《かんどう》　親子の縁を切り追い出すこと。

勘所《かんどころ》　〔甲所〕肝心なところ。

【動】ドウ　うごく・うごかす

動悸《どうき》　心臓の鼓動。「―がはげしい」

動顛《どうてん》　〔動転〕非常に驚くこと。「気が―」

動《やや》もすれば　ともすれば。

【勤】キン・ゴン　つとめる・つとまる

勤《いそ》しむ　つとめはげむ。「勉学に―」

勤行《ごんぎょう》　仏教語でおつとめ。

【勝】ショウ　かつ・まさる

勝鬨《かちどき》　戦いに勝ったときにあげる喜びの声。

勝《すぐ》れる　〔優れる〕「―た人物」「気分が―ない」

【勧】カン　すすめる

勧請《かんじょう》　神仏のお出ましを願う。

勧進《かんじん》　社寺建立のため金品を集めること。「―元」

【勢】セイ　いきおい

勢至菩薩《せいしぼさつ》　阿弥陀三尊の一。

勢子《せこ》　昔、狩場で鳥獣をかりたてる人。

勹部　つつみがまえ

【勺】シャク

勺《しゃく》　尺貫法の容積の単位。

【勾】コウ

勾引《かどわ》かす　〔拐かす〕誘拐する。

勾引《こういん》　〔拘引〕「容疑者を―する」

勾配《こうばい》　傾斜。傾き。

勾欄《こうらん》　〔高欄〕社寺の廊下の端のそり曲がった手すり。

勾玉《まがたま》　〔曲玉〕古代の装身具の一。

【勿】ブツ・モチ

勿《なか》れ　〔莫れ〕…してはいけない。「事―」

勿論《もちろん》　もとより。無論。

勿怪《もっけ》　〔物怪〕「―の幸い」（思いがけない幸運）

勿体無《もったいな》い　「捨てるのは―」

【匂】におう

匂《にお》う　よい香りがする。「ユリの花が―」⇔臭う

【匁】もんめ

匁《もんめ》　尺貫法の重さの単位。

【匆】ソウ

匆匆《そうそう》　〔怱怱〕あわただしいさま。

【包】ホウ　つつむ

包《くる》む　巻くようにしてつつむ。

【匈】キョウ

匈奴《きょうど》　古代中国で、漢族をおびやかした北方騎馬民族。

【匍】ホ

匍匐《ほふく》　はらばうこと。「―前進」

【匏】ホウ

匏《ひさご》 ［瓠・瓢］ ヒョウタンで作った酒器。

匕部

【匕】ヒ

匕首《あいくち》 ［合口］ つばのない短刀。

【化】カ・ケ　ばける・ばかす

化膿《かのう》 傷がうみを持つこと。

【北】ホク　きた

北叟笑《ほくそえ》む 一人でこっそり笑う。

【匙】シ

匙《さじ》 スプーン。「—加減」

匚部 はこがまえ

【巨】キョ

巨魁《きょかい》 ［渠魁］ 盗賊などの頭。首領。

巨軀《きょく》 大きなからだ。巨体。

巨細《こさい》 大きいことと小さいこと。

【区】ク

区区《まちまち》 個々別々。「—の服装」「意見が—」

【匡】キョウ

匡正《きょうせい》 不正などを正すこと。

【匠】ショウ

匠《たくみ》 ［工］ 木工職人。大工。「飛騨の—」

【医】イ

医《いや》す ［癒す］ 病気を治す。

【匣】コウ

匣《はこ》 ［箱・函・筥］ 物を入れる器。

【匿】トク

匿《かくま》う 人をひそかに隠す。

十部

【十】ジュウ・ジッ　とお・と

十六夜《いざよい》 陰暦十六日の夜。またその夜の月。

十八番《おはこ》 得意の芸。

十干《じっかん》 「—十二支」

十指《じっし》 十本の指。「—に余る」

十把一絡《じっぱひとから》げ 一まとめにして扱うこと。

十二単《じゅうにひとえ》 昔の女官の正装。

十露盤《そろばん》 ［算盤］ 計算器の一。

十重二十重《とえはたえ》 「—に取りかこむ」

【千】セン　ち

千仞《せんじん》 ［千尋］ 山が非常に高いこと。「—の谷」

千万《せんばん》 「不届き—」「迷惑—」

千三屋《せんみつや》 不動産業者のことをいう。

千切《ちぎ》る 「紙を—」「ほめ—」

千千《ちぢ》に あれこれ。さまざま。「—乱れる」

千歳《ちとせ》 ［千年］ 非常に長い年月。「—飴」

千尋《ちひろ》 非常に長い・深いこと。

【午】 ゴ

午《うま》 十二支の七番目。馬。

午《ひる》 ［昼］ 正午。「―時」

午餐《ごさん》 貴賓などを招いた昼食。

【半】 ハン なかば

半《なか》ら 半分。なかほど。

半被《はっぴ》 ［法被］ しるしばんてん。

半可通《はんかつう》 知ったかぶりをするさま、その人。

半切《はんせつ》 ［半折・半截］ 唐紙などを縦半分にしたもの。

半田《はんだ》 ［盤陀］ 金属の接合に使うもの。「―づけ」

半纏《はんてん》 ［袢纏］ 着物の上にはおる衣服。

半端《はんぱ》 「―物」「中途―」

半平《はんぺん》 ［半片］ 白身の魚を用いた食品の一。

【卍】 マン

卍巴《まんじどもえ》 互いに相手を追うように入り乱れるさま。

【卒】 ソツ

卒爾《そつじ》 ［率爾］ 突然。「―ながら」

卒寿《そつじゅ》 九十歳の祝い。俗字「卆」が九十に見えるから。

卒塔婆《そとば》 ［そとうば］［卒都婆・率塔婆］ 墓石のうしろに立てる板。

【卓】 タク

卓袱料理《しっぽくりょうり》 和風の中華料理。

卓袱台《ちゃぶだい》 折りたたみのできる低い食卓。

【南】 ナン・ナ みなみ

南無《なむ》 仏を拝むときに唱える語。「―阿弥陀仏」「―三」

南風《はえ》 南の風。

【卑】 ヒ いやしい・いやしめる

卑怯《ひきょう》 臆病でずるい。「―者」

卑賤《ひせん》 身分が低くいやしいこと。

卑猥《ひわい》 ［鄙猥］ 下品でみだらなこと。

【博】 ハク・バク

博士《はかせ》 「はくし」の俗称。博士号を持つ人。

博打《ばくち》 ［博奕］ とばく。「―打ち」

博労《ばくろう》 ［馬喰・伯楽］ 馬を商う人。

博《ひろ》い ［広い］ 「顔が―」「知識が―」

卜部

【卜】 ボク

卜《うらない》 ［占い］ 吉凶を予言すること。

卜《ぼく》する うらなう。

卜筮《ぼくぜい》 うらない。

卜占《ぼくせん》 うらない。

【卦】 ケ・カ

卦《け》 うらないで算木にあらわれる形。「八―」

卩（㔾）部 ふしづくり

【卯】 ボウ

卯《う》　十二支の四番目。ウサギ。

卯月《うづき》　陰暦四月の別称。

卯《う》の花腐《はなくた》し　梅雨のころに降る雨。

【印】　イン
しるし

印籠《いんろう》　昔、薬を入れ腰に下げた小さな箱。

印半纏《しるしばんてん》　屋号や紋を染め抜いたはんてん。

【危】　キ
あぶない・あやうい・あやぶむ

危《あや》める　［殺める］　人を殺す。

危惧《きぐ》　心配しおそれること。「—の念をいだく」

危殆《きたい》　非常に危ないこと。

【却】　キャク

却《かえ》って　［反って］　反対に。逆に。

却却《なかなか》　［中中］　「—たいへん」「—できない」

【即】　ソク

即《すなわ》ち　［則ち・乃ち］　すぐに。そこで。そして。

即《つ》く　［就く］　「皇位に—」

厂部　がんだれ

【厄】　ヤク

厄除《やくよ》け　災難を払いのける。「—大師」

厄介《やっかい》　面倒で手間がかかる。「—払い」

【厖】　ボウ

厖大《ぼうだい》　［膨大］　「—な金額」「—な計画」

【厠】　シ

厠《かわや》　便所。トイレ。

【厨】　チュウ

厨《くりや》　台所。

厨子《ずし》　移動可能な二枚扉の戸棚。

厨房《ちゅうぼう》　台所。炊事場。

【厩】　キュウ

厩《うまや》　［馬屋］　馬小屋。

厩舎《きゅうしゃ》　馬を飼う建物。馬小屋。

【厭】　エン

厭《あ》き厭《あ》き　［飽き飽き］　長く続いて嫌になること。

厭《あ》きる　［飽きる・倦きる］　「聞き—」「食べ—」

厭《いと》う　いやがる。また体をいたわる。

厭《いや》　［嫌］　「—というほど」「仕事が—になる」

厭厭《いやいや》　［嫌嫌］　しぶしぶ。「—引き受ける」

厭味《いやみ》　［嫌味］　「—たっぷり」「—を言う」

厭世《えんせい》　世の中がいやになる。「—観」⇕楽天

ム部

【去】　キョ・コ
さる

去《い》なす　［往なす］　相手の攻撃を軽くかわす。

【参】　サン
まいる

参詣《さんけい》　社寺にお参りする。

参内《さんだい》　宮中に参上する。

参籠《さんろう》　社寺にこもって祈る。

又部

【又】また

又従兄弟《またいとこ》 ［又従姉妹］はとこ。

又候《またぞろ》 またしても。またまた。

【双】ソウ ふた

双六《すごろく》 正月の室内遊戯の一。

双璧《そうへき》 すぐれた二つのもの・人。

双眸《そうぼう》 両方の瞳。両眼。

双差《もろざ》し ［両差し・諸差し］相撲用語。

【反】ハン・ホン・タン そる・そらす

反《かえ》って ［却って］反対に。逆に。

反《かえ》る ［返る］「あきれ―」「そっくり―」

反《そ》っ歯《ぱ》 出っ歯

反物《たんもの》 和服用の織物。呉服。

反芻《はんすう》 牛などが飲み込んだ食物を再び戻してかむこと。

反駁《はんばく》 相手の意見に反撃すること。

反吐《へど》 「―が出る」「―をはく」

反故《ほご》 ［反古］「約束を―にする」

【友】ユウ とも

友誼《ゆうぎ》 友達のよしみ。友情。

【収】シュウ おさめる・おさまる

収斂《しゅうれん》 収縮すること。一か所に集まること。

【取】シュ とる

取敢《とりあ》えず まず第一に。さしあたって。

取柄《とりえ》 ［取得］人としてよいところ。「―がない」

【叔】シュク

叔父《おじ》 父母の弟。

叔母《おば》 父母の妹。

【叡】エイ

叡智《えいち》 ［英知］すぐれた知恵。

【叢】ソウ

叢《くさむら》 ［草叢］草がむらがり生えている所。

叢書《そうしょ》 ［双書］一定の形式で継続して出版される本。

叢《むらが》る ［群がる］「アリが砂糖に―」

叢雲《むらくも》 ［群雲］「月に―」

叢雨《むらさめ》 ［村雨］にわか雨。

口部 くちへん

【口】コウ・ク くち

口舌《くぜつ》 ［口説］弁舌。言い争い。

口舌《こうぜつ》 「―の徒」（弁舌は達者だが実行力のない人）

口占《くちうら》 ［口裏］「―を合わせる」

口籠《くちごも》る ことばが口の中にこもってはっきりしない。

口遊《くちずさ》む ［口吟む］なんとなく声に出す。

口伝《くちづて》 人の口から口へと言い伝える。

口伝《くでん》 秘伝を口で伝えること。

口許《くちもと》 ［口元］口のあたり。

口惜《くや》しい ［悔しい］残念だ。しゃくだ。

口角《こうかく》 「―泡を飛ばす」（激しい議論をするさま）

口腔《こうこう》 ［こうくう］口からのどまでの部分。

口跡《こうせき》 ものの言い方。また歌舞伎で役者のせりふまわし。

【可】 カ

可惜《あたら》 もったいないことに。「―命を散らす」

可笑《おか》しい 「ちゃんちゃら―」

可成《かなり》 ［可也］「―正確だ」「―の金額」

可憐《かれん》 「―な少女」

可愛《かわい》い 「―犬」「―子」

可哀相《かわいそう》 ［可哀想］気の毒なようす。

可《べ》からず 「…する―」「入る―」

可《べ》し …するのが当然だ。「…する―」

【叶】 キョウ

叶《かな》う 望みが実現する。「夢が―」

【古】 コ ふるい・ふるす

古《いにしえ》 過ぎ去ったところ。遠い昔。

古稀《こき》 ［古希］七十歳をいう。

古刹《こさつ》 由緒ある古い寺。古寺。

古代裂《こだいぎれ》 ［古代切］古代の織物の断片。

古兵《ふるつわもの》 ［古強者］経験豊富なしたたかな者。

【叩】 コウ

叩頭《こうとう》 深くおじぎをすること。

叩《たた》く ［敲く］「大口を―」「戸を―」

叩《はた》く たたく。「財布を―」「ほこりを―」

叩《はた》き 掃除用具の一。

【司】 シ

司《つかさど》る ［掌る］管理する。支配する。

【只】 シ

只《ただ》 俗に「ロハ」とも。無料。「―乗り」

只者《ただもの》 ［徒者］ありふれた人。「―ではない」

只管《ひたすら》 ［一向］いちずに。

【叱】 シツ しかる

叱《しか》る 怒る。たしなめる。

叱正《しっせい》 しかって誤りを直させること。「御―を仰ぐ」

【台】 ダイ・タイ

台《うてな》 物をのせる台。「蓮（はす）の―」

台詞《せりふ》 ［科白］舞台で俳優がいうことば。「捨て―」

【叺】 かます

叺《かます》 わらで作った穀物を入れる袋。

【右】 ウ・ユウ みぎ

右手《めて》 ［馬手］馬の手綱をとる手。みぎて。⇕弓手（ゆんで）

右筆《ゆうひつ》 ［祐筆］文書・記録をつかさどる職名。

【吉】 キチ・キツ

吉方《えほう》 ［恵方］縁起のよい方角。「―参り」

吉祥《きっしょう》 ［きちじょう］よい前兆。

【吃】 キツ

吃音《きつおん》 どもる音声。どもり。

吃水《きっすい》　［喫水］船が水中に沈む度合い。「―線」

吃逆《しゃっくり》　［噦］「―が止まらない」

吃《ども》り　発音が不自由な状態・人。

吃驚《びっくり》　［喫驚］「―仰天」「―箱」

【向】　コウ　むく・むける・むかう・むこう

向《む》こう脛《ずね》　足のすねの前面。

【后】　コウ

后《きさき》　［妃］天皇や王の妻。

【合】　ゴウ・ガッ・カッ　あう・あわす・あわせる

合切《がっさい》　すべて。なにもかも。「一切―」

合点《がてん》　［がってん］「早―」「一人―」

合祀《ごうし》　二柱以上の神をひとつの神社にまつること。

【吊】　チョウ

吊《つ》る　「―り上げる」「首を―」

【吐】　ト　はく

吐《つ》く　「うそを―」「ため息を―」

吐瀉《としゃ》　食べたものをはくこと。

吐《ぬ》かす　［抜かす］「言う」の下品な言い方。

【同】　ドウ　おなじ

同衾《どうきん》　男女が一つの夜具で寝ること。

同棲《どうせい》　結婚していない男女が一緒に暮らすこと。

同胞《はらから》　［どうほう］祖国が同じ人。

【名】　メイ・ミョウ　な

名代《なだい》　世間によく知られていること。有名。

名代《みょうだい》　目上の人の代理をつとめること。

名所《などころ》　器物などの部分の名。

名告《なの》る　［名乗る］自分の名前をいう。

名刹《めいさつ》　古く由緒のある寺。「古寺―」

【含】　ガン　ふくむ・ふくめる

含嗽《うがい》　［嗽］口の中を洗う。

含羞《はにか》む　はじらう。

【吟】　ギン

吟誦《ぎんしょう》　［吟唱］詩歌を歌うように読むこと。

【呉】　ゴ

呉呉《くれぐれ》　念をいれるさま。「―もお大事に」

呉《く》れる　物をあげる。

呉汁《ごじる》　［豆汁］大豆をつぶして入れたみそ汁。

呉須《ごす》　陶磁器のうわぐすりに使う藍色の顔料。

【吾】　ゴ

吾《わが》　［我］自分の。「―道を行く」「―世の春」

吾《われ》　［我］わたし。「―にかえる」

吾輩《わがはい》　［我輩］おれ。わし。

【吼】　コウ

吼《ほ》える　［吠える・咆える］「ライオンが―」

【吹】　スイ　ふく

吹聴《ふいちょう》　言いふらすこと。

吹曝《ふきさら》し　さえぎるものがなく風があたるまま。

【吶】　トツ

呐呐《とつとつ》 ［訥訥］ 口ごもりながら話すさま。「―と語る」

【呑】 ドン

呑《の》み行為《こうい》 株や馬券にかかわる違法行為。

呑《の》む ［飲む］「酒を―」

呑気《のんき》 ［暢気］ 性格がのんびりしている。

【吠】 ハイ・ベイ

吠《ほ》え面《づら》 泣き顔。「―をかく」

吠《ほ》える ［吼える・咆える］「犬が―」

【否】 ヒ いな

否《いや》 いいえ。「―でも応でも」

否否《いやいや》 いえいえ。「―それは違う」

否応無《いやおうな》しに 承知・不承知にかかわりなく。

【呆】 ホウ

呆《あき》れる ［惘れる］ あっけにとられる。

呆気《あっけ》 「―ない」「―にとられる」

呆《ぼ》ける ［惚ける・耄ける］ もうろくする。

呆然《ぼうぜん》 ［惘然］ あっけにとられる。「―と立ちすくむ」

【呂】 リョ

呂律《ろれつ》 話すときの調子。「―がまわらない」

【吝】 リン

吝嗇《けち》 ［りんしょく］ しみったれ。

吝《しわ》い けち。しみったれ。

吝《やぶさ》か そのことに努力を惜しむ。「協力するに―ではない」

【呵】 カ

呵責《かしゃく》 きびしく責めさいなむ。「―の念に耐えない」

【咎】 キュウ

咎《とが》 ［科］ あやまち。

咎《とが》める 「気が―」「良心が―」

【呟】 ゲン

呟《つぶや》く 小声でぶつぶつひとりごとをいう。

【呱】 コ

呱呱《ここ》 赤ん坊の泣き声。「―の声をあげる」

【呷】 コウ

呷《あお》る 酒などを勢いよく飲む。

【周】 シュウ まわり

周章《あわ》てる ［慌てる］ うろたえる。

【呪】 ジュ のろう

呪詛《じゅそ》 恨む相手に災いが起こるように祈る。

呪縛《じゅばく》 人の心の自由をうばうこと。

呪《のろ》う ［詛う］ 恨む相手に災いが起こるよう祈る。

呪《まじな》い おまじない。

【呻】 シン

呻《うめ》く 苦しさのためうなり声をあげる。

呻吟《しんぎん》 苦しみうめくこと。

【咀】 ソ

咀嚼《そしゃく》 食べ物をかむこと。

【咄】 トツ

咄嗟《とっさ》 すぐさま。「―に身をかわす」

咄《はなし》 ［話・噺］「小—」

咄家《はなしか》 ［噺家］ 落語家。

【咆】 ホウ

咆哮《ほうこう》 猛獣がほえる。

咆《ほ》える ［吠える・吼える］「獣が—」

【味】 ミ あじ・あじわう

味噌《みそ》 「—汁」「—漬け」「手前—」

味醂《みりん》 甘味のある調味料。「—干し」

【命】 メイ・ミョウ いのち

命辛辛《いのちからがら》 やっとのことで。「—逃げてきた」

命冥加《いのちみょうが》 死ぬところだったのが助かる。

命《みこと》 ［尊］ 神や貴人の敬称。「大国主—」

【和】 ワ・オ やわらぐ・やわらげる・なごむ・なごやか

和物《あえもの》 野菜・魚介をみそ・酢とまぜあわせた食べ物。

和尚《おしょう》 僧。お坊さん。

和《な》ぐ おだやかになる。静まる。

和毛《にこげ》 ［柔毛］ やわらかな毛。

和琴《わごん》 日本古来の琴。

和綴《わとじ》 昔からの本の綴じ方。「—の本」

【哀】 アイ あわれ・あわれむ

哀《かな》しい ［悲しい］ ふびんに思う。⇕嬉しい（うれしい）

【咽】 イン

咽喉《いんこう》 のど。「耳鼻—科」

咽《のど》 ［喉・咽喉］「—がかわく」「—から手が出る」

咽《むせ》ぶ ［噎ぶ］「煙に—」「涙に—」

【咳】 ガイ

咳《しわぶき》 せき。せきばらい。

咳《せき》 「—が出る」「—込む」「百日—」

【咬】 コウ

咬《か》む ［噛む］「犬に—まれる」

【哄】 コウ

哄笑《こうしょう》 大声で笑う。大笑い。

【哉】 サイ

哉《かな》 詠嘆の意を表す。「惜しい—」「果たせる—」

【諮】 シ

諮《はか》る 相談する。「会議に—」

【哮】 コウ

哮《たけ》る 獣が興奮して吠えたてる。

【唐】 トウ から

唐紙《からかみ》 ふすま。「—障子」

唐突《とうとつ》 だしぬけ。突然。

唐土《もろこし》 ［唐］ 昔、中国を指したことば。

【唄】 うた

唄《うた》う ［歌う］「演歌を—」「民謡を—」

【哺】 ホ

哺育《ほいく》 ［保育］ はぐくみ育てる。

哺乳類《ほにゅうるい》 乳を飲ませて子を育てる動物。

【啞】 ア

啞然《あぜん》 あっけにとられて口もきけないさま。

【啀】ガイ

啀《いが》み合《あ》う 互いに憎みあって争う。

【喝】カツ

喝采《かっさい》 「—を博す」「拍手—」

喝破《かっぱ》 何が真実かを指摘する。

【啓】ケイ

啓蟄《けいちつ》 二十四節気の一。虫が動きはじめる三月五日ごろ。

啓蒙《けいもう》 人々に知識を与えること。啓発。

【商】ショウ あきなう

商人《あきんど》 商いをする人。しょうにん。

【唾】ダ つば

唾液《だえき》 つば。つばき。

唾棄《だき》 軽蔑して忌み嫌うこと。「—すべき男」

唾《つば》 [つばき]「—をつける」「—を吐く」

【啄】タク

啄《ついば》む 鳥がつついて食べる。

【啖】タン

啖呵《たんか》 「—を切る」(歯ぎれがよく鋭いことば)

【啜】テツ・セツ

啜《すす》り泣《な》く しゃくりあげるように泣く。

啜《すす》る 液状のものを吸うように飲む。「うどんを—」

【唸】テン

唸《うな》る 「犬が—」「腕が—」

【唯】ユイ・イ

唯《ただ》 ひたすら。もっぱら。

【喙】カイ

喙《くちばし》 [嘴]「—が黄色い」「—をはさむ」

【喀】カク

喀血《かっけつ》 血を吐くこと。吐血。

【喚】カン

喚《わめ》く 大声で叫ぶ。ののしる。

【喊】カン

喊声《かんせい》 大勢の人の叫び声。「—をあげる」

【喫】キツ

喫緊《きっきん》 さしせまって大事なこと。「—の問題」

喫驚《びっくり》 [吃驚]「—仰天」「—箱」

【喬】キョウ

喬木《きょうぼく》 「高木」の旧称。⇕灌木(低木)

【喧】ケン

喧《かまびす》しい [囂しい] やかましい。

喧《やかま》しい 騒がしい。うるさい。

喧嘩《けんか》 「—両成敗」「—別れ」「夫婦—」

喧噪《けんそう》 [喧騒] やかましいこと。

喧伝《けんでん》 世間にさかんに言いふらすこと。

【喉】コウ のど

喉頭癌《こうとうがん》 気管の上部にできるがん。

喉《のど》 [咽・咽喉]「—がかわく」「—から手が出る」

【善】ゼン　よい
善《い》い　[良い・好い]「よい」のくだけた言い方。
善哉《ぜんざい》　アズキを使った甘い食べ物。また「よきかな」の意。

【喘】ゼン
喘《あえ》ぐ　苦しそうにせわしく呼吸する。「不況に―」
喘息《ぜんそく》　せきの出る病気。

【喪】ソウ　も
喪《うしな》う　[失う]「命を―」「名誉を―」

【喋】チョウ
喋《しゃべ》る　「話す」のくだけた言い方。

【啼】テイ
啼《な》く　[鳴く]　鳥や虫が鳴く。

【喩】ユ
喩《たとえ》　[譬]「―話」「―をあげると」

【喇】ラツ
喇叭《らっぱ》　管楽器の一。「―を吹く」

【喰】くう
喰《く》う　「食べる」のぞんざいな言い方。
喰《く》らう　「喰う」のさらに乱暴な言い方。「げんこつを―」

【嗚】オ
嗚呼《ああ》　喜びや悲しみを強く感じたときに発する声。
嗚咽《おえつ》　むせび泣くこと。すすり泣き。

【嗅】キュウ　かぐ
嗅《か》ぐ　「―ぎつける」「においを―」
嗅覚《きゅうかく》　においの感覚。「するどい―」

【嗟】サ
嗟嘆《さたん》　なげくこと。また感心してほめること。

【嗄】サ
嗄《か》れる　[しゃがれる]「声が―」「のどが―」

【嗜】シ
嗜虐《しぎゃく》　自分で自分をいじめる。「―的性格」
嗜好《しこう》　たしなみ好むこと。「―品」
嗜《たしな》む　愛好する。好んで学ぶ。「お茶を―」

【嗤】シ
嗤笑《ししょう》　あざわらう。さげすみ笑う。
嗤《わら》う　[笑う]　さげすみ笑う。

【嘔】オウ
嘔吐《おうと》　食べたものを吐く。もどす。

【嘉】カ
嘉肴《かこう》　[佳肴]　うまい酒のさかな。
嘉《よみ》する　よいとしてほめる。

【嘘】キョ
嘘《うそ》　いつわり。「―八百」「―も方便」
嘘吐《うそつ》き　うそをいう人。

【嘖】サク
嘖《さいな》む　[苛む]　責め叱る。「不安に―まれる」

【嘗】ショウ
嘗《かつ》て　[曽て]　今まで一度も。「いまだ―ない」

嘗《な》める ［舐める］「苦汁を—」「辛酸を—」

【嗾】 ソウ

嗾《けしか》ける しむける。そそのかす。「犬を—」

嗾《そそのか》す ［唆す］ 悪いことを誘いすすめる。

嗾《そや》す そそのかす。また、ほめそやす。

【嗽】 ソウ

嗽《うがい》 ［含嗽］ 口の中を洗う。

嗽《くちすす》ぐ ［漱ぐ］ 口の中を洗い清める。

【噎】 エツ・イツ

噎《むせ》ぶ ［咽ぶ］「煙に—」「涙に—」

噎《む》せる 食べ物などがのどにつまりそうになる。

【嘶】 セイ

嘶《いなな》く 馬が声高く鳴く。

【噂】 ソン

噂《うわさ》 「—話」「—をすれば影がさす」

【嘲】 チョウ あざける

嘲《あざけ》る 馬鹿にして笑う。

嘲《あざわら》う ［嘲笑う］ あざけり笑う。

嘲笑《せせらわら》う 馬鹿にして笑う。

嘲笑《ちょうしょう》 馬鹿にして笑う。

嘲罵《ちょうば》 口ぎたなく悪口をいう。

嘲弄《ちょうろう》 あざけりからかう。

【嘸】 ブ

嘸《さぞ》 さだめし。きっと。「—かし」

【噴】 フン ふく

噴飯物《ふんぱんもの》 おかしくて思わずふき出してしまう。

【噯】 アイ

噯気《おくび》 げっぷ。「—にも出さない」

【噦】 エツ

噦《しゃく》る すすり泣く。「泣き—」

噦《しゃっくり》 ［吃逆］「—が止まらない」

【噤】 キン

噤《つぐ》む 何もいわない。「口を—」

【嘴】 シ

嘴《くちばし》 ［喙］「—が黄色い」「—をはさむ」

【嘯】 ショウ

嘯《うそぶ》く えらそうなことをいう。

【噺】 はなし

噺《はなし》 ［話・咄］「お伽（とぎ）—」

噺家《はなしか》 ［咄家］ 落語家。

【嚇】 カク

嚇《おど》す ［脅す・威す］ こわがらせる。

【嚆】 コウ

嚆矢《こうし》 物事の初め。最初。

【嚊】 ヒ

嚊《かかあ》 ［かか］［嬶］ 庶民が妻を呼ぶ語。

【嚙】 コウ

嚙《かじ》る ［齧る］「せんべいを—」「親の脛（すね）を—」

噛《かぶ》り付《っ》く [齧り付く] 食いつく。かみつく。

噛《か》む [咬む] 「くちびるを—」「砂を—よう」

【嚔】 テイ

嚔《くしゃみ》 [くさめ] 生理現象の一。「—が出る」

【嚥】 エン

嚥《えん》下《か》 [えんげ] 飲みくだす。

【囂】 ゴウ

囂《かまびす》しい [喧しい] やかましい。

【囁】 ショウ

囁《ささや》く [私語く] 声をひそめて話す。

【囃】 ソウ

囃《はや》子《し》 「祇園—」「祭り—」

囃《はや》す 「言い—」「持て—」

【囀】 テン

囀《さえず》る 「小鳥が—」

【囈】 ゲイ

囈言《うわごと》 [譫言] 高熱などで無意識に発することば。

囗部 くにがまえ

【四】 シ よ・よつ・よっつ・よん

四阿《あずまや》 [東屋] 庭園にある壁のない建物。

四《し》股《こ》名《な》 [醜名] 相撲で力士の呼び名。

四《よ》十《そ》路《じ》 [四十] 四十歳。

四人《よったり》 俗語でよにん。

【囚】 シュウ

囚《とら》われる [捕われる] つかまる。こだわる。

【因】 イン よる

因業《いんごう》 がんこで思いやりのないこと。「—おやじ」

因縁《いんねん》 「浅からぬ—」「いわく—」

因《ちなみ》に それに関連して。「—いえば」

因《ちな》む つながりがある。「文化の日に—催し」

因《よ》って [依って・仍って] そういうわけで。

因《よ》る [縁る・由る] それが原因となる。

【回】 カイ・エ まわる・まわす

回《え》向《こう》 [廻向] 死者の冥福を祈ること。

回《めぐ》る [巡る・廻る] 「名所を—」

【団】 ダン・トン

団《うち》扇《わ》 「渋—」「左—」

団《だん》子《ご》 「月見—」「花より—」

団欒《だんらん》 なごやかに楽しむこと。「一家—」

団《ま》居《どい》 [円居] だんらん。

【囲】 イ かこむ・かこう

囲繞《いにょう》 [いじょう] 囲いめぐらすこと。

囲《い》炉《ろ》裏《り》 昔の家屋で火をたく所。「—ばた」

【囮】 カ

囮《おとり》 何かを誘い寄せるために利用されるもの。「—捜査」

【図】 ズ・ト はかる

図図《ずうずう》しい あつかましい。

図体《ずうたい》 からだ。特に大きいからだを指す。

図会《ずえ》 ある種類の図や絵を集めたもの。「名所―」

【固】 コ かためる・かたまる・かたい

固唾《かたず》 「―を呑む」（緊張して息をこらす）

固陋《ころう》 がんこ。かたくな。

固より《もと》 ［素より］ いうまでもなく。

【国】 コク くに

国風《くにぶり》 ［国振り］ その国特有の習慣。「お―」

国璽《こくじ》 国家のしるしとしての印。

【圃】 ホ

圃場《ほじょう》 農場。「―整備事業」

土部 つちへん

【土】 ド・ト つち

土器《かわらけ》 うわ薬をかけていない素焼きの陶器。

土塊《つちくれ》 土のかたまり。

土性骨《どしょうぼね》 性根・性質を強めていう語。

土堤《どて》 ［土手］ つつみ。堤防。

土嚢《どのう》 土をつめた袋。

土饅頭《どまんじゅう》 土をまるく盛り上げただけの墓。

土産《みやげ》 「―物」「手―」

【圧】 アツ

圧す《お》 ［押す］ 上から押さえつける。

圧し折る《へお》 「折る」を強めた言い方。

【在】 ザイ ある

在処《ありか》 物のある所。「宝物の―」

在来り《ありきた》 ありふれているさま。

在す《おわ》 ［御座す］ 「いる」の尊敬語。

在す《ましま》 ［坐す］ 「いる」の尊敬語。

【地】 チ・ジ

地下足袋《じかたび》 ［直足袋］ 屋外用のゴム底のたび。

地口《じぐち》 「舌きり雀」を「着たきり雀」などという江戸の語呂合せ。

地団駄《じだんだ》 ［地団太］ 「―を踏む」

地均し《じなら》 地面をたいらにすること。

地曳網《じびきあみ》 ［地引網］ 遠浅の海で魚をとる方法の一。

地力《じりき》 もともと持っている能力。

地祇《ちぎ》 大地の神。⇕天神

【均】 キン

均す《なら》 たいらにする。平均化する。

【坐】 ザ

坐る《すわ》 ［座る］ 「いすに―」「ベンチに―」

坐す《ましま》 ［在す］ 「いる」の尊敬語。

【坊】 ボウ・ボッ

坊主《ぼうず》 僧。お坊さん。

坊ちゃん《ぼっ》 「お―育ち」

【坩】 カン

坩堝《るつぼ》 「興奮の―」「人種の―」

【垂】スイ
たれる・たらす

垂《しだ》れ　［枝垂れ］「―桜」「―柳」

垂《しで》　［四手］玉ぐしやしめ縄にたれ下げるもの。

垂涎《すいえん》　「すいぜん」の慣用読み。「―の的」

垂木《たるき》　［棰］屋根を支える太い角材。

垂乳根《たらちね》　古語で母親。

垂《なんなん》とする　「五万に―とする観客」

【坦】タン

坦坦《たんたん》　「―と生きる」「―と進む」

【垣】かき

垣間見《かいまみ》る　ちらっと見る。

【垢】コウ

垢《あか》　体のよごれ。「―すり」

垢離《こり》　神仏祈願のため水をあび体を清めること。「水―」

【城】ジョウ
しろ

城塞《じょうさい》　［城砦］しろ。とりで。

【埃】アイ

埃塗《ほこりまみ》れ　ほこりだらけになること。

【埋】マイ
うめる・うまる・うもれる

埋《い》ける　火を保つため炭火を灰の中にうずめる。

埋《うず》まる　「劇場が観客で―」「山小屋が雪に―」

【埒】ラツ・ラチ

埒《らち》　物事のくぎり。「―があかない」「―もない」

埒外《らちがい》　柵の外の意から圏外。

【執】シツ・シュウ
とる

執拗《しつよう》　しつこいこと。「―に食い下がる」

【埴】ショク

埴輪《はにわ》　古墳時代に作られた土製の人馬や器材の像。

埴猪口《へなちょこ》　俗語でへたくそ、未熟者。

【堆】タイ

堆《うずたか》い　もり上がって高い。

堆積《たいせき》　うずたかくつみ重なること。

堆肥《たいひ》　落ち葉やわらなどを腐らせた肥料。

堆朱《ついしゅ》　朱色の漆を厚く塗り、文様を彫った漆器。

【埠】フ

埠頭《ふとう》　船着場。波止場。

【堰】エン

堰堤《えんてい》　堤防。

堰《せき》　水流を調節するためのしきり。「―を切ったように」

堰《せ》く　［塞く］流れなどをせきとめる。

【堪】カン
たえる

堪《こた》える　こらえる。「持ち―」

堪《こら》える　［怺える］苦しみなどをがまんする。

堪《たま》らない　がまんできない。

堪能《たんのう》　「かんのう」の慣用読み。「彼は英語に―」

【堅】ケン
かたい

堅蔵《かたぞう》　［堅造］きまじめな人。かたぶつ。

堅牢《けんろう》　堅くて丈夫なこと。

【堕】ダ

堕《お》ちる ［落ちる］堕落する。

【塔】トウ

塔頭《たっちゅう》 大きな寺の境内にある小さな寺。

塔婆《とうば》 墓のうしろに立てる塔形の細長い板。

【堡】ホ

堡塁《ほうるい》 ［ほるい］敵の攻撃を防ぐとりで。

【報】ホウ むくいる

報《しら》せる ［知らせる］「事情を―」

【塩】エン しお

塩梅《あんばい》 料理の味つけ。また、ぐあい。「―がいい」

【塞】サイ・ソク ふさぐ・ふさがる

塞《さえ》の神《かみ》 ［障の神・道祖神］［さいのかみ］道の神。

塞《せ》く ［堰く］流れなどをせきとめる。

塞《ふさ》ぐ 「席を―」「道を―」「耳を―」

【塒】シ

塒《とぐろ》 ［蜷局］「ヘビが―を巻く」

塒《とや》 ［鳥屋］鶏などを飼う小屋。

塒《ねぐら》 鳥の寝るところ。俗に自分の家にもいう。

【塡】テン・チン

塡《はま》る ［嵌る］「計略に―」

塡《は》める ［嵌める］「障子を―」「わなに―」

【塗】ト ぬる

塗炭《とたん》 「―の苦しみ」（たいへんな苦しみ）

塗師《ぬし》 漆器を作る職人。

塗《まぶ》す まみれさせる。「粉を―」

塗《まみ》れる 「汗に―」「泥に―」

【塵】ジン

塵《ごみ》 ［芥］「―箱」「粗大―」「生―」

塵《ちり》 粉末状のほこり。「―紙」「―も積もれば…」

塵埃《じんあい》 ちりやほこり。

塵芥《ちりあくた》 ごみくず。また値打ちのないもの。

【墨】ボク すみ

墨痕《ぼっこん》 筆で書いた墨のあと。「―鮮やか」

【墜】ツイ

墜《お》ちる ［落ちる］落下する。「飛行機が―」

【壊】カイ こわす・こわれる

壊死《えし》 体の組織や細胞の一部が死ぬこと。

【壜】ドン

壜《びん》 ［瓶］「一升―」「ビール―」

士部

【壬】ジン

壬《みずのえ》 十干の九番目。

【壱】イチ

壱《いち》 数字の「一」と同じ。「一金―万円也」

【声】セイ・ショウ こえ・こわ

声高《こわだか》 話し声が高く大きいこと。

【売】バイ　うる・うれる
売女《ばいた》　売春婦。

【壺】コ
壺《つぼ》　口がせまく胴がふくらんだ容器。「思う―」「茶―」

夂部

【冬】トウ　ふゆ
冬至《とうじ》　二十四節気の一。昼がもっとも短い日。⇕夏至

【変】ヘン　かわる・かえる
変化《へんげ》　動物などが姿を変えて現れること。「妖怪―」
変梃《へんてこ》　奇妙なこと。へんてこりん。
変貌《へんぼう》　姿や様子が変わる。

【夏】カ・ゲ　なつ
夏至《げし》　二十四節気の一。昼がもっとも長い日。⇕冬至
夏越《なごし》の月《つき》　陰暦六月のこと。

夕部

【夕】セキ　ゆう
夕餉《ゆうげ》　夕食。夕飯。⇕朝餉
夕凪《ゆうなぎ》　夕方の海岸で無風状態になること。⇕朝凪
夕間暮《ゆうまぐ》れ　夕方。

【外】ガイ・ゲ　そと・ほか・はずす・はずれる
外郎《ういろう》　古くからある和菓子の一。
外戚《がいせき》　母方の親戚。⇕内戚
外套《がいとう》　防寒などのための衣類。コート。
外宮《げくう》　伊勢の豊受大神宮の別称。⇕内宮
外題《げだい》　演劇などの題名。
外連《けれん》　「―みがない」（俗受けをねらったところがない）
外方《そっぽ》　「―を向く」（知らん顔をする）
外濠《そとぼり》　［外堀］「―を埋める」
外様《とざま》　譜代でない大名。「―大名」⇕譜代
外国《とつくに》　がいこく。

【夜】ヤ　よ・よる
夜叉《やしゃ》　顔や形がみにくいが仏法を守る鬼神。
夜毎《よごと》　毎晩。よなよな。
夜伽《よとぎ》　夜通しそばにつき添うこと。
夜啼蕎麦《よなきそば》　夜、路上で商売するそば屋。
夜業《よなべ》　［夜鍋］夜に仕事をすること。「―仕事」
夜半《よわ》　よなか。よふけ。

【夢】ム　ゆめ
夢現《ゆめうつつ》　夢か現実かはっきりしないさま。
夢占《ゆめうら》　夢で吉凶をうらなうこと。
夢幻《ゆめまぼろし》　はかないことのたとえ。「―の人生」

【夥】カ
夥《おびただ》しい　数がはなはだ多い。

大部

【大】ダイ・タイ　おお・おおきい・おおいに

大仰《おおぎょう》 ［大形・大業］ 大げさなさま。

大喜利《おおぎり》 ［大切り］ 寄席（よせ）で最後のだしもの。

大袈裟《おおげさ》 「—なことをいう」

大雑把《おおざっぱ》 「—に見積もると」

大店《おおだな》 大きな商店。

大摑《おおづか》み 「—にいえば」

大晦《おおつごもり》 ［大晦日］ 一年の最後の日。おおみそか。

大鉈《おおなた》 「—を振るう」（思い切った整理をする）

大凮《おおぶり》 ［大振り］ 形が大きめである。

大晦日《おおみそか》 十二月三十一日。

大八洲《おおやしま》 日本の別称。

大様《おおよう》 ［鷹揚（おうよう）］ ゆったりとしているさま。

大凡《おおよそ》 ［凡］ だいたい。おおかた。

大童《おおわらわ》 「開店の準備で—」

大鋸屑《おがくず》 のこぎりで引いたときに出る木のくず。

大人《おとな》 「—気ない」「—びる」⇕子供

大安《たいあん》 ［だいあん］ 「—吉日」

大腿骨《だいたいこつ》 太ももの太く長い骨。

大分《だいぶ》 「—遅れている」「—よくなってきた」

大刀《たち》 ［太刀］ 腰におびる長い刀。

大夫《たゆう》 ［太夫］ 格式の高い芸人。

大和魂《やまとだましい》 日本民族の固有の気性。

【太】 タイ・タ ふとい・ふとる

太閤《たいこう》 とくに、豊臣秀吉のことをいう。

太公望《たいこうぼう》 釣りの好きな人。

太刀《たち》 ［大刀］ 腰におびる長い刀。

太夫《たゆう》 ［大夫］ 格式の高い芸人。

太股《ふともも》 ［太腿］ 足のつけ根に近い部分。

【天】 テン あめ・あま

天晴《あっぱれ》 ［遖］ 感動してほめるときにいう語。

天翔《あまが》ける ［あまかける］ 神や霊が天空を飛ぶこと。

天照大御神《あまてらすおおみかみ》 ［天照大神］ 皇室の祖。

天《あま》の邪鬼《じゃく》 わざと人の意見に逆らう人。

天地《あめつち》 天と地。

天叢雲剣《あめのむらくものつるぎ》 三種の神器の一。

天皇《すめらみこと》 ［すめらぎ・すめろぎ］ てんのう。

天蚕糸《てぐす》 釣り糸。

天辺《てっぺん》 いただき。頂上。「山の—」

天竺《てんじく》 昔、インドを指した語。

天誅《てんちゅう》 天がくだす罰。

天手古舞《てんてこまい》 忙しく動きまわること。

天丼《てんどん》 てんぷらをのせたどんぶり物。

天秤《てんびん》 はかりの一種。「—にかける」「—棒」

天麩羅《てんぷら》 魚介や野菜などを油であげた料理。

天佑《てんゆう》 ［天祐］ 天の助け。

【夫】 フ・フウ おっと

夫《それ》 ［其］ 「—こそ」「—となく」「—にしても」

夫婦《めおと》 ［みょうと］ 「ふうふ」の古い言い方。「—茶碗」

【夭】ヨウ

夭折《ようせつ》 若死に。

【失】シツ　うしなう

失《う》せる なくなる。「消え—」「逃げ—」

失踪《しっそう》 行方をくらますこと。

【夷】イ

夷狄《いてき》 未開の異民族。

夷《えびす》 ［恵比寿・蛭子・戎］七福神の一。

【夾】キョウ

夾纈《きょうけち》 古代の染色法の一。

夾雑物《きょうざつぶつ》 まじり込んだよけいなもの。

【奇】キ

奇瑞《きずい》 めでたいことの前兆の不思議な現象。

奇妙奇天烈《きみょうきてれつ》 不思議なありさま。

奇《き》を衒《てら》う めずらしさで人の気をひくこと。

奇《く》しくも 不思議にも。

【奈】ナ

奈何《いかん》 ［如何］「—せん」「—ともしがたい」

奈辺《なへん》 ［那辺］どのへん。どのあたり。

【奥】オウ　おく

奥津城《おくつき》 墓。墓所。

【奢】シャ

奢《おご》る ぜいたくな生活をする。また人にごちそうする。

奢侈《しゃし》 身分にふさわしくないぜいたく。「—な生活」

【奠】テン

奠都《てんと》 都を定めること。

【奨】ショウ

奨《すす》める ［勧める］奨励する。

女部　おんなへん

【女】ジョ・ニョ・ニョウ　おんな・め

女将《おかみ》 料理屋・旅館などの女主人。

女子《おなご》 女の子。女の人。「—衆」

女形《おやま》 ［おんながた］女役を演じる男の役者。

女誑《おんなたら》し 女をだましてもて遊ぶこと・男。

女寡《おんなやもめ》 夫をなくした女。「—に花が咲く」⇕男寡

女婿《じょせい》 娘の夫。娘むこ。

女雛《めびな》 皇后をかたどった雛人形。⇕男雛

女女《めめ》しい いくじがない。⇕雄雄しい

【奴】ド

奴婢《ぬひ》 召使の男女。下男と下女。

奴《やつ》 主に男が使うことば。「変な—がいる」

奴《やっこ》 「—凧（だこ）」「—豆腐」「三下—」

【奸】カン

奸計《かんけい》 ［姦計］悪だくみ。

【好】コウ　このむ・すく

好誼《こうぎ》 親しい交わり。「どうぞ御—のほど」

好好爺《こうこうや》 人のいいおじいさん。

好餌《こうじ》　人をうまく誘いこむ手段。

好事家《こうずか》　もの好きな人。風流を好む人。

好《い》い　［良い・善い］「よい」のくだけた言い方。

好《よしみ》　［誼］「―を結ぶ」「同郷の―」

【如】　ジョ・ニョ

如何《いかが》　「―いたしましょうか」「―ですか」

如何《いかん》　［奈何］「―せん」「―ともしがたい」

如何《どう》　「―しても」「―ですか」

如何様《いかさま》　いんちき。にせ。「―師」

如何《いか》に　どのように。どうして。

如何許《いかばか》り　どれくらい。どんなに。

如月《きさらぎ》　［更衣］陰暦二月の別称。

如《ごと》し　「かくの―」「例の―」

如《し》かず　［若かず］及ばない。かなわない。

如《し》く　［若く］「…に―はない」

【妃】　ヒ

妃《きさき》　［后］天皇や王の妻。

【妄】　モウ・ボウ

妄《みだ》りに　［濫りに・猥りに］やたらに。

妄言《もうげん》　［ぼうげん］いつわりのことば。うそ。「―多謝」

妄執《もうしゅう》　仏教語で思い込んで離れない迷いの心。

【妙】　ミョウ

妙《たえ》　不思議なほどすばらしい。「―なる音色」

【妖】　ヨウ　あやしい

妖《あや》しい　［怪しい］ふだんと違って異様だ。

妖艶《ようえん》　なまめかしく、あでやかなこと。

妖怪《ようかい》　化け物。「―変化（へんげ）」

【委】　イ　ゆだねる

委《くわ》しい　［詳しい・精しい］「―事情」

委曲《つばら》　くわしいこと。つまびらか。

委《まか》せる　［任せる］「部下に―」

委《ゆだ》ねる　人にまかせる。

【姑】　コ

姑《しゅうとめ》　夫または妻の母。⇔舅（しゅうと）

姑息《こそく》　一時しのぎ。「―な手段」

【妻】　サイ　つま

妻妾《さいしょう》　妻とめかけ。

妻合《めあ》わせる　［娶せる］結婚させる。

【姉】　シ　あね

姉御《あねご》　［姐御］女親分。「―肌」

姉妹《きょうだい》　［しまい］［兄弟］姉と妹。

姉《ねえ》さん　「あね」の敬称。

【姓】　セイ・ショウ

姓《かばね》　古代、家柄などをあらわした称号。

【妾】　ショウ

妾《めかけ》　妻以外にかこっている女。「―腹」

【姐】　ソ

姐御《あねご》　［姉御］女親分。「―肌」

姐《ねえ》さん　旅館や料理屋で女中を呼ぶときの語。

【妬】ト　ねたむ

妬《そね》む　［嫉む・猜む］　うらやみ憎む。

妬《ねた》む　［嫉む］　うらやみ憎む。「友人の成功を—」

妬《や》く　ねたむ。しっとする。

【威】イ

威嚇《いかく》　おどす。「—射撃」

威丈高《いたけだか》　［居丈高］　相手を威圧する態度。

威《おど》す　［脅す・嚇す］　こわがらせる。

【姨】イ

姨捨山《おばすてやま》　長野県にあったという老婆を捨てた山。

【姻】イン

姻戚《いんせき》　結婚によってできた親類。「—関係」

【姦】カン

姦《かしま》しい　やかましい。「女三人寄れば—」

姦淫《かんいん》　男女のみだらな交わり。「汝—するなかれ」

姦通《かんつう》　夫のある女が男と密通すること。

【妍】ケン

妍《けん》　「—を競う」（女が美しさを争う）

【姪】テツ

姪《めい》　兄弟姉妹の娘。⇕甥（おい）

【姥】ボ

姥《うば》　［媼］　老女。

姥桜《うばざくら》　年をとってもなまめかしい女。

【娑】サ

娑婆《しゃば》　牢獄などの世界に対し外の自由な社会。

【婀】ア

婀娜《あだ》　美しくなまめかしいさま。「—っぽい」

【婉】エン

婉曲《えんきょく》　遠まわしにいうこと。「—に断る」

婉然《えんぜん》　しとやかで美しいさま。

【娶】シュ

娶《めあわ》せる　［妻合わせる］　結婚させる。

娶《めと》る　嫁をとる。妻を迎える。

【娼】ショウ

娼婦《しょうふ》　売春を業とする女。

【婆】バ

婆《ばあ》さん　年老いた女。⇕爺さん

婆《ばばあ》　［ばば］　年をとった女。⇕爺

【媛】エン

媛《ひめ》　［姫］　貴人の子で未婚の女性。姫君。

【媒】バイ

媒《なかだち》　［仲立ち］　取引や結婚のとりもちをすること。

【媚】ビ

媚《こ》びる　おもねる。色っぽくふるまう。

媚態《びたい》　男にこびる女のなまめかしいようす。

【媼】オウ

媼《うば》　［姥］　老女。

媼《おうな》 ［嫗・老女］ 年老いた女。⇕翁（おきな）

【嫉】 シツ

嫉妬《しっと》 やきもち。ねたみ。「―心」「―ぶかい」

嫉《そね》**む** ［妬む・猜む］ うらやみ憎む。

嫉《ねた》**む** ［妬む］ うらやみ憎む。「友人の成功を―」

【嫋】 ジョウ

嫋《たお》**やか** 女性のしなやかなさま。

【嫂】 ソウ

嫂《あによめ》 ［兄嫁］ 兄の妻。

【嫗】 ウ・オウ

嫗《おうな》 ［媼・老女］ 年老いた女。⇕翁（おきな）

【嫁】 カ よめ・とつぐ

嫁《か》**する** 嫁に行く。とつぐ。

嫁《かた》**づく** 嫁に行く。とつぐ。

【媾】 コウ

媾曳《あいびき》 ［逢引］ 男女がこっそり会う。

【嫡】 チャク

嫡嫡《ちゃきちゃき》 「―の江戸っ子」

【嬉】 キ

嬉《うれ》**しい** 「―知らせ」「―悲鳴」

嬉嬉《きき》**として** うれしそうなさま。「―遊ぶ」

【嬌】 キョウ

嬌声《きょうせい》 女のなまめかしい声。「―をあげる」

【嬰】 エイ

嬰児《えいじ》 ［みどりご］ 生まれたばかりの子。

【嬲】 ジョウ

嬲《なぶ》**る** いじめる。もてあそぶ。

【嬶】 かかあ

嬶《かかあ》 ［かか］［嚊］ 庶民が妻を呼ぶ語。

子部

【子】 シ・ス こ

子煩悩《こぼんのう》 子供をかわいがること。

子《ね》 十二支の一番目。ネズミ。

【孔】 コウ

孔《あな》 ［穴］ 反対側まで突き抜けるあなをいう。

【孕】 ヨウ

孕《はら》**む** みごもる。妊娠する。

【字】 ジ あざ

字《あざな》 別名。通称。あだな。

【存】 ソン・ゾン

存《なが》**らえる** ［長らえる・永らえる］「生き―」

【学】 ガク まなぶ

学《まな》**び舎**《や》 学校。

【孤】 コ

孤児《みなしご》 親のいない子供。

【孰】 ジュク

孰《いず》**れ** ［何れ］ どれ。どちら。

【孵】フ

孵《か》える「卵が―」

孵化《ふか》 卵がかえること。

宀部 うかんむり

【安】アン やすい

安佚《あんいつ》 [安逸] 何もしないで遊び暮らす。

安堵《あんど》 安心すること。

安本丹《あんぽんたん》 間が抜けていること。あほう。

安《いず》んぞ [焉んぞ] どうして。なんで。

【守】シュ・ス まもる・もり

守銭奴《しゅせんど》 金銭をためることに執着する人。

【完】カン

完膚《かんぷ》「―なきまで」（徹底的に）

完璧《かんぺき》 欠点がなく立派なこと。完全無欠。

完《まっと》うする [全うする]「責任を―」

【宏】コウ

宏壮《こうそう》 [広壮] 広く立派なこと。「―な邸宅」

【宛】あてる

宛《あたか》も [恰も] まるで。さながら。

宛行扶持《あてがいぶち》 一方的に決めて与える金品。

宛行《あてが》う [充行う] 適当に割り当てる。

宛名《あてな》 郵便物などに書く先方の住所・氏名。

宛《さなが》ら ちょうど。まるで。そっくり。

宛《ずつ》 [づつ]「少し―食べる」「千円―渡す」

【宜】ギ

宜《うべ》なう [肯う・諾う] 承諾する。

宜《むべ》なるかな [うべなるかな] もっともである。

宜《よろ》しく「―お願いします」「どうぞ―」

【実】ジツ み・みのる

実《げ》に まことに。実際に。

実《まこと》に [誠に・真に] ほんとうに。じつに。

実《さね》 [核] 果実の中心にある堅い部分。

実生《みしょう》 種から芽が出て生長すること。

【宗】シュウ・ソウ

宗廟《そうびょう》 祖先の霊をまつる所。

宗《むね》 [旨]「質素を―とする」

【宝】ホウ たから

宝籤《たからくじ》 都道府県などが発売するくじ。

【宣】セン

宣旨《せんじ》 天皇のことばを記した文書。

宣《のたま》う [曰う]「言う」の尊敬語。

【宥】ユウ

宥《なだ》める 人の気持ちをやわらげ静める。

宥恕《ゆうじょ》 広い心で罪を許すこと。

【宴】エン

宴《うたげ》 宴会。さかもり。

【家】カ・ケ いえ・や

家子郎党《いえのころうとう》 [郎等] 一族とそれに仕える者。

家《うち》 自分のいえ。家庭。

家禽《かきん》 肉や卵をとるために飼う鳥。

家捜《やさが》**し** [家探し] 家の中をさがし回る。

【宦】 カン

宦官《かんがん》 古代中国で去勢された男の役人。

【宸】 シン

宸翰《しんかん》 天皇直筆の文書。

宸筆《しんぴつ》 天皇の筆跡。

【容】 ヨウ

容物《いれもの》 [入れ物] 物を入れる器。

容《い》**れる** [入れる] 「要求を—」

容易《たやす》**い** 簡単である。やさしい。

容喙《ようかい》 口出しをすること。

容体《ようだい》 [容態] 病気の様子。

容貌《ようぼう》 顔かたち。「—魁偉（かいい）」

【寄】 キ よる・よせる

寄寓《きぐう》 かりの住まい。

寄越《よこ》**す** [遣す] 「使いを—」「手紙を—」

寄《よ》**る辺**《べ》 親類など頼りとする人・所。「—のない身」

寄席《よせ》 落語などの演芸をする所。

【寅】 イン

寅《とら》 十二支の三番目。トラ。

【寂】 ジャク・セキ さび・さびしい・さびれる

寂《さび》 古くて趣のあること。「—のある声」

寂《せき》**として** ひっそりしているさま。「—声なし」

寂寞《せきばく》 ひっそりとしてものさびしいさま。

寂寥《せきりょう》 わびしくものさびしいこと。「—感」

【宿】 シュク やど・やどる・やどす

宿痾《しゅくあ》 長くなおらない病気。

宿怨《しゅくえん》 以前からいだいていた恨み。「—を晴らす」

宿世《すくせ》 仏教語で前世。前世からの因縁。

宿直《とのい》 昔、宮中などで一晩中警備を行うこと。

宿酔《ふつかよい》 [二日酔い] 前日の酒が残り気分が悪いこと。

【密】 ミツ

密《ひそ》**かに** [窃かに・私かに] 人にわからないようにする。

【寒】 カン さむい

寒垢離《かんごり》 冬、冷水を浴びて神仏に祈願する。

寒気《そうけ》**立**《だ》**つ** [総毛立つ] 恐怖のためぞっとする。

【寓】 グウ

寓居《ぐうきょ》 仮の住まい。

寓話《ぐうわ》 教訓的な内容のたとえ話。

【寛】 カン

寛恕《かんじょ》 広い心でゆるすこと。「ご—を乞う」

寛《くつろ》**ぐ** ゆったりする。のびのびする。

【寝】 シン ねる・ねかす

寝穢《いぎたな》**い** 眠りこけてなかなか起きようとしない。

寝《ね》**入**《い》**り端**《ばな》 寝入ってまもなく。

寝惚《ねぼ》ける 目がさめてもぼんやりしている。

【寡】 カ

寡婦《かふ》 夫を失った女。やもめ。⇔寡夫

寡聞《かぶん》 見聞がせまいこと。「―にして知りません」

【寧】 ネイ

寧日《ねいじつ》 安らかな日。無事な日。

寧《むし》ろ どちらかといえば。

【審】 シン

審《つまび》らか ［詳らか］ あきらかにする。

【寵】 チョウ

寵愛《ちょうあい》 特別にかわいがること。

寵児《ちょうじ》 世にときめいている人。「時代の―」

寸部

【寸】 スン

寸寸《ずたずた》 細かくきれぎれになったさま。

寸毫《すんごう》 ほんのすこし。

寸胴《ずんどう》 太くて格好の悪いこと。

【寿】 ジュ ことぶき

寿《ことほ》ぐ ［言祝ぐ］ 祝福する。

寿司《すし》 ［鮨・鮓］ 「稲荷―」「五目―」

【対】 タイ・ツイ

対峙《たいじ》 向き合ったまま対立すること。

【封】 フウ・ホウ

封緘《ふうかん》 手紙などの封をすること。

【射】 シャ いる

射竦《いすく》める 相手を見つめて動けないようにする。

射《さ》す ［差す］ 光があたる。「朝日が―」

射倖心《しゃこうしん》 ［射幸心］ 偶然の利益を当てにすること。

【将】 ショウ

将又《はたまた》 あるいはまた。それともまた。

将《まさ》に ［正に・当に］ 「―その通り」「いま―」

【尋】 ジン たずねる

尋《ひろ》 水深などをはかる深さ・長さの単位。

【尊】 ソン たっとい・とうとい

尊《みこと》 ［命］ 神や貴人の敬称。「大国主―」

【導】 ドウ みちびく

導《しるべ》 ［標］ 道案内。「道―」

小（⺌）部

【小】 ショウ ちいさい・こ・お

小父《おじ》さん 年少者がおとなの男性をいう語。

小母《おば》さん 年少者がおとなの女性をいう語。

小粋《こいき》 ［小意気］ ちょっといきである。

小路《こうじ》 幅のせまい路。こみち。「袋―」⇔大路

小躍《こおど》り ［雀躍り］ おどりあがって喜ぶ。

小芥子《こけし》 東北地方の郷土人形。

小賢《こざか》しい 利口ぶってなまいきなこと。

小癪《こしゃく》　こなまいきなこと。「―な奴（やつ）」

小舅《こじゅうと》　夫または妻の兄弟。

小姑《こじゅうとめ》　［こじゅうと］　夫または妻の姉妹。

小競合《こぜりあ》い　小さなもめごと。

小柄《こづか》　刀の鞘（さや）にさしそえる小刀。

小遣《こづか》い　小額の金銭。ポケットマネー。

小突《こづ》く　人の体を指先でつつく。

小半《こなから》　［二合半］　一升の四分の一。

小糠雨《こぬかあめ》　［粉糠雨］　きりさめ。

小鉤《こはぜ》　［鞐］　足袋（たび）をとめる爪形のもの。

小咄《こばなし》　［小話・小噺］　しゃれた短い話。

小兵《こひょう》　体が小さいこと。小柄。

小股《こまた》　歩幅がせまいこと。「―に歩く」⇕大股

小忠実《こまめ》　気軽によく動くこと。

小童《こわっぱ》　子供をののしっていう語。

小鳴《ささな》き　［笹鳴き］　冬のウグイスの鳴き声。

小波《さざなみ》　［細波・漣］　細かく立つ波。

小夜《さよ》　夜の雅語。「―ふけて」

小康《しょうこう》　病状が少し落ち着いているさま。「―状態」

小児《しょうに》　おさない子供。「―科」

小火《ぼや》　小さな火事。

【少】　ショウ　すくない・すこし

少女《おとめ》　［乙女］　未婚の若い女。

【尖】　セン

尖鋭《せんえい》　［先鋭］　行動が急進的なこと。

尖端《せんたん》　［先端］　「時代の―を行く」

尖《とが》る　「声が―」「神経が―」

【尚】　ショウ

尚早《しょうそう》　まだその時期ではないこと。「時期―」

尚《なお》　［猶］　まだ。さらに。「―かつ」「―も」

⺍部

【単】　タン

単《ひとえ》　［単衣］　裏がついていない着物。「十二―」

【巣】　ソウ　す

巣籠《すごも》り　ひなを育てるため鳥が巣の中に入り込む。

巣窟《そうくつ》　悪党のすみか。ねじろ。

【厳】　ゲン・ゴン　おごそか・きびしい

厳《いか》つい　いかめしい。ごつい。「―顔」

厳《いかめ》しい　重々しい。いかつい。

尢部

【尤】　ユウ

尤《もっと》も　理にかなってうなずける。「―らしい」

【尨】　ボウ

尨犬《むくいぬ》　毛がふさふさした犬。

【就】　シュウ・ジュ　つく・つける

就《つ》いて　「そのことに―」

就中《なかんずく》 とりわけ。その中でも。

尸部 しかばねかんむり

【尸】シ

尸《しかばね》 ［屍］亡きがら。死体。

【尺】シャク

尺寸《せきすん》 ごくわずかなこと。「—の地」

【尻】しり

尻尾《しっぽ》 「—を出す」「—をつかむ」「—を振る」

尻《しり》 ［臀］けつ。「—に火がつく」「—を押す」

尻窄《しりすぼ》み しだいに元気がなくなる。しりつぼみ。

尻端折《しりはしょ》り 着物の後ろの裾をまくり上げ帯にはさむ。

【尽】ジン つくす・つきる・つかす

尽《ことごと》く ［悉く］全部。一つ残らず。

尽《ず》く 「腕—」「計算—」「納得—」

尽日《じんじつ》 一日中。終日。

尽瘁《じんすい》 全力を尽くすこと。

尽《ず》くめ 「いいこと—」「黒—」「結構—」

【局】キョク

局《つぼね》 宮中などで女官の部屋。

【尿】ニョウ

尿瓶《しびん》 ［溲瓶］寝たまま使う小便器。

尿《ゆばり》 小便の古い言い方。

【屁】ヒ

屁《へ》 おなら。「—とも思わない」

屁放《へっぴ》り腰《ごし》 体をかがめ尻を突き出した腰つき。

【尾】ビ お

尾鰭《おひれ》 魚の尾とひれ。「話に—をつける」

尾《ひき》 ［び］魚を数える語。

尾骶骨《びていこつ》 脊柱のいちばん下の骨。尾骨。

尾籠《びろう》 人前では失礼になること。「—な話ですが」

【居】キョ いる

居丈高《いたけだか》 ［威丈高］相手を威圧する態度。

居睡《いねむ》り ［居眠り］すわったまま眠る。

居《お》る ［いる］「いる」のあらたまった言い方。

居士《こじ》 男の戒名の下につける称号の一。⇔大姉

【屈】クツ

屈《かが》む しゃがむ。折れ曲がる。「腰が—」

【屍】シ

屍《かばね》 ［しかばね］［尸］亡きがら。死体。

屍骸《しがい》 ［死骸］人や動物の死体。

屍臭《ししゅう》 ［死臭］死体が腐敗した悪臭。

屍体《したい》 ［死体］人や動物の死体。

【屎】シ

屎《くそ》 ［糞］大便。「へた—」「やけ—」

屎《ばば》 ［糞］大便や汚いものをさす幼児語。

屎尿《しにょう》 大便と小便。

【屑】セツ

屑《くず》　ごみ。「紙—」「かんな—」「ごみ—」

【屏】　ヘイ

屏風《びょうぶ》　室内に立てて仕切りなどに使うもの。

屏《へい》　［塀］「板—」「土—」

【属】　ゾク

属託《しょくたく》　［嘱託］　正規の職員ではない人。

属望《しょくぼう》　［嘱望］　その人の将来を期待すること。

【屠】　ト

屠所《としょ》　家畜を処理する所。屠場。「—の羊」

屠蘇《とそ》　正月に飲む酒。

屠《ほふ》る　敵をやぶる。鳥獣を切りさく。

【屢】　ル

屢《しばしば》　［屢屢］　たびたび。何度も。

屮部

【屯】　トン

屯《たむろ》する　一か所に群れ集まる。

屯田兵《とんでんへい》　平時は農耕に従い、戦時は兵となるもの。

山部　やまへん

【山】　サン　やま

山窩《さんか》　昔、山奥で生活をしていた人。

山麓《さんろく》　山のふもと。

山車《だし》　祭りのときにひく飾りをつけた車。だんじり。

山羊《やぎ》鬚《ひげ》　あごの下にはやした長いひげ。

山間《やまあい》　山と山のあいだ。

山颪《やまおろし》　山から吹きおろす強い風。

山家《やまが》育《そだ》ち　ことばつきなどが洗練されていない人。

山勘《やまかん》　あてずっぽう。「—で当てる」

山形《やまなり》　「—の球を投げる」

山彦《やまびこ》　こだま。

山襞《やまひだ》　山肌がひだのように見える所。

山鉾《やまぼこ》　祭りのときに引く山車（だし）の一。

山姥《やまんば》　山に住むという鬼女。

【屹】　キツ

屹度《きっと》　［急度］　必ず。「—お願いします」

屹立《きつりつ》　山が高くそびえ立つこと。

【岐】　キ

岐路《えだみち》　［きろ］　ふたまた道。

【岳】　ガク　たけ

岳父《がくふ》　妻の父の敬称。

【岩】　ガン　いわ

岩窟《がんくつ》　［巌窟］　大きな岩穴。

【岡】　おか

岡《おか》　［丘］　ゆるやかな小高い土地。

岡惚《おかぼ》れ　［傍惚れ］　ひそかに恋する。

【峙】　チ

峙《そばだ》つ　［聳つ］　高くそびえる。

【峨】ガ

峨峨《がが》 山や岩がけわしくそびえているさま。

【峻】シュン

峻険《しゅんけん》 [峻嶮] 山が高くけわしいさま。

【島】トウ しま

島嶼《とうしょ》 大小さまざまな島々。

【崖】ガイ がけ

崖《がけ》 山や海岸などの切り立ったけわしい所。

【崎】さき

崎《みさき》 [岬] 海や湖につきでた陸地の先端。

【崇】スウ

崇《あが》める 尊いものとして敬う。

【嵌】カン

嵌《はま》る [塡る] 「型に―」「計略に―」

嵌《は》める [塡める] 「障子を―」「わなに―」

【嵐】あらし

嵐《あらし》 暴風雨。

【嵩】スウ

嵩《かさ》 「―が多い」「―ばる」「水―が増す」

【嶺】レイ

嶺《みね》 [峰] 「山の―」

【巌】ガン

巌《いわお》 [いわ] 大きな岩。

巌窟《がんくつ》 [岩窟] 大きな岩穴。

川部

【川】セン かわ

川面《かわも》 川の水面。

川原《かわら》 [河原] 川のほとり。

工部

【工】コウ・ク

工合《ぐあい》 [具合] 「―がいい」「腹―」

工《たくみ》 [匠] 木工職人。大工。「飛騨の―」

工《たく》む [巧む] くふうする。「―まずして」

【巧】コウ たくみ

巧《うま》い [上手い] じょうず。⇕下手・拙い（まずい）

巧緻《こうち》 細部までたくみにできていること。

巧《たく》む [工む] くふうする。「―まずして」

【左】サ ひだり

左官《さかん》 [しゃかん] 壁をぬる職人。

左義長《さぎちょう》 一月十五日の宮中行事。民間のどんど焼き。

左様《さよう》なら 別れの挨拶。

左右《とかく》 [兎角] あれやこれや。「―するうちに」

左見右見《とみこうみ》 左を見たり右を見たり。

左褄《ひだりづま》 芸者の別称。「―を取る」（芸者となる）

左手《ゆんで》 [弓手] 弓を持つ手。左の手。⇕右手（めて）

【巫】フ

巫山戯《ふざけ》る　たわむれる。

巫女《みこ》　［神子］神に仕える未婚の女性。

己部

【己】コ・キ　おのれ

己《うぬ》　［汝］貴様。相手をののしっていう語。

己《おれ》　［俺］自分を指す男性語。

己《つちのと》　十干の六番目。

己惚《うぬぼ》れ　［自惚れ］自分で自分がすぐれていると思う。

己等《おいら》　［俺等］俗語でおれ。ぼく。

【已】イ

已《すで》に　［既に］前に。もはや。

已《や》む　「―に―まれず」「―を得ない」

已《や》んぬる哉《かな》　もうどうにも仕方がない。

【巳】シ

巳《み》　十二支の六番目。ヘビ。

【巴】ハ

巴《ともえ》　図案化した模様の一。「―投げ」「三つ―」

【巻】カン　まく・まき

巻子本《かんすぼん》　昔の書物で巻物にした本。

巻雲《けんうん》　［絹雲］上層雲の一。

巻繊汁《けんちんじる》　すまし汁の一。

【巷】コウ

巷間《こうかん》　世間。「―にうわさされる」

巷説《こうせつ》　世間の評判。

巷《ちまた》　にぎやかな町の通り。「―のうわさ」

巾部　はばへん・きんべん

【巾】キン

巾着《きんちゃく》　小銭などを入れる携帯用の袋。「腰―」

巾《はば》　「幅」の略字として使用。「―が広い」

【市】シ　いち

市井《しせい》　市中。人家の多い所。

【布】フ　ぬの

布地《きれじ》　［切地・裂地］布の切れはし。

布《し》く　［敷く］「戒厳令を―」「市政を―」

布衍《ふえん》　［敷衍］文章などの意味をわかりやすく述べる。

布巾《ふきん》　食器を拭く小さな布。

布袋《ほてい》　七福神の一。

【希】キ

希覯本《きこうぼん》　［稀覯本］珍しい貴重な本。

希代《きたい》　［稀代］珍しい。不思議。

希代《けったい》　関西でおかしい、奇妙。「―な話」

希有《けう》　［きゆう］［稀有］めったにない。

希《こいねが》う　［冀う・庶幾う］切に望む。

希《まれ》　［稀］「―な才能」「世にも―な話」

【帚】ソウ

帚《ほうき》　［箒］掃除用具。「竹―」

【帙】チツ

帙《ちつ》 和本を保護するためのおおい。「―入り」

【帖】チョウ・ジョウ

帖《じょう》 紙や海苔（のり）などを数える語。

【帛】ハク

帛紗《ふくさ》 ［袱紗・服紗］ 茶の湯で使う布。

【帝】テイ

帝釈天《たいしゃくてん》 仏法を守る神。

帝《みかど》 ［御門］ 天皇。

【帰】キ かえる・かえす

帰依《きえ》 神仏を信仰しすがること。

帰趨《きすう》 最後に落ち着くところ。「勝敗の―は明らか」

帰省《きせい》 故郷に帰ること。「―客でいっぱい」

帰巣性《きそうせい》 動物が住んでいた所に帰る本能。

【席】セキ

席巻《せっけん》 ［席捲］ ものすごい勢いで勢力を広げる。

【帯】タイ おびる・おび

帯下《こしけ》 ［腰気］ 婦人病の一。

【常】ジョウ つね・とこ

常磐《ときわ》 永久不変なこと。

常磐津《ときわず》 ［ときわづ］ 邦楽の一。

常《とこ》しえ ［長しえ・永久］ 永く変わらないこと。

常《とわ》 ［永久］ 永く変わらないこと。

【帳】チョウ

帳《とばり》 ［帷］ 室内にたれさげる布の仕切り。「夜の―」

【幇】ホウ

幇間《ほうかん》 たいこもち。男芸者。

幇助《ほうじょ》 犯罪の手助けをすること。

【幌】コウ

幌《ほろ》 ［母衣］ 馬車などにつけるおおい。「―馬車」

【幕】マク・バク

幕間《まくあい》 芝居で次の幕があくまでの間。

【幔】マン

幔幕《まんまく》 「紅白の―」

【幟】シ

幟《のぼり》 「―を立てる」「鯉（こい）―」

【幣】ヘイ

幣《ぬさ》 ［みてぐら］ 神に祈るときにささげるもの。

幣帛《へいはく》 神にそなえるもの。

干部

【干】カン ほす・ひる

干支《えと》 ［かんし］ 十干十二支の略。

干瓢《かんぴょう》 ［乾瓢］ ユウガオの果肉を干した食品。

干《ひ》乾《ぼ》し 食べ物がなく飢えてやせ衰える。

【平】ヘイ・ビョウ たいら・ひら

平《ひれ》伏《ふ》す 謝罪などの意で頭を地につけて礼をする。

平生《へいぜい》 ふだん。いつも。

平坦《へいたん》 たいらな地面。
平米《へいべい》 平方メートルのこと。

【年】 ネン とし
年嵩《としかさ》 年齢が上であること。
年次《としなみ》 ［年並み］ 年ごと。毎年。
年端《としは》 年齢の程度。「—もゆかない子供」
年増《としま》 中年の女性。
年《とせ》 ［歳］ 年数を数える語。「幾—」
年貢《ねんぐ》 大名が農民に課した税。

【幸】 コウ さいわい・さち・しあわせ
幸先《さいさき》 「—がいい」

【幹】 カン みき
幹竹割り《からたけわり》 ［乾竹割り］ 勢いよく切りさく。

幺部

【幼】 ヨウ おさない
幼気《いたいけ》 幼くていじらしいさま。
幼い《いとけない》 ［稚い］ おさない。あどけない。
幼児《おさなご》 ［幼子］ 小さい子供。
幼馴染《おさななじみ》 小さいころからの友達。

【幽】 ユウ
幽か《かすか》 ［微か］ 「—な声」「—に見える」

【幾】 キ いく
幾人《いくたり》 いくにん。何人。
幾年《いくとせ》 ［幾歳］ 何年。
幾何《いくばく》 ［幾許］ どれほど。「余命—もない」

广部 まだれ

【広】 コウ ひろい・ひろまる・ひろがる
広汎《こうはん》 ［広範］ 範囲が広いこと。

【序】 ジョ
序《ついで》 「—にいえば」「話の—に」

【庇】 ヒ
庇う《かばう》 いたわり守る。庇護する。
庇護《ひご》 かばい守ること。
庇《ひさし》 ［廂］ 「帽子の—」「屋根の—」

【庚】 コウ
庚《かのえ》 十干の七番目。
庚申塚《こうしんづか》 庚申待ちの祭神をまつった塚。

【店】 テン みせ
店《たな》 商店。みせ。「—子」「大—」
店卸し《たなおろし》 ［棚卸し］ 商品の数量を調べること。
店晒し《たなざらし》 売れ残りの商品。

【庖】 ホウ
庖丁《ほうちょう》 ［包丁］ 料理用の刃物。

【度】 ド・ト・タク たび
度い《たい》 「お願いし—く」「…していただき—」
度胆《どぎも》 ［度肝］ 「—を抜く」

度《ど》し難《がた》い　救いがたい。
度外《どはず》れ　けたちがい。
度度《よりより》　おりおり。ときどき。

【庫】　コ・ク
庫《くら》　［蔵・倉］　倉庫。
庫裡《くり》　［庫裏］　寺の台所。住職や家族の居間。

【座】　ザ　すわる
座主《ざす》　比叡山延暦寺など大寺の貫主。「天台―」

【庵】　アン
庵《いおり》　草ぶきの小さな家。
庵主《あんじゅ》　［あんしゅ］　庵をかまえている、特に尼僧をいう。

【庶】　ショ
庶幾《こいねが》う　［希う・冀う］　切に望む。

【廂】　ショウ
廂《ひさし》　［庇］　「帽子の―」「屋根の―」

【廃】　ハイ　すたる・すたれる
廃《よ》す　［止す］　打ち切る。やめる。

【廉】　レン
廉《かど》　理由。「不審の―により逮捕」
廉《やす》い　［安い］　値段が低い。⇕高い

【廓】　カク
廓《くるわ》　［郭・曲輪］　城郭。また遊郭。

【廟】　ビョウ
廟堂《びょうどう》　霊が祭ってある所。みたまや。

廴部　いんにょう・えんにょう

【延】　エン　のびる・のべる・のばす
延縄《はえなわ》　漁具の一。「―漁業」
延《ひ》いては　それがもとになって。さらに進んで。

【廻】　カイ
廻向《えこう》　［回向］　死者の冥福を祈ること。
廻《まわ》る　［回る］　「動き―」「目が―」
廻《めぐ》る　［巡る・回る］　「名所を―」

【建】　ケン・コン　たてる・たつ
建蔽率《けんぺいりつ》　敷地面積に対する建築面積の割合。
建立《こんりゅう》　寺院などを建てること。

廾部

【弁】　ベン
弁才天《べんざいてん》　［弁財天］　七福神の一。「弁天」とも。
弁《わきま》える　ものの道理がよくわかる。「ルールを―」

【弄】　ロウ　もてあそぶ
弄《いじく》る　「いじる」の俗な言い方。
弄《いじ》る　手にふれてもてあそぶ。
弄《まさぐ》る　いじりまわす。
弄《いら》う　関西で、もてあそぶ。
弄《もてあそ》ぶ　［玩ぶ］　「俳句を―」
弄《ろう》する　もてあそぶ。

弋部

【弐】ニ

弐《に》　[貳] 数字の「二」に同じ。「一金—万円也」

弓部　ゆみへん

【弓】キュウ　ゆみ

弓筈《ゆはず》　弓の両端の弦をかけるところ。

弓形《ゆみなり》　「—に身をそらす」

弓手《ゆんで》　[左手] 弓を持つ手。左の手。⇔馬手（めて）

【引】イン　ひく・ひける

引鉄《ひきがね》　[引金] 「ピストルの—」

引《ひ》き攣《つ》る　けいれんを起こす。また、こわばる。「顔が—」

【弘】コウ

弘《ひろ》める　[広める] 「見聞を—」

【弗】フツ

弗素《ふっそ》　ハロゲン元素の一。

【弛】シ

弛《たゆ》む　気持ちがゆるむ。「—まぬ努力」

弛《たる》む　しまりがなくなる。だれる。

弛《ゆる》む　[緩む] 「気が—」「寒さが—」

弛緩《ちかん》　[しかん] の慣用読み。ゆるむ。

【弥】や

弥《いや》が上《うえ》にも　なおその上に。

弥栄《いやさか》　ますます栄える。

弥《いよいよ》　[愈] ますます。

弥縫《びほう》　失敗などを取りつくろう。「—策」

弥勒菩薩《みろくぼさつ》　人々を救うという菩薩。

弥次《やじ》　[野次] 「—馬」「—を飛ばす」

弥《や》の明後日《あさって》　しあさって。東京ではしあさっての次の日。

弥生《やよい》　陰暦三月の別称。

弥《よ》立《だ》つ　「身の毛が—」

【弱】ジャク　よわい・よわる・よわまる

弱火《とろび》　勢いの弱い火。⇔強火

弱竹《なよたけ》　細くしなやかな竹。

【強】キョウ・ゴウ　つよい・つよまる・しいる

強《あなが》ち　むりに。必ずしも。一概に。

強靭《きょうじん》　ねばり強く困難に耐える。「—な精神」

強姦《ごうかん》　暴力によって女性を犯す。「—罪」

強突張《ごうつくば》り　強情で我を張ること。

強力《ごうりき》　[剛力] 登山者の荷を背負い案内する人。

強《こわ》い　「情が—」「手—」「糊（のり）が—」

強張《こわば》る　[硬張る] 「表情が—」

強飯《こわめし》　おこわ。赤飯。

強面《こわもて》　恐怖や緊張でこわばった表情。

強《したた》か　[健か] 非常に強いさま。

強請《ねだ》る　せがむ。「子供がお菓子を—」

強請《ゆす》る　金品をおどし取る。

【弾】 ダン ひく・はずむ・たま

弾劾《だんがい》 不正行為などを追及する。「—裁判所」

弾《はじ》く 「そろばんを—」「指で—」

弾機《ばね》 [発条] スプリング。

【彎】 ワン

彎曲《わんきょく》 [湾曲] 弓なりに曲がること。

ヨ（彑・⺕）部 けいがしら

【当】 トウ あたる・あてる

当籤《とうせん》 くじに当たること。

当《まさ》に [正に・将に] 「—にその通り」「いま—」

【彗】 スイ

彗星《すいせい》 ほうき星。「ハレー—」

【彙】 イ

彙報《いほう》 種類別にして集めた報告。

彡部 さんづくり

【形】 ケイ・ギョウ かた・かたち

形骸化《けいがいか》 中身がなく形だけのものになること。

形而上《けいじじょう》 哲学用語。

形《なり》 [態] 体つき。身なり。「—振りかまわず」

【修】 シュウ・シュ おさめる・おさまる

修験道《しゅげんどう》 日本古来の山岳宗教の一。

修羅場《しゅらば》 歌舞伎などで悲壮な争いの場面。「—を演じる」

【彫】 チョウ ほる

彫琢《ちょうたく》 文章や人格をみがくこと。

彫塑《ちょうそ》 彫刻と塑像。

彳・行部 (上)ぎょうにんべん (下)ぎょうがまえ

【彳】 テキ

彳《たたず》む [佇む] しばらくその場所に立っている。

【行】 コウ・ギョウ・アン いく・ゆく・おこなう

行火《あんか》 炭火を使って手足を温める暖房具の一。

行灯《あんどん》 昔の照明具の一。

行脚《あんぎゃ》 徒歩で諸国を旅すること。「—僧」「諸国—」

行《い》き成《な》り 突然。だしぬけに。

行《くだり》 文章の中のたての行。

行李《こうり》 昔、旅行用の荷物入れ。「柳—」

行方《ゆくえ》 行く先。行く方向。「—知れず」「—不明」

【彷】 ホウ

彷徨《うろつ》く うろうろ歩きまわる。

彷徨《さまよ》う あてもなく歩きまわる。

彷徨《ほうこう》 さまようこと。

彷彿《ほうふつ》 [髣髴] よく似ているさま。

【往】 オウ

往《い》く [ゆく][行く] 「買い物に—」「旅行に—」

往《い》なす [去なす] 相手の攻撃を軽くかわす。

往生《おうじょう》 死ぬこと。また困りはてること。

【彼】 ヒ かれ・かの

彼奴《あいつ》 [あやつ・きゃつ] あのやつ。あの男。

彼所《あそこ》 [あすこ・かしこ] [彼処] あの場所。

彼方《あち》此方《こち》 [おちこち] あちらこちら。

彼方《あちら》 「—立てれば此方（こちら）が立たず」

彼方《あなた》 「山の—の空遠く…」

彼方《かなた》 向こう。あちら。⇕此方（こなた）

彼《あ》の 「—人」「—世」

彼《か》の 「—有名な…」「兎追いし—山」

彼《あれ》 「—からずっと」「—はなんだろう」

彼是《あれこれ》 あれやこれや。

彼是《かれこれ》 [彼此] 「—三年になる」

彼我《ひが》 相手側と自分側。「—の差」

【後】 ゴ・コウ のち・うしろ・あと・おくれる

後退《あとじさ》り [あとずさり] 前向きのまま後ろへさがる。

後《うし》ろ盾《だて》 [後ろ楯] 陰で助けてくれること。

後《おく》れ毛《げ》 襟足に垂れている女の髪の毛。

後《おく》れ馳《ば》せ 遅れてかけつける。「—ながら」

後朝《きぬぎぬ》 [衣衣] 共寝した男女が翌朝別れること。

後裔《こうえい》 血筋をひいている人。子孫。

後塵《こうじん》 「—を拝す」（人に先んじられること）

後生《ごしょう》 後の世。「—大事に」⇕今生（こんじょう）

後輪《しずわ》 馬の鞍の後ろの部分。⇕前輪

後《しり》 [尻] 人や物の後ろ。「行列の—について行く」

後目《しりめ》 [尻目] 「—にかける」

後込《しりご》み [尻込み] 躊躇（ちゅうちょ）する。

【待】 タイ まつ

待《ま》ち惚《ぼう》け 「—を食わせる」

【律】 リツ・リチ

律儀《りちぎ》 [律義] 実直なこと。「—者の子だくさん」

【従】 ジュウ・ショウ・ジュ したがう

従兄弟《いとこ》 [従姉妹] 父母の兄弟姉妹の子。

従《じゅ》 位階を表す語につく。「—三位」⇕正（しょう）

従容《しょうよう》 ゆったりと落ち着いているさま。

【徐】 ジョ

徐《おもむろ》に ゆっくりしているさま。静かに。

【徒】 ト

徒《あだ》 むなしいこと。「—情け」

徒《ただ》 「—でさえ」「—では済まない」

徒《むだ》 [無駄] 「—使い」「—な努力」

徒名《あだな》 [仇名] 男女関係についてのうわさ。浮名。

徒花《あだばな》 咲いても実を結ばない花。「—を咲かせる」

徒《あだ》や疎《おろそ》か いいかげん。「—にはできない」

徒《いたずら》に 役に立たないこと。むだに。

徒事《ただごと》 [只事・唯事] 「—ではない」

徒《ただ》ならぬ ふつうではない。「—顔色」

徒者《ただもの》 [只者] ありふれた人。「—ではない」

徒然《つれづれ》 たいくつなこと。「—なるままに」

徒口《むだぐち》 ［無駄口］「―をたたく」

徒骨《むだぼね》 ［無駄骨］「―を折る」

【衒】 ゲン

衒学的《げんがくてき》 学識のあることをひけらかす。

衒《てら》う 見せびらかす。「奇を―」

【術】 ジュツ

術《すべ》 すべき方法。手段。「―がない」

【御】 ギョ・ゴ おん

御会式《おえしき》 日蓮宗で宗祖の忌日の法会。

御偉方《おえらがた》 身分や地位の高い人たち。

御菜《おかず》 ［御数］ 食事の副食物。

御門違《おかどちが》い 見当違い。

御内儀《おかみ》 ［御上］「かみさん」の丁寧語。

御冠《おかんむり》 怒って機嫌が悪いこと。

御侠《おきゃん》 おてんばな娘。

御髪《おぐし》 女性が使う「髪の毛」の丁寧語。

御包《おくる》み 防寒のため乳児の衣服の上に着せるもの。

御香香《おこうこ》 おしんこ。

御零《おこぼ》れ 「―にあずかる」「―をいただく」

御強《おこわ》 赤飯。

御座《おざ》なり いいかげん。

御浚《おさら》い 学んだことを復習する。

御爨《おさん》どん 台所で働く女。

御爺《おじい》さん 男の老人を親しんで呼ぶ語。⇕御婆さん

御祖父《おじい》さん 祖父を親しんで呼ぶ語。⇕御祖母さん

御釈迦《おしゃか》 作りそこないの不良品。

御節料理《おせちりょうり》 正月用の料理。

御節介《おせっかい》 よけいな世話をやく。

御大尽《おだいじん》 大金持ち。

御旅所《おたびしょ》 祭りのとき神輿（みこし）を安置する所。

御陀仏《おだぶつ》 死ぬこと。また物がだめになること。

御為倒《おためごかし》 相手のためと見せかけ私利をはかる。

御付《おっ》け みそ汁。

御汁《おつゆ》 食事のときの吸い物。

御出子《おでこ》 高く出ているひたい。また、ひたい。

御手塩《おてしょ》 女性語で小さくて浅い皿。

御点前《おてまえ》 ［御手前］ 茶の湯の作法。

御出座《おでま》し 「出席・外出」の尊敬語。

御田《おでん》 鍋料理の一。関西では「関東だき」という。

御転婆《おてんば》 活発に行動する娘。

御伽噺《おとぎばなし》 子供に聞かせる昔話。

御上《おのぼ》りさん 都会を見にきた田舎の人。

御婆《おばあ》さん 女の老人を親しんで呼ぶ語。⇕御爺さん

御祖母《おばあ》さん 祖母を親しんで呼ぶ語。⇕御祖父さん

御萩《おはぎ》 ぼたもち。

御弾《おはじ》き 女の子の遊びの一。

御祓《おはら》い 神社で行う神事の一。

御浸《おひた》し 青菜をゆでた食べ物。

御櫃《おひつ》　炊いたご飯を入れる木製の入れ物。
御捻《おひね》り　祝儀用にお金を紙に包んでひねったもの。
御冷《おひ》や　冷たい飲み水。
御披露目《おひろめ》　「披露」の丁寧語。
御賓頭盧《おびんずる》　十六羅漢の一。
御負《おま》け　景品としてつけ加えるもの。
御虎子《おまる》　室内用の持ち運びできる便器。
御飯《おまんま》　俗語でご飯のこと。「―の食い上げだ」
御御足《おみあし》　「足」の丁寧語。
御味御付《おみおつ》け　みそ汁の丁寧語。
御神酒《おみき》　神前に供える酒。「―が入っている」
御神籤《おみくじ》　社寺で吉凶をうらなうくじ。

御見逸《おみそ》れ　「―しました」
御土産《おみやげ》　「みやげ」の女性語。
御結《おむす》び　にぎりめし。
御繦緥《おむつ》　おしめ。
御粧《おめかし》　化粧をして着飾ること。
御目出度《おめでと》う　［御芽出度う］「合格―」
御八《おや》つ　「三時の―」
御歴歴《おれきれき》　身分の高い人。名士たち。
御座《おわ》す　［在す］「いる」の尊敬語。
御曹司《おんぞうし》　［御曹子］名門の子息。とくに長男。
御大《おんたい》　団体などのトップを親しんで呼ぶ語。
御《ぎょ》し易《やす》い　扱いやすい。

御相伴《ごしょうばん》　正客と一緒にご馳走になる。
御新造《ごしんぞう》　［ごしんぞ］江戸時代に使われた他人の妻の敬称。
御託《ごたく》　「―を並べる」（不平・不満をいう）
御馳走《ごちそう》　おいしい料理。「―さま」
御法度《ごはっと》　禁じられていること。ご禁制。
御無沙汰《ごぶさた》　長いあいだ便りや訪問をしないこと。
御幣《ごへい》　神に供える道具の一。「―担ぎ」
御用達《ごようたし》　［ごようたつ］「宮内庁―」
御落胤《ごらくいん》　身分の高い人の私生児。
御利益《ごりやく》　神仏が人々に与える恵み。「―がある」
御門《みかど》　［帝］天皇。
御輿《みこし》　［神輿］おみこし。「―を担ぐ」

御簾《みす》　すだれの丁寧な言い方。
御霊《みたま》　［御魂］神の霊。
御手洗《みたらし》　［みたらい］神社で手や口を清める所。

【得】　トク　える・うる
得体《えたい》　「―が知れない」
得得《とくとく》　得意になっているさま。「―としている」

【徘】　ハイ
徘徊《はいかい》　うろうろ歩きまわること。

【復】　フク
復習《さら》う　学んだことを復習する。「お―いをする」
復讐《ふくしゅう》　仕返し。報復。
復《また》　［又・亦］もう一度。再び。

【微】 ビ

微《かす》か　［幽か］「―な声」「―に見える」

微風《そよかぜ》　ゆるやかに吹く風。

微温湯《ぬるまゆ》　温度の低い湯。

微醺《びくん》　ほんのり酒に酔うこと。

微笑《ほほえ》む　［ほおえむ］［頬笑む］にっこり笑う。

微酔《ほろよ》い　酒にすこし酔う。「―機嫌」

微睡《まどろ》む　うとうととしてすこし眠る。

微塵《みじん》　ごくわずか。「―切り」「―もない」「木っ端―」

【徴】 チョウ

徴《しるし》　前兆。きざし。「大雪は豊年の―」

【徳】 トク

徳利《とっくり》　酒を入れる容器。

【徹】 テツ

徹宵《てっしょう》　夜あかし。徹夜。

徹《とお》る　［通る］一方から他方へつきぬける。

【衝】 ショウ

衝立《ついたて》　室内の仕切りに使う家具。

衝《つ》く　「痛いところを―」「風雨を―いて」

衝羽根《つくばね》　羽根つきの羽根。

忄部　りっしんべん

＊心→96頁

【忖】 ソン

忖度《そんたく》　他人の心をおしはかる。

【忙】 ボウ　いそがしい

忙《せわ》しない　いそがしい。

【快】 カイ　こころよい

快闊《かいかつ》　気性がさっぱりして心の広いさま。

快哉《かいさい》　痛快なこと。「―を叫ぶ」

【忸】 ジク

忸怩《じくじ》　恥ずかしく思うさま。「―たる思い」

【怪】 カイ　あやしい・あやしむ

怪我《けが》　あやまって傷を受けること。

怪訝《けげん》　不思議がるさま。「―な目で見られる」

怪《け》しからん　許しがたい。

【怯】 キョウ

怯《おび》える　［脅える］こわがってびくびくする。

怯懦《きょうだ》　いくじなし。

怯《ひる》む　おじけづいて気持ちが弱くなる。

【性】 セイ・ショウ

性《さが》　生まれつきの性質。「女の―」

性懲《しょうこ》り　「―もなく」（何度いわれてもこりない）

性根《しょうね》　根性。「―が座っている」

性悪《しょうわる》　たちが悪い。

【怖】 フ　こわい

怖気《おじけ》づく　こわがる。

怖怖《おずおず》　［おどおど］こわごわ。おそるおそる。

怖《おそ》れる　［恐れる・懼れる］こわがる。

怖《お》めず臆《おく》せず　すこしも気おくれしない。

【怜】レイ

怜悧《れいり》　かしこい。利口なこと。

【怺】こらえる

怺《こら》える　［堪える］苦しみなどをがまんする。

【悔】カイ　くいる・くやむ・くやしい

悔悛《かいしゅん》　［改悛］前非を悔い改めること。

【恰】コウ

恰《あたか》も　［宛も］まるで。さながら。

恰好《かっこう》　［格好］「―がいい」「―をつける」

恰幅《かっぷく》　体の格好。「―がいい」

恰度《ちょうど》　［丁度］「―よかった」

【恍】コウ

恍惚《こうこつ》　心をうばわれうっとりするさま。

恍《とぼ》ける　［惚ける］知らないふりをする。

【恃】ジ

恃《たの》む　［頼む］あてにする。頼りにする。

【恬】テン

恬淡《てんたん》　［恬澹］欲がなくあっさりしているさま。

【恫】ドウ

恫喝《どうかつ》　おどす。おどかす。

【悦】エツ

悦《よろこ》ぶ　［喜ぶ・慶ぶ］「合格を―」

【悍】カン

悍《おぞ》ましい　恐ろしい。

悍馬《かんば》　［駻馬］性質があらく人になれにくい馬。

【悄】ショウ

悄悄《しおしお》　がっかりして元気のないさま。

悄然《しょうぜん》　元気のないさま。しょんぼり。

悄気《しょげ》る　元気がなくなる。

【悖】ボツ・ハイ

悖《もと》る　そむく。さからう。「人の道に―」

【悋】リン

悋気《りんき》　男女間のやきもち。しっと。

【惟】イ

惟《おも》うに　［思うに］考えてみるに。

惟《おもんみ》る　よくよく考えてみる。

惟神《かんながら》　［随神］神の御心のまま。「―の道」

【惚】コツ

惚《とぼ》ける　［恍ける］知らないふりをする。

惚《ぼ》ける　［呆ける・耄ける］もうろくする。

惚気《のろけ》る　恋人や夫（妻）のことをうれしそうに話す。

惚茄子《ぼけなす》　ぼけた人をののしっていう語。

惚《ほ》れる　「彼女に―」「聞き―」

【惨】サン・ザン　みじめ

惨憺《さんたん》　［惨澹］「―たるありさま」「苦心―」

惨《むご》い　［酷い］ひどい。残酷である。

惨《むご》たらしい　［酷たらしい］残酷である。

【情】ジョウ・セイ　なさけ

情誼《じょうぎ》　［情宜］人とつきあう上での義理・情愛。

【悴】スイ

悴《せがれ》　［倅］「伜・倅」は俗字。むすこ。⇔娘

悴《かじか》む　手足が冷えて思うように動かない。

【惘】ボウ

惘《あき》れる　［呆れる］あっけにとられる。

【愕】ガク

愕《おどろ》く　［驚く・駭く］びっくりする。

愕然《がくぜん》　ひどく驚くさま。「―とする」

【愉】ユ

愉《たの》しい　［楽しい］うれしい。おもしろい。

【慎】シン　つつしむ

慎《つつ》ましい　控えめである。

【慄】リツ

慄《おのの》く　［戦く］恐ろしさにふるえる。

慄然《りつぜん》　ふるえおののくさま。

【慚】ザン

慚愧《ざんき》　［慙愧］心に恥じる。「―に堪えない」

【慥】ゾウ

慥《たし》か　［確か］「―な情報」「身元は―」

【慟】ドウ

慟哭《どうこく》　大声をあげて激しく泣く。

【憔】ショウ

憔悴《しょうすい》　やせおとろえる。やつれる。

【憬】ケイ

憬《あこが》れ　［憧れ］「―の的」

【憧】ショウ　あこがれる

憧《あこが》れ　［憬れ］「―の的」

憧憬《どうけい》　「しょうけい」の慣用読み。あこがれること。

【憚】タン

憚《はばか》る　「憎まれっ子世に―」「人目を―」

【憮】ブ

憮然《ぶぜん》　失望してがっかりする。

【憤】フン　いきどおる

憤怒《ふんぬ》　［忿怒］激しくいきどおる。

憤懣《ふんまん》　［忿懣］腹が立ってがまんできない。

憤《むずか》る　［むつかる］だだをこねる。

【憐】レン

憐《あわ》れむ　［哀れむ］気の毒と思う。

憐憫《れんびん》　［憐愍］あわれむこと。

【懊】オウ

懊悩《おうのう》　悩みもだえる。

懊《じ》れる　［焦れる］いらいらする。

【懐】カイ　ふところ・なつかしい・なつく

懐《いだ》く　［抱く］「大志を―」「反感を―」

【懈】カイ

懈怠《けたい》　［かいたい］なまけおこたる。

懈《だる》い　[怠い]「体が―」

【憾】　カン

憾《うら》み　残念に思う。心残りに思う。

【懶】　ラン

懶《なま》ける　[怠ける]　まじめに努力しない。

懶《ものう》い　[物憂い]　気持ちがはれない。

懶《ものぐさ》　[物臭]　めんどうがる。

懶惰《らんだ》　「らいだ」は慣用読み。なまけること。

【懺】　ザン

懺悔《ざんげ》　過去の罪を悔い告白する。

【懼】　ク

懼《おそ》れる　[恐れる・怖れる]　こわがる。

扌部　てへん

＊手↓100頁

【才】　サイ

才媛《さいえん》　教養を身につけた女性。

才槌《さいづち》　小形の木製のつち。「―頭」

【打】　ダ　うつ

打遣《うっちゃ》る　[打棄る]　投げ捨てる。

打擲《ちょうちゃく》　人をなぐる。たたく。

打《ぶ》ち噛《か》ます　相手の出ばなをくじく。

打《ぶ》つ　[撃つ・撲つ]　たたく。なぐる。

打《ぶ》ん殴《なぐ》る　俗語で強くなぐる。

【払】　フツ　はらう

払暁《ふつぎょう》　夜が明けようとするころ。

払拭《ふっしょく》　ぬぐいさる。取り除く。

払底《ふってい》　物が何もなくなる。

払子《ほっす》　仏具の一。

【扱】　あつかう

扱《こ》き下《お》ろす　ひどく人の悪口をいう。

扱《こ》く　かきおとす。「稲を―」

扱《しご》く　きびしく訓練する。「槍を―」「練習で―」

【托】　タク

托《たく》す　[託す]　人にたのむ。あずける。

托鉢《たくはつ》　僧が家々をめぐり施しを受けること。

【扨】　さて

扨《さて》　[偖]　ところで。それで。「―話はかわって」

【抉】　ケツ

抉《えぐ》る　[刳る]「傷口を―」「心を―」

抉《こ》じ開《あ》ける　「窓を―」「戸を―」

抉《こじ》る　すきまに棒などを入れてえぐる。

【抗】　コウ

抗《あらが》う　[争う・諍う]　さからう。

抗癌剤《こうがんざい》　がん細胞の増殖や転移をおさえる薬。

【抒】　ジョ

抒情《じょじょう》　[叙情]「―詩」

【抄】　ショウ

抄《す》く　[漉く]「紙を―」「海苔（のり）を―」

【折】セツ おる・おり・おれる

折敷《おしき》 祭器として使われるお盆。

折柄《おりから》 ちょうどそのとき。

折節《おりふし》 そのときそのとき。

折伏《しゃくぶく》 仏教語で仏道に帰依させること。

折角《せっかく》 そのためにわざわざすること。

折檻《せっかん》 きびしくしかる。

折《へ》ぐ ［剝ぐ］ 薄く削りとる。

【抓】ソウ

抓《つね》る 「ほおを―」

抓《つま》む ［撮む・摘む］「菓子を―」「鼻を―」

【択】タク

択《えら》ぶ ［選ぶ］「議長を―」

【投】トウ なげる

投網《とあみ》 魚をとる網の一種。

投函《とうかん》 郵便物をポストに入れる。

投擲《とうてき》 投げる。投げとばす。「―競技」

投錨《とうびょう》 いかりを海に投げ入れ船をとめる。

【把】ハ

把手《とって》 ［取っ手］「ドアの―」

【抜】バツ ぬく・ぬける・ぬかす・ぬかる

抜萃《ばっすい》 ［抜粋］ 本から要点を抜き出す。

抜擢《ばってき》 すぐれた人を登用する。「部長に―される」

【扶】フ

扶《たす》ける ［援ける］ 困っている人を助ける。

扶持《ふち》 昔の武士の俸禄。「宛行（あてがい）―」

【扮】フン

扮飾《ふんしょく》 ［粉飾］「―決算」

扮装《ふんそう》 役者が舞台に出るときの装い。

【抔】ホウ

抔《など》 ［等］「これ―いかが」「本―を買う」

【扼】ヤク

扼殺《やくさつ》 のどをしめつけて殺す。

【抑】ヨク おさえる

抑《そもそも》 初め。また、いったい。「―それが間違いのもと」

【押】オウ おす・おさえる

押捺《おうなつ》 印を押すこと。押印。

押柄《おうへい》 ［横柄］ えらそうな態度。

押競饅頭《おしくらまんじゅう》 大勢の子が押しあう遊び。

押取刀《おっとりがたな》 大急ぎで駆けつける。

押《お》っ圧《ぺ》す 俗語で押しつぶす。

【拗】ヨウ

拗《こじ》れる 「風邪が―」「話が―」

拗《す》ねる ひねくれている。「世を―」

拗《ねじ》ける ひねくれる。「―た根性」

拗音《ようおん》 キャ・シュ・チョなどの音。

【拐】カイ

拐《かどわ》かす ［勾引かす］ 誘拐する。

【拡】カク

拡《ひろ》がる　[広がる]「事業が—」「不安が—」

【拠】キョ・コ

拠《よ》る　よりどころとする。「法律に—れば」

拠所無《よんどころな》い　やむをえない。

【拘】コウ

拘《かかずら》う　面倒なことにかかわりあう。

拘《かかわ》る　関係する。また、こだわる。

拘《こだわ》る　拘泥する。「体面に—」

【招】ショウ　まねく

招聘《しょうへい》　礼をつくして人を招くこと。

【拙】セツ　つたない

拙《つたな》い　へた。まずい。

拙《まず》い　へた。「字が—」⇔巧い・上手い

【拓】タク

拓《ひら》く　[開く]　開拓する。開発する。

【抽】チュウ

抽籤《ちゅうせん》　[抽選]　くじを引く。

抽《ぬき》んでる　[擢んでる]　とびぬけてすぐれる。

抽斗《ひきだし》　[抽出]「机の—」

【拈】ネン

拈出《ねんしゅつ》　[捻出]　ひねり出す。

拈《ひね》る　[捻る・撚る]「頭を—」「腰を—」

【拍】ハク・ヒョウ

拍手《かしわで》　[柏手]　神前で手を打つこと。

【披】ヒ

披瀝《ひれき》　心の中にあることを隠さず打ちあける。

【拇】ボ

拇指《おやゆび》　[ぼし][親指]

拇印《ぼいん》　印のかわりに親指に朱肉をつけて押した印。

【拋】ホウ

拋《なげう》つ　「命を—」「財産を—」

拋《ほう》る　[放る]　投げる。「ボールを—」

拋擲《ほうてき》　[放擲]　投げ出す。

【抹】マツ

抹香臭《まっこうくさ》い　仏教じみている。

【拉】ラツ・ラ

拉《しだ》く　くだく。つぶす。「踏み—」

拉《ひし》ぐ　押しつぶす。「打ち—」

拉《ひし》げる　[ひしゃげる]　押されてつぶれる。

拉致《らち》　[らっち]　人をさらう。「—被害者」

【按】アン

按配《あんばい》　[按排・案配]　物事のほどあい。「いい—」

按分《あんぶん》　[案分]「—比例」

按摩《あんま》　もみ療治。マッサージ。

【括】カツ

括《くく》る　しばる。たばねる。

括《くび》れる　物の一部分がくくられたように細くなる。

【拮】キツ

拮抗《きっこう》　互いに同じくらいの力で張り合う。

【拱】キョウ

拱《こまぬ》く　［こまねく］「手を―」

【指】シ　ゆび・さす

指呼《しこ》　指さして呼べるほど近い距離。「―の間」

【持】ジ　もつ

持《も》て囃《はや》す　ほめそやす。

【拭】ショク　ふく・ぬぐう

拭《ぬぐ》う　「汗を―」「汚れを―」

拭《ふ》く　「テーブルを―」「手を―」

【拵】ソン

拵《こしら》える　「話を―」「腹を―」「洋服を―」

【挘】むしる

挘《むし》る　［毟る］「草を―」「毛を―」

【挨】アイ

挨拶《あいさつ》　「―状」「開会の―」「時候の―」

【挫】ザ

挫《くじ》く　「足を―」「出鼻を―」

挫傷《ざしょう》　うちみ。打撲傷。

挫折《ざせつ》　計画などが途中でだめになる。「―感」

【挿】ソウ　さす

挿頭《かざ》す　髪に花をさす。

挿画《さしえ》　［挿絵］本などの文章中に入れた絵。

挿《す》げ替《か》える　「下駄の鼻緒を―」「役員の首を―」

挿《はさ》む　［挟む］「口を―」「本にしおりを―」

【捉】ソク　とらえる

捉《つか》まえる　［捕まえる・摑まえる］取り押さえる。

捉《とら》える　［捕える］「チャンスを―」

【捗】チョク

捗《はか》　［果］「―が行く」（順調に進む）

捗《はかど》る　「工事が―」「仕事が―」

捗捗《はかばか》しい　［果果しい］仕事などが順調に進む。

【挺】テイ・チョウ

挺《ちょう》　銃・鍬などを数える語。

【捏】デツ・ネツ

捏《こ》ねる　「駄々を―」「土を―」

捏《つく》ねる　手でこねて丸いものを作る。

捏《でっ》ち上《あ》げる　捏造する。「証拠を―」

捏造《ねつぞう》　「でつぞう」の慣用読み。でっちあげ。

【捌】ハツ

捌《さば》く　「売り―」「紙を―」

捌《は》ける　「品物が―」「水が―」

【挽】バン

挽歌《ばんか》　死者を悲しみいたむ詩歌。

挽回《ばんかい》　「形勢を―する」「名誉―」

挽肉《ひきにく》　肉を細かくひいたもの。「豚の―」

挽《ひ》く　［引く］「コーヒーを―」「のこぎりを―」

【掩】 エン

掩護《えんご》 危険からまもること。「―射撃」

掩蔽《えんぺい》 おおい隠すこと。

掩《おお》う ［覆う・被う・蔽う・蓋う］ かぶせる。

【掛】 かける・かかる・かかり

掛矧《かけは》ぎ ［掛接ぎ］ 布のつくろい方の一。

【掬】 キク

掬《きく》する 心情を察する。「情状―すべきものがある」

掬《すく》う 「足を―」「金魚を―」「手で水を―」

【掘】 クツ ほる

掘鑿《くっさく》 ［掘削］ 土を掘り穴をあけること。

掘建小屋《ほったてごや》 ［掘立］ 粗末な小屋。

【捲】 ケン

捲《ま》く ［巻く］ 「うずを―」「ぜんまいを―」

捲《まく》る 「腕を―」「書き―」「吹き―」

捲《めく》る 「本のページを―」

【推】 スイ おす

推敲《すいこう》 詩文を何度もねり直す。

推戴《すいたい》 組織の長としておしいただく。

推輓《すいばん》 ［推挽］ 人を推挙する。

【掟】 ジョウ

掟《おきて》 「―を破る」「仲間の―」

【接】 セツ つぐ

接吻《せっぷん》 口づけ。キス。

接木《つぎき》 木の枝を切りとって他の木につぐこと。

接《は》ぐ つぎ合わせる。「布を―」

【措】 ソ

措《お》いて 「彼を―適任者はいない」

【掃】 ソウ はく

掃墨《はいずみ》 ［灰墨］ すすを集めて作った墨。

掃溜《はきだめ》 ごみため。「―に鶴」

掃《はら》う ［払う］ 姿を消す。「地を―」

【掉】 チョウ・トウ

掉尾《とうび》 「ちょうび」の慣用読み。物事の最後。「―を飾る」

【掏】 トウ

掏摸《すり》 他人の携帯品をかすめとること・人。

掏《す》る 「人の財布を―」

【捺】 ナツ・ナ

捺《お》す ［押す］ 「判を―」

捺印《なついん》 印鑑をおす。押印。

【捻】 ネン

捻子《ねじ》 ［螺旋・螺子・捩子］ 「―を巻く」

捻《ねじ》る ［捩る］ ひねる。「腕を―」

捻《ひね》る ［拈る・撚る］ 「頭を―」「腰を―」

捻挫《ねんざ》 関節をくじくこと。

捻出《ねんしゅつ》 ［拈出］ ひねり出す。

【排】 ハイ

排泄《はいせつ》 大小便として体外に出す。

【描】 ビョウ えがく・かく

描《か》く ［画く］「絵を—」

【捧】 ホウ

捧《ささ》げる 「神に—」「身も心も—」

【掠】 リャク

掠《かす》める 物を盗みとる。

掠《かす》り傷《きず》 ［掠り疵］ 皮膚をこすったほどの傷。

掠《かす》る ［擦る］ 軽く触れる。

掠《かす》れる ［擦れる］「声が—」「字が—」

掠《さら》う ［攫う］ 人のすきを見て奪い去る。

掠奪《りゃくだつ》 ［略奪］ 奪い取る。

【捩】 レイ

捩子《ねじ》 ［螺旋・螺子・捻子］「—を巻く」

捩《ねじ》る ［捻る］ ひねる。「腕を—」

捩《もじ》る ねじる。よじる。

捩《よじ》れる 体をひねる。ねじれる。

【捥】 ワン

捥《もぎ》る 無理にねじりとる。「柿を—」

【握】 アク にぎる

握握《にぎにぎ》 幼児語で手を握ること。

【援】 エン

援《たす》ける ［扶ける］ 力を添える。手伝う。

【揮】 キ

揮毫《きごう》 毛筆で書を書くこと。

揮《ふる》う ［振るう］「腕を—」「指揮を—」

【揉】 ジュウ

揉上《もみあ》げ 頭髪の耳の前に生えている部分。

揉《も》む 「紙を—」「気を—」「腰を—」

揉《も》め事《ごと》 いざこざ。トラブル。

【揃】 セン

揃《そろ》う 「顔が—」「咲き—」「三拍子—」

【提】 テイ さげる

提《さ》げる ［下げる］「手にかばんを—」

提灯《ちょうちん》 「—持ち」「赤—」「小田原—」

【揶】 ヤ

揶揄《やゆ》 からかうこと。

【揺】 ヨウ ゆれる・ゆらぐ・ゆする・ゆさぶる

揺籃《ゆりかご》 ［揺籠］ 赤ん坊をゆり動かして寝かせるかご。

揺籃《ようらん》 「—の地」（生まれた所。出生地）

【搾】 サク しぼる

搾滓《しめかす》 油をしぼったあとのかす。

【搦】 ジャク

搦手《からめて》 敵の後ろ側。「—から攻める」

搦《から》める 縛って動かないようにする。

【摂】 セツ

摂政《せっしょう》 天皇にかわって政務を行うこと・人。

摂《と》る ［取る］「栄養を—」

【掻】 ソウ

掻《か》い潜《くぐ》る 「くぐる」を強めた言い方。

掻《か》い摘《つま》む 「要点を―んで話す」

掻巻《かいまき》 冬用の掛け布団の一。

掻揚《かきあげ》 てんぷらの一。「エビの―」

掻《か》き毟《むし》る むしるようにひっかく。

掻《か》く 「頭を―」「べそを―」「水を―」

掻《か》っ込《こ》む 急いで食べる。「飯を―」

掻爬《そうは》 患部を削り取ること。また人工流産。

【搗】 トウ

搗《か》ち合《あ》う 「日曜日と祝日が―」

搗栗《かちぐり》 [勝栗] 干した栗。出陣や正月に用いた。

搗《つ》く [舂く]「餅を―」

【摑】 カク

摑《つか》まえる [捕まえる・捉まえる] 取り押さえる。

摑《つか》む [攫む] 物をしっかり握る。

【摺】 ショウ

摺餌《すりえ》 小鳥のえさ。

摺《す》る [刷る]「版画を―」

【摘】 テキ つむ

摘《つま》む [撮む・抓む]「菓子を―」「鼻を―」

摘入《つみれ》 魚肉を加工した食品。

【撮】 サツ とる

撮《つま》む [摘む・抓む]「菓子を―」「鼻を―」

【撒】 サン

撒水《さんすい》 [散水] 水をまく。「―車」

撒布《さんぷ》 [散布] 振りまく。「農薬を―する」

撒餌《まきえ》 魚をとるときにまくえさ。

撒《ま》く 「豆―き」「水を―」

【撰】 セン

撰者《せんじゃ》 [選者] 詩文を選びまとめる人。

撰集《せんしゅう》 [選集] 詩文を選び編集すること。

【撞】 トウ

撞木《しゅもく》 仏具の一つで鐘を打つT字形の棒。

撞《つ》く 「鐘を―」「まりを―」

撞球《どうきゅう》 たまつき。ビリヤード。

撞着《どうちゃく》 つじつまが合わないこと。「自家―」

【撓】 ドウ

撓《しな》う 弾力があってしなやかにたわむ。

撓垂《しなだ》れる 甘えてよりかかる。

撓《たわ》む 枝などが曲がる。しなう。

撓《たわ》わ 「柿が枝も―になる」

【撚】 ネン

撚《ひね》る [捻る・拈る]「頭を―」「腰を―」

撚《よ》り [縒り]「―を掛ける」「―を戻す」

撚《よ》る [縒る]「糸を―」

【播】 ハ

播種《はしゅ》 種をまくこと。

播《ま》く [蒔く]「種を―」

【撥】ハツ
撥条《ぜんまい》 ［発条］ うずまき状のばね。
撥《ばち》 三味線をひく道具。
撥《は》ねる 「上前を—」「車が人を—」
【撫】ブ
撫《な》でる 「なぜる」はなまり。「頭を—」
撫《ぶ》する なでさする。「腕を—」
【撲】ボク
撲《なぐ》る ［殴る・擲る］「ぶん—」
撲《ぶ》つ ［打つ・撃つ］ たたく。なぐる。
撲殺《ぼくさつ》 なぐり殺す。
【擒】キン
擒《とりこ》 ［虜］ 捕虜。
【擅】セン
擅《ほしいまま》 ［縦・恣］ 自分の思うまま。
【擂】ライ
擂粉木《すりこぎ》 ごまなどをすり鉢でするのに使う棒。
擂《す》る ［摩る・磨る］「ごまを—」「みそを—」
【擱】カク
擱《お》く やめる。「筆を—」
擱筆《かくひつ》 筆をおく。書き終わる。⇔起筆
【擬】ギ
擬餌針《ぎじばり》 ［擬餌鉤］ 餌に似たものをつけた釣り針。
擬宝珠《ぎぼし》 橋の欄干の柱頭にある飾り。
擬《なぞら》える ［準える・准える］ 似せる。
擬《まが》い物《もの》 ［紛い物］ にせもの。
擬《もどき》 「がん—」「芝居—」
【擦】サツ する・すれる
擦《かす》る ［掠る］ 軽く触れる。
擦《こす》る 「当て—」「目を—」
擦《さす》る ［摩る］ 軽くなでる。
擦《す》る 「—ったもんだ」「はい—」
擦《なす》る ぬりつける。「罪を人に—」
擦《かす》れる ［掠れる］「声が—」「字が—」
擦傷《すりきず》 ［擦疵］ すりむいた傷。
【擡】タイ
擡頭《たいとう》 ［台頭］ 新勢力がのびてくること。
擡《もた》げる 持ち上げる。「頭を—」
【擢】テキ
擢《ぬき》んでる ［抽んでる］ とびぬけてすぐれる。
【擲】テキ
擲《なぐ》る ［殴る・撲る］「ぶん—」
擲《なげう》つ 「命を—」「財産を—」
【擽】リャク
擽《くすぐ》る むずむずして笑い出しそうな感じにさせる。
【攘】ジョウ
攘夷《じょうい》 幕末、外国人を排撃したこと。「尊皇—」
【攫】カク

攫《さら》う [掠う] 人のすきを見て奪い去る。

攫《つか》む [摑む] 物をしっかり握る。

【撹】 コウ・カク

撹拌《かくはん》 「こうはん」の慣用読み。かきまわすこと。

撹乱《かくらん》 「こうらん」の慣用読み。かき乱すこと。

氵部 さんずい

＊水↓123頁

【汁】 ジュウ しる

汁《つゆ》 [液] 「そばの―」「てんぷらの―」

【汀】 テイ

汀《なぎさ》 [渚] 波うちぎわ。

汀《みぎわ》 [水際] 水のきわ。なぎさ。

【氾】 ハン

氾濫《はんらん》 河川の水があふれ出ること。

【汚】 オ けがす・けがれる・よごす・きたない

汚穢《おあい》 [おわい] 汚物。糞尿。

【汗】 カン あせ

汗水漬《あせみずく》 汗でびっしょりぬれる。

汗疹《あせも》 汗が出たあと皮膚にできる湿疹。

汗腺《かんせん》 汗を出す腺。

【汝】 ジョ

汝《うぬ》 [己] 貴様。相手をののしっていう語。

汝《なんじ》 [爾] おまえ。

【汐】 セキ

汐《しお》 [うしお] [潮] 「―が引く」「―どき」

【汎】 ハン

汎神論《はんしんろん》 宗教・哲学上の考え方の一。

汎用《はんよう》 一つのものをいろいろに使うこと。

【汽】 キ

汽罐《きかん》 [汽缶] ボイラー。

【汲】 キュウ

汲汲《きゅうきゅう》 あくせくしているさま。「―としている」

汲《く》む 「相手の意向を―」「水を―」

【沙】 サ

沙塵《さじん》 [砂塵] 砂ぼこり。

沙汰《さた》 「音―がない」「表―になる」「裁判―」

沙漠《さばく》 [砂漠] 「ゴビ―」「サハラ―」

沙《すな》 [砂] 古語で「いさご」

【沁】 シン

沁沁《しみじみ》 [染染] よくよく。しんみり。

沁《し》みる [染みる] 「心に―」「身に―」

【沢】 タク さわ

沢庵《たくあん》 [たくわん] 代表的な漬物の一。

【沈】 チン しずむ・しずめる

沈溺《ちんでき》 水に沈みおぼれる。

沈澱《ちんでん》 [沈殿] 液体中の不純物が底にたまる。

【没】 ボツ

没食子《もっしょくし》 ブナ科の植物にできる丸い虫こぶ。

没分暁漢《わからずや》 道理のわからない人。

【沐】 モク

沐浴《もくよく》 体を洗う。入浴する。

【沃】 ヨク

沃野《よくや》 地味の肥えた豊かな土地。

【河】 カ かわ

河岸《かし》 魚市場。「魚―」

河原《かわら》 ［川原］ 川のほとり。

【況】 キョウ

況《いわん》や まして。なおさら。

況《ま》して なおさら。いっそう。

【沽】 コ

沽券《こけん》 体面。品位。「―にかかわる」

【沼】 ショウ ぬま

沼沢《しょうたく》 沼と沢。

【沮】 ソ・ショ

沮《はば》む ［阻む］ くいとめる。「行く手を―」

【注】 チュウ そそぐ

注《さ》す ［差す・点す］ 「機械に油を―」「目薬を―」

注連縄《しめなわ》 ［標縄・七五三縄］ 神聖な場所に張る縄。

注《つ》ぐ 「お酒を―」「お湯を―」

【泥】 デイ どろ

泥塗《どろまみ》れ 泥だらけになる。

泥《なず》む なかなか変化しないさま。「暮れ―」

泥濘《ぬかるみ》 ［でいねい］ どろみち。

【波】 ハ なみ

波落戸《ならずもの》 ごろつき。無頼漢。

波濤《はとう》 大きな波。

波瀾《はらん》 ［破乱］ 「―に富んだ人生」「―万丈」

【沸】 フツ わく・わかす

沸沸《ふつふつ》 湯などが煮えたつさま。「―と煮える」

【法】 ホウ・ハッ・ホッ

法《のっと》る ［則る］ 模範としてならう。「古式に―」

法《のり》 ［則・矩］ おきて。きまり。

法度《はっと》 おきて。「武家諸―」

法被《はっぴ》 ［半被］ しるしばんてん。

法会《ほうえ》 亡くなった人の追善供養を行うこと。

法華経《ほけきょう》 妙法蓮華経の略称。

法主《ほっす》 ［ほっしゅ・ほうしゅ］ 宗派の長。

法相宗《ほっそうしゅう》 仏教の一宗派。

法螺《ほら》 ほら貝。「―を吹く」

【泡】 ホウ あわ

泡銭《あぶくぜに》 苦労しないで手に入れたお金。

泡沫《うたかた》 水の上に浮かんだあわ。「―の恋」

【沫】 マツ

沫《あわ》 ［泡］ 「―雪」「水の―」

【油】 ユ あぶら

油然《ゆうぜん》 内部からわき起こるさま。「―とわく雲」

油井《ゆせい》 石油をくみとるための井戸。

【泪】 ルイ

泪《なみだ》 ［涙・涕］「うれし―」「くやし―」

【洟】 イ

洟《はな》 ［鼻］ 鼻汁。「―をかむ」「水っ―」

【海】 カイ うみ

海女《あま》 海にもぐって貝などをとる女。

海路《うなじ》 船が通る海上の路。

海原《うなばら》 広々とした海。「大―」

海鼠腸《このわた》 ナマコの腸を塩辛にした食品。

海苔《のり》 アサクサノリをすいて干した食品。

海神《わだつみ》 ［わたつみ］ 海の神。

【活】 カツ

活《い》きる ［生きる］ 命を保つ。生活をする。

活魚《いけうお》 食べるために飼っておく魚。

活作《いけづく》り ［生作り］ 魚料理の一。

活花《いけばな》 ［生花］ 花道。

活惚《かっぽれ》 幕末に流行したこっけいな踊り。

活計《たつき》 ［たずき］［方便］ 生活の手段。

【洒】 サイ・シャ

洒脱《しゃだつ》 俗気がなくさっぱりしている。「軽妙―」

洒落臭《しゃらくさ》い なまいきなこと。

洒落《しゃれ》 気がきいて粋なさま。

【洲】 シュウ

洲《す》 ［州］「三角―」「中―」

【浄】 ジョウ

浄《きよ》める ［清める］「境内を掃き―」

浄瑠璃《じょうるり》 三味線を伴奏にした語り物。

【洩】 セツ・エイ

洩《も》れる ［漏れる］「情報が―」「水が―」

【浅】 セン あさい

浅葱色《あさぎいろ》 ［浅黄色］ ネギのような薄い藍色。

浅傷《あさで》 ［浅手］ 浅い傷。⇕深傷

浅墓《あさはか》 考えが足りないこと。

浅薄《せんぱく》 考えがうすっぺらいこと。

【洗】 セン あらう

洗滌《せんじょう》 「せんでき」の慣用読み。［洗浄］ 洗いすすぐ。

【洞】 ドウ ほら

洞《うろ》 ［空・虚］ 中が空になっているもの。

洞窟《どうくつ》 ほらあな。

【浣】 カン

浣腸《かんちょう》 ［灌腸］ 肛門から薬を入れること。

【浚】 シュン

浚《さら》う ［渫う］ 川やどぶのごみを取り除く。

浚渫《しゅんせつ》 川や海の底の泥をさらう。「―船」

【浸】 シン ひたす・ひたる

浸《し》みる ［染みる・滲みる］「汗が―」「水が―込む」

浸蝕《しんしょく》 ［浸食］ 流水などで地表がくずれる。

浸《つ》かる　「洪水で家が水に—」

浸《ひた》る　「入り—」「喜びに—」

【涎】　セン

涎《よだれ》　「—が出る」「—をたらす」

【涕】　テイ

涕《なみだ》　[涙・泪]「うれし—」「くやし—」

【涅】　デツ・ネ

涅槃《ねはん》　仏教語で悟りの境地。「—図」

【浮】　フ　うく・うかれる・うかぶ・うかべる

浮子《うき》　[浮]　釣り糸につけて水面に浮かすもの。

浮腫《むくみ》　体の一部がはれてふくらむ。

【涌】　ヨウ　わく

涌出《ゆうしゅつ》　「ようしゅつ」の慣用読み。[湧出]　水がわき出る。

涌《わ》き水《みず》　[湧き水]　水がわき出る。

涌《わ》く　[湧く]「温泉が—」「興味が—」

【浴】　ヨク　あびる・あびせる

浴衣《ゆかた》　「—掛け」「—姿」

【流】　リュウ・ル　ながれる・ながす

流石《さすが》　「—にうまい」「腕前は—だ」

流離《さすら》う　さまようこと。「—いの旅」

流行《はやり》　「—歌」「—ことば」

流鏑馬《やぶさめ》　神社の行事で騎射の一。

流暢《りゅうちょう》　「—な英語を話す」

【涙】　ルイ　なみだ

涙腺《るいせん》　涙を分泌する腺。

【浪】　ロウ

浪花節《なにわぶし》　大衆芸能の一。浪曲。

浪《なみ》　[波]「—音」「—風」

【淫】　イン　みだら

淫佚《いんいつ》　[淫逸]　なまけて遊びふける。

淫行《いんこう》　みだらな行為。

淫蕩《いんとう》　酒色におぼれる。

淫売《いんばい》　売春。

淫靡《いんび》　みだらなこと。

淫《みだ》ら　[猥ら]　わいせつ。「—な行為」

【液】　エキ

液《つゆ》　[汁]「そばの—」「てんぷらの—」

【淹】　エン

淹《い》れる　[入れる]「お茶を—」

【涵】　カン

涵養《かんよう》　知識や徳などを少しずつ養成する。

【涸】　コ

涸《か》れる　水がなくなる。干上がる。「池の水が—」

涸渇《こかつ》　[枯渇]　水がかれてなくなる。

【混】　コン　まじる・まざる・まぜる

混《こ》む　[込む]　混雑する。「電車が—」

混淆《こんこう》　[混交]「玉石—」「神仏—」

【済】　サイ　すむ・すます

済《な》し崩《くず》し 「貯金を―に使う」

済《な》す 物事を済ませる。

【淑】 シュク

淑《しと》やか ことばや動作が上品なさま。

【淳】 ジュン

淳朴《じゅんぼく》 ［純朴・醇朴］ 素直で飾り気のないこと。

【渚】 ショ

渚《なぎさ》 ［汀］ 波うちぎわ。

【渉】 ショウ

渉《わた》る ［渡る］ 「海を―」「橋を―」

【深】 シン ふかい・ふかまる・ふかめる

深《ふ》ける ［更ける］ 「夜が―」

深淵《しんえん》 川の深いふち。

深深《しんしん》 「夜が―とふける」

深傷《ふかで》 ［深手］ 深い傷を負う。⇔浅傷

深山《みやま》 奥深い山の美称。

深雪《みゆき》 「雪」の美称。

【清】 セイ・ショウ きよい・きよまる・きよめる

清《さや》か ［明か］ はっきりとよく見える。

清水《しみず》 地中から湧き出るきれいな水。

清清《すがすが》しい さわやかで気持ちよい。「―朝」

清汁《すましじる》 ［澄汁］ お吸い物。

清《す》む ［澄む］ 濁りがなく清くすきとおる。

清楚《せいそ》 清らかなこと。「―な身なりの少女」

清冽《せいれつ》 水が清く冷たいこと。

【添】 テン そえる・そう

添乳《そえぢ》 赤ん坊のわきに寝て乳をのませること。

【淀】 デン

淀《よど》む ［澱む］ 「空気が―」「水が―」

【淘】 トウ

淘汰《とうた》 不用なものを取り除く。「自然―」

【淋】 リン

淋《さび》しい ［寂しい］ 「―夜の道」「懐が―」

淋病《りんびょう》 ［痳病］ 淋菌による性病。

【湮】 イン

湮滅《いんめつ》 あとかたもなく消えてなくなる。「証拠―」

【淵】 エン

淵源《えんげん》 物事の起源。みなもと。

淵《ふち》 川の流れがよどんだ深い所。

【温】 オン あたたか・あたたまる

温和《おとな》しい ［大人しい］ 「―子」

温罨法《おんあんぽう》 患部をあたためる療法。⇔冷罨法

温《ぬく》い 関西以西の方言であたたかい。

温《ぬる》い 「お茶が―」「風呂が―」⇔熱い

温《ぬく》もり あたたかさ。

温《ぬる》む 少しあたたかくなる。「水―」

【渠】 キョ

渠魁《きょかい》 ［巨魁］ 盗賊などの頭。首領。

【減】ゲン　へる・へらす

減《め》り込《こ》む　「タイヤがぬかるみに―」

減張《めりはり》　［乙張］「―のある文章」「―をきかす」

【渾】コン

渾名《あだな》　［綽名］　ニックネーム。

渾渾《こんこん》　［滾滾］「水が―とわき出る」

渾身《こんしん》　からだ全体。「―の力を出して」

渾沌《こんとん》　［混沌］　区別がはっきりしないありさま。

【湿】シツ　しめる・しめす

湿《し》気《け》る　湿気をおびる。しめる。

湿疹《しっしん》　皮膚の表面の炎症。

湿《しと》る　しめる。しめっぽくなる。

【渫】セツ

渫《さら》う　［浚う］　川やどぶのごみを取り除く。

【湊】ソウ

湊《みなと》　［港］　船着場。

【湛】タン

湛《たた》える　水などを一杯にする。

【湯】トウ　ゆ

湯垢《ゆあか》　浴槽に浮くよごれ。

湯《ゆ》中《あた》り　長風呂すると起こる体の異常。

湯《ゆ》浴《あ》み　風呂に入ること。

湯灌《ゆかん》　死者をお湯で清めること。

湯《ゆ》湯《たん》婆《ぽ》　冬、布団に入れて体を温める道具。

湯桶《ゆとう》読《よ》み　上の字を訓で下の字を音でよむ読み方。⇔重箱読み

湯女《ゆな》　江戸時代、湯屋にいた遊女。

湯熨《ゆのし》　湯気にあてて布のしわをのばすこと。

湯槽《ゆぶね》　［湯船］　浴槽。

【満】マン　みちる・みたす

満艦飾《まんかんしょく》　俗に派手に着飾った女性の形容。

満腔《まんこう》　［まんくう］　からだ全体。心から。

【湧】ユウ　わく

湧出《ゆうしゅつ》　「ようしゅつ」の慣用読み。［涌出］　水がわき出る。

湧《わ》き水《みず》　［涌き水］　水がわき出る。

湧《わ》く　［涌く］　「温泉が―」「興味が―」

【溢】イツ

溢《あふ》れる　「会場に人が―」「水が―」

溢《こぼ》れる　［零れる］「涙が―」「花が咲き―」

【滑】カツ　すべる・なめらか

滑稽《こっけい》　おどけていて面白い。

滑《ぬめ》り　ぬるぬるする。

【溝】コウ　みぞ

溝渠《こうきょ》　給排水のために掘った溝。

溝《どぶ》　汚水や雨水が流れるみぞ。下水。

【滓】シ

滓《おり》　［澱］　液体の底に沈んだかす。

滓《かす》　「食べ―」「残り―」

【溲】シュウ・ソウ

溲瓶《しびん》 [尿瓶] 寝たまま使う小便器。

【準】 ジュン

準《なぞら》える [准える・擬える] 似せる。

【溯】 ソ

溯《さかのぼ》る [遡る] 「川を—」「時代を—」

溯及《そきゅう》 [遡及] 過去にさかのぼる。

溯行《そこう》 [遡行] 川をさかのぼる。

【溺】 デキ

溺《おぼ》れる 「川で—」「酒色に—」

溺愛《できあい》 むやみにかわいがる。

溺死《できし》 水におぼれて死ぬ。

【滔】 トウ

滔滔《とうとう》 「水が—と流れる」

【滅】 メツ ほろびる・ほろぼす

滅入《めい》る ふさぎこむ。「気分が—」

滅茶苦茶《めちゃくちゃ》 [目茶苦茶] めちゃめちゃ。

滅相《めっそう》 「—もない」(とんでもない)

滅多矢鱈《めったやたら》 めちゃくちゃなこと。

【溜】 リュウ

溜《た》まる 「ごみが—」「仕事が—」

溜息《ためいき》 大きくつく息。「—が出る」

溜飲《りゅういん》 「—が下がる」

【演】 エン

演繹《えんえき》 おしひろげて述べる。「—法」⇕帰納

演物《だしもの》 [出物] 上演する作品。演目。

【漁】 ギョ・リョウ

漁《あさ》る さがしまわる。「買い—」

漁火《いさりび》 魚を集めるための船のあかり。

漁《すなど》る 魚や貝をとる。

【滾】 コン

滾滾《こんこん》 [渾渾] 「水が—とわき出る」

滾《たぎ》る 湯がわきたつ。

【漆】 シツ うるし

漆喰《しっくい》 壁などの上塗りに用いるもの。

【滲】 シン

滲《し》みる [染みる・浸みる] 「汗が—」「水が—み込む」

滲透《しんとう》 [浸透] しみこむ。しみとおる。

滲《にじ》む 「汗が—」「血が—」「涙が—」

【漸】 ゼン

漸次《ぜんじ》 だんだん。

漸《ようや》く やっと。

漸《ようよ》う 「ようやく」の古風な言い方。

【漱】 ソウ

漱《すす》ぐ [くちすすぐ] 口をゆすぐ。

【漕】 ソウ

漕《こ》ぐ 「自転車を—」「舟を—」

【漲】 チョウ

漲《みなぎ》る 「全身に力が—」

【漫】マン
漫《そぞ》ろ 「―歩き」「気も―」

【漣】レン
漣《さざなみ》 [小波・細波] 細かく立つ波。

【漏】ロウ もる・もれる・もらす
漏斗《じょうご》 [ろうと] 液体を移しかえる道具。
漏洩《ろうえい》 秘密がもれる。「機密―」

【漉】ロク
漉餡《こしあん》 煮たアズキをつぶして布でこしたあん。
漉《こ》す [濾す] かすを取るためろ過すること。
漉《す》く [抄く] 「紙を―」「海苔（のり）を―」

【潰】カイ つぶす・つぶれる
潰滅《かいめつ》 [壊滅] 「―的な打撃を受ける」
潰瘍《かいよう》 「胃―」「十二指腸―」
潰《つい》える くずれる。こわれてだめになる。
潰《つぶ》れる 「箱が―」「酔い―」

【潜】セン ひそむ・もぐる
潜《くぐ》る 水の中にもぐる。物の下を通り抜ける。

【澄】チョウ すむ・すます
澄汁《すましじる》 [清汁] お吸い物。
澄明《ちょうめい》 澄みきっていること。

【潮】チョウ しお
潮《うしお》 [汐] 海水の満ち引き。また海の水。
潮騒《しおさい》 海水が満ちてくるときの波の音。
潮汐《ちょうせき》 潮の干満をいう。

【潑】ハツ
潑剌《はつらつ》 あふれるばかりに元気がいいこと。

【澎】ホウ
澎湃《ほうはい》 物事が盛んな勢いで起こるさま。

【激】ゲキ はげしい
激昂《げきこう》 [激高] 感情がたかぶる。いきり立つ。

【濁】ダク にごる・にごす
濁声《だみごえ》 [訛声] にごった声。なまりのある声。
濁酒《どぶろく》 にごり酒。

【澱】デン
澱《おり》 [滓] 液体の底に沈んだかす。
澱粉《でんぷん》 重要な栄養素の一。
澱《よど》む [淀む] 「空気が―」「水が―」

【濃】ノウ こい
濃《こく》 深みのある味。「―のある酒」
濃《こま》やか [細やか] 「―な心づかい」「愛情―」
濃艶《のうえん》 なまめかしい。
濃餅汁《のっぺいじる》 とろみをつけた野菜汁。

【澪】レイ
澪標《みおつくし》 水路を表示するための杭（くい）。

【濠】ゴウ
濠《ほり》 [堀・壕] 「お―端」「外―」

【濡】ジュ

濡《ぬ》れる 「雨に—」「泣き—」

濡衣《ぬれぎぬ》 身におぼえのない罪。「—を着せられる」

【濯】 タク

濯《すす》ぐ ［そそぐ］ 水で汚れを落とす。

濯《ゆす》ぐ ゆり動かして洗う。「口を—」

【濛】 モウ

濛濛《もうもう》 ［朦朦］ 湯気や煙がたちこめるさま。

【瀉】 シャ

瀉血《しゃけつ》 治療のため血液のある量をとること。

【瀑】 バク

瀑布《ばくふ》 大きな滝。

【濫】 ラン

濫《みだ》りに ［妄りに・猥りに］ やたらに。

濫觴《らんしょう》 物事の始まり。

【濾】 ロ

濾《こ》す ［漉す］ かすを取るため濾過する。

濾過《ろか》 液体をこしてかすを除く。

【瀞】 セイ

瀞《とろ》 流れのゆるやかな川の淵。「—八丁」

【瀕】 ヒン

瀕死《ひんし》 今にも死にそうな状態。「—の重傷」

瀕《ひん》する ある事態がさしせまる。「危機に—」

【瀝】 レキ

瀝青炭《れきせいたん》 石炭の一種。

【瀟】 ショウ

瀟洒《しょうしゃ》 あかぬけたさま。「—な建物」

【瀰】 ビ

瀰漫《びまん》 広がりはびこる。

【灌】 カン

灌漑《かんがい》 田畑に水を引く。「—用水」

灌腸《かんちょう》 ［浣腸］ 肛門から薬を入れること。

灌仏会《かんぶつえ》 四月八日の花祭り。

灌木《かんぼく》 「低木」の旧称。⇔喬木（きょうぼく）

灌《そそ》ぐ ［注ぐ］ 「水を—」

【灘】 ダン

灘《なだ》 波が荒い海。「熊野—」「玄海—」

犭部 けものへん

＊犬↓130頁

【狂】 キョウ くるう・くるおしい

狂躁《きょうそう》 ［狂騒］ 気が狂ったような騒ぎ。

狂《ふ》れる 気が狂う。「気が—」

【狐】 コ

狐憑《きつねつき》 俗信でキツネの霊がとりつく。

狐狸《こり》 キツネとタヌキ。「—妖怪」

狐狼《ころう》 ずるがしこく害意を持っていること・人。

狐臭《わきが》 ［腋臭］ わきの下から放つ悪臭。

【狎】 コウ

狎《な》れる なれなれしくなる。

【狙】 ソ ねらう

狙撃《そげき》 ねらい撃つこと。「—兵」

狙《ねら》う 「標的を—」「優勝を—」

【狛】 ハク

狛犬《こまいぬ》 神社の前にある一対の獣の像。

【狭】 キョウ せまい・せばめる・せばまる

狭隘《きょうあい》 せまくるしい。せまくて窮屈。

狭窄《きょうさく》 すぼまってせまくなる。

狭霧《さぎり》 「さ」は接頭語。霧の雅語。

狭間《はざま》 [迫間] すきま。あいだ。

【狡】 コウ

狡猾《こうかつ》 悪がしこい。ずるい。

狡智《こうち》 [狡知] 悪がしこい知恵。

狡《こす》い 悪がしこい。ずるい。

狡《ずる》い 悪がしこい。

【狩】 シュ かる・かり

狩人《かりうど》 [かりゅうど] [猟人] 猟師。

狩衣《かりぎぬ》 平安時代の公家の日常の服装。

【独】 ドク ひとり

独楽《こま》 子供のおもちゃの一。

独壇場《どくだんじょう》 正しくは「独擅（せん）場」。ひとり舞台。

独《ひと》り法師《ぼっち》 [一人法師] たったひとりきり。

【狷】 ケン

狷介《けんかい》 がんこで自分の意志をまげないこと。

【狼】 ロウ

狼狽《うろた》える 不意の出来事にあわてる。

狼煙《のろし》 [烽火] 「—をあげる」

狼藉《ろうぜき》 荒々しいふるまい。「—者」

狼狽《ろうばい》 あわてふためく。「周章—」

【猊】 ゲイ

猊下《げいか》 仏教語で高僧の敬称。

【猜】 サイ

猜疑心《さいぎしん》 疑ったりねたんだりする気持ち。「—が強い」

猜《そね》む [嫉む・妬む] うらやみ憎む。

【猪】 チョ

猪首《いくび》 [猪頸] イノシシのように短くて太い首。

猪口《ちょこ》 酒を飲む小さなさかずき。

猪口才《ちょこざい》 こざかしく、なまいきなこと。

【猫】 ビョウ ねこ

猫被《ねこかぶ》り 知っていながら知らないふりをする。

猫撫《ねこな》で声《ごえ》 やさしくこびる声。

猫糞《ねこばば》 拾ったものを自分のものにする。「—をきめ込む」

猫跨《ねこまた》ぎ 魚の好きな猫がまたいで通るようなまずい魚。

【猛】 モウ

猛猛《たけだけ》しい ずうずうしい。「盗人—」

猛《たけ》る いさみたつ。また、はげしくあばれる。

猛禽類《もうきんるい》 ワシ・タカなど肉食の鳥。

猛者《もさ》 勇敢で強い男。

【猟】リョウ

猟人《かりうど》　［かりゅうど］［狩人］猟師。

【猩】ショウ

猩紅熱《しょうこうねつ》　法定伝染病の一。

【猶】ユウ

猶《なお》　［尚］まだ。さらに。「―かつ」「―も」

猶予《ゆうよ》　きめられた日時をのばす。「執行―」

【猥】ワイ

猥《みだ》ら　［淫ら］わいせつ。「―な行為」

猥《みだ》りに　［妄りに・濫りに］やたらに。

猥褻《わいせつ》　「―行為」「―罪」

猥談《わいだん》　性に関するみだらな話。

【猿】エン　さる

猿臂《えんぴ》　猿のような長い腕。「―を伸ばす」

猿楽《さるがく》　［申楽・散楽］平安時代の民衆芸能の一。

猿轡《さるぐつわ》　声が出せないよう口にかませるもの。

猿股《さるまた》　男性用の下着。パンツ。

【獅】シ

獅子吼《ししく》　熱弁をふるうこと。

獅子舞《ししまい》　獅子の頭のようなものをかぶって行う舞。

【獲】カク　える

獲《と》る　［捕る］捕獲する。

【獰】ドウ

獰猛《どうもう》　性質があらあらしい。

艹部　くさかんむり

【艾】ガイ

艾《もぐさ》　お灸（きゅう）に用いるもの。

【芋】いも

芋幹《いもがら》　サトイモの茎。乾燥して食用。

芋蔓式《いもづるしき》　「―に逮捕する」

芋茎《ずいき》　サトイモの茎。乾燥して食用。

【芒】ボウ

芒《のぎ》　［のげ］穀物の先端の細いとげ状のもの。

芒洋《ぼうよう》　［茫洋］広々として限りないさま。

【花】カ　はな

花魁《おいらん》　［華魁］格の高い遊女。

花押《かおう》　昔、名前の下に判のかわりに書いた署名。

花卉《かき》　花を観賞する植物。

花崗岩《かこうがん》　深成岩の一種。御影石。

花柳界《かりゅうかい》　芸者や遊女のいる世界。

花車《きゃしゃ》　［華奢］ほっそりして品のいいさま。

花《はな》の顔《かんばせ》　花のように美しい女の顔。

花弁《はなびら》　［花片］「桜の―」

【芥】カイ

芥《あくた》　ごみ。ちり。

芥《ごみ》　［塵］「―箱」「粗大―」「生―」

芥子《からし》　［辛子］香辛料の一。「―あえ」「―漬け」

【芸】ゲイ

芸妓《げいぎ》 芸者。

【芯】シン

芯《しん》 「鉛筆の—」「ランプの—」

【芙】フ

芙蓉峰《ふようほう》 富士山の美称。

【芬】フン

芬芬《ふんぷん》 においが強く感じられる。「—とにおう」

【芳】ホウ かんばしい

芳《かぐわ》しい 〔かんばしい〕〔馨しい・香しい〕 香りがよい。

芳《こう》ばしい 〔香ばしい〕 香りがよい。

芳醇《ほうじゅん》 酒などの香りが高く味がよい。

【英】エイ

英邁《えいまい》 才知がすぐれている。「—な君主」

英《はなぶさ》 〔花房〕 フジの花のような房状の花。

【苑】エン

苑池《えんち》 〔園池〕 庭園と池。

苑《その》 〔園〕 庭園。

【苛】カ

苛《いじ》める 〔虐める〕 弱い者を苦しめる。

苛苛《いらいら》 気があせる。「—する」

苛立《いらだ》つ いらいらする。

苛酷《かこく》 〔過酷〕 むごいこと。「—な労働」

苛性曹達《かせいソーダ》 水酸化ナトリウムの俗称。

苛《さいな》む 〔嘖む〕 叱る。いじめる。

【芽】ガ め

芽出度《めでた》い 〔目出度い〕 よろこばしい。

【苦】ク くるしい・くるしむ・にがい・にがる

苦界《くがい》 遊女の働くつらい社会。

苦汁《くじゅう》 苦しみ。またにがい経験。「—をなめる」

苦渋《くじゅう》 事がうまく進まず苦しむ。「—の選択」

苦悶《くもん》 苦しみもだえる。

苦塩《にがり》 〔苦汁〕 豆腐をつくるときの凝固剤。

【苟】コウ

苟《いやしく》も かりにも。かりそめにも。

苟且《かりそめ》 〔仮初〕 「—の恋」「—にも」

【若】ジャク・ニャク わかい・もしくは

若《し》かず 〔如かず〕 及ばない。かなわない。

若《し》く 〔如く〕 「…に—はない」

若干《そこばく》 〔そくばく〕 いくらか。

若《も》しも 「—のことがあったら」「—のときは」

若人《わこうど》 わかもの。青年。

【苔】タイ

苔生《こけむ》す 〔苔蒸す〕 コケが生える。

【苧】チョ

苧殻《おがら》 〔麻幹〕 お盆の迎え火をたく麻の茎。

【苗】ビョウ なえ・なわ

苗字《みょうじ》 〔名字〕 その家の名。姓。「—帯刀」

苗圃《びょうほ》 苗木や苗草を育てるための土地。

【苞】 ホウ

苞《つと》 野菜や魚をわらで包んだもの。わらづと。

【茅】 ボウ

茅葺《かやぶき》 [萱葺] カヤでふいた屋根。「—屋根」

茅屋《ぼうおく》 カヤぶきの粗末な家。

【茵】 イン

茵《しとね》 [褥] 寝るとき下に敷くもの。

【荒】 コウ あらい・あれる・あらす

荒屋《あばらや》 [荒家] 荒れはてた粗末な家。

荒行《あらぎょう》 滝に打たれたりするはげしい修行。

荒寥《こうりょう》 [荒涼] 荒れはててものさびしいさま。

荒《すさ》む [すさぶ] 「—んだ生活」「風が吹き—」

【茨】 シ

茨《いばら》 [棘・荊] 植物のとげ。「—の道」

【茲】 ジ

茲《ここ》に [此に・是に・爰に] 「—おいて」

【茹】 ジョ

茹《う》だる [ゆだる] 「—ような暑さ」「卵が—」

【茜】 セン

茜色《あかねいろ》 多年草アカネの根で染めた色。暗赤色。

【草】 ソウ くさ

草熱《くさいき》れ 夏の日ざしでむっとする草むら。

草薙《くさなぎ》の剣《つるぎ》 三種の神器の一。

草葺《くさぶき》 わらやカヤなどで屋根をふくこと。「—屋根」

草毟《くさむし》り 草をとること。除草。

草生《くさむ》す [草産す] 草が生える。「山ゆかば—かばね」

草叢《くさむら》 [叢] 草がむらがり生えている所。

草臥《くたび》れる 「—もうけ」「待ち—」

草庵《そうあん》 草ぶきの粗末な家。

草莽《そうもう》 草むら。また在野。「—の臣」

草履《ぞうり》 和服のときにはく履物。

草鞋《わらじ》 わらで作った履物。

【荘】 ソウ

荘園《しょうえん》 [庄園] 昔、貴族や社寺の私有地。

【茶】 チャ・サ

茶飯事《さはんじ》 日常のありふれたこと。「日常—」

茶巾《ちゃきん》 茶道具の一。

茶漉《ちゃこし》 お茶をこす道具。

茶匙《ちゃさじ》 茶をすくうのに用いるさじ。

茶杓《ちゃしゃく》 茶道具の一。

茶筅《ちゃせん》 茶道具の一。

茶碗《ちゃわん》 「—酒」「—蒸し」「湯飲み—」

【茫】 ボウ

茫然《ぼうぜん》 気がぬけてぼんやりしたさま。「—自失」

茫漠《ぼうばく》 広くてとりとめがないさま。

茫茫《ぼうぼう》 草や髪の毛がのび乱れるさま。

茫洋《ぼうよう》 [芒洋] 広々として限りないさま。

【荷】カ
に

荷《にな》う ［担う］かつぐ。「次代を—若者」

荷役《にやく》 船の荷物の積み下ろしをすること・人。

【莚】エン

莚《むしろ》 ［筵・蓆］わらなどで作った敷物。

【華】カ・ケ
はな

華魁《おいらん》 ［花魁］格の高い遊女。

華僑《かきょう》 外国に移住した中国人。とくに商人。

華甲《かこう》 数え年で六十一歳の称。還暦。

華奢《きゃしゃ》 ［花車］ほっそりして品のいいさま。

華厳宗《けごんしゅう》 仏教の一宗派。

華鬘《けまん》 仏前に飾る道具の一。

【萏】ガン

萏《つぼみ》 ［蕾］「桜の—」「花の—」

【莞】カン

莞爾《かんじ》 にっこりと笑うさま。

【莢】キョウ

莢《さや》 豆類の実を包む外皮。「—えんどう」

【茣】ゴ

茣蓙《ござ》 イグサで編んだ敷物。

【荼】ト・ダ

荼毘《だび》 火葬すること。「—に付す」

【莫】ボ・バク

莫《なか》れ ［勿れ］…してはいけない。「事—」

莫迦《ばか》 ［馬鹿］「—騒ぎ」「—正直」「—力」

莫大《ばくだい》 「—な金額」「—な損失」

【萎】イ
なえる

萎縮《いしゅく》 しなびてちぢむ。また、いじけること。

萎靡《いび》 元気がなくなり衰えること。

萎《しお》れる 「花が—」

萎《しな》びる 生気がなくなりしぼむ。

萎《しぼ》む ［凋む］「花が—」「風船が—」

萎《な》える 体力や気力が衰えぐったりする。

【菰】コ

菰《こも》 ［薦］わらを荒く織ったむしろ。

【菜】サイ
な

菜箸《さいばし》 料理をするときに使うはし。

【菩】ボ

菩薩《ぼさつ》 「観音—」「地蔵—」「文殊—」

菩提《ぼだい》 「—寺」「—を弔う」

【萌】ホウ

萌《きざ》す ［兆す］物事が起こる気配がする。

萌芽《ほうが》 物事の始まり。芽生え。

萌《めぐ》む ［芽ぐむ］芽がふくらむ。

萌葱《もえぎ》色《いろ》 ［萌黄色］黄色がかった緑色。

萌《も》える 草木の芽が出る。

萌《も》やし 豆類の若芽の食材。「—いため」

【菱】リョウ

菱形《ひしがた》　ヒシの実に似た形。四辺形。

菱餅《ひしもち》　桃の節句に飾る菱形の餅。

【葭】　カ

葭簀《よしず》　［葦簀］ヨシ（アシ）で作ったすだれ。

【葛】　カツ　くず

葛《かずら》　［蔓］つる草の総称。

葛根湯《かっこんとう》　漢方薬の一。

葛藤《かっとう》　人と人とのもつれ。いざこざ。

葛粉《くずこ》　クズの根からとった白い粉で料理に使う。

葛籠《つづら》　昔、衣類をしまっておくかご。

葛折《つづらお》り　［九十九折り］折れ曲がった坂道。

【萱】　ケン

萱葺《かやぶき》　［茅葺］カヤでふいた屋根。

【葺】　シュウ

葺替《ふきか》え　「屋根の―」

葺《ふ》く　「屋根を―」

【葱】　ソウ

葱鮪《ねぎま》　ネギとマグロの鍋料理。

【葡】　ブ・ホ

葡萄茶《えびちゃ》　［海老茶］黒みがかった赤茶色。

【落】　ラク　おちる・おとす

落人《おちうど》　［おちゅうど］戦いに負け逃げて行く人。

落零《おちこぼ》れ　授業について行けない生徒。

落魄《おちぶ》れる　［零落れる］生活がみじめになる。

落《おと》し胤《だね》　身分の高い人の私生児。

落《おと》し噺《ばなし》　［落し話］江戸時代の落語をいう。

落籍《ひか》す　芸者や遊女を身うけする。

落雁《らくがん》　干菓子の一。

落伍者《らくごしゃ》　仲間について行けなくなった者。

落剝《らくはく》　壁土や彩色がはげ落ちること。

落魄《らくはく》　落ちぶれること。没落。

【葦】　イ

葦毛《あしげ》　馬の毛色の一。

葦簀《よしず》　［葭簀］ヨシ（アシ）で作ったすだれ。

【蓋】　ガイ　ふた

蓋《おお》う　［覆う・被う・蔽う・掩う］かぶせる。

蓋然性《がいぜんせい》　確からしさ。

蓋《けだ》し　考えてみるに。おそらく。もしかしたら。

蓋《ふた》　「―をあける」「鍋（なべ）の―」「身も―ない」

【蓑】　サ

蓑《みの》　わらなどで作った雨具。「隠れ―」「腰―」

【蒔】　ジ

蒔絵《まきえ》　日本独自の漆工芸の一。

蒔《ま》く　［播く］「種を―」

【蒐】　シュウ

蒐集《しゅうしゅう》　［収集］「―家」

【蓆】　セキ

蓆《むしろ》　［筵・莚］わらなどで作った敷物。

【蒸】ジョウ　むす・むれる・むらす

蒸溜《じょうりゅう》　［蒸留］「—酒」「—水」

蒸籠《せいろ》　［せいろう］　米などを蒸す道具。

蒸《ふか》す　「ご飯を—」「サツマイモを—」

【蒼】ソウ

蒼《あお》い　［青い］「—顔」「—空」

蒼白《そうはく》　青じろい。「顔面—」

【蒲】ホ・フ

蒲焼《かばやき》　「ウナギの—」

蒲魚《かまとと》　知っているのに知らないふりをする。

蒲鉾《かまぼこ》　魚肉で作った加工食品。

蒲団《ふとん》　［布団］「掛け—」「敷—」

蒲《ほ》柳《りゅう》の質《しつ》　体の弱い体質。

【蒙】モウ

蒙《こうむ》る　［被る］　恩恵または被害を受ける。

【蔕】テイ・タイ

蔕《へた》　「カキの—」「ナスの—」

【蔑】ベツ　さげすむ

蔑《さげす》む　［貶む］　ばかにする。見下げる。

蔑《ないがし》ろ　あなどり軽んずること。

蔑視《べっし》　見下げる。さげすむ。

【蓬】ホウ

蓬髪《ほうはつ》　ヨモギのようにのびて乱れた髪。

蓬莱山《ほうらいさん》　仙人が住むという霊山。

蓬《ほお》ける　けばだつ。ほける。

【蔓】マン

蔓《かずら》　［葛］　つる草の総称。

蔓《つる》　「—草」「芋—式」「手—」

蔓延《はびこ》る　「雑草が—」「町に不良が—」

蔓延《まんえん》　よくないことがはびこる。

【蓮】レン

蓮《はす》っ葉《ぱ》　言動が下品なこと。「—な女」

【蕊】ズイ

蕊《しべ》　［蘂］　おしべとめしべ。

【蔬】ソ

蔬菜《そさい》　野菜。あおもの。

【蔵】ゾウ　くら

蔵浚《くらざら》え　在庫品を処分するため安売りする。

【蕁】ジン

蕁麻疹《じんましん》　かゆみを伴う急性の皮膚病。

【蕩】トウ

蕩児《とうじ》　道楽むすこ。

蕩《とろ》ける　［盪ける］　とけて形がくずれる。

【蕪】ブ

蕪雑《ぶざつ》　物事が乱れていること。「—な文章」

蕪辞《ぶじ》　自分のことばや文章の謙譲語。

【蔽】ヘイ

蔽《おお》う　［覆う・被う・蓋う・掩う］　かぶせる。

【薫】 クン かおる

薫《た》く ［炷く］ 香をくゆらす。「お香を—」

【薨】 コウ

薨去《こうきょ》 皇族などの死をいう。

【薪】 シン たきぎ

薪《まき》 ［たきぎ］ 燃料にする枝や木。

【薦】 セン すすめる

薦《こも》 ［菰］ わらを荒く織ったむしろ。

薦被《こもかぶ》り こもで包んだ酒樽。

薦《すす》める 推薦する。「役員として—」

【薙】 テイ

薙《な》ぎ倒《たお》す 「強敵を—」

薙刀《なぎなた》 ［長刀］ 長い柄の先に刃がついた武器。

【薄】 ハク うすい・うすめる・うすらぐ

薄《うっす》ら ほんの少し。ほのかに。「—見える」

薄鈍《うすのろ》 動作や反応がにぶいこと・人。

薄縁《うすべり》 へりをつけたござ。

薄氷《うすらひ》 ［うすらい］ 季語で薄い氷。

薄倖《はっこう》 ［薄幸］ ふしあわせなこと。「—の美女」

【薬】 ヤク くすり

薬玉《くすだま》 造花などで作った魔除けの飾り。

薬缶《やかん》 湯をわかす器具。

薬餌《やくじ》 薬と食べ物。「—療法」

薬籠《やくろう》 くすり箱。「—中の物」

薬研《やげん》 漢方で薬草を粉にする器具。

薬莢《やっきょう》 銃砲の弾丸で火薬をつめる筒。

【蕾】 ライ

蕾《つぼみ》 ［莟］ 「桜の—」「花の—」

【藁】 コウ

藁《わら》 「—半紙」「—ぶき屋根」「麦—」

藁沓《わらぐつ》 ［藁履］ 雪の中を歩くためのわらのくつ。

藁苞《わらづと》 中に物を入れるためわらを束ねたもの。「—の納豆」

藁葺《わらぶき》 わらでふいた屋根。

【薯】 ショ

薯蕷《とろろ》 とろろ芋・とろろ汁の略。

【薹】 タイ

薹《とう》 野菜類の花軸。「—が立つ」「フキの—」

【藪】 ソウ

藪《やぶ》 「—医者」「—から棒」「草—」

藪睨《やぶにら》み 斜視。また見当違いな考え方。

藪蛇《やぶへび》 「藪をつついて蛇を出す」の略。

【蘂】 ズイ

蘂《しべ》 ［蕊］ おしべとめしべ。

【蘊】 ウン

蘊蓄《うんちく》 「—を傾ける」

【蘇】 ソ

蘇生《そせい》 ［甦生］ 生きかえる。よみがえる。

蘇《よみがえ》る ［甦る］ 「記憶が—」

【蘞】レン

蘞《え》辛《がら》っぽい ［いがらっぽい］えぐい。

蘞《えぐ》い ［刳い］えがらっぽい。「のどが―」

辶（辶）部 しんにゅう

【辷】すべる

辷《すべ》る ［滑る］「―り下りる」「口が―」

【辺】ヘン あたり・べ

辺《へん》鄙《ぴ》 都会から離れた不便な所。かたいなか。

辺《ほとり》 あたり。そば。「川の―」

【辻】つじ

辻《つじ》占《うら》 小さな紙片に書いた吉凶の占い。

辻《つじ》褄《つま》 「―が合わない」

【迂】ウ

迂《う》回《かい》 まわり道をする。遠回りする。

迂《う》闊《かつ》 うっかりする。不注意。

【迄】キツ

迄《まで》 「いま―」「これ―」

【辿】テン

辿《たど》る 「同じ道を―」「記憶を―」

【迎】ゲイ むかえる

迎《げい》賓《ひん》館《かん》 外国からの重要な客を接待する建物。

【迚】とても

迚《とて》も 「―じゃないが」「―見込みがない」

【迫】ハク せまる

迫《せ》り出《だ》す 前へ出る。「腹が―」

迫《はざ》間《ま》 ［狭間］すきま。あいだ。

【逆】ギャク さか・さからう

逆《げき》鱗《りん》 「―に触れる」（目上の人を激しく怒らせる）

逆《さか》捩《ね》じ 相手を逆にやりこめること。「―を食わせる」

逆上《のぼ》せる かっとなる。また夢中になる。

【退】タイ しりぞく・しりぞける

退《すさ》る ［しさる］後ろへさがる。

退《たい》嬰《えい》的《てき》 新しいことを取り入れようとしない。

退《ど》かす 人や物を別の場所に移す。

退《の》く しりぞく。「立ち―」「遠―」

退《ひ》く ［引く］「現職を―」「身を―」

退《のっ》引《ぴ》き 「―ならない用事」

【追】ツイ おう

追《おい》風《て》 追い風。順風。「―に帆をあげる」

追《おい》剝《はぎ》 通行人をおどして金品をうばうこと・人。

追《おっ》手《て》 逃げる者を追いかける人。

追《おっ》而《て》書《がき》 手紙の末尾に付け加えて書くこと。追伸。

追《つい》従《しょう》 こびへつらう。「お―をいう」

追《つい》儺《な》 ［おにやらい］節分の行事。豆まき。

【迷】メイ まよう

迷《まい》子《ご》 道に迷ったり親とはぐれた子。

【這】シャ

這《は》い蹲《つくば》う　平伏する。

這《は》い這《は》い　赤ん坊が両手両足を使ってはうこと。

這《は》入《い》る　［入る］⇔出る

這《は》う　はらばう。「虫が―」

這這《ほうほう》の体《てい》　かろうじて逃げ出すさま。

【逡】シュン

逡巡《しゅんじゅん》　ためらう。しりごみする。

【逍】ショウ

逍遥《しょうよう》　気ままに歩く。さまよう。

【造】ゾウ　つくる

造詣《ぞうけい》　「―が深い」

造作《ぞうさ》無《な》い　［雑作無い］たやすい。

【速】ソク　はやい・はやまる・はやめる・すみやか

速歩《はやあし》　［早足］速く歩くこと。

速贄《はやにえ》　［早贄］「モズの―」

【逐】チク

逐《お》う　［追う］追いかける。

【通】ツウ・ツ　とおる・とおす・かよう

通暁《つうぎょう》　ある事柄についてくわしく知っている。

通牒《つうちょう》　書面で通知する。「最後―」

【逞】テイ

逞《たくま》しい　「―体つき」「想像を―しくする」

【途】ト

途《みち》　［道・路］道路。

途轍《とてつ》　「―もない」（途方もない）

【透】トウ　すく・すかす・すける

透破《すっぱ》抜《ぬ》く　［素破抜く］秘密をあばく。

透《とお》る　［通る］光などがすける。

【逗】トウ

逗留《とうりゅう》　旅先でしばらく宿泊する。

【逢】ホウ

逢引《あいびき》　［媾曳］男女がこっそり会う。

逢《あ》う　［会う］人と顔を合わせる。

逢瀬《おうせ》　男女がひそかに会う。

逢魔《おうま》が時《とき》　夕方の薄暗いとき。たそがれどき。

【連】レン　つらなる・つらねる・つれる

連《つる》む　連れだって遊び歩く。

連歌《れんが》　日本文芸の一様式。

連繋《れんけい》　互いにつながりを持つ。「―プレイ」

【逸】イツ

逸早《いちはや》く　すばやく。「―逃げる」

逸物《いちもつ》　とびぬけてすぐれたもの。

逸《そ》れる　「弾が―」「話が―」

逸《はぐ》れる　同行の人を見失う。

逸《はや》る　「血気に―」「心が―」

【進】シン　すすむ・すすめる

進退《しんたい》谷《きわ》まる　窮地におちいる。

進捗《しんちょく》　［進陟］物事が進みはかどる。「―状況」

【迸】ホウ

迸《ほとばし》る 勢いよくとびちる。

【過】カ すぎる・すごす・あやまつ・あやまち

過《よぎ》る 通り過ぎる。「不安が胸を—」

【遇】グウ

遇《あ》う ［遭う］ある物事に出合う。遭遇する。

【遑】コウ

遑《いとま》 ［暇］「お—します」「休む—もない」

【遂】スイ とげる

遂《おお》せる ［果せる］しとげる。はたす。

遂《つい》に ［終に・竟に］「—完成した」

【達】タツ

達《たっ》て ぜひとも。無理にも。「—のお願い」

達《たて》引《ひ》き ［立て引き］意地をはりあう。「恋の—」

達磨《だるま》 禅宗の祖。達磨大師。「火—」「雪—」

【道】ドウ・トウ みち

道祖神《さえのかみ》 ［塞の神・障の神］［さいのかみ・どうそしん］道の神。

道化《どうけ》 おかしいことをして人を笑わせること・人。「—師」

道産子《どさんこ》 北海道生まれの馬・人。

道標《みちしるべ》 道案内。

道程《みちのり》 目的地までの距離。

【遁】トン

遁辞《とんじ》 言いのがれ。逃げ口上。

遁走《とんそう》 逃げ出す。逃亡。

遁《のが》れる ［逃れる］「責任を—」「難を—」

【逼】ヒツ

逼《せま》る ［迫る］近づいてくる。せっぱつまる。

逼塞《ひっそく》 落ちぶれてひっそり暮らす。

逼迫《ひっぱく》 さしせまる。切迫。

【遍】ヘン

遍《あまね》く ［普く］ひろく。「—知られる」

【遊】ユウ・ユ あそぶ

遊《すさ》び 心をいやす慰みごと。「老いの—」「筆の—」

遊牝《つる》む ［交尾む］交尾する。

遊廓《ゆうかく》 ［遊郭］くるわ。遊里。

遊蕩《ゆうとう》 酒色にふけること。「—児」

遊山《ゆさん》 行楽。「物見—」

【遥】ヨウ

遥《はる》か 「—かなた」「—に強い」

遥遥《はるばる》 「—と海を越えて」

【違】イ ちがう・ちがえる

違《たが》える ちがえる。「約束を—」

【遠】エン・オン とおい

遠近《おちこち》 ［彼此］遠くや近く。

遠忌《おんき》 宗祖などの五十年忌以上の年忌をいう。

【遣】ケン つかう・つかわす

遣《や》っ付《つ》ける 「敵を一気に—」

遣《や》り繰《く》り 「—算段」「—じょうず」

遣《や》る　「教えて—」「使いに—」「野球を—」

遣《や》る瀬《せ》無《な》い　思いが晴れない。

遣《よこ》す　［寄越す］「使いを—」「手紙を—」

【遡】　ソ　さかのぼる

遡《さかのぼ》る　［溯る］「川を—」「時代を—」

遡及《そきゅう》　［溯及］　過去にさかのぼる。

遡行《そこう》　［溯行］　川をさかのぼる。

【遜】　ソン

遜色《そんしょく》　「—がない」（他とくらべても劣っていない）

遜《へりくだ》る　［謙る］　謙遜する。

【遮】　シャ　さえぎる

遮莫《さもあらばあれ》　どうあろうとも。

遮蔽《しゃへい》　おおいをして見えないようにする。

【適】　テキ

適《かな》う　ぴったり合う。「条件に—」

【遺】　イ・ユイ

遺骸《いがい》　なきがら。死骸。

遺《のこ》す　［残す］「言い—」「財産を—」「名を—」

【遵】　ジュン

遵守《じゅんしゅ》　［順守］　法律などを守ること。

遵法《じゅんぽう》　［順法］　法律などを守ること。

【選】　セン　えらぶ

選《え》り好《ごの》み　好きなものを選ぶ。

選《え》る　えらぶ。「—り分ける」

選《すぐ》る　よいものをえらびとる。

選《よ》る　えらぶ。「くじを—」

【遷】　セン

遷《うつ》す　［移す］「都を—」

【邂】　カイ

邂逅《かいこう》　思いがけなく出会う。

【還】　カン

還《かえ》る　［帰る・返る］　もどる。復帰する。

還俗《げんぞく》　僧や尼僧が俗人にかえる。

【避】　ヒ　さける

避《よ》ける　［除ける］「車を—」「水たまりを—」

【邁】　マイ

邁進《まいしん》　ひたすら突き進む。「勇往—」

⻏部　（右）おおざと

【那】　ナ

那辺《なへん》　［奈辺］　どのへん。どのあたり。

【邦】　ホウ

邦《くに》　［国］　国土。国家。

【邪】　ジャ

邪慳《じゃけん》　［邪険］　意地の悪いこと。「—に扱う」

邪《よこしま》　正しくないこと。「—な考え」

【邸】　テイ

邸《やしき》　［屋敷］　広い敷地のりっぱな家。

【郭】カク
郭《くるわ》 ［廓・曲輪］城郭。また遊郭。
【郷】キョウ・ゴウ
郷士《ごうし》 昔、農業に従事していた武士。
郷《さと》 ［里］ふるさと。いなか。
【都】ト・ツ　みやこ
都度《つど》 そのたびごと。「その—」
都都逸《どどいつ》 江戸時代の邦楽の一。
【鄙】ヒ
鄙見《ひけん》 ［卑見］自分の意見をへりくだっていう語。
鄙《ひな》びる いなかびる。「—た町」
鄙劣《ひれつ》 ［卑劣］いやしく下劣なこと。
鄙猥《ひわい》 ［卑猥］下品でみだらなこと。
【鄭】テイ
鄭重《ていちょう》 ［丁重］ていねい。「—にもてなす」

阝部 (左)こざとへん

【防】ボウ　ふせぐ
防人《さきもり》 古代、九州防備のため派遣された兵士。
防禦《ぼうぎょ》 ［防御］敵の攻撃をふせぐ。
防諜《ぼうちょう》 スパイ活動をふせぐ。「—機関」
【阿】ア
阿吽《あうん》 ［阿呍］「—の呼吸」（気持ちが通じ合う）
阿漕《あこぎ》 あくどく欲ばりで思いやりがない。
阿闍梨《あじゃり》 徳が高い僧。
阿修羅《あしゅら》 古代インドの神。仏法の守護神。
阿婆擦れ《あばずれ》 すれて品の悪い女。すれっからし。
阿呆《あほう》 ［阿房］ばか。おろかなこと。
阿弥陀《あみだ》 「—如来」「—くじ」「帽子を—にかぶる」
阿羅漢《あらかん》 仏教修行者の最高の位。
阿国歌舞伎《おくにかぶき》 江戸初期の舞踊劇。歌舞伎のはじめ。
阿多福《おたふく》 ［於多福］「—かぜ」「—豆」
阿《おもね》る きげんをとる。へつらう。
【限】ゲン　かぎる
限《き》り ［切り］際限。「—がない話」
【陋】ロウ
陋習《ろうしゅう》 悪い習慣。因習。
【陥】カン　おちいる・おとしいれる
陥穽《かんせい》 落とし穴。転じて人をおとし入れる計略。
【降】コウ　おりる・おろす・ふる
降《くだ》る ［下る］「時代が—」「敵の軍門に—」
【除】ジョ・ジ　のぞく
除者《のけもの》 仲間はずれにされた人。
除《の》ける とりのぞく。「払い—」
除《よ》ける ［避ける］「車を—」「水たまりを—」
【陰】イン　かげ・かげる
陰翳《いんえい》 ［陰影］光のあたらない暗い部分。
陰陽道《おんみょうどう》 ［おんようどう］天文や暦の学問。

陰嚢《ふぐり》 ［いんのう］睾丸（こうがん）。

陰《ほと》 古語で女性の陰部。

【険】ケン けわしい

険呑《けんのん》 ［剣呑］危険なようす。

【陳】チン

陳腐《ちんぷ》 誰もが知っていて珍しくないこと。

陳者《のぶれば》 手紙用語で「申し上げます」の意。

陳《の》べる ［述べる］「意見を―」

陳《ひ》ねる 「―た子」「―た大根」

【陶】トウ

陶冶《とうや》 人材を養成すること。「人格の―」

【陸】リク

陸《おか》 陸地。「―に上がった河童（かっぱ）」

陸《ろく》に ［碌に］満足に。「―知らない」

陸陸《ろくろく》 ［碌碌］満足に。ろくに。

【陵】リョウ みささぎ

陵駕《りょうが》 ［凌駕］他を追い越してその上に出る。

【階】カイ

階梯《かいてい》 段階。順序。

階《きざはし》 雅語で階段。

【随】ズイ

随神《かんながら》 ［惟神］神の御心のまま。「―の道」

随《したが》う ［従う］後について行く。

随《まにま》に ［随意に］成り行きにまかせる。「波の―」

【陽】ヨウ

陽炎《かげろう》 春に地面からのぼる空気がゆれて見える現象。

陽《ひ》 ［日］「―ざし」「―だまり」「―に焼ける」

【隈】ワイ

隈《くま》 目のまわりにできる黒ずんだ部分。

隈無《くまな》く あますところなく。「―捜す」

【隘】アイ

隘路《あいろ》 けわしく通りにくい道。

【隕】イン

隕石《いんせき》 流星のかけらが地上に落ちてきたもの。

【隗】カイ

隗《かい》 「―より始めよ」（「手近なところから始めよ」の意）

【隙】ゲキ すき

隙間《すきま》 ［透き間］物と物とのあいだ。「―風」

隙《ひま》 物と物、事と事のあいだ。

【隠】イン かくす・かくれる

隠棲《いんせい》 ［隠栖］世間から離れて住む。隠居。

隠遁《いんとん》 世を捨てること。

隠蔽《いんぺい》 おおい隠す。「―工作」

隠亡《おんぼう》 ［隠坊］死体を火葬する職業。

隠密《おんみつ》 江戸時代の密偵。また人にわからないようにすること。

隠《かく》れ処《が》 ［隠れ家］人目を避けて隠れ住む家。

隠《かく》れ蓑《みの》 本当のことがわからないようにする手段。

隠《こも》る ［籠る］「家に―」「立て―」「閉じ―」

【際】 サイ きわ

際疾《きわど》い すれすれの状態。

【障】 ショウ さわる

障《さえ》の神《かみ》 ［塞の神・道祖神］［さいのかみ］ 道の神。

障碍《しょうがい》 ［障害］ さまたげとなるもの。

障屏画《しょうへいが》 障子やふすまなどに描かれた絵。

【隧】 スイ

隧道《ずいどう》 トンネル。

心部

＊↑↓62頁

【心】 シン こころ

心寂《うらさび》しい ［心淋しい］ なんとなくさびしい。

心地《ここち》 「－よい」「居－」「座り－」

心延《こころば》え 気立て。心づかい。

心許《こころばか》り 「ほんの－の品ですが」

心馳《こころば》せ 心くばり。

心許無《こころもとな》い 頼りにならず不安だ。

心底《しんそこ》 ［真底］ 心の底から。

心搏《しんぱく》 ［心拍］ 心臓の鼓動。

心算《つもり》 ［積り］「その－」「腹－」

心太《ところてん》 ゼリー状の夏の食べ物。「－式」

【応】 オウ

応《こた》える 「期待に－」「骨身に－」

【忌】 キ いむ・いまわしい

忌忌《いまいま》しい しゃくにさわる。

忌忌《ゆゆ》しい ［由由しい］ 容易ならない。

忌詞《いみことば》 ［忌言葉］ 縁起が悪いと使わないことば。

忌諱《きい》 「きき」の慣用読み。忌みきらって避ける。「－に触れる」

忌憚《きたん》 忌みはばかる。「－のない意見」

【忽】 コツ

忽然《こつぜん》 たちまち。突然。「－と姿を消す」

忽忽《そうそう》 ［匆匆］ あわただしいさま。

忽《たちま》ち すぐに。急に。

忽《ゆるが》せ いいかげん。なおざり。「－にできない」

【忠】 チュウ

忠実《まめ》 「－に働く」「筆－」

【忝】 テン

忝《かたじけな》い ［辱い］ 感謝にたえない。

【忿】 フン

忿怒《ふんぬ》 ［憤怒］ 激しくいきどおる。

忿懣《ふんまん》 ［憤懣］ 腹が立ってがまんできない。

【怨】 エン・オン

怨《うら》み ［恨み］「－を買う」「－を晴らす」

怨恨《えんこん》 うらみ。

怨嗟《えんさ》 うらみ嘆く。「－の声」

怨念《おんねん》 うらみ。遺恨。

怨霊《おんりょう》 人にたたる死者の霊。

【急】 キュウ いそぐ

急度《きっと》 ［屹度］ 必ず。「―お願いします」
急遽《きゅうきょ》 急に。にわかに。「―帰国する」
急峻《きゅうしゅん》 傾斜がけわしい。「―な山岳地帯」
急須《きゅうす》 お茶を入れる小形の土瓶。
急先鋒《きゅうせんぽう》 先頭に立って勢いよく行動する。
急《せ》かす 急がせる。
急《せ》く 急ぐ。あせる。「気が―」
【思】 シ おもう
思惟《しい》 仏教語で「しゆい」。考えること。
思《おぼ》しい ［覚しい］ …と思われる。
思《おぼ》し召《め》す 「思う」「考える」の尊敬語。
【怠】 タイ おこたる・なまける

怠惰《たいだ》 おこたる。なまける。
怠《だる》い ［解い］ 「体が―」
【怒】 ド いかる・おこる
怒濤《どとう》 荒れくるう大波。「疾風―」
【恩】 オン
恩誼《おんぎ》 ［恩義］ 義理のある恩。
恩寵《おんちょう》 恵み。恩恵。
【恐】 キョウ おそれる・おそろしい
恐懼《きょうく》 地位の高い人に恐れかしこまる。「―感激」
恐《こわ》い ［怖い］ 「―もの知らず」「―ものなし」
恐恐《こわごわ》 ［怖怖］ おそるおそる。
恐持《こわも》て ［強持て］ 相手に恐れられて丁寧に扱われる。

【恵】 ケイ・エ めぐむ
恵比寿《えびす》 ［夷・蛭子・戎］ 七福神の一。
恵方《えほう》 ［吉方］ 縁起のよい方角。「―参り」
【恣】 シ
恣意《しい》 自分だけの考え。「―的な解釈」
恣《ほしいまま》 ［縦・擅］ 自分の思うまま。
【息】 ソク いき
息急《いきせ》き切《き》る 息を切らして急ぐ。
息衝《いきづ》く せわしく息をする。
息《いこ》う ［憩う］ 休息する。
息吹《いぶき》 活動する気配。「春の―」
息子《むすこ》 せがれ。⇔娘

【恙】 ヨウ
恙無《つつがな》い いつもと変わりなく元気である。「恙」はダニの一種。
【悪】 アク・オ わるい
悪罵《あくば》 口ぎたなくののしる。
悪辣《あくらつ》 あくどい。たちが悪い。
悪霊《あくりょう》 たたりをする怨霊（おんりょう）。
悪《あ》しからず 「―ご了承ください」
悪《あ》し様《ざま》 事実より悪くいう。「―にいう」
悪戯《いたずら》 「―小僧」「―っ子」
悪寒《おかん》 発熱でぞくぞくする寒気。
悪阻《つわり》 ［おそ］ 妊娠による中毒症。
悪《にく》い ［憎い］ 憎らしい。腹立たしい。

悪足掻《わるあが》き　どうしようもない状態であれこれ試みる。

【患】　カン　わずらう

患《うれ》える　[憂える・愁える]　思いなやむ。

【悉】　シツ

悉《ことごと》く　[尽く]　全部。一つ残らず。

悉《つぶさ》に　[具に・備に]　くわしく。「—調べる」

【惣】　ソウ

惣菜《そうざい》　[総菜]　食事のおかず。

惣領《そうりょう》　[総領]　家を継ぐべき子。「—息子」

【悲】　ヒ　かなしい・かなしむ

悲愴《ひそう》　悲しくいたましいさま。

【悶】　モン

悶《もだ》える　激しく悩み苦しむ。

悶着《もんちゃく》　もめごと。「—が絶えない」

悶悶《もんもん》　悩み苦しむ。

【惑】　ワク　まどう

惑溺《わくでき》　迷って本心を失う。

【愛】　アイ

愛玩《あいがん》　[愛翫]　かわいがる。「—動物」

愛敬《あいきょう》　[愛嬌]　「男は度胸、女は—」

愛妾《あいしょう》　お気に入りのめかけ。

愛染明王《あいぜんみょうおう》　真言密教で愛欲をつかさどる神。

愛想《あいそ》　[あいそう]　「—がいい」「—笑い」

愛撫《あいぶ》　なでたりさすったりしてかわいがる。

愛《いつく》しむ　[慈しむ]　かわいがる。

愛《いと》しい　かわいい。

愛《う》い　古いことばで、かわいい。「—奴じゃ」

愛娘《まなむすめ》　最愛の娘。

愛《め》でる　かわいがる。いとおしむ。

【意】　イ

意気地《いくじ》　物事をやり通す気力。「—なし」

【愚】　グ　おろか

愚図《ぐず》　動作がにぶくのろのろしている。

愚昧《ぐまい》　おろか。

愚連隊《ぐれんたい》　不良の仲間。

愚弄《ぐろう》　人をばかにしてからかうこと。

【惹】　ジャク

惹起《じゃっき》　問題をひき起こす。

惹《ひ》く　[引く]　「気を—」「注意を—」

【愁】　シュウ　うれい・うれえる

愁眉《しゅうび》　心配そうな顔つき。「—を開く」

【想】　ソウ

想《おも》う　[思う]　「—い出話」「故国を—」

【愈】　ユ

愈《いよいよ》　[弥]　ますます。とうとう。

【態】　タイ

態《ざま》　[様]　俗語で人をののしる語。「—を見ろ」

態《てい》　[体]　外に表れた態度・状態。「満足の—」

態《なり》　[形] 体つき。身なり。「—振りかまわず」

態《わざ》と　わざわざ。故意に。「—らしい」

態態《わざわざ》　「—ありがとうございました」

【慰】　イ　なぐさめる・なぐさむ

慰藉料《いしゃりょう》　[慰謝料] 精神的な苦痛に払われる金銭。

慰撫《いぶ》　慰めいたわる。なだめる。

【慶】　ケイ

慶《よろこ》ぶ　[喜ぶ・悦ぶ]「結婚を—」

【慧】　ケイ

慧眼《けいがん》　[炯眼] するどい眼力。

【慙】　ザン

慙愧《ざんき》　[慚愧] 心に恥じる。「—に堪えない」

【慫】　ショウ

慫慂《しょうよう》　そばから誘い勧めること。

【憂】　ユウ　うれえる・うれい・うい

憂目《うきめ》　「悲しい—に会う」「つらい—を見る」

憂鬱《ゆううつ》　気分がふさぐこと。

【慮】　リョ

慮《おもんぱか》る　深く考える。思いめぐらす。

【憖】　ギン

憖《なまじい》　しなくてもいいのにあえてする。なまじっか。

【憑】　ヒョウ

憑物《つきもの》　人にのりうつった霊。

憑《つ》く　霊魂などがのりうつる。「キツネがとり—」

憑依《ひょうい》　霊がのりうつること。

【懸】　ケン・ケ　かける・かかる

懸詞《かけことば》　[掛詞] 短歌で一語に二つの意味を持たせたもの。

懸樋《かけい》　[かけひ][筧] 水を引くための木や竹のとい。

懸崖《けんがい》　盆栽で枝が根より下にさがった形のもの。

戈部　ほこづくり

【戈】　カ

戈《ほこ》　[矛・鉾] 古代の武器の一。「—を納める」

【戊】　ボ

戊《つちのえ》　十干の五番目。

【戌】　ジュツ

戌《いぬ》　十二支の十一番目。犬。

【成】　セイ・ジョウ　なる・なす

成就《じょうじゅ》　なしとげる。「大願—」

成丈《なるたけ》　できるだけ。

成可《なるべ》く　できるかぎり。「—早く」

【我】　ガ　われ・わ

我武者羅《がむしゃら》　向こうみずに強引に行動する。

我利勉《がりべん》　ひたすら勉強するのをあざけっていう。

我儘《わがまま》　自分勝手。「—者」

【或】　ワク

或《ある》　「—とき」「—ところ」「—人」

或《あるい》は　または。もしかすると。

【戦】 セン いくさ・たたかう

戦く《おののく》 [慄く] 恐ろしさにふるえる。

戦慄《せんりつ》 おののきふるえる。

戦ぐ《そよぐ》 風がそよそよと吹く。「風に—木の葉」

戦慄く《わななく》 恐怖で体がふるえる。

【截】 セツ

截る《き》 [切る] 「紙を—」「布を—」

截断《せつだん》 [切断] たち切る。

截つ《た》 [裁つ] 布や紙を切る。

【戯】 ギ たわむれる

戯ける《おど》 [お道化る] ふざける。

戯作《げさく》 江戸時代の娯楽的な小説類の総称。

戯歌《ざれうた》 ふざけた歌。こっけいな歌。

戯事《ざれごと》 ふざけてすること。たわむれ。

戯れる《じゃ》 犬などがまつわりついてたわむれる。

戯け《たわ》 [白痴] ふざけた言動。またおろか者。

戯言《たわごと》 [ざれごと] たわむれのことば。冗談。

【戴】 タイ

戴く《いただ》 [頂く] 「もらう」の謙譲語。

戴冠式《たいかんしき》 国王・皇帝が位につくときの儀式。

戸(戶)部 とだれ・とかんむり

【所】 ショ ところ

所有《あらゆる》 [凡ゆる] すべての。あるかぎりの。

所謂《いわゆる》 世間でいわれているところの。

所作《しょさ》 身ぶり。しぐさ。

所詮《しょせん》 つまるところ。結局。

所為《せい》 「気の—」「年の—」「人の—にする」

所以《ゆえん》 いわれ。わけ。

所縁《ゆかり》 [縁] 「縁も—もない」

【扁】 ヘン

扁額《へんがく》 横に長い額。

扁桃腺《へんとうせん》 のどの奥にある卵形の隆起。「—炎」

扁平《へんぺい》 ひらたいこと。「—足」

【扇】 セン おうぎ

扇ぐ《あお》 [煽ぐ] うちわなどで風を起こす。

扇子《せんす》 携帯用のあおいで風をおこすもの。

手部

＊扌→65頁

【手】 シュ て・た

手裏剣《しゅりけん》 敵に投げつける小さな刀。

手榴弾《しゅりゅうだん》 [てりゅうだん] 手投げ弾。

手弱女《たおやめ》 たおやかな女。⇕益荒男(ますらお)

手折る《たお》 花や枝を手で折る。

手繰る《たぐ》 「糸を—」「思い出を—」

手水鉢《ちょうずばち》 手を洗う水を入れる鉢。

手斧《ちょうな》 大工道具の一。

手後れ《ておく》 [手遅れ] 手当てがおくれる。

手創《てきず》 ［手傷・手疵］ 戦いで受けた傷。「―を負う」

手薬煉《てぐすね》**引**《ひ》**く** 用意して待ちかまえる。

手《て》**古**《こ》**摺**《ず》**る** ［梃摺る］ もてあます。

手応《てごた》**え** ［手答え］ 「―がない」

手籠《てごめ》 ［手込］ 暴力で女を犯す。

手強《てごわ》**い** 簡単には勝てないほど強い。

手《で》**数**《ず》**入**《い》**り** 横綱の土俵入り。

手遊《てすさ》**び** 手なぐさみ。

手摺《てすり》 橋や階段につけた横棒。

手段《てだて》 ［手立て］ 物事をなしとげる方法。

手練《てだれ》 ［手足れ］ 剣術がすぐれている武士。

手蔓《てづる》 手がかり。つて。

手懐《てなず》**ける** 味方に引き入れる。

手拭《てぬぐい》 手や顔をふく布。タオル。

手緩《てぬる》**い** きびしくない。「―処置」

手筈《てはず》 手くばり。手順。

手酷《てひど》**い** 手きびしい。「―打撃を受ける」

手解《てほど》**き** 初歩から教える。「―を受ける」

手《て》**忠実**《まめ》 骨惜しみをせずよく働く。⇕足忠実

手許《てもと》 ［手元］ 手のとどく範囲。⇕足許

【承】 ショウ うけたまわる

承《う》**ける** ［受ける］ うけつぐ。引きつぐ。

【挙】 キョ あげる・あがる

挙措《きょそ》 立ち居ふるまい。

挙《こぞ》**って** 「―参加する」

【拳】 ケン こぶし

拳骨《げんこつ》 にぎりこぶし。「―をくらわす」

拳玉《けんだま》 ［剣玉］ 子供のおもちゃ。

拳万《げんまん》 「指きり―」

拳《こぶし》 にぎりこぶし。げんこつ。

【拿】 ダ

拿捕《だほ》 外国の船を捕える。

【掌】 ショウ

掌《たなごころ》 手のひら。「―を返すよう」

掌《てのひら》 ［手の平］ 手のうら。⇕手の甲

掌《つかさど》**る** ［司る］ 管理する。支配する。

【掣】 セイ

掣肘《せいちゅう》 干渉して自由な行動を妨げる。「―を加える」

【撃】 ゲキ うつ

撃《ぶ》**つ** ［打つ・撲つ］ たたく。なぐる。

【摩】 マ

摩《さす》**る** ［擦る］ 軽くなでる。

摩《す》**る** ［磨る・擂る］ 「墨を―」「マッチを―」

摩《す》**り替**《か》**える** わからないようにそっと取り替える。

摩《ま》**訶**《か》**不**《ふ》**思**《し》**議**《ぎ》 非常に不思議なこと。

摩《ま》**利**《り》**支**《し》**天**《てん》 インドの神。日本では武士の守り神。

【攀】 ハン

攀《よ》**じ登**《のぼ》**る** 物につかまって登る。

【攣】レン

攣《つ》る　ひきつる。「足が—」

支部　えだにょう・しにょう

【支】シ　ささえる

支《か》う　支えにする。「つっかい棒を—」

支《つか》える　[閊える]「車が—」「仕事が—」

攵（攴）部　ぼくづくり・ぼくにょう

【改】カイ　あらためる・あらたまる

改竄《かいざん》　字句を不当に書きかえる。「小切手の—」

改悛《かいしゅん》　[悔悛]　前非を悔い改めること。

【放】ホウ　はなす・はなつ・はなれる

放《こ》く　「屁（へ）を—」「ばかを—な」

放《た》れる　大小便をする。

放《ひ》る　「屁（へ）を—」

放《ほう》る　[抛る]　投げる。「ボールを—」

放恣《ほうし》　[放肆]　わがままでしまりがない。

放擲《ほうてき》　[抛擲]　投げ出す。

放蕩《ほうとう》　酒色におぼれて品行が悪い。「—息子」

放屁《ほうひ》　おならをする。

放埒《ほうらつ》　生活が気ままでだらしがない。

放《ほか》す　関西方言でほうっておく。

【故】コ　ゆえ

故郷《ふるさと》　[古里・故里]　生まれ育った土地。

【敏】ビン

敏《さと》い　[聡い]　理解が早い。かしこい。

敏捷《びんしょう》　すばしこい。

【教】キョウ　おしえる・おそわる

教誨師《きょうかいし》　刑務所で受刑者を教えさとす人。

教唆《きょうさ》　悪事を教えそそのかす。

教鞭《きょうべん》　教師が使うむち。「—をとる」

【敢】カン

敢《あ》えて　しいて。むりに。わざわざ。

敢《あ》え無《な》い　あっけない。「—最期」

【敬】ケイ　うやまう

敬虔《けいけん》　神仏に慎んで仕える。「—な信徒」

【散】サン　ちる・ちらす・ちらかす・ちらかる

散楽《さるがく》　[猿楽・申楽]　平安時代の民衆芸能の一。

散佚《さんいつ》　[散逸]　ちりぢりになってなくなる。

散散《さんざん》　「—な目にあう」

散散《ちりぢり》　はなればなれになる。「—ばらばら」

散《ばら》　ばらばらになる。「—売り」「—銭（せん）」

【数】スウ・ス　かず・かぞえる

数多《あまた》　[許多]　数が多いこと。「引く手—」

数珠《じゅず》　仏を拝むとき手にかけて使うもの。

数寄《すき》　[数奇]　風流の道。「—をこらす」「—屋造り」

【敲】コウ

敲《たた》く　［叩く］「太鼓を―」「手を―」

【敵】テキ　かたき

敵娼《あいかた》　遊郭で客の相手の遊女。

敵《かな》う　相手に勝てる。「彼には―わない」

敵愾心《てきがいしん》　敵を倒そうとする意気込み。

【敷】フ　しく

敷衍《ふえん》　［布衍］文章などの意味をわかりやすく述べる。

【整】セイ　ととのえる・ととのう

整頓《せいとん》　整えかたづける。「整理―」

【斃】ヘイ

斃《たお》れる　病気にかかって床につく。「病に―」

斃死《へいし》　のたれ死に。

文部　ぶんにょう

【文】ブン・モン　ふみ

文《あや》　［綾］「ことばの―」「話の―」「文章の―」

文身《いれずみ》　［入墨・刺青］肌に絵などを彫る。

文月《ふづき》　［ふみづき］陰暦七月の別称。

文机《ふづくえ》　［ふみづくえ］和風の机。

文殊《もんじゅ》　知恵をつかさどる菩薩。「三人寄れば―の知恵」

【斑】ハン

斑《はだれ》　［はだら］まだら。まばら。

斑《ぶち》　毛色がまじっているもの・こと。「―の犬」

斑《まだら》　さまざまな色が入りまじっている。

斑《むら》　濃淡などがふぞろいなこと。「成績に―がある」

斑点《はんてん》　まだらにある点。

斑《ふ》入《い》り　地の色と違う色がまじっている。

斗部　とます

【斗】ト

斗組《ますぐみ》　［枡組］障子などの骨を方形に組むこと。

【料】リョウ

料簡《りょうけん》　［了見］考え。思案。「―違い」

【斜】シャ　ななめ

斜子《ななこ》　［魚子］彫金技法の一。

斜《はす》　ななめ。はすかい。

【斟】シン

斟酌《しんしゃく》　物事の事情などをくみとる。

【斡】アツ

斡旋《あっせん》　世話をする。めんどうを見る。

斤部　おのづくり

【斤】キン

斤《きん》　尺貫法による重さの単位。また食パンを数える語。

【斥】セキ

斥《しりぞ》く　［退く］後ろへさがる。

斥候《せっこう》　敵の様子をこっそり探ること。

【斧】 フ

斧《おの》 木を切ったり、割ったりする道具。

【斬】 ザン きる

斬《き》る 〔切る〕「人を―」

斬新《ざんしん》 非常に新しい。「―なアイディア」

【断】 ダン たつ・ことわる

断崖《だんがい》 きり立った高いがけ。「―絶壁」

断乎《だんこ》 〔断固〕 断じて。きっぱり。「―として」

断食《だんじき》 ある期間食事をしないこと。

【斯】 シ

斯《か》かる このような。こういう。

斯《か》く 「―して」「―のごとし」「―も」

斯《か》く斯《か》く 「―然然(しかじか)」

斯様《かよう》に このように。この通りに。

斯《こ》う このように。かように。「―して」

斯界《しかい》 この社会・分野。「―の権威」

【新】 シン あたらしい・あらた・にい

新地《さらち》 〔更地〕 未使用の土地。

新湯《さらゆ》 〔更湯〕 誰も入っていない新しい風呂。

新香《しんこう》 〔しんこ〕 つけもの。おしんこ。

新嘗祭《にいなめさい》 十一月二十三日の宮中行事。

方部 かたへん

【方】 ホウ かた

方便《たつき》 〔たずき〕〔活計〕 生活の手段。

方舟《はこぶね》 〔箱舟〕「ノアの―」

【於】 オ

於《おい》て 〔於いて〕「次の大会は東京に―開催」

於《お》ける 「学校に―成績」「国会に―発言」

於多福《おたふく》 〔阿多福〕「―かぜ」「―豆」

【施】 シ・セ ほどこす

施餓鬼《せがき》 身寄りのない死者のために行う供養。

【旁】 ボウ

旁《かたがた》 ついでに。「お礼―」

旁《かたわら》 〔傍ら・側〕 そば。わき。

旁《つくり》 漢字の右側の部分。⇕偏

【旅】 リョ たび

旅籠《はたご》 昔の宿屋。「―賃」

【旋】 セン

旋毛《つむじ》 「―曲がり」「―を曲げる」

旋風《つむじかぜ》 渦をまいて吹く強い風。

旋網《まきあみ》 〔巻網〕 魚をとる方法の一。

【族】 ゾク

族《やから》 同じ血筋の人。一族。

日部 ひへん

【日】 ジツ・ニチ ひ・か

日毎《ひごと》 毎日。「―夜毎」

日蝕《にっしょく》 ［日食］「皆既―」

日向《ひなた》 日のあたる所。「―ぼっこ」⇕日陰

日次《ひなみ》 ［日並］ 日のよしあし。

日捲《ひめく》り 「―のカレンダー」

日保《ひも》ち ［日持ち］ 食べ物が何日も保たれる。

日傭《ひやと》い ［日雇い］「―労働者」

日除《ひよ》け 暑い日の光をさえぎるもの。

日和《ひより》 「―見」「行楽―」「小春―」

【旧】 キュウ

旧臘《きゅうろう》 前年の十二月のこと。

旧《ふる》い ［古い］「―昔」「頭が―」

【旦】 タン

旦那《だんな》 ［檀那］ 他人の夫をさす語。また商店の主人。

【旭】 キョク

旭《あさひ》 ［朝日］ 朝の太陽。

【旨】 シ むね

旨《うま》い ［甘い・美味い］ おいしい。⇕不味い（まずい）

旨煮《うまに》 ［甘煮］ 肉や野菜を甘く濃く煮た料理。

【旬】 ジュン

旬《しゅん》 魚や野菜の食べごろの時期。「―の魚」

旬日《じゅんじつ》 十日間。十日ほど。

【早】 ソウ・サッ はやい・はやまる・はやめる

早少女《さおとめ》 ［早乙女］ 少女。おとめ。

早退《はやび》け ［早引け］ 定刻より早く退出すること。

早生《わせ》 生育の早い作物。⇕晩生（おくて）

早稲《わせ》 生育の早い稲。⇕晩稲（おくて）

【旱】 カン

旱天《かんてん》 ［干天］ 日照りが続く空。「―の慈雨」

旱魃《かんばつ》 ［干魃］ 日照り。

【易】 エキ・イ やさしい

易《やす》い たやすい。「見―」「わかり―」⇕難い（かたい）

易易《やすやす》 たやすく。「―とできる」

【旺】 オウ

旺盛《おうせい》 非常に盛んなようす。「食欲―」

【昂】 コウ

昂進《こうしん》 ［亢進］ 病状などが進むこと。

昂《こう》ずる ［高ずる］ はげしくなる。ひどくなる。

昂《たか》ぶる ［高ぶる］ はげしくなる。興奮する。

【昏】 コン

昏昏《こんこん》 よく眠っているさま。「―と眠る」

昏睡《こんすい》 正体なくぐっすり眠る。「―状態」

昏倒《こんとう》 目まいがして倒れる。

【昇】 ショウ のぼる

昇汞水《しょうこうすい》 消毒などに用いる医薬品。

【昔】 セキ・シャク むかし

昔気質《むかしかたぎ》 気性が律儀で昔風なこと。

【明】 メイ・ミョウ あかり・あかるい・あきらか・あける・あく

明《あか》ら様《さま》 ［明白］「―にいえば」「―に非難する」

明後日《あさって》　明日の次の日。

明日《あした》　あす。

明か《さや》　［清か］　はっきりとよく見える。

明明後日《しあさって》　あさっての次の日。

明朝体《みんちょうたい》　活字の書体の一つで、ふつうの字体。

明晰《めいせき》　はっきりしていること。「頭脳―」

明瞭《めいりょう》　明らかであること。「簡単―」

明太子《めんたいこ》　たらこを塩と唐がらしに漬けた食品。

【昨】　サク

昨日《きのう》　「―の敵は今日の友」

昨夜《ゆうべ》　きのうの夜。

【昵】　ジツ

昵懇《じっこん》　［入魂］　親しい交わり。「―の間柄」

【春】　シュン　はる

春宮《とうぐう》　［東宮］　皇太子。「―御所」

【是】　ゼ

是に《ここ》　［此に・爰に・茲に］　「―おいて」

是《これ》　［此・之］　「―だけ」「―まで」

是式《これしき》　［此式］　俗語でたったこれぐらい。

是許り《こればかり》　［此許り］　これだけ。

【昼】　チュウ　ひる

昼行灯《ひるあんどん》　ぼんやりした人。うすのろ。

【昴】　ボウ

昴《すばる》　おうし座のプレアデス星団の和名。

【冒】　ボウ　おかす

冒瀆《ぼうとく》　神聖なものを汚す。

【晒】　サイ

晒《さらし》　さらして白くした綿布。

晒者《さらしもの》　大勢の前で恥をかかされる。「―にされる」

晒す《さら》　風雨や日光の当たるままにする。

【時】　ジ　とき

時雨《しぐれ》　秋から冬にかけ降ったりやんだりする雨。

時化る《しけ》　海が荒れる。また不景気である。

時偶《ときたま》　ときどき。たまに。

【書】　ショ　かく

書翰《しょかん》　［書簡］　手紙。

書肆《しょし》　本屋。書店。

書《ふみ》　［文］　書物。「―読む月日」

【晦】　カイ

晦渋《かいじゅう》　文章がむずかしく意味がわかりにくい。

晦ます《くら》　「人目を―」「行方を―」

晦《つごもり》　［晦日］　陰暦で月の最終日。

晦日《みそか》　［三十日］　月の最終の日。

【曼】　マン

曼陀羅《まんだら》　［曼荼羅］　浄土の実相を絵にしたもの。

【暑】　ショ　あつい

暑気中り《しょきあた》　夏の暑さで体をこわすこと。

【智】　チ

智慧《ちえ》 ［知恵・智恵］「入れ—」「悪—」

【晩】 バン

晩生《おくて》 生育の遅い作物。⇕早生（わせ）

晩稲《おくて》 生育の遅い稲。⇕早稲（わせ）

晩《おそ》い ［遅い］「今夜はもう—」

晩餐《ばんさん》 「—会」「最後の—」

【普】 フ

普《あまね》く ［遍く］ ひろく。「—知られる」

普賢菩薩《ふげんぼさつ》 徳をつかさどる菩薩。

【暗】 アン くらい

暗暗裡《あんあんり》 ［暗暗裏］ 内密に。こっそり。

暗渠《あんきょ》 地下に設けた水路。

暗誦《あんしょう》 ［暗唱・諳誦］ 書いたものを見ずにそらでいう。

暗礁《あんしょう》 「—に乗り上げる」

暗澹《あんたん》 暗く絶望的なようす。「—たる思い」

暗闇《くらやみ》 「真っ—」

【暈】 ウン

暈《かさ》 太陽や月のまわりにできる光の輪。

暈《ぼ》ける 「色が—」「ピントが—」

【暇】 カ ひま

暇《いとま》 ［遑］「お—します」「休む—もない」

【暖】 ダン あたたか・あたたまる

暖簾《のれん》 「—に腕押し」「—を下ろす」「縄—」

【暢】 チョウ

暢達《ちょうたつ》 のびのびとしている。

暢気《のんき》 ［呑気］ 性格がのんびりしている。

【暫】 ザン

暫《しば》し 少しの間。しばらく。「待て—」

暫《しばら》く 少しの間。

【暮】 ボ くれる・くらす

暮《く》れ泥《なず》む 日が暮れそうでなかなか暮れない。

【曖】 アイ

曖昧《あいまい》 はっきりしない。「—な返事」「—模糊」

【曙】 ショ

曙《あけぼの》 明け方。

曙光《しょこう》 夜明けの光。

【曠】 コウ

曠野《こうや》 ［広野］ 広びろとした野原。

【曝】 バク

曝《さら》け出《だ》す 隠すところなく出す。「欠点を—」

曝《さら》す 人々の目に触れるようにする。

曝書《ばくしょ》 書物の虫干し。

曝露《ばくろ》 ［暴露］「秘密を—する」

曰部 ひらび

【曰】 エツ

曰《いわ》く 「—言いがたし」「—因縁」

曰《のたま》う ［宣う］「言う」の尊敬語。

【曳】 エイ

曳航《えいこう》 船が他の船をひく。

曳《ひ》**く** ［引く・牽く］「車を—」「綱を—」

【曲】 キョク まがる・まげる

曲尺《かねじゃく》 ［矩尺］直角に曲がった物差し。

曲者《くせもの》 あやしい者。ゆだんできない者。

曲輪《くるわ》 ［郭・廓］城郭。また遊郭。

曲玉《まがたま》 ［勾玉］古代の装身具の一。

曲曲《まがまが》**しい** ［禍禍しい］いまわしい。

【更】 コウ さら・ふける・ふかす

更衣《きさらぎ》 ［如月］陰暦二月の別称。

更衣《ころもがえ》 ［衣更え］季節ごとに着替えること。

【曹】 ソウ

曹洞宗《そうとうしゅう》 禅宗の一派。

【最】 サイ もっとも

最《いと》**も** たいへん。はなはだ。「—簡単」

最中《さなか》 まっさいちゅう。

最中《もなか》 和菓子の一。

最早《もはや》 今となっては。もう。「—これまで」

【曽】 ソウ・ゾ

曽《かつ》**て** ［嘗て］今まで一度も。「いまだ—ない」

曽祖父《そうそふ》 祖父母の父。ひいおじいさん。⇕曽祖母

曽孫《ひまご》 ［そうそん］孫の子。⇕玄孫（やしゃご）

月部 つきへん

【月】 ゲツ・ガツ つき

月餅《げっぺい》 中国菓子の一。

月代《さかやき》 ［月額］昔、男が髪を半月形にそった部分。

月次《つきなみ》 ［月並］ありきたり。

【有】 ユウ・ウ ある

有難《ありがと》**う** 感謝の気持ちをあらわすことば。

有様《ありさま》 ［ありよう］物事のようす。

有《あり》**っ丈**《たけ》 あるだけ。ある限り。

有体《ありてい》 ［有態］ありのまま。「—にいえば」

有卦《うけ》 「—に入る」（幸運にめぐまれ、よいことが続く）

【朋】 ホウ

朋輩《ほうばい》 ［傍輩］同僚。仲間。

朋友《ほうゆう》 ともだち。友人。

【朔】 サク

朔日《ついたち》 ［朔・一日］月の最初の日。⇕晦日（みそか）

【望】 ボウ・モウ のぞむ

望月《もちづき》 陰暦十五夜の月。

【朝】 チョウ あさ

朝餉《あさげ》 朝の食事。⇕夕餉

朝凪《あさなぎ》 朝の海岸で一時、風が吹かないこと。⇕夕凪

朝朗《あさぼらけ》 夜が明けはじめるころ。

朝《あした》 あさ。「—に道を聞かば…」「—浜辺をさまよえば…」

【朦】モウ

朦朦《もうもう》 [濛濛] 湯気や煙がたちこめる。

朦朧《もうろう》 意識が確かでないさま。「酔眼―」

【朧】ロウ

朧《おぼろ》 はっきりしないさま。「―げな記憶」「―月夜」

月部 にくづき

＊肉→159頁

【肌】はだ

肌理細《きめこま》かい 心くばりが細かい。

【肋】ロク

肋骨《あばらぼね》 [ろっこつ] 胸部を構成する骨。

肋膜炎《ろくまくえん》 肋膜におこる炎症。

【肝】カン きも

肝腎《かんじん》 [肝心] たいせつ。「―かなめ」

肝煎《きもいり》 世話をすること。またその人。

肝《きも》っ魂《たま》 [肝っ玉] 「―が大きい」

【肛】コウ

肛門《こうもん》 しりのあな。

【肖】ショウ

肖《あやか》る 感化されてそれに似る。

【肘】ひじ

肘《ひじ》 [肱・臂] 腕の関節。「―鉄砲をくわす」

【肚】ト

肚《はら》 [腹] 「―がすわる」「―が太い」

【育】イク そだつ・そだてる

育《はぐく》む だいじに育てる。「夢を―」

【肩】ケン かた

肩肘張《かたひじは》る 堅苦しい態度をとる。

肩胛骨《けんこうこつ》 [肩甲骨] 両肩の後ろの三角形の骨。

【股】コ また

股関節《こかんせつ》 骨盤と大腿骨をつなぐ関節。

股《また》 「内―」「がに―」「木の―」

股《もも》 [腿] ひざから上の部分。「太―」

股座《またぐら》 両またの間。

【肴】コウ

肴《さかな》 酒を飲むときに食べるもの。「酒の―」

【肯】コウ

肯《うべな》う [宜なう・諾う] 承諾する。

肯《がえん》ずる 聞き入れる。承知する。

【肱】コウ

肱《ひじ》 [肘・臂] 腕の関節。「―鉄砲をくわす」

【肥】ヒ こえる・こえ・こやす・こやし

肥担桶《こえたご》 昔、肥料にする糞尿を入れて運んだおけ。

肥沃《ひよく》 土地が肥えて作物がよくできること。

肥《ふと》る [太る] 肉づきがよくなる。⇔痩せる（やせる）

【胃】イ

胃潰瘍《いかいよう》 胃の病気の一。

胃癌《いがん》 胃にできたがん。

胃痙攣《いけいれん》 胃が発作的に激しく痛む病気。

【胤】イン

胤《たね》 ［種］ 血統を受け継いだ子。「落とし—」

【胡】コ

胡坐《あぐら》 足を組んですわる。「—をかく」

胡散臭《うさんくさ》い あやしくて気が許せない。

胡乱《うろん》 あやしいようす。「—な男」

胡弓《こきゅう》 中国の弦楽器の一。

胡粉《ごふん》 古くから使われた白色の顔料。

【胆】タン

胆《きも》 ［肝］ 「—がすわる」「—を冷やす」

胆汁《たんじゅう》 消化を助ける液。

胆嚢《たんのう》 胆汁をたくわえる内臓。

【肺】ハイ

肺腑《はいふ》 肺。また心の奥底。「—をえぐる」

【背】ハイ せ・せい・そむく・そむける

背負込《しょいこ》む 手にあまることを引き受ける。

背負《しょ》う ［せおう］ 背中にのせる。「—って立つ」

【胚】ハイ

胚芽米《はいがまい》 精米のさい胚芽を残してある米。

【胞】ホウ

胞衣《えな》 胎児をつつんだ胎盤と膜。

【胸】キョウ むね・むな

胸襟《きょうきん》 「—を開く」（心の中を打ち明ける）

胸座《むなぐら》 ［胸倉］ 「—をつかむ」

胸鰭《むなびれ》 魚の胸のひれ。

【脅】キョウ おびやかす・おどす・おどかす

脅《おび》える ［怯える］ こわがってびくびくする。

【脇】わき

脇士《きょうじ》 ［わきじ］［脇侍・夾侍］ 本尊の両脇に立つ像。

脇《わき》 ［傍・側］ 「—が甘い」「—役」

【脂】シ あぶら

脂《あぶら》 ［膏］ 肉のあぶら。脂肪。「—ぎる」

脂《やに》 樹皮などから分泌する粘液。「松—」「目—」

脂燭《しそく》 ［紙燭］ 昔の照明具の一。

【脆】ゼイ

脆弱《ぜいじゃく》 もろくて弱い。

脆《もろ》い こわれやすい。「情に—」「涙—」

【脊】セキ

脊髄《せきずい》 脊椎の中にある神経を伝達する器官。

脊椎《せきつい》 脊椎動物の背骨を組み立てている骨。

【能】ノウ

能《あた》う できる。可能である。「—かぎり」

能《よ》くする たくみに行う。「書を—する」

【脈】ミャク

脈搏《みゃくはく》 ［脈拍］ 「—をはかる」

【脚】キャク・キャ あし

脚気《かっけ》 ビタミンB_1の欠乏でおこる病気。

脚立《きゃたつ》 踏み台に似たもの。

脚絆《きゃはん》 [脚半] 昔、旅をするときすねに巻いた布。

【脛】 ケイ

脛《すね》 [臑] 「—に傷もつ」「—をかじる」

【脱】 ダツ ぬぐ・ぬげる

脱臼《だっきゅう》 骨の関節がはずれる。

脱兎《だっと》 非常に速いたとえ。「—の勢い」「—のごとく」

脱殻《ぬけがら》 [抜殻] セミやヘビの脱皮した殻。

脱毛《ぬけげ》 [抜毛] 頭髪が抜けること。

【脳】 ノウ

脳溢血《のういっけつ》 脳の血管が破れる病気。

脳梗塞《のうこうそく》 脳の血流が悪くなる病気。

脳震盪《のうしんとう》 頭部を強打したときおこる一時的な脳障害。

【腋】 エキ

腋《わき》 [脇] 「—毛」「—の下」

腋臭《わきが》 [狐臭] わきの下から放つ悪臭。

【腔】 コウ

腔腸動物《こうちょうどうぶつ》 サンゴ・クラゲなどの類。

【脹】 チョウ

脹《は》れる [腫れる] 「顔が—」

脹《ふく》よか [膨よか] ふっくらとしているさま。

脹脛《ふくらはぎ》 すねの後ろのふくらんだ部分。

脹《ふく》らむ [膨らむ] 「風船が—」「夢が—」

【脾】 ヒ

脾臓《ひぞう》 内臓の一。

脾腹《ひばら》 よこばら。わきばら。

【腓】 ヒ

腓《こむら》 [腨] ふくらはぎ。「—がえり」

腓骨《ひこつ》 ひざの下の細長い管状骨。

【腑】 フ

腑《ふ》 はらわた。「—に落ちない」「胃の—」

腑甲斐無《ふがいな》い [不甲斐無い] いくじがない。

腑抜《ふぬ》け いくじなし。まぬけ。

【胼】 ヘン

胼胝《たこ》 「ペン—」「耳に—ができる」

【腕】 ワン うで

腕《うで》っ扱《こ》き 腕前がすぐれている。

腕捲《うでまく》り 衣服の袖をまくりあげる。

腕《かいな》 うで。

【腱】 ケン

腱《けん》 筋肉と骨を結びつける組織。「アキレス—」

腱鞘炎《けんしょうえん》 過労などによる指の炎症。

【腫】 シュ

腫瘍《しゅよう》 「悪性—」「脳—」

腫《は》れる [脹れる] 「顔が—」

【腎】 ジン

腎盂炎《じんうえん》 腎臓の病気の一。

腎臓《じんぞう》 内臓の一つで泌尿器官。

【腥】セイ

腥《なまぐさ》い［生臭い］魚肉などのにおい。

【腺】セン

腺《せん》「汗―」「前立―」「リンパ―」

腺病質《せんびょうしつ》 体が弱く神経質な体質。

【腸】チョウ

腸捻転《ちょうねんてん》 腸の病気の一。

腸《はらわた》「―が腐る」「―が煮えくりかえる」

腸《わた》 はらわた。「魚の―」

【腹】フク　はら

腹癒《はらい》せ 怒りや恨みをはらす。

腹拵《はらごしら》え 食事をすませ仕事にかかる準備をする。

【腰】ヨウ　こし

腰巾着《こしぎんちゃく》 人のそばにつきまとっている人。

腰椎《ようつい》 腰をささえる背骨の一部。

【膏】コウ

膏《あぶら》［脂］肉のあぶら。脂肪。

膏肓《こうこう》「病―に入る」（病気が治る見込みがない）

膏薬《こうやく》 外傷などにはる薬。

【腿】タイ

腿《もも》［股］ひざから上の部分。「太―」

【膀】ボウ

膀胱《ぼうこう》 尿を一時ためておく器官。

【膂】リョ

膂力《りょりょく》 腕・肩などの筋肉の力。

【膠】コウ

膠原病《こうげんびょう》 臓器や骨・関節などの結合組織の病気の総称。

膠着《こうちゃく》 ある状態が固定して動かないこと。「―状態」

膠《にかわ》 ゼラチンを主成分とした接着剤。

膠《にべ》［鰾膠］「―もない」（愛想がない。そっけない）

【膝】ひざ

膝行《いざ》る 膝や尻を地につけたまま進むこと。

膝下《しっか》 父母の庇護のもとにいること。

膝《ひざ》「―を打つ」「―をくずす」「―を交える」

【膣】チツ

膣《ちつ》 女性の生殖器の一部。

【膚】フ

膚《はだ》［肌］「―を許す」「素―」「鳥―」

【膵】スイ

膵臓《すいぞう》 消化器官の一。

【膳】ゼン

膳《ぜん》 料理などをのせる台。「お―立て」「配―」

【臆】オク

臆《おく》する 気おくれして恐れる。

臆測《おくそく》［憶測］いいかげんな推測。

臆病《おくびょう》 ちょっとしたことにも怖がる。

臆面《おくめん》「―もなく」（遠慮することもなく）

【膾】カイ

膾炙《かいしゃ》 「人口に―する」（人々に広く知れわたる）

膾《なます》 ［鱠］生の魚介類を使った料理。

【臀】デン

臀《しり》 ［尻］けつ。「―を押す」

臀部《でんぶ》 尻の部分。

【膿】ノウ

膿《うみ》 傷やはれものから出る粘液。「―を出す」

【臂】ヒ

臂《ひじ》 ［肘・肱］腕の関節。「―鉄砲をくわす」

【臈】ロウ

臈纈《ろうけち》 ［ろうけつ］染色法の一。

臈長《ろうた》ける 経験を重ねる。ふつう女性にいう。

【臑】ジュ

臑《すね》 ［脛］「―に傷もつ」「―をかじる」

【臍】セイ

臍《へそ》 「―で茶を沸かす」「―を曲げる」

臍《ほぞ》 へそのこと。「―を固める」「―をかむ」

臍繰《へそく》り 倹約してこっそりためた金。

【臙】エン

臙脂《えんじ》 紅色の顔料。また「臙脂色」の略。

木部 きへん

【木】ボク・モク き・こ

木賃宿《きちんやど》 昔、薪代だけで泊めた安い宿屋。

木理《きめ》 ［木目］木の板の模様。

木遣《きや》り 昔、材木を運ぶときに歌った歌。

木霊《こだま》 ［谺］やまびこ。

木端《こっぱ》 木の切れはし。「―微塵」「―役人」

木端《こば》 ［木羽］材木の切れはし。こっぱ。

木挽《こびき》 木を切るのを職業とする人。

木偶《でく》の坊《ぼう》 役に立たない者。まぬけ。

木鐸《ぼくたく》 世間の人々を導く人。「社会の―」

木訥《ぼくとつ》 ［朴訥］無口で飾り気のない人。

木履《ぽっくり》 少女用の下駄の一。

木綿《もめん》 「―糸」「―針」「―豆腐」

【札】サツ ふだ

札片《さつびら》 紙幣の俗な言い方。「―を切る」

【朮】ジュツ

朮参《おけらまい》り ［白朮参り］京都八坂神社の神事。

【本】ホン もと

本卦帰《ほんけがえ》り 数え年で六十一歳になること。還暦。

【末】マツ・バツ すえ

末枯《うらが》れる 草木の枝先や葉先が枯れる。

末生《うらな》り ［末成り］キュウリなどの出来の悪いもの。

末子《ばっし》 ［まっし］いちばん年下の子。「―相続」

末裔《まつえい》 子孫。「源氏の―」

末期《まつご》 死にぎわ。「―の水」

末梢神経《まっしょうしんけい》 全身に広がる神経の先端。

【未】ミ

未《いま》だに　いまもって。「—完成しない」

未通女《おぼこ》　世間知らずですれていない娘。

未《ひつじ》　十二支の八番目。羊。

未《ま》だ　「—来ない」「—チャンスはある」

未《み》曽《ぞ》有《う》　いまだかつてないこと。

【朱】シュ

朱《あけ》　［緋］　朱色。「—に染まる」

朱雀《しゅじゃく》　［すざく］　中国で四神の一。

【朴】ボク

朴訥《ぼくとつ》　［木訥］　無口で飾り気のない人。

朴念仁《ぼくねんじん》　わからずや。

【杞】キ

杞《き》憂《ゆう》　取り越し苦労。「—に終わる」

【杏】キョウ

杏仁《きょうにん》　［あんにん］　アンズの実の核の中にある肉。

杏林《きょうりん》　アンズの林。また医者の美称。

【杖】ジョウ

杖《つえ》　「頬—をつく」「松葉—」

【束】ソク　たば

束子《たわし》　「亀の子—」

束《つか》　本の厚み。「—のある本」

束《つか》の間《ま》　わずかのあいだ。

【村】ソン　むら

村夫子《そんぷうし》　いなかの学者。「—然とした男」

村雨《むらさめ》　［叢雨］　にわか雨。

【杜】ト

杜撰《ずさん》　ぞんざい。「—な計画」「—な工事」

杜氏《とうじ》　酒を作る職人。

杜《と》絶《だ》える　［途絶える・跡絶える］「音信が—」

杜《もり》　［森］「鎮守の—」

【杓】シャク

杓子《しゃくし》　ご飯や汁をすくうもの。「—定規」

杓《しゃく》る　水などをすくい上げる。

杓《しゃ》文《も》字《じ》　ご飯をよそうもの。

【杙】ヨク

杙《くい》　［杭］　地中に打ち込む棒状の木材。

【来】ライ　くる・きたる・きたす

来《きた》す　「支障を—」「変化を—」

来《き》手《て》　来てくれる人。「嫁の—がない」

来《こ》し方《かた》　過ぎ去った時。「—行く末」

【枉】オウ

枉《ま》げる　［曲げる］「—てお願いします」

【果】カ　はたす・はてる・はて

果《おお》せる　［遂せる］　しとげる。はたす。

果物《くだもの》　リンゴ・カキなど食用となる果実。

果《はか》　［捗］「—が行く」（順調に進む）

果《は》敢《か》無《な》い　［儚い］「—希望」「—人生」

果果《はかばか》しい ［捗捗しい］ 仕事などが順調に進む。

【杭】 コウ

杭《くい》 ［杙］ 地中に打ち込む棒状の木材。

【采】 サイ

采《さい》 ［賽］ さいころ。「—の目」

采配《さいはい》 指図。指揮。「—を振るう」

【枝】 シ えだ

枝折戸《しおりど》 木や竹で作った簡単な戸。

枝垂《しだ》れ ［垂れ］ 「—桜」「—柳」

【杵】 ショ

杵《きね》 餅をつく道具。⇕臼

杵柄《きねづか》 杵の柄（え）。「昔とった—」

【松】 ショウ まつ

松籟《しょうらい》 松の木に吹く風。

松明《たいまつ》 昔、松をたばねて火をつけた屋外用の照明。

松毬《まつかさ》 松の実。まつぼっくり。

松脂《まつやに》 松の幹から分泌する樹脂。

【枘】 ゼイ

枘《ほぞ》 建築で材木をつなぎ合わせるときに作る突起。

【杼】 チョ

杼《ひ》 ［梭］ 機織（はたおり）道具の一。

【枕】 まくら

枕頭《ちんとう》 まくらもと。「—の書」

枕《まくら》 「—木」「—もと」「—を並べる」

【東】 トウ ひがし

東《あずま》 ［吾妻］ 箱根から東の国。「—男に京女」

東夷《あずまえびす》 昔、東国の武士をあざけった語。

東屋《あずまや》 ［四阿］ 庭園にある壁のない建物。

東風《こち》 春、東から吹いてくる風。

東雲《しののめ》 明け方の東の空の雲。

【板】 ハン・バン いた

板山葵《いたわさ》 板付きかまぼこにわさびを添えた料理。

【枚】 マイ

枚《ひら》 ［片］ 薄く平たいものを数える語。「花—」

【杳】 ヨウ

杳《よう》として 「行方は—知れない」

【枡】 ます

枡《ます》 ［升・桝］ 物の容量をはかるもの。「—酒」「—席」

【柿】 ハイ

柿《こけら》 木材を薄くはいで作った板状のもの。

柿落《こけらおと》し 新築した劇場の初めての興行。

柿葺《こけらぶ》き こけらでふいた屋根。

【枷】 カ

枷《かせ》 昔の刑具の一。「手—足—」

【柑】 カン

柑橘類《かんきつるい》 ミカン類の果樹の総称。

【枯】 コ かれる・からす

枯山水《かれさんすい》 ［こせんずい］ 京都龍安寺の石庭など。

枯露柿《ころがき》 ［転柿］干し柿。

【柩】キュウ

柩《ひつぎ》 ［棺］死者を納める木製の箱。

【柵】サク

柵《さく》 木や竹で作ったかこい。

柵《しがらみ》 まとわりつくもの。「恋の―」「人情の―」

【柔】ジュウ・ニュウ やわらか・やわらかい

柔《やわ》 やわらか。また弱い。「―肌」「―な造り」

柔《やわら》 柔術・柔道の別称。

【染】セン そめる・そまる・しみる・しみ

染染《しみじみ》 ［沁沁］よくよく。しんみり。

【柏】ハク

柏手《かしわで》 ［拍手］神前で手を打つこと。

柏餅《かしわもち》 カシワの葉で包んだ和菓子。

【柄】ヘイ え・がら

柄《つか》 刀剣の手でにぎるところ。

柄杓《ひしゃく》 水をくむ道具。

【某】ボウ

某《それがし》 だれそれ。また、わたくし。

某《なにがし》 ［何某］「―かのお金」

【柚】ユウ

柚餅子《ゆべし》 ユズの実の汁を加えた和菓子の一。

【柳】リュウ やなぎ

柳眉《りゅうび》 細く美しい眉。「―を逆立てる」

【柾】まさ

柾目《まさめ》 ［正目］縦にまっすぐ通った木目。⇔板目

【案】アン

案山子《かかし》 田畑に立てる鳥をおどすための人形。

【格】カク

格天井《ごうてんじょう》 正方形の格子のような桟を組んだ天井。

【核】カク

核《さね》 ［実］果実の中心にある堅い部分。

【栞】カン

栞《しおり》 ［枝折］本のページにはさむ目じるし。

【框】キョウ

框《かまち》 床などの端にわたす横木。「上がり―」

【校】コウ

校倉造《あぜくらづくり》 古代の建築法の一。

【桁】けた

桁《けた》 「―が違う」「―はずれ」「橋―」

【根】コン ね

根柢《こんてい》 ［根底］物事のいちばんのもと。

根刮ぎ《ねこそぎ》 根まで抜きとる。「―持っていかれる」

【柴】サイ

柴《しば》 山野にはえる小さい雑木。たきぎなどにする。

【桟】サン

桟敷《さじき》 一段高い見物席。

【栖】セイ

栖《すみか》 [住処] すまい。「終（つい）の―」

【梅】 バイ うめ

梅雨《つゆ》 [ばいう] 「―明け」「―入り」

【梗】 コウ

梗概《こうがい》 あらまし。おおすじ。

【梱】 コン

梱包《こんぽう》 荷造りすること。またその荷物。

【梢】 ショウ

梢《こずえ》 木の枝の先端。

【梲】 セツ

梲《うだつ》 「―が上がらない」

【梳】 ソ

梳《くしけず》る 髪をととのえる。すく。

梳《す》く 髪を櫛（くし）でとかす。

梳《と》かす [解かす] 「髪を―」

【梯】 テイ

梯形《ていけい》 「台形」の旧称。

梯子《はしご》 [梯] 「―酒」「―段」

【梃】 テイ

梃《てこ》 [梃子] 「―入れ」「―でも動かない」

梃摺《てこず》る [手古摺る] もてあます。

【桶】 トウ

桶《おけ》 「棺―」「風呂―」「水―」

【梶】 ビ

梶《かじ》 リヤカーなどのかじ棒。

【桴】 フ

桴《ばち》 [枹] 太鼓をたたく棒。

【梵】 ボン

梵語《ぼんご》 古代インドの文章語。

梵鐘《ぼんしょう》 お寺のつりがね。

【梨】 リ

梨園《りえん》 歌舞伎役者の世界。「―の御曹司（おんぞうし）」

【梁】 リョウ

梁《はり》 屋根や床を支える木材。

梁《やな》 [簗] 川魚をとる仕掛けの一。

【椅】 イ

椅子《いす》 こしかけ。「回転―」「座―」

【棺】 カン

棺桶《かんおけ》 死体を入れる木の箱。

棺《ひつぎ》 [柩] 死者を納める木製の箱。

【棊】 キ

棊子麺《きしめん》 平たく打ったうどん。

【極】 キョク・ゴク きわめる・きわまる・きわみ

極《き》める [決める] 物事を定める。

極書《きわめがき》 骨董品の鑑定書。

【棘】 キョク

棘《いばら》 [茨・荊] 植物のとげ。「―の道」

棘《とげ》 [刺] 「―が刺さる」「―のあることば」

【検】ケン

検《あらた》める　［改める］　調べる。検査する。

【棍】コン

棍棒《こんぼう》　長い棒きれ。

【棲】セイ

棲《す》む　［住む］　「川に―動物」

棲息地《せいそくち》　［生息地］　動物のすむ所。

【椎】ツイ

椎間板《ついかんばん》　椎骨と椎骨の間にある板状の軟骨。

【棹】トウ

棹《さお》　［竿］　「旗―」「たんす一―」

【棚】たな

棚機《たなばた》　［七夕］　陰暦七月七日の夜の祭り。

【棟】トウ　むね・むな

棟梁《とうりょう》　大工のかしら。

【棉】メン

棉花《めんか》　［綿花］　綿の種をつつむ白色の繊維。

【椀】ワン

椀《わん》　飯や汁を盛る木製の食器。

【楷】カイ

楷書《かいしょ》　漢字の書体の一。⇔行書・草書

【楽】ガク・ラク　たのしい・たのしむ

楽車《だんじり》　［檀尻・山車］　祭りに飾りをつけて引く車。だし。

【棄】キ

棄《す》てる　［捨てる］　「投げ―」

【業】ギョウ・ゴウ　わざ

業腹《ごうはら》　非常に腹の立つこと。

【楫】シュウ

楫《かじ》　水をかいて舟を進めるもの。

【楯】ジュン

楯《たて》　［盾］　敵の槍や剣を防ぐ武器。「―に取る」

【楔】セツ・ケツ

楔《くさび》　「―を打ち込む」「―を差す」

【楚】ソ

楚楚《そそ》　若い女性の清らかで可憐（かれん）なさま。

【楕】ダ

楕円形《だえんけい》　長円形。

【椿】チン

椿事《ちんじ》　思いがけない出来事。

【楊】ヨウ

楊枝《ようじ》　［楊子］　歯の食べかすをとるもの。「つま―」

【概】ガイ

概《おおむ》ね　［大旨］　だいたい。おおよそ。

【榾】コツ

榾《ほだ》　たきぎに使う木のきれはし。

榾火《ほだび》　ほだをたく火。たき火。

【槍】ソウ

槍《やり》　［鎗・鑓］　昔の武器の一。「一番―」

【模】モ・ボ

模《かたど》る　［象る］　物の形をうつしとる。

【槌】ツイ

槌《つち》　［鎚］　物をたたく工具。「相―を打つ」「金―」

【様】ヨウ　さま

様《ざま》　［態］　「―を見ろ」（俗語で人をののしる語）

【横】オウ　よこ

横溢《おういつ》　あふれるほど盛んなこと。

横臥《おうが》　横になって寝る。

横柄《おうへい》　［押柄］　えらそうな態度。

横恋慕《よこれんぼ》　既婚者や婚約している人を恋する。

【権】ケン・ゴン

権柄尽《けんぺいず》く　権力にまかせ強引に行う。

権化《ごんげ》　仏教語で仏が仮の姿でこの世に現れること。

【樟】ショウ

樟脳《しょうのう》　クスノキから作る防虫剤・防臭剤。

【槽】ソウ

槽《ふね》　［舟・船］　馬のかいば桶。

【樋】トウ

樋《とい》　俗に［とよ・とゆ］「雨―」

樋《ひ》　水を引くとい。

【標】ヒョウ

標縄《しめなわ》　［注連縄・七五三縄］　神聖な場所に張る縄。

標《しる》す　［印す］　しるしをつける。「足跡を―」

標《しるべ》　［導］　道案内。「道―」

標榜《ひょうぼう》　主義・主張を公然と掲げること。

【樏】ルイ

樏《かんじき》　［橇］　雪の上を歩くときに使うもの。

【機】キ　はた

機関《からくり》　［絡繰］　仕掛け。「人形―」

機織《はたおり》　手動の器械で布を織ること。

【橋】キョウ　はし

橋頭堡《きょうとうほ》　攻撃の足がかりとなる拠点。

橋梁《きょうりょう》　大きな橋。「―工事」

【樹】ジュ

樹《き》　［木］　樹木。

【橇】キョウ

橇《そり》　雪や氷の上をすべらせ人や荷物を運ぶもの。

【樵】ショウ

樵《きこり》　［樵夫］　山の木をきる人。

【樽】ソン

樽《たる》　「酒―」「漬物―」「ビヤ―」

【檜】カイ

檜皮葺《ひわだぶき》　ヒノキの皮でふいた屋根。

【檄】ゲキ

檄《げき》　人々に訴え、決起をうながす文書。「―を飛ばす」

【檀】ダン

檀家《だんか》　寺院の維持を助ける信徒の家。

檀那《だんな》 ［旦那］他人の夫をさす語。また商店の主人。

【櫃】キ

櫃《ひつ》 調度品の一。また飯びつ。

【櫂】トウ

櫂《かい》 船をこぐ道具。ボートでは「オール」という。

【檻】カン

檻《おり》 猛獣を入れる頑丈なかこい。「ライオンの―」

【櫛】シツ

櫛《くし》 髪をとかしたり、髪飾りにするもの。

【櫓】ロ

櫓《やぐら》 「―太鼓」「火の見―」「物見―」

櫓《ろ》 ［艪］船をこぐ道具。

欠部 けんづくり

【欠】ケツ かける・かく

欠伸《あくび》 ［欠］「―が出る」「生―」

欠餅《かきもち》 ［掻餅］餅を薄く切って干したもの。

欠片《かけら》 ［欠けら］破片。「親切心の―もない」

【欹】イ・キ

欹《そばだ》てる ななめに立つ。

【欺】ギ あざむく

欺瞞《ぎまん》 うそをついてだます。ぺてんにかける。

【歎】タン

歎《なげ》く ［嘆く］「不運を―」

止部 とめへん

【止】シ とまる・とめる

止《さ》し 動作を途中でやめる。「燃え―の木」「読み―の本」

止《とど》まる ［留まる］「思い―」「現職に―」

止処《とめど》 ［留処］「―がない」

止《や》める 「酒を―」「旅行を―」

止事無《やんごとな》い よんどころない。また身分が高い。

止《よ》す ［廃す］打ち切る。やめる。

【正】セイ・ショウ ただしい・ただす・まさ

正鵠《せいこく》 ［せいこう］物事のいちばん大切な点。「―を射る」

正面《まとも》 ［直面］「―にぶつかる」「―に見る」

【此】シ

此奴《こいつ》 ［こやつ］この男。この者。

此処《ここ》 ［此所］この場所。

此《ここ》に ［是に・爰に・茲に］「―おいて」

此度《こたび》 このたび。今度。

此方《こちら》 ［こっち］「どうぞ―へ」「控室は―です」

此方《こなた》 こちら。こっち。⇕彼方（かなた）

此方人等《こちとら》 「自分ら・われわれ」の俗な言い方。

此間《こないだ》 「このあいだ」のつづまった言い方。

此《こ》の間《あいだ》 せんだって。先日。

此《これ》 ［是・之］「―だけ」「―まで」

此式《これしき》 ［是式］俗語でたったこれぐらい。

此許《こればか》り ［是許り］ これだけ。

此岸《しがん》 仏教語でこちらの岸、つまりこの世。⇔彼岸

【武】 ブ・ム

武者震《むしゃぶる》い 興奮して体がふるえること。

武士《もののふ》 ぶし。武人。

【歩】 ホ・ブ・フ あるく・あゆむ

歩《ふ》 将棋の駒の一。

歩哨《ほしょう》 見張り番の兵士。

【歪】 ワイ

歪《いびつ》 ゆがんでいること。「―な茶碗」

歪《ひずみ》 ゆがんでいること。「政治の―」

歪《ゆが》む 「―んだ性格」「苦痛に顔が―」

歪曲《わいきょく》 事実をわざとゆがめる。

【歳】 サイ・セイ

歳暮《せいぼ》 年の暮れ。年末の贈答品。⇔中元

歳《とし》 ［年］ 年齢。「―男」「―に不足はない」

歳《とせ》 ［年］ 年数を数える語。「幾―」

【歴】 レキ

歴《れっき》とした ちゃんとした。「―証拠」

歹部 かばねへん・がつへん

【死】 シ しぬ

死骸《しがい》 ［屍骸］ 人や動物の死体。

死様《しにざま》 死ぬときのありさま。

【歿】 ボツ

歿《ぼつ》 ［没］ 人が死ぬこと。「―後」「―年」

【殆】 タイ

殆《ほとほと》 非常に。本当に。「―困った」

殆《ほとん》ど おおかた。大部分。

【残】 ザン のこる・のこす

残骸《ざんがい》 破壊されたまま残っているもの。「戦闘の―」

残滓《ざんし》 「ざんさい」は慣用読み。残りかす。

【殊】 シュ こと

殊勝《しゅしょう》 けなげで感心なこと。「―な心がけ」

【殲】 セン

殲滅《せんめつ》 全滅させる。

殳部 るまた・ほこづくり

【段】 ダン

段《たん》 ［反］ 土地の面積の単位。織物を数える単位。

段平《だんびら》 幅の広い刀。

【殷】 イン

殷賑《いんしん》 栄えにぎわうこと。「―をきわめる」

【殺】 サツ・サイ・セツ ころす

殺《あや》める ［危める］ 人を殺す。

殺戮《さつりく》 多くの人をむごたらしく殺す。

殺生《せっしょう》 生き物を殺すこと。

殺《そ》ぐ ［削ぐ］ けずり落とす。「興味を―」

殺陣《たて》 演劇や映画で斬りあう場面。たちまわり。「—師」

【毀】 キ

毀損《きそん》 物をこわす。傷つける。「名誉—」

毀《こぼ》れる 物の一部が欠ける。「刃—れ」

毀《こわ》れる ［壊れる］「縁談が—」「機械が—」

【殿】 デン・テン　との・どの

殿《しんがり》 列や順番のいちばんあと。最後尾。

【毅】 キ

毅然《きぜん》 意志が強くしっかりしているさま。「—とした態度」

母部

【母】 ボ　はは

母屋《おもや》 ［母家］屋敷のなかの中心的な建物。

母子《おやこ》 「親子」がふつうだが「母娘・父子・父娘」とも。

母《かあ》さん 母親を呼ぶ語。⇕父さん

母衣《ほろ》 ［幌］馬車などにつけるおおい。

【毎】 マイ

毎《ごと》 そのたびに。いつも。「会う—に」「日—夜—」

【毒】 ドク

毒牙《どくが》 邪悪なたくらみ。「—にかかる」

比部

【比】 ヒ　くらべる

比《たぐい》 ［類］「—ない」「—まれな」

比《ころ》 ［頃］「今—」「子供の—」「年—」

比丘尼《びくに》 出家した女の僧。⇕比丘

【毘】 ビ

毘沙門天《びしゃもんてん》 四天王の一。また七福神の一。

毛部

【毛】 モウ　け

毛脛《けずね》 ［毛臑］毛深いすね。

毛鉤《けばり》 虫に似せた羽毛などをつけた釣り針。

毛氈《もうせん》 獣毛で作った敷物。「緋—」

【毟】 むしる

毟《むし》る ［挘る］「草を—」「毛を—」

【毬】 キュウ

毬《いが》 クリの実などのとげのある外皮。

毬《まり》 ［鞠］「—つき」「—投げ」

【毫】 ゴウ

毫《ごう》も すこしも。ちっとも。

气部　きがまえ

【気】 キ・ケ

気質《かたぎ》 ［きしつ］「職人—」「昔—」

気触《かぶ》れる 「アメリカ文化に—」「ウルシに—」

気障《きざ》 「—な男」「—なことをいう」

気色《きしょく》 感情があらわれた顔つき。「—が悪い」

気忙《きぜわ》しい せかせかして忙しい。

気付《きづけ》 郵便物を宿泊先などに送るとき宛名の下につける語。

気っ風《ぷ》 気性。気前。「―がいい」

気稟《きひん》 生まれつき持っている気質。

気紛《きまぐ》れ 「―な天気」「―な人」

気儘《きまま》 思いどおりにふるまうこと。「勝手―」

気圧《けお》される 相手の勢いに圧倒される。

気色《けしき》ばむ 怒りを表情に表す。

気怠《けだる》い なんとなくだるい。かったるい。

水（氺）部
＊氵→73頁

【水】 スイ みず

水瓶《すいびょう》 寺院で水を入れる器。

水脈《みお》 ［澪］ 船の水路となる深い所。

水際《みぎわ》 ［汀］ 水のきわ。なぎさ。

水嵩《みずかさ》 川やダムの水の量。

水翻《みずこぼ》し 茶碗をゆすいだ水を捨てる茶道具。

水垢離《みずごり》 神仏祈願のため水をあびて体を清める。

水っ洟《みずぱな》 水のような鼻じる。

水捌《みずは》け 「―がいい」

水脹《みずぶく》れ 皮膚の下に水がたまったようにふくれること。

水漬《みづ》く 水につかる。「海行かば―かばね」

水無月《みなづき》 陰暦六月の別称。

【永】 エイ ながい

永久《とこしえ》 ［常しえ・長しえ］ 永く変わらないこと。

永久《とわ》 ［常］ 永く変わらないこと。

【氷】 ヒョウ こおり・ひ

氷柱《つらら》 水滴が凍って棒状にたれ下がったもの。

氷魚《ひお》 アユの稚魚。

氷雨《ひさめ》 みぞれまじりの冷たい雨。

氷室《ひむろ》 氷をたくわえておくむろ。

氷嚢《ひょうのう》 氷を入れて患部を冷やす袋。氷まくら。

【求】 キュウ もとめる

求肥《ぎゅうひ》 和菓子の一。

求道《ぐどう》 仏教語で仏の教えを求めること。

【沓】 トウ

沓《くつ》 昔の履物の一。「木―」「わら―」

火部 ひへん
＊灬→126頁

【火】 カ ひ・ほ

火焔《かえん》 ［火炎］ ほのお。「―びん」

火燵《こたつ》 ［炬燵］ 和室用の暖房器具の一。

火達磨《ひだるま》 全身が火につつまれ燃えること。

火点《ひとも》し頃《ごろ》 夕暮れ。

火熨斗《ひのし》 炭火を使った昔のアイロン。

火箸《ひばし》 炭火をつかむ金属製のはし。

火脹《ひぶく》れ やけどで皮膚の下に水がたまりはれること。

火蓋《ひぶた》 火縄銃の火皿のふた。「―を切る」

火除《ひよ》け　火災の広がるのを防ぐ。「―地」
火糞《ほくそ》　ろうそくの燃えがら。
火照《ほて》る　[熱る]　顔や体が熱くなる。「顔が―」
火傷《やけど》　火や熱湯で皮膚をいためる。

【灰】　カイ　はい
灰汁《あく》　「―が強い」「―が抜ける」
灰燼《かいじん》　火事のあとの灰と燃えさし。「―に帰す」

【灯】　トウ　ひ
灯《あか》り　ともしび。「―をともす」
灯籠《とうろう》　「―流し」「石―」「雪見―」
灯火《ともしび》　[灯]　明かり。「風前の―」
灯《とも》る　[点る]　明かりがつく。
灯《ひ》　あかり。「―がともる」「―を消す」

【灸】　キュウ
灸《きゅう》　漢方医療の一。「お―をすえる」
灸《やいと》　おきゅう。

【灼】　シャク
灼《あらた》か　神仏の霊験が明らかに表れる。「霊験―」
灼熱《しゃくねつ》　焼けつくように暑い。「―の太陽」

【炙】　シャ
炙《あぶ》る　[焙る]　火にあてて焼く。「するめを―」

【炊】　スイ　たく
炊《かし》ぐ　飯などをたく。

【炒】　ショウ
炒《いた》める　「野菜を―」
炒豆《いりまめ》　[煎豆]　いった豆。
炒《い》る　[煎る・熬る]　「ゴマを―」

【炬】　キョ
炬燵《こたつ》　[火燵]　和室用の暖房器具の一。

【炯】　ケイ
炯眼《けいがん》　[慧眼]　するどい眼力。

【炸】　サク
炸裂《さくれつ》　爆弾が爆発してはじけ散る。

【炷】　シュ
炷《た》く　[薫く]　香をくゆらす。「お香を―」

【炭】　タン　すみ
炭団《たどん》　炭を粉末にして丸めた燃料。

【炮】　ホウ
炮烙《ほうろく》　[焙烙]　素焼きの平たい土鍋。

【烟】　エン
烟《けむり》　[煙]　「―が目にしみる」

【烙】　ラク
烙印《らくいん》　焼き印。「―を押される」

【烽】　ホウ
烽火《のろし》　[狼煙]　「―をあげる」

【焔】　エン
焔《ほのお》　[炎]　[ほむら]　火炎。

【焜】　コン

焜炉《こんろ》 炊事用の小さな炉。

【焼】 ショウ やく・やける

焼《く》べる 火の中に薪などを入れる。

焼夷弾《しょういだん》 家屋を焼き払うための爆弾。

焼酎《しょうちゅう》 日本特有の蒸留酒の一。

焼木杭《やけぼっくい》 [焼棒杭] 「―に火がつく」

【焙】 ハイ・ホウ

焙《あぶ》る [炙る] 火にあてて焼く。「するめを―」

焙煎《ばいせん》 コーヒー豆などをあぶりこがす。

焙茶《ほうじちゃ》 番茶をほうじた茶。

焙《ほう》じる あぶって湿気をとる。「茶を―」

焙烙《ほうろく》 [炮烙] 素焼きの平たい土鍋。

【焚】 フン

焚火《たきび》 屋外で落ち葉や木片を燃やす。

焚《た》く 火を燃やす。「まきを―」

焚書《ふんしょ》 読むことを禁じて書物を焼き捨てる。

【煌】 コウ

煌《きら》めく きらきらと輝く。「―星座」

煌煌《こうこう》 きらきら輝くさま。「電気を―とつける」

【煖】 ダン

煖炉《だんろ》 [暖炉] 暖房のため室内で火をたく炉。ストーブ。

【煤】 バイ

煤《すす》 火を燃やすとでる黒い粉末やほこり。「―払い」

煤煙《ばいえん》 すすと煙。

【煩】 ハン・ボン わずらう・わずらわす

煩《うるさ》い [五月蝿い] やかましい。

煩型《うるさがた》 何事にも一言口を出す人。

煩瑣《はんさ》 わずらわしい。煩雑。

煩悶《はんもん》 悩み。もだえ苦しむ。

煩悩《ぼんのう》 仏教語で心をまよわす欲望。

【煉】 レン

煉菓子《ねりがし》 [練菓子] ようかんなどの和菓子の総称。

煉《ね》る [練る] 餡(あん)などをこね固める。

煉瓦《れんが》 「―造り」「耐火―」

煉獄《れんごく》 天国と地獄の間。

煉炭《れんたん》 [練炭] 炊事用こんろの燃料。

【熅】 ウン

熅《いき》れ [熱れ] むっとするような空気。「人―」

【熔】 ヨウ

熔岩《ようがん》 [溶岩] 火山から噴出した岩石。

【煽】 セン

煽《あお》る うちわなどで風を起こす。

煽《おだ》てる 人をほめていい気持ちにさせる。

煽情的《せんじょうてき》 [扇情的] 情欲をあおりたてる。

煽動《せんどう》 [扇動] 人をあおりたてそそのかす。

【熨】 イ・ウツ

熨斗《のし》 [熨] 「―袋」「―をつける」

熨《の》す アイロンなどで布のしわをのばす。

【熾】シ

熾《おき》 [燠] 赤くおこった炭火。

熾《おこ》す 「火を—」

熾烈《しれつ》 勢いがさかんで激しい。「—な戦い」

【燃】ネン もえる・もやす・もす

燃《も》え止《さ》し [燃え差し] 燃えきらずに残ったもの。

【燗】カン

燗《かん》 酒を温めること。「—ざまし」「熱（あつ）—」

【燐】リン

燐《りん》 非金属元素の一。「—鉱石」「—酸」

【燠】イク・ウ

燠《おき》 [熾] 赤くおこった炭火。

【燦】サン

燦燦《さんさん》 太陽の光が明るく輝くさま。「—と降りそそぐ」

燦然《さんぜん》 あざやかに光り輝くさま。「—と輝く」

【燭】ショク

燭台《しょくだい》 ろうそくを立てる台。

【燧】スイ

燧石《ひうちいし》 [火打石] 火をおこす石で石英の一種。

【燥】ソウ

燥《はしゃ》ぐ 調子にのって浮かれさわぐ。

【燻】クン

燻《いぶ》し銀《ぎん》 「—の味」「—の演技」

燻《いぶ》す ものを燃やして煙をたてる。

燻《くすぶ》る [ふすぶる] 炎が出ず煙ばかり出る。

燻《くゆ》らす 煙をたてる。「たばこの煙を—」

燻製《くんせい》 [薫製] 「イカの—」

【爆】バク

爆竹《どんど》焼《やき》 正月十五日に門松などを焼く行事。

爆《は》ぜる 木の実などがはじける。

【爛】ラン

爛《ただ》れる 皮膚や肉が破れくずれる。

爛熟《らんじゅく》 物事が十分に成熟する。「—した文化」

爛漫《らんまん》 「天真—」「春—」

爛爛《らんらん》 眼光が鋭いさま。「—と輝く目」

灬部 れんが・れっか

＊火↓123頁

【為】イ

為替《かわせ》 「—相場」「—手形」

為果《しお》せる やりぬく。なしとげる。

為来《しきた》り [仕来り] 以前からのならわし。

為損《しそこ》なう しくじる。やりそこなう。

為出来《しでか》す [仕出来す] 俗語で何かを起こす。

為遂《しと》げる なしとげる。

為《す》る 「一万円も—」「音が—」「勉強を—」

為《な》る 「大人に—」「心配に—」

為方無《せんかたな》い [詮方無い] しかたがない。

為《ため》　「―にならない」「その―」「念の―」

為体《ていたらく》　情けないありさま。

為《な》し遂《と》げる　[成し遂げる] 物事をやりとげる。

為《な》す　おこなう。する。「―すべを失う」

為《な》り手《て》　ある役になる人。「会長の―がいない」

為人《ひととなり》　生まれつき。もちまえの性格。

【点】　テン

点《さ》す　[差す・注す]「機械に油を―」「目薬を―」

点《とも》る　[灯る]　明かりがつく。

点《た》てる　「お茶を―」

点《つ》く　点灯する。「灯が―」

点鬼簿《てんきぼ》　死者の名を記す帳簿。過去帳。

点綴《てんてい》　[てんてつ]　ほどよく散らし調和させる。

【烏】　ウ

烏焉《うえん》　よく似た字を間違える。

烏有《うゆう》　「―に帰す」(何もかもなくなる)

烏鷺《うろ》　カラスとサギから転じて囲碁のこと。「―の争い」

烏帽子《えぼし》　公家や武士がかぶった一種の帽子。

烏滸《おこ》　ばかげている。「―がましい」(さしでがましい)

【烈】　レツ

烈《はげ》しい　[激しい・劇しい]「―口調」

【焉】　エン

焉《いずく》んぞ　[安んぞ]　どうして。なんで。

【煮】　シャ　にる・にえる・にやす

煮沸《しゃふつ》　煮えたぎらす。「―消毒」

煮《に》え滾《たぎ》る　煮えくりかえる。

煮凝《にこご》り　魚の煮汁が寒気で固まった食品。

煮染《にしめ》　肉・野菜などをしょう油で煮た料理。

煮焚《にた》き　[煮炊き]　食物を調理すること。

【焦】　ショウ　こげる・こがす・こがれる・あせる

焦燥《しょうそう》　[焦躁]　あせっていらだつ。

焦《じ》らす　人の気持ちをいらだたせる。

【然】　ゼン・ネン

然《さ》したる　これといった。「―困難もない」

然程《さほど》　[左程]　それほど。たいして。

然《さ》も　「―ありなん」「―ないと」「―なければ」

然《しか》も　[而も]　そのうえ。

然様《さよう》　[左様]　その通り。そのよう。

然《さ》り気《げ》無い　なにげないさま。

然《さ》る　そのような。ある。「―所に」

然《さ》る方《かた》　相当な身分の人。

然《さ》れど　そうではあるが。しかし。

然《しか》し　[併し]　けれども。「―ながら」

然然《しかじか》　[云云]　これこれ。「かくかく―」

然《しか》らば　そうであるならば。

然《しか》り　そうである。その通りである。

然《しか》る可《べ》く　適当に。よいように。

然《そ》う　そのように。「―して下さい」「―すると」

然《そう》して　［しかして］　そして。そのようにして。

然《そ》う然《そ》う　「—食べられない」「—その通り」

【無】　ム・ブ　ない

無沙汰《ぶさた》　知らせがない。「御—」「手持ち—」

無聊《ぶりょう》　ひまをもてあそぶ。

無垢《むく》　けがれのないこと。「金—」「純真—」

無下《むげ》に　むやみに。「—断れない」

無辜《むこ》　罪のないこと。「—の民」

無惨《むざん》　［無残・無慚］　むごたらしい。

無頓着《むとんちゃく》　［むとんじゃく］　物事を気にしない。

無闇《むやみ》　［無暗］　「—矢鱈（やたら）」

【煎】　セン　いる

煎豆《いりまめ》　［炒豆］　いった豆。

煎《い》る　［炒る・熬る］　「ゴマを—」

煎《せん》じる　薬草や茶を煮つめて成分をしみ出させる。

煎茶《せんちゃ》　茶葉を熱い湯で煎じ出す緑茶。

煎餅《せんべい》　米の粉で作る菓子の一。「瓦—」「塩—」

【熊】　くま

熊胆《くまのい》　クマの胆のうを干した胃の薬。

【勲】　クン

勲《いさお》　［功］　功績。てがら。

【熟】　ジュク　うれる

熟《う》む　くだものが熟す。

熟《こな》す　「使い—」「読み—」

熟柿臭《じゅくしくさ》い　酒を飲んだあとの臭い息の形容。

熟《つくづく》　「—いやになった」

熟《つらつら》　［熟熟］　よくよく。「—考えるに」

熟《な》れる　よく熟成する。「—鮨（ずし）」

【熱】　ネツ　あつい

熱燗《あつかん》　酒のかんを熱くすること。

熱《いき》り立《た》つ　激しく怒っていきまく。

熱《いき》れ　［熅れ］　むっとするような空気。「人—」

熱《ほて》る　［火照る］　顔や体が熱くなる。「顔が—」

熱《ほとぼ》り　残っている熱。「—がさめる」

【燕】　エン

燕尾服《えんびふく》　男性の洋式の礼服。

爪（爫）部

（上）そうにょう　（下）つめかんむり

【爪】　つめ・つま

爪牙《そうが》　つめときば。「暴漢の—にかかる」

爪先《つまさき》　足の指の先。「—立ち」

爪弾《つまはじ》き　のけものにする。「仲間の—にあう」

爪弾《つまび》く　弦楽器を指先でひく。「ギターを—」

爪《つめ》　「—切り」「—に火をともす」「—をとぐ」

【爬】　ハ

爬虫類《はちゅうるい》　ヘビ・トカゲ・カメの類。

【爰】　エン

爰《ここ》に　［此に・是に・茲に］　「—おいて」

父部

【父】フ ちち

父親《てておや》 ちちおや。

父《とう》さん 父親を呼ぶ語。⇕母（かあ）さん

父《とと》 「ちち」の幼児語。⇕母（かか）

【爺】ヤ

爺《じい》さん 年老いた男。⇕婆（ばあ）さん

爺《じじい》 年老いた男。「たぬき—」⇕婆（ばばあ）

爻部

【爽】ソウ さわやか

爽《さわ》やか 「—な秋の空」「—な弁舌」

爽快《そうかい》 さわやかで気持ちがいい。

【爾】ジ

爾後《じご》 そののち。その後。

爾今《じこん》 こののち。今後。

爾《なんじ》 ［汝］おまえ。

片部 かたへん

【片】ヘン かた

片《ひら》 ［枚］薄く平たいものを数える語。「花—」

片鱗《へんりん》 ごくわずかな部分。「—を示す」

牙部 きばへん

【牙】ガ・ゲ きば

牙城《がじょう》 城の中心。本拠。「—に迫る」

牙《きば》 肉食獣の鋭くとがった歯。「—をむく」

牛（牜）部 うしへん

【牛】ギュウ うし

牛耳《ぎゅうじ》る 組織や集団を自分の思うように動かす。

【牝】ヒン

牝鶏《ひんけい》 めすの鶏。

牝馬《ひんば》 めすの馬。⇕牡馬（ぼば）

牝牛《めうし》 ［雌牛］めすの牛。⇕牡牛

牝瓦《めがわら》 ［女瓦］平瓦。⇕牡瓦

牝《めす》 ［雌］子供か卵を生む動物。⇕牡

【牡】ボ

牡牛《おうし》 ［雄牛］おすの牛。⇕牝牛

牡瓦《おがわら》 ［男瓦］丸瓦。⇕牝瓦（めがわら）

牡《おす》 ［雄］精巣をもつ動物。⇕牝（めす）

牡丹餅《ぼたもち》 おはぎの別称。

牡馬《ぼば》 おすの馬。⇕牝馬（ひんば）

【牢】ロウ

牢固《ろうこ》 しっかりとして動かないさま。堅固。

牢獄《ろうごく》 囚人を収容する所。

【物】ブツ・モツ
もの

物怪《もっけ》 [勿怪]「—の幸い」（思いがけない幸運）

物怖《ものお》じ おじけづくこと。「—しない」

物臭《ものぐさ》 [懶] めんどうがる。

物識《ものし》り [物知り] 幅広い知識を持っている人。

物凄《ものすご》い 「—雨」「—勢い」「—混雑」

物《もの》の怪《け》 人にとりつく霊。

【牴】テイ

牴触《ていしょく》 [抵触] さしさわること。

【牽】ケン

牽引《けんいん》 引っ張る。また先頭に立って推進する。「—車」

牽制《けんせい》 自由な行動を抑える。「—球を投げる」

【犀】サイ

犀利《さいり》 文章の筆致や頭の働きが鋭い。

【犇】ホン

犇犇《ひしひし》 「—と押し寄せる」

犇《ひし》めく 大勢の人が集まって押し合う。

【犒】コウ

犒《ねぎら》う [労う] いたわり慰める。「苦労を—」

【犠】ギ

犠牲《いけにえ》 [生贄] 神に供える生き物。

【犢】トク

犢《こうし》 [子牛・仔牛] 牛の子。

犢鼻褌《ふんどし》 [褌] 男の陰部を隠す布。

犬部

＊犭→81頁

【獣】ジュウ
けもの

獣《けだもの》 けもの。ろくでもない者をののしる語。

獣《しし》 [猪・鹿]「けだもの」の古称。「—食った報い」

王部

【玩】ガン

玩具《おもちゃ》 [がんぐ] 子供の遊び道具。

玩味《がんみ》 物事の意味をよく味わう。「熟読—」

玩《もてあそ》ぶ [弄ぶ]「俳句を—」

【玻】ハ

玻璃《はり》 七宝の一。

【玲】レイ

玲瓏《れいろう》 玉や金属の澄んだ美しい音色。

【珪】ケイ

珪化木《けいかぼく》 樹木が地下にうまり石英質になったもの。

珪素《けいそ》 非金属元素の一。

【珠】シュ

珠《たま》 [玉・球] 宝石類。とくに真珠。「掌中の—」

【現】ゲン
あらわれる・あらわす

現人神《あらひとがみ》 天皇の別称。

現《うつつ》 「—を抜かす」「夢—」

現生《げんなま》 俗語で現金のこと。

【理】リ

理《ことわり》　すじみち。道理。

理窟《りくつ》　[理屈]「―っぽい」

理無い《わりない》　[別無い]　どうしようもない。「―仲」

【琴】キン　こと

琴柱《ことじ》　琴の弦を支えるもの。

【琥】コ

琥珀《こはく》　宝石の一。「―色」

【琵】ビ

琵琶《びわ》　東洋の弦楽器の一。「―法師」

【琺】ホウ

琺瑯《ほうろう》　「―の鍋」「―引き」

【瑕】カ

瑕瑾《かきん》　きず。短所。欠点。

瑕疵《かし》　きず。欠点。欠陥。

瑕《きず》　[傷]「玉に―」

【瑞】ズイ

瑞兆《ずいちょう》　めでたいことが起こるきざし。

瑞垣《みずがき》　神社や宮殿のまわりの垣根。

瑞穂国《みずほのくに》　わが国の美称。

瑞瑞しい《みずみずしい》　新鮮で若々しい。

【瑣】サ

瑣細《ささい》　[些細]　取るに足りないこと。

瑣事《さじ》　[些事]　つまらないこと。

瑣末《さまつ》　[些末]　ちょっとしたこと。「―な事」

【瑪】メ

瑪瑙《めのう》　宝石の一。

【瑠】ル

瑠璃《るり》　青色の宝石。

【環】カン

環《わ》　[輪]「腕―」「首―」

ネ部

*示→143頁

【祈】キ　いのる

祈禱《きとう》　神仏に祈る。

【祝】シュク・シュウ　いわう

祝詞《のりと》　神前で神官が読み上げる古代語の文章。

【神】シン・ジン　かみ・かん・こう

神楽《かぐら》　神を祭るために奏する舞楽。

神無月《かんなづき》　陰暦十月の別称。

神嘗祭《かんなめさい》　十月十七日の伊勢神宮の収穫祭。

神神しい《こうごうしい》　けだかくおごそかである。

神饌《しんせん》　神にそなえる飲食物。

神代杉《じんだいすぎ》　長年月、水中や土中に埋もれていた杉材。

神道《しんとう》　わが国固有の信仰。

神馬《しんめ》　神社に奉納する馬。

神籬《ひもろぎ》　神が宿る神聖な場所。

神庫《ほくら》　やしろ。神社。

神子《みこ》　［巫女］神に仕える未婚の女性。

神輿《みこし》　［御輿］おみこし。「―を担ぐ」

【祥】　ショウ

祥瑞《しょうずい》　めでたいことの起こるしるし。

祥月《しょうつき》　一周忌以後、死者が死んだ月。「―命日」

【祖】　ソ

祖父《じい》さん　父母の父。そふ。

祖母《ばあ》さん　父母の母。そぼ。

【祐】　ユウ

祐筆《ゆうひつ》　［右筆］文書・記録をつかさどる職名。

【禍】　カ

禍禍《まがまが》しい　［曲曲しい］いまわしい。

禍《わざわい》　［災い］「口は―のもと」

玄部

【玄】　ゲン

玄人《くろうと》　専門家。「―筋」⇕素人（しろうと）

玄翁《げんのう》　大形のかなづち。

玄孫《やしゃご》　ひまごの子。⇕曽孫（ひまご）

【率】　ソツ・リツ　ひきいる

率爾《そつじ》　［卒爾］突然。「―ながら」

瓜部

【瓜】　カ

瓜実顔《うりざねがお》　美人の顔のタイプの一つ。

【瓢】　ヒョウ

瓢《ひさご》　［瓠］ヒョウタンで作った酒を入れるもの。

瓦部

【瓦】　ガ　かわら

瓦解《がかい》　くずれる。崩壊する。

瓦礫《がれき》　かわらと石ころ。「―の山」

瓦落《がら》　相場ががらがらと崩れ暴落する。

瓦楽多《がらくた》　値打ちのない古道具。

瓦《かわら》　「―せんべい」「―ぶき」「―屋根」

【瓶】　ビン

瓶《かめ》　［甕］液体を入れる底の深い陶器。

【甃】　シュウ

甃《いしだたみ》　［石畳］平たい石を敷きつめた所。

【甍】　ボウ

甍《いらか》　瓦ぶきの屋根。「―の波」

【甑】　ソウ

甑《こしき》　昔、米などを蒸した器具。

【甕】　オウ

甕《かめ》　［瓶］液体を入れる底の深い陶器。

甘部

【甘】　カン　あまい・あまえる・あまやかす

甘《うま》い [旨い・美味い] おいしい。⇔不味い（まずい）

甘煮《うまに》 [旨煮] 肉や野菜を甘く濃く煮た料理。

【甚】 ジン はなはだ・はなはだしい

甚振《いたぶ》る おどして金銭をゆする。

生部

【生】 セイ・ショウ いきる・うまれる・おう・はえる・き・なま

生憎《あいにく》 「—な天気」「お—さま」

生仏《いきぼとけ》 仏のように徳の高い人。

生霊《いきりょう》 [いきすだま] 生きている人の魂。⇔死霊

生簀《いけす》 捕った魚を料理するまで生かしておく所。

生捕《いけど》り 人や獣を生きたまま捕える。

生贄《いけにえ》 [犠牲] 神に供える生き物。

生一本《きいっぽん》 性格がまっすぐなこと。

生蕎麦《きそば》 そば粉だけで作ったそば。

生粋《きっすい》 まじりけが全くないこと。「—の江戸っ子」

生国《しょうごく》 [しょうこく] 自分が生まれた国。

生《な》さぬ仲《なか》 血のつながらない親子の間がら。

生欠伸《なまあくび》 「—をかみ殺す」

生唾《なまつば》 「—を飲み込む」

生半《なまなか》 中途はんぱ。なまはんか。

生温《なまぬる》い 手ぬるい。

生剥《なまはげ》 秋田県男鹿地方の年中行事。

生半可《なまはんか》 中途はんぱ。

生兵法《なまびょうほう》 未熟な知識や技術。「—は大怪我のもと」

生節《なまりぶし》 かつお節の半乾し製品。

生業《なりわい》 生活のための仕事。

生《な》る 「実が—」「柿が—」

生《む》す [産す] 「草—」「苔（こけ）—」

【産】 サン うむ・うまれる・うぶ

産衣《うぶぎ》 [産着] 赤ん坊に着せる着物。

産土神《うぶすながみ》 生まれた土地の守り神。

産褥《さんじょく》 出産のときの産婦の寝床。

産《む》す [生す] 「草—」「苔（こけ）—」

【甥】 セイ

甥《おい》 兄弟姉妹の息子。⇔姪（めい）

【甦】 ソ

甦生《そせい》 [蘇生] 生きかえる。よみがえる。

甦《よみがえ》る [蘇る] 「記憶が—」

用部

【用】 ヨウ もちいる

用捨《ようしゃ》 [容赦] 「—しない」「情け—」

用達《ようたし》 [用足し] 用をたすこと。「宮内庁御—」

田部

【田】 デン た

田舎《いなか》 「—くさい」「—ことば」「—者」

田作《ごまめ》 [鱓] カタクチイワシの干したもの。

田鶴《たず》 ツルの雅称。

田圃《たんぼ》 稲を栽培する土地。「—道」

田楽《でんがく》 日本芸能の一。また「田楽豆腐」の略。

田麩《でんぶ》 魚肉の加工食品の一。

【甲】 コウ・カン

甲斐《かい》 [詮] 「—がない」「生き—」「年—もない」

甲冑《かっちゅう》 よろいとかぶと。

甲《かぶと》 [兜・冑] 「—をぬぐ」「鉄—」

甲所《かんどころ》 [勘所] 肝心なところ。

甲板《かんぱん》 [こうはん] 船のデッキ。

甲《きのえ》 十干の一番目。

甲《よろい》 [鎧] 昔、戦場で着用した武具。

甲子《きのえね》 [かっし] 干支(えと)の一番目。

甲殻類《こうかくるい》 エビ・カニなどの節足動物。

【申】 シン もうす

申《さる》 十二支の九番目。猿。

申楽《さるがく》 [猿楽・散楽] 平安時代の民衆芸能の一。

【由】 ユ・ユウ・ユイ よし

由《よ》る [因る・縁る] それに原因がある。

【男】 ダン・ナン おとこ

男鰥《おとこやもめ》 妻と死別して一人暮らしの男。⇔女鰥

男子《おのこ》 [男] 男の子。また成人の男子。

男色《だんしょく》 [なんしょく] 男の同性愛。

【畏】 イ おそれる

畏怖《いふ》 恐れおののくこと。

畏《おそ》れ入《い》る [恐れ入る] 恐縮する。

畏《かしこ》 女性が手紙の末尾に書く語。「あらあら—」

畏《かしこ》まる 恐れつつしんだ態度をとる。

【界】 カイ

界隈《かいわい》 そのあたり一帯。「銀座—」

界《さかい》 [境] 「生死の—」「隣との—」

【畔】 ハン

畔《あぜ》 [畦] 田と田の間の土を盛り上げた境。「—道」

畔《くろ》 田と田の境。

【畝】 せ・うね

畝《うね》 [畦] 作物を植えるため畑の土を盛り上げた筋。

畝《せ》 尺貫法による土地の面積の単位。

【畚】 ホン

畚《もっこ》 わら縄などで作った土砂を運ぶ用具。

【留】 リュウ・ル とめる・とまる

留《と》まる [止まる] 「思い—」「現職に—」

留処《とめど》 [止処] 「—がない」

【畠】 はたけ

畠《はたけ》 [はた] [畑] 「お花—」「麦—」

【異】 イ こと

異形《いぎょう》 ふつうとは違う怪しい姿や形。

【畦】 ケイ

郵 便 は が き

料金受取人払郵便

神田支店承認

2932

差出有効期間
平成24年 9月
20日まで

101-8791

511

東京都千代田区
神田神保町1丁目17番地
東 京 堂 出 版 行

※本書以外の小社の出版物を購入申込みする場合にご使用下さい。

購 入 申 込 書

〔書　名〕	部数	部
〔書　名〕	部数	部

送本は、○印を付けた方法にして下さい。

イ. 下記書店へ送本して下さい。
（直接書店にお渡し下さい）

（書店・取次帖合印）

書店様へ＝貴店帖合印を捺印の上ご投函下さい。

ロ. 直接送本して下さい。

代金（書籍代＋手数料、冊数に関係なく1500円以上200円）は、お届けの際に現品と引換えにお支払い下さい。

＊お急ぎのご注文には電話、FAXもご利用下さい。
電話 03-3233-3741（代）
FAX 03-3233-3746

愛読者カード

本書の書名をご記入下さい。

(　　　　　　　　　　　　　　　　　　　)

フリガナ ご芳名	年齢 歳	男 女

ご住所　（郵便番号　　　　　　）

電話番号　（　　　）

電子メール　　　　　　@

ご職業	本書の発行を何でお知りになりましたか。 A 書店店頭　B 新聞・雑誌の広告　C 弊社ご案内 D 書評や紹介記事　E 知人・先生の紹介　F その他

本書のほかに弊社の出版物をお持ちでしたら、その書名をお書き下さい。

本書についてのご感想・ご希望

今後どのような図書の刊行をお望みですか。

ご協力ありがとうございました。ご記入いただきました愛読者情報は、弊社の新刊のご案内、及びご注文いただきました書籍の発送のためにのみ利用し、その目的以外での利用はいたしません。

畦《あぜ》 ［畔］田と田の間の土を盛り上げた境。「—道」

畦《うね》 ［畝］作物を植えるため畑の土を盛り上げた筋。

【畢】 ヒツ

畢竟《ひっきょう》 つまるところ。結局。「—するに」

畢生《ひっせい》 終生。一代。「—の大作」

【略】 リャク

略《ほぼ》 ［粗］おおかた。あらまし。

【番】 バン

番《つがい》 動物のおすとめすの一対。

番《つが》える 二つ以上を組み合わせる。「弓に矢を—」

【畸】 キ

畸人《きじん》 ［奇人］性質や挙動が変わっている人。

疋（⺪）部

【疋】 ショ

疋《ひき》 ［匹］獣・鳥・魚・虫などを数える語。

【疏】 ソ

疏水《そすい》 ［疎水］水を引くための水路。

疏通《そつう》 ［疎通］「意志の—」

【疎】 ソ
うとい・うとむ

疎覚《うろおぼ》え ぼんやりとした記憶。

疎抜《うろぬ》く まびく。「大根を—」

疎《おろ》か 言うまでもなく。「言うも—」

疎《おろそ》か いいかげん。なおざり。

疎《まば》ら 間がすいていること。「人の姿が—な客席」

【疑】 ギ
うたがう

疑《うたぐ》る 「疑う」の俗な言い方。

疒部 やまいだれ

【疚】 キュウ

疚《やま》しい ［疾しい］うしろめたい。

【疝】 セン

疝気《せんき》 漢方で腹・腰が痛む病気の総称。

【疥】 カイ

疥癬《かいせん》 伝染性の皮膚病の一。

疥《はたけ》 顔などにできる皮膚病の一種。

【疣】 ユウ

疣《いぼ》 皮膚にできる小さな突起。

【疳】 カン

疳《かん》 小児の神経性の病気。「—の虫が起こる」

疳高《かんだか》い ［甲高い］声の調子が高い。

【疾】 シツ

疾病《しっぺい》 病気。

疾《と》うに 早くから。とっくに。「—知っている」

疾《と》っく ずっと以前に。「—の昔に」

疾《はや》い ［速い・早い］すばやい。

疾風《はやて》 ［しっぷう］急に激しく吹く風。

疾《やま》しい ［疚しい］うしろめたい。

【疼】トウ

疼《うず》く　ずきずき痛む。「胸が―」

疼痛《とうつう》　うずくような痛み。

【病】ビョウ・ヘイ　やむ・やまい

病臥《びょうが》　病気で寝込むこと。

病軀《びょうく》　病気にかかっている体。

病葉《わくらば》　病気や虫に食われ変色した木の葉。

【疱】ホウ

疱瘡《ほうそう》　天然痘（てんねんとう）の俗称。「水―」

【痕】コン　あと

痕《あと》　［跡］「傷の―」

痕跡《こんせき》　何かがあったあと。「―をとどめない」

【疵】シ

疵《きず》　［傷・創］「かすり―」「切り―」「古―」

【痔】ジ

痔《じ》　肛門（こうもん）にできるはれもの。

【痒】ヨウ

痒《かゆ》い　「―ところに手が届く」「歯―」

【痙】ケイ

痙攣《けいれん》　筋肉がひきつる。「胃―」

【痣】シ

痣《あざ》　皮膚にできる斑点。

【痛】ツウ　いたい・いたむ・いためる

痛罵《つうば》　激しくののしる。「―を浴びせる」

痛痒《つうよう》　痛みとかゆみ。「―を感じない」

【痘】トウ

痘痕《あばた》　顔に残る天然痘のあと。「―もえくぼ」

【痼】コ

痼疾《こしつ》　長くなおらない病気。持病。

痼《しこり》　［凝］　筋肉がこりかたまる。

【痰】タン

痰《たん》　「―が出る」「―を吐く」

【痴】チ

痴《し》れ者《もの》　おろか者。

痴呆《ちほう》　知能が失われた状態。

【痺】ヒ

痺《しび》れる　「―が切れる」「足が―」

【瘧】ギャク

瘧《おこり》　寒気や高熱を発する病気。

【瘋】フウ

瘋癲《ふうてん》　精神状態が不安定な病気の俗称。

【瘠】セキ

瘠《や》せる　［痩せる］「―た体」⇔太る

【瘡】ソウ

瘡《かさ》　皮膚病の総称。

瘡蓋《かさぶた》　傷口が乾いてできるかたい皮。

【瘦】ソウ　やせる

瘦《こ》ける　やせほそる。「頰が―」

瘦軀《そうく》 やせた体。

瘦身《そうしん》 やせてほっそりした体。

瘦《や》せる ［瘠せる］「—た体」⇔太る

【瘤】 リュウ

瘤《こぶ》 「—ができる」「ラクダの—」「目の上の—」

【癇】 カン

癇《かん》 感情が激しく怒りやすい。「—にさわる」

癇癪《かんしゃく》 「—持ち」「—を起こす」

【癌】 ガン

癌《がん》 「胃—」「乳—」「肺—」

【癒】 ユ いえる・いやす

癒《い》える 病気や傷などが治る。

癒《いや》す ［医す］ 病気を治す。

【癪】 シャク

癪《しゃく》 むしゃくしゃする。「—にさわる」

【癲】 テン

癲癇《てんかん》 脳の発作的な病気。

癶部 はつがしら

【癸】 キ

癸《みずのと》 十干の十番目。

【発】 ハツ・ホツ

発《あば》く ［暴く］ 暴露する。

発条《ぜんまい》 ［撥条］ うず巻き状のばね。

発条《ばね》 ［弾機］ スプリング。

発《た》つ ［立つ］ 出発する。

発疹《はっしん》 ［ほっしん］ 吹き出もの。

【登】 トウ・ト のぼる

登攀《とうはん》 ［とはん］ 高い山や岩壁を登る。

白部

【白】 ハク・ビャク しろ・しら・しろい

白馬節会《あおうまのせちえ》 宮中の年中行事の一。

白粉《おしろい》 化粧用の白い粉。

白湯《さゆ》 何もまぜていないただのお湯。

白癬《しらくも》 子供の頭にできる伝染性の皮膚病。

白洲《しらす》 昔、奉行所で犯罪者を取り調べた場所。

白子干《しらすぼ》し カタクチイワシの幼魚を干した食品。

白面《しらふ》 ［素面］ 酒に酔っていないふつうの状態。

白無垢《しろむく》 白一色の着物。「—の花嫁姿」

白痴《たわけ》 ［戯け］ ふざけた言動。おろか者。

白堊《はくあ》 ［白亜］ 白色の壁。「—の殿堂」

白寿《はくじゅ》 九十九歳の祝い。百から一をとると白だから。

白眉《はくび》 もっとも傑出しているもの。

白毫《びゃくごう》 仏の額にあって光を放つ毛。

【百】 ひゃく

百葉箱《ひゃくようそう》 気象観測用の白塗りの箱。

百歳《ももとせ》 ［百年］ 一〇〇年。多くの年。

【皇】 コウ・オウ

皇子《みこ》 [御子] 天皇の子で男子。

皇女《みこ》 [御子] 天皇の子で女子。

【皐】 コウ

皐月《さつき》 [五月] 陰暦五月の別称。

皮部 けがわ

【皹】 クン

皹《あかぎれ》 [皸][ひび] 寒さによる皮膚の裂け目。

【皺】 シュウ・スウ

皺《しぼ》 織物の表面にできるでこぼこ。

皺《しわ》 [皴] 皮膚などにできるこまかい筋目。「—になる」

皿部

【盂】 ウ

盂蘭盆《うらぼん》 お盆の行事。「—会(え)」

【盃】 ハイ

盃《さかずき》 [杯] 酒を飲む小さな器。「別れの—」

【益】 エキ・ヤク

益《ま》す [増す] 「親しみが—」「水かさが—」

益益《ますます》 「—元気」「—寒くなる」

益荒男《ますらお》 [丈夫] りっぱな男子。⇔手弱女(たおやめ)

益体《やくたい》 「—もない」(たわいもない)

【盗】 トウ ぬすむ

盗《と》る [取る] 人の物を盗む。

盗人《ぬすっと》 どろぼう。「—猛々(たけだけ)しい」

盗汗《ねあせ》 [寝汗] 「—をかく」

【盤】 バン

盤踞《ばんきょ》 [蟠踞] 根を張って勢力を振るう。

盤石《ばんじゃく》 [磐石] きわめて堅固なこと。

盤陀《はんだ》 [半田] 金属の接合に使うもの。「—づけ」

盤台《はんだい》 [ばんだい] 魚屋が使う楕(だ)円形のたらい。

【盥】 カン

盥《たらい》 昔、洗濯などに用いた平たい道具。「—まわし」

【盪】 トウ

盪《とろ》ける [蕩ける] とけて形がくずれる。

目部 めへん

【目】 モク・ボク め・ま

目差《まなざ》し [眼差し] 目の表情。

目《ま》の当《あた》り 目のすぐ前。「—に見る」

目映《まばゆ》い [眩い] 「—ばかりの宝石」

目深《まぶか》 「帽子を—にかぶる」

目蓋《まぶた》 [瞼] 目をおおう皮膚。「—の母」

目屎《めくそ》 [目糞] 「—鼻糞を笑う」

目眩《くるめ》く 目がくらむ。

目溢《めこぼ》し とがめるべきところを見逃す。

目前《めさき》 [目先] 「—がきく」「—の利益」

目敏《めざと》い　[目聡い]　見つけるのが早い。
目出度《めでた》い　[芽出度い]　よろこばしい。
目処《めど》　[目途]　見通し。「解決の―がつく」
目端《めはし》　「―がきく」
目眩《めまい》　[眩暈]　目がまわる。
目紛《めまぐる》しい　目がまわるように早い。
目許《めもと》　[目元]　目のあたり。「―が涼しい」
目脂《めやに》　目から出る脂のような分泌物。めくそ。
目論見《もくろみ》　計画。くわだて。
【直】　チョク・ジキ　ただちに・なおす・なおる
直足袋《じかたび》　[地下足袋]　作業用のゴム底のたび。
直《じか》に　直接に。「―話をする」

直直《じきじき》　他人を介せずに直接。
直《す》ぐ　「―近く」「―出かける」「―にできる」
直中《ただなか》　[只中]　まんなか。まっさいちゅう。
直截《ちょくさい》　「ちょくせつ」の慣用読み。まわりくどくないこと。
直会《なおらい》　神事のあとの酒宴。
直隠《ひたかく》し　ひたすら隠すこと。
直走《ひたはし》る　ひたすら走る。
直向《ひたむ》き　物事に熱中するさま。
【看】　カン
看取《みと》る　看病をする。「母の死を―」
看做《みな》す　[見做す]　見てそうときめる。
看《み》る　世話をする。面倒をみる。

【相】　ソウ・ショウ　あい
相生《あいおい》　一つの根から二本の幹が生えている木。「―の松」
相対尽《あいたいず》く　相手と面談の上で物事をきめる。
相槌《あいづち》　「―を打つ」（相手の話に合わせて受け答えする）
相俟《あいま》って　互いに力を出し合って。
相好《そうごう》　「―を崩す」（にこにこした顔になる）
相剋《そうこく》　[相克]　相手に勝とうと争うこと。
相殺《そうさい》　「そうさつ」は慣用読み。差し引き損得なし。
相貌《そうぼう》　顔かたち。顔つき。
相聞歌《そうもんか》　和歌の分類の一つで恋の歌。
相応《ふさわ》しい　似つかわしい。「横綱の名に―」
【眉】　ビ・ミ　まゆ

眉庇《まびさし》　帽子のひさし。窓のひさし。
眉《まゆ》　まゆげ。
眉唾物《まゆつばもの》　本物かどうか疑わしいもの。
眉間《みけん》　両まゆの間。「―にしわを寄せる」
眉目《みめ》　[見目]　顔だち。「―うるわしい」
【眇】　ビョウ
眇《すが》める　片目を細くして見る。
【眩】　ゲン
眩《くら》む　見えにくくなる。「目が―」
眩《くるめ》く　目がまわる。目めまいがする。
眩惑《げんわく》　目がくらんでまどう。
眩《まばゆ》い　[目映い]　「―ばかりの宝石」

眩《まぶ》しい　光が強くてまともに見られない。

眩暈《めまい》　［目眩］　目がまわる。

【真】　シン　ま

真贋《しんがん》　ほんものとにせもの。

真摯《しんし》　まじめでひたむきなさま。「—な態度」

真《まこと》に　［誠に・実に］　ほんとうに。じつに。

真逆《まさか》　いくらなんでも。よもや。「—のとき」

真砂《まさご》　こまかい砂。

真面目《まじめ》　「—な人柄」「—に働く」「くそ—」

真《ま》っ赤《か》　「—なうそ」「—な太陽」

真《ま》っ青《さお》　「—な空」「顔が—になる」

真《ま》っ逆様《さかさま》　「—に転落する」

真《ま》っ直《すぐ》　「—な線」「—な道」

真《ま》っ直中《ただなか》　まんなか。まっさいちゅう。

真《ま》っ当《とう》　まとも。まじめ。「—な考え方だ」

真《ま》っ平《ぴら》　全くいやなこと。「—御免」

真面《まとも》　［正面］　「—な考え」「—な人間」

真似《まね》　「泣き—」「人—」「物—」

【眼】　ガン・ゲン　まなこ

眼窩《がんか》　眼球の入っているあな。

眼差《まなざ》し　［目差し］　目の表情。

眼《め》　［目］　物を見る器官。

眼医者《めいしゃ》　［目医者］　眼科医。

眼鏡《めがね》　「—が狂う」「—にかなう」

【眴】　ケン

眴《めくばせ》　［目配せ］　目の動きで知らせる。

【眦】　シ

眦《まなじり》　［眥・睚］　目じり。「—を決する」

【眸】　ボウ

眸《ひとみ》　［瞳］　目玉の黒い部分。「黒い—」

【着】　チャク・ジャク　きる・きせる・つく・つける

着熟《きこな》す　衣服を自分に似合うよう上手に着る。

着痩《きや》せ　着物を着るとやせて見えること。

【睨】　ゲイ

睨《にら》む　「—みつける」「先生に—まれる」

睨《ね》める　にらみつける。

【睫】　ショウ

睫《まつげ》　［睫毛］　「—を読まれる」「逆さ—」

【睥】　ヘイ

睥睨《へいげい》　まわりをにらみつけ勢いを示す。「天下を—する」

【睦】　ボク

睦月《むつき》　陰暦正月の別称。

睦言《むつごと》　寝室での男女の語らい。

睦《むつ》まじい　気が合って仲がよい。

【瞑】　メイ

瞑《つぶ》る　［つむる］　「目を—」

瞑想《めいそう》　［冥想］　目を閉じて静かに考える。

瞑目《めいもく》　目を閉じる。

【瞠】 ドウ

瞠目《どうもく》 驚いたり感心したりして目をみはる。

瞠《みは》る ［見張る］ 目を大きく開いてみる。「目を―」

【瞳】 ドウ ひとみ

瞳《ひとみ》 ［眸］ 目玉の黒い部分。「黒い―」

【瞥】 ベツ

瞥見《べっけん》 ちらりと見る。「―したところでは」

【瞼】 ケン

瞼《まぶた》 ［目蓋］ 目をおおう皮膚。「―の母」

【瞽】 コ

瞽女《ごぜ》 昔、三味線をひきながら物乞いをした盲目の女。

【瞬】 シュン またたく

瞬《しばた》く ［しばたたく］ しきりにまばたきをする。

瞬《まじろ》ぐ まばたきをする。

瞬《まばた》き ［またたき］ まぶたを開けたり閉じたりする。

【矍】 カク

矍鑠《かくしゃく》 年老いても丈夫で元気なさま。

矛部 ほこへん

【矜】 キョウ

矜持《きょうじ》 ［矜持］ 自分の力を信じる誇り。自負。

矢部 やへん

【矢】 シ や

矢鱈《やたら》 むやみ。みだり。「―に忙しい」

矢継《やつ》ぎ早《ばや》 「―の催促」「―の質問」

矢庭《やにわ》に 出し抜けに。突然に。

【知】 チ しる

知《し》る辺《べ》 知り合いの人。

知悉《ちしつ》 知り尽くすこと。

【矩】 ク

矩尺《かねじゃく》 ［曲尺］ 直角に曲がった物差し。

矩形《くけい》 「長方形」の旧称。

矩《のり》 ［法・則］ おきて。きまり。

【短】 タン みじかい

短兵急《たんぺいきゅう》 だしぬけ。やにわに。

【矮】 ワイ

矮軀《わいく》 背丈の低いからだ。

矮小《わいしょう》 こじんまりと小さいさま。「―化する」

【矯】 キョウ ためる

矯風《きょうふう》 悪い風俗をあらため直す。

矯《た》めつ眇《すが》めつ いろいろな方向からよく見る。

矯《た》める 悪いくせをあらため直す。

石部 いしへん

【石】 セキ・シャク・コク いし

石塊《いしころ》 ［いしくれ］ 小石。石ころ。

石清水《いわしみず》 ［岩清水］ 岩の間からわくきれいな水。

石女《うまずめ》　子供を産めない女性。

石筍《せきじゅん》　鍾乳洞にできるたけのこのような形の突起物。

石窟《せっくつ》　岩あな。ほらあな。「—寺院」

石鹸《せっけん》　もっとも一般的な洗剤。

石膏《せっこう》　用途の広い天然に産する白色の鉱物。

【矻】　コツ

矻矻《こつこつ》　[兀兀]　「—とまじめに働く」

【研】　ケン　とぐ

研鑽《けんさん》　学問などを深く研究する。「—を積む」

研《みが》く　[磨く]　「技術を—」「技を—」

【砂】　サ・シャ　すな

砂《いさご》　[砂子・沙]　すな。まさご。

砂嘴《さし》　湾口にできる細長い砂の堆積。

砂塵《さじん》　[沙塵]　砂ぼこり。

砂礫《されき》　砂と小石。「—層」

【砌】　セイ

砌《みぎり》　とき。おり。ころ。「少年の—」「猛暑の—」

【砒】　ヒ

砒素《ひそ》　非金属元素の一。

【砥】　シ

砥石《といし》　刃物をとぐ石。

【破】　ハ　やぶる・やぶれる

破落戸《ごろつき》　[ならずもの]　無頼漢。

破毀《はき》　[破棄]　「原判決を—する」「書類を—する」

破綻《はたん》　物事が成立しないこと。「—をきたす」

破天荒《はてんこう》　今までなしえなかったことを初めて行う。

破風《はふ》　屋根につける合掌形の飾り板。

破目《はめ》　[羽目]　「—板」「—をはずす」

破礼句《ばれく》　みだらな内容の川柳。

破廉恥《はれんち》　恥知らず。「—罪」

破籠《わりご》　[破子]　昔の弁当箱の一。

破鐘《われがね》　ひびの入ったつりがね。「—のような声」

破れ目《われめ》　[割れ目]　割れたところ。さけめ。

【砦】　サイ

砦《とりで》　本城から離れた小さな城。要塞。

【硯】　ケン

硯《すずり》　墨をする具。「—箱」

【硬】　コウ　かたい

硬張《こわば》る　[強張る]　「顔が—」

【硫】　リュウ

硫黄《いおう》　[ゆおう]　非金属元素の一。

【碍】　ガイ

碍子《がいし》　電線と支柱を絶縁するもの。

【碇】　テイ

碇《いかり》　[錨]　船をとめておくためのおもり。

碇泊《ていはく》　[停泊]　船がいかりを下ろしてとまる。

【硼】　ホウ

硼酸《ほうさん》　消毒やうがいに用いる無色・無臭の結晶体。

【碌】ロク

碌《ろく》でなし　役に立たない者。

碌《ろく》に　［陸に］満足に。「―知らない」

碌碌《ろくろく》　［陸陸］満足に。ろくに。

【碗】ワン

碗《わん》　［椀］陶磁器製の食器。

【碩】セキ

碩学《せきがく》　大学者。大家（たいか）。

【碑】ヒ

碑《いしぶみ》　［石文］石碑。

【確】カク　たしか・たしかめる

確乎《かっこ》　［確固］しっかりと動かないさま。「―たる信念」

確《しか》と　［聢と］たしかに。しっかりと。

確《しっか》り　［聢り］「気を―持つ」「紐を―結ぶ」

【磔】タク

磔刑《たっけい》　はりつけの刑。

磔《はりつけ》　昔の刑罰の一。

【碾】テン

碾茶《てんちゃ》　［ひきちゃ］茶葉を蒸して乾燥したもの。

碾臼《ひきうす》　［挽臼］粉にひくための石臼。

碾《ひ》く　［引く・挽く］「コーヒーを―」「茶を―」

【磐】バン

磐《いわ》　［岩・巌］大きな岩。

磐石《ばんじゃく》　［盤石］きわめて堅固なこと。

【磊】ライ

磊落《らいらく》　太っ腹なこと。「豪放―」

【磨】マ　みがく

磨《す》る　［摩る・擂る］「墨を―」「マッチを―」

磨《と》ぐ　［研ぐ］「米を―」「刃物を―」

【磯】キ

磯《いそ》　海や湖の波打ちぎわで岩の多い所。

磯馴松《そなれまつ》　海辺に傾いて生えている松。

【礑】トウ

礑《はた》と　「―気がつく」「―膝を打つ」

【礫】レキ

礫《つぶて》　［飛礫］小石を投げること。またその小石。

礫土《れきど》　小石の混じった土。

示部　しめすへん

＊ネ→131頁

【祀】シ

祀《まつ》る　［祭る］「祖先の霊を―」

【祇】ギ・シ

祇園《ぎおん》　「―会（え）」「―精舎（しょうじゃ）」「―祭り」

【祠】シ

祠《ほこら》　神を祭る小さなやしろ。

【祟】スイ

祟《たた》り　神仏から受ける災い。「弱り目に―目」

【祓】フツ

祓《はら》う　神に祈って身の汚れを清める。

【祭】サイ　まつる・まつり

祭祀《さいし》　神や祖先を祭ること。祭り。

【禊】ケイ

禊《みそ》ぎ　けがれを払うため水をあびて身を清める。

【禦】ギョ

禦《ふせ》ぐ　［防ぐ］　さえぎる。防止する。

【禰】デイ・ネ

禰宜《ねぎ》　神職の位の一。

【禱】トウ

禱《いの》る　［祈る］　身の安全や幸福を神仏に祈願する。

内部

【禽】キン

禽獣《きんじゅう》　鳥と獣。

禾部　のぎへん

【私】シ　わたくし

私語《ささや》く　［囁く］　声をひそめて話す。

私娼《ししょう》　許可なく営業する売春婦。⇔公娼

私《ひそ》かに　［密かに・窃かに］　人にわからないようにする。

私《わたし》　［あたし］　「わたくし」の日常的な言い方。

【科】カ

科《しぐさ》　［仕草・仕種］　しかた。「子供っぽい—」

科《しな》　「—を作る」（女が男に対してこびる）

科《とが》　［咎］　あやまち。

科白《せりふ》　［台詞］　舞台で俳優がいうことば。「捨て—」

【秕】ヒ

秕《しいな》　［粃］　実の入っていない籾（もみ）。

【称】ショウ

称《たた》える　ほめる。称賛する。

称《とな》える　名づける。称する。

【秤】ショウ

秤《はかり》　物の重さをはかる器械。「—にかける」

秤量《ひょうりょう》　「しょうりょう」の慣用読み。重さをはかる。

【秘】ヒ　ひめる

秘訣《ひけつ》　人の知らない秘密の方法。「成功の—」

【秣】マツ

秣《まぐさ》　［馬草］　馬や牛などの飼料とする草。

【稀】キ

稀覯本《きこうぼん》　［希覯本］　珍しい貴重な本。

稀代《きたい》　［希代］　珍しい。不思議。

稀有《けう》　［きゆう］［希有］　めったにない。

稀《まれ》　［希］　「—な才能」「世にも—な話」

【稍】ショウ

稍《やや》　少しばかり。いくらか。「—大きい」

【稔】ジン

稔《みの》る　［実る］「―りの秋」「稲が―」

【稚】　チ

稚《いとけな》い　［幼い］　おさない。あどけない。

稚児《ちご》　祭礼の行列に着飾って出る子供。「―行列」

【稠】　チュウ

稠密《ちゅうみつ》　人や家が多く集まっている。

【稟】　ヒン

稟性《ひんせい》　生まれつきの性質。天性。

稟議《りんぎ》　「ひんぎ」の慣用読み。会議を省略し書類で承認をとる。

【稜】　リョウ

稜線《りょうせん》　山の尾根。

【穀】　コク

穀潰《ごくつぶ》し　食べるだけで役に立たない者。

【種】　シュ　たね

種種《いろいろ》　［色色］［くさぐさ］　さまざま。

種《ぐさ》　［草］「言い―」「お笑い―」「語り―」

種姓《すじょう》　［素姓］　家柄。経歴。

種子《たね》　［種］　植物のたね。

【稲】　トウ　いね・いな

稲荷《いなり》　「―神社」「―ずし」

稲扱《いねこ》き　稲の穂からもみをこきとる。

稲熱病《いもちびょう》　稲の病気の一。

稲架《はさ》　稲をかけて干すもの。

【稽】　ケイ

稽古《けいこ》　学んだことを練習する。「舞台―」

【穎】　エイ

穎割菜《かいわれな》　［貝割菜］　ダイコンの二葉をつんだもの。

【穢】　ワイ・エ

穢土《えど》　仏教語でけがれた世界。⇔浄土

穢《きたな》い　［汚い］　ひどくよごれている。

穢《けが》れる　［汚れる］　よごれる。「―れた金」

穴部　あなかんむり

【究】　キュウ　きわめる

究竟《くっきょう》　［くきょう］　つまるところ。

【空】　クウ　そら・あく・あける・から

空《うつけ》　［虚］　おろか者。まぬけ。

空《うろ》　［虚・洞］　中が空になっているもの。

空蟬《うつせみ》　セミのぬけがら。セミ。

空《うつ》ろ　［虚ろ］　中身がないこと。がらんどう。

空籤《からくじ》　はずれくじ。

空《から》っ穴《けつ》　俗語でお金を全く持っていないこと。

空《す》く　「電車が―いている」「腹が―」

空《むな》しい　［虚しい］「―思い」

【突】　トツ　つく

突《つ》っ支《か》い棒《ぼう》　支えにする棒。

突《つつ》く　「―かれてぼろが出る」「鳥がえさを―」

突慳貪《つっけんどん》　人に対して冷淡なさま。「―な物言い」

突飛《とっぴ》　言動や考えが奇抜なこと。

【窃】　セツ

窃盗《せっとう》　どろぼう。

窃《ひそ》かに　[密かに・私かに]　人にわからないようにする。

【穿】　セン

穿《うが》つ　孔をあける。「―った見方」

穿孔《せんこう》　孔をあける。

穿鑿《せんさく》　[詮索]　細かいことまで調べる。

穿《は》く　「ズボンを―」

穿《ほじ》る　[ほじくる]　つついて穴を開け物を取り出す。

【窄】　サク

窄《すぼ》む　「勢いが―」「先が―」「花が―」

【窘】　キン

窘《たしな》める　おだやかに注意する。

【窪】　ワ

窪《くぼ》む　[凹む]　くぼんだ所。

【窮】　キュウ　きわまる・きわめる

窮鼠《きゅうそ》　追いつめられたネズミ。「―猫をかむ」

【窺】　キ

窺《うかが》う　[覗う]　そっとのぞき見る。

【窶】　ク

窶《やつ》す　[俏す]　みすぼらしくなる。「身を―」

窶《やつ》れる　みすぼらしくなる。「―た身なり」

【竈】　ソウ

竈《かまど》　釜をかけ煮炊きをする設備。へっつい。

立部　たつへん

【立】　リツ・リュウ　たつ・たてる

立眩《たちくら》み　立ち上がったときに起こる目まい。

立錐《りっすい》　「―の余地もない」（わずかなすきまもない）

【竣】　シュン

竣工《しゅんこう》　[竣功]　工事が完成する。「―式」

【竦】　ショウ

竦《すく》む　「足が―」「立ち―」「身が―」

【竪】　ジュ

竪《たて》　[縦]　「―穴住居」「―琴」

【端】　タン　はし・は・はた

端倪《たんげい》　推測すること。「―すべからざる」

端《つま》　へり。はし。「―折る」

端《はした》　中途はんぱ。「―金」

端《はな》　物の先の部分。「―から気に入らない」「初っ―」

端唄《はうた》　江戸後期の俗曲の一。

端折《はしょ》る　「裾を―」「話を―」

【競】　キョウ・ケイ　きそう・せる

競《きお》う　互いに負けまいと張り合う。きそう。

競《くら》べる　[比べる・較べる]　「身長を―」「成績を―」

競《せり》　[糶]　競売。せりうり。

罒部 あみがしら

【罠】ビン

罠《わな》 人を落としいれる計略。「—をかける」

【罫】ケイ

罫《けい》 文字をまっすぐ書くための線。「—線」

【睾】コウ

睾丸《こうがん》 男性の生殖器官の一部。

【罪】ザイ つみ

罪科《つみとが》 罪とが。「—もない」

【罵】バ ののしる

罵《ののし》る 大声で非難する。「口ぎたなく—」

罵声《ばせい》 大声でののしる。

罵倒《ばとう》 激しいことばでののしる。痛罵。

【罷】ヒ

罷《まか》り通《とお》る まわりを気にせずいばって通る。

罷《や》める [辞める]「会社を—」「仕事を—」

【罹】リ

罹《かか》る 病気になる。

罹患《りかん》 病気にかかる。

罹災《りさい》 災害を受ける。「—者」

衤部 ころもへん

＊衣↓162頁

【衿】キン

衿《えり》 [襟] 衣服の首のまわりの部分。「—もと」

【袂】ベイ

袂《たもと》 和服の袖の部分。「—を分かつ」「橋の—」

【袖】シュウ そで

袖珍本《しゅうちんぼん》 ポケットに入るくらいの小形の本。

袖《そで》 「—の下」「—を通す」「着物の—」

【袢】ハン

袢纏《はんてん》 [半纏] 着物の上にはおる衣服。

【被】ヒ こうむる

被《おお》う [覆う・蔽う・蓋う・掩う] かぶせる。

被《かぶ》る 「罪を—」「帽子を—」「水を—」

被曝《ひばく》 放射能にさらされる。

【袴】コ

袴《はかま》 和装で下半身につける衣服。

【袷】コウ

袷《あわせ》 裏地のついた着物。⇔一重（ひとえ）

【袱】フク

袱紗《ふくさ》 [帛紗・服紗] 茶の湯で使う布。

【裃】かみしも

裃《かみしも》 武士の礼服の一。「—を着る」

【裄】ゆき

裄《ゆき》 衣服の背中から袖口までの長さ。

【補】ホ おぎなう

補塡《ほてん》 補充。穴うめ。「赤字の—」

【裾】すそ

裾《すそ》 「お―分け」「着物の―」「山の―」

【裨】ヒ

裨益《ひえき》 役に立つこと。「―するところが大きい」

【裸】ラ はだか

裸足《はだし》 [跣] 足に何もはいていない。

【褄】つま

褄《つま》 着物の裾の左右の両端。「―をとる」

【褌】コン

褌《ふんどし》 [犢鼻褌] 男の陰部を隠す布。

【褞】オン

褞袍《どてら》 [縕袍] 綿を入れた防寒用の和服。

【褥】ジョク

褥《しとね》 [茵] 寝るとき下に敷くもの。

【褪】タイ

褪《あ》せる 色つやが薄くなる。「色―」

褪《さ》める 色つやが薄くなる。「色が―」

褪色《たいしょく》 色があせる。

【襁】キョウ

襁褓《おしめ》 [むつき] おむつ。

【襖】オウ

襖《ふすま》 和室用の建具。「―絵」

【襠】トウ

襠《まち》 シャツの脇などにゆとりを持たせるためにつける布。

【襦】ジュ

襦袢《じゅばん》 和服用の下着。「長―」

【襤】ラン

襤褸《ぼろ》 「―を隠す」「―を出す」

【襷】たすき

襷《たすき》 和服の袖をたくし上げるための紐。「―掛け」

竹部 たけかんむり

【竹】チク たけ

竹篦返《しっぺがえ》し 自分が受けた仕打ちにすぐ仕返しをする。

竹刀《しない》 剣道で用いる竹製の刀。

竹光《たけみつ》 竹で作った刀。

竹輪《ちくわ》 白身の魚肉で作った食品の一。

【竿】カン

竿灯《かんとう》 秋田で行われる七夕祭り。「―祭り」

竿《さお》 [棹] 「竹―」「釣り―」「物干し―」

【笑】ショウ わらう・えむ

笑窪《えくぼ》 [靨] 「あばたも―」

笑《わら》い種《ぐさ》 もの笑いのもと。

【笊】ソウ

笊《ざる》 竹で編んだ容器。「―そば」

【笙】ショウ

笙《しょう》 雅楽に使う管楽器の一。

【笞】チ

笞《むち》 ［鞭］「愛の―」「老骨に―打つ」

【笠】 リュウ

笠《かさ》 雨や日差しをふせぐため頭にかぶるもの。「三度―」

【筈】 カツ

筈《はず》 「その―」「できる―」

【筋】 キン すじ

筋違《すじか》い ［筋交い］ 斜め。はすかい。

【笄】 ケイ

笄《こうがい》 日本髪にさす飾り。「鼈甲（べっこう）の―」

【筍】 ジュン

筍《たけのこ》 ［竹の子］「―飯」

【等】 トウ ひとしい

等閑《なおざり》 いいかげんにしておく。

等《など》 ［抔］「お金―いらない」「協力―しない」

等《ら》 「彼―」「子供―」「これ―」

等《ひと》し並《な》み 同じように。「―に扱う」

【筒】 トウ つつ

筒元《どうもと》 ［胴元］ ばくちなどの親。

【筏】 バツ

筏《いかだ》 ［桴］ 木や竹をつないで川を下るもの。

【筆】 ヒツ ふで

筆鋒《ひっぽう》 文章や書画などの筆の勢い。

筆墨硯紙《ひつぼくけんし》 書道に必須の四つの道具。

筆忠実《ふでまめ》 めんどうがらずに手紙などを書く。

【筵】 エン

筵《むしろ》 ［蓆・莚］ わらなどで作った敷物。

【筥】 キョ

筥《はこ》 ［箱・函・匣］ 物を入れる器。

筥迫《はこせこ》 女性の和装のときの携帯用紙入れ。

【筧】 ケン

筧《かけい》 ［かけひ］［懸樋］ 水を引くための木や竹のとい。

【筮】 ゼイ

筮竹《ぜいちく》 占いに用いる細い竹の棒。

【節】 セツ・セチ ふし

節会《せちえ》 古代の朝廷で節日などに行われた宴会。

節供《せっく》 ［節句］「端午の―」「桃の―」

節榑《ふしくれ》 節の多い材木。「―だった手」

【箝】 カン

箝口令《かんこうれい》 他人に話すことを禁ずる命令。

【箕】 キ

箕《み》 穀物の殻やごみなどを除く農具。

【箍】 コ

箍《たが》 「―がはずれる」「―をしめる」

【算】 サン

算盤《そろばん》 ［十露盤］ 計算器の一。

【箏】 ソウ

箏曲《そうきょく》 琴によって演奏する邦楽。

【箒】ソウ
箒《ほうき》 [帚] 掃除用具。「竹—」

【箔】ハク
箔《はく》 「—が付く」(値打ちがついてりっぱになる)

【箴】シン
箴言《しんげん》 戒めとなる短いことば。格言。

【箸】はし
箸《はし》 「—にも棒にもかからない」「—の上げ下ろし」

【篆】テン
篆刻《てんこく》 木・石・金属に文字などを彫ること。

【範】ハン
範疇《はんちゅう》 カテゴリー。部門。

【篇】ヘン
篇《へん》 [編] 「詩—」「前—後—」

【篝】コウ
篝火《かがりび》 昔、照明や警備のためにたいた火。

【篩】シ
篩《ふるい》 粒状のものをえり分ける道具。「—にかける」

【築】チク きずく
築地《ついじ》 土の塀の上に瓦屋根をふいたもの。「—塀」
築山《つきやま》 庭に作った人工の小山。

【篠】ショウ
篠竹《しのだけ》 群がって生える竹。
篠突《しのつ》く雨《あめ》 どしゃぶりの雨。

【篤】トク
篤《あつ》い [厚い] 「信仰に—」「友情に—」
篤《とく》と よくよく。とっくりと。「—考える」

【篦】ヘイ
篦《へら》 「靴—」「竹—」
篦棒《べらぼう》 [便乱棒] 「—な値段」「—奴(め)!」

【簀】サク
簀立《すだて》 海で魚をとる仕掛けの一。
簀《す》の子《こ》 細長い板をすきまをあけて張ったもの。

【篳】ヒツ
篳篥《ひちりき》 雅楽の管楽器の一。

【簗】やな
簗《やな》 [梁] 川魚をとる仕掛けの一。

【簪】シン
簪《かんざし》 日本髪にさす飾り。

【簞】タン
簞笥《たんす》 家具の一。「整理—」「洋服—」

【簾】レン
簾《すだれ》 竹やアシなどで編み日よけなどに使う。

【籠】ロウ かご・こもる
籠《かご》 「くず—」「鳥—」「虫—」
籠手《こて》 剣道で腕をおおう防具。
籠《こも》る [隠もる] 「家に—」「煙が—」「立て—」
籠球《ろうきゅう》 バスケットボール。

籠城《ろうじょう》 敵にかこまれ城に立てこもる。

籠絡《ろうらく》 人をまるめこむ。

【籤】 セン

籤《くじ》 「あみだ―」「宝―」「貧乏―」

籤《ひご》 模型飛行機などを作る竹を細く削ったもの。

米部 こめへん・よねへん

【米】 ベイ・マイ こめ

米櫃《こめびつ》 日常使う米を入れておく箱。

【籾】 もみ

籾《もみ》 もみ米。もみがら。

【粋】 スイ いき

粋《いき》 あかぬけしていて色気がある。「―な人」

【粃】 ヒ

粃《しいな》 [秕] 実の入っていない籾（もみ）。

【粔】 キョ

粔籹《おこし》 [興] 米と水あめ・砂糖でつくった菓子。

【粗】 ソ あらい

粗方《あらかた》 おおかた。大部分。「―片づいた」

粗探《あらさが》し 人の欠点を探し出す。

粗目《ざらめ》 結晶のあらい砂糖。「―雪」

粗肴《そこう》 そまつな酒のさかな。⇔佳肴

粗忽《そこつ》 そそっかしい。「―者」

粗餐《そさん》 人に食事を出すときの謙譲語。

粗朶《そだ》 たきぎに使う木の枝。

粗《ほぼ》 [略] おおかた。あらまし。

【粕】 ハク

粕《かす》 [糟] 酒かす。「―汁」「―漬け」

【粒】 リュウ つぶ

粒選《つぶよ》り すぐれたものだけを選ぶこと。「―の人材」

【粥】 シュク

粥《かゆ》 「小豆―」「芋―」「七草―」

【粧】 ショウ

粧《めか》す おしゃれをする。おめかし。

【粳】 コウ

粳《うるち》 ねばりけのないふつうの米。うるち米。⇔糯（もち）

【精】 セイ・ショウ

精《くわ》しい [詳しい・委しい] 「―説明」

精舎《しょうじゃ》 僧が修行する所。寺院。「祇園―」

精進《しょうじん》 仏道を一心に修行する。「―料理」

精霊流《しょうりょうなが》し 盆の十五日の行事の一。

精《しら》げる 玄米をついて白くする。

精悍《せいかん》 たくましく気力にあふれている。

精緻《せいち》 こまかく緻密。

【粽】 ソウ

粽《ちまき》 端午の節句に食べる餅菓子。

【糀】 こうじ

糀《こうじ》 [麹] 酒やみそを作るこうじかび。

【糊】コ

糊口《ここう》 「—を凌ぐ」（やっと生計をたてているさま）

糊塗《こと》 一時しのぎにつくろうこと。「その場を—する」

糊《のり》 接着に使うもの。「アラビア—」「ゴム—」

【糅】ジュウ

糅飯《かてめし》 量をふやすため野菜をまぜてたいた飯。

【糠】コウ

糠《ぬか》 「—に釘」「—みそ」「—喜び」

【糝】サン

糝粉《しんこ》 食用にする米の粉。「—細工」

糝薯《しんじょ》 魚・鳥肉にヤマノイモを加え蒸した食品。

【糟】ソウ

糟《かす》 ［粕］酒かす。「—汁」「—漬け」

糟糠《そうこう》 貧しい暮らし。「—の妻」

【糜】ビ

糜爛《びらん》 ただれること。また国が乱れ疲弊すること。

【糞】フン

糞《くそ》 ［屎］大便。「へた—」「やけ—」

糞《ばば》 ［屎］大便や汚いものをさす幼児語。

糞《ふん》 「犬の—」「鶏—」「馬—」

糞尿《ふんにょう》 大便と小便。

【糯】ダ

糯《もち》 もち米。⇕粳（うるち）

糸部 いとへん

【糾】キュウ

糾《あざな》う ［糺う］縄などをよる。なう。

糾弾《きゅうだん》 ［糺弾］罪を問いただし非難する。

糾《ただ》す ［糺す］取り調べる。「罪を—」

【紅】コウ・ク べに・くれない

紅《あか》い ［赤い］「—気焔」「顔が—」

紅蓮《ぐれん》 猛火の赤い炎のたとえ。「—の炎」

紅灯《こうとう》 「—の巷（ちまた）」（歓楽街。いろまち）

紅型《びんがた》 沖縄の伝統的な模様染め。

紅葉《もみじ》 ［黄葉］「—狩り」

【約】ヤク

約《つづ》める 縮めて簡単にする。「—ていえば」

【索】サク

索莫《さくばく》 ［索漠］ものさびしいさま。

索麺《そうめん》 ［素麺］めん類の一。

【紙】シ かみ

紙鳶《いか》 ［凧］関西で空にあげるたこのこと。

紙縒《こより》 ［紙捻・紙撚］紙によりをかけ紐状にしたもの。

紙燭《しそく》 ［脂燭］昔の照明具の一。

【素】ソ・ス

素地《きじ》 ［生地］「パンの—」「洋服の—」

素面《しらふ》 ［白面］酒に酔っていないふつうの状態。

素人《しろうと》 「—くさい」「—ばなれ」⇔玄人（くろうと）

素寒貧《すかんぴん》 俗語で非常に貧乏なこと。

素姓《すじょう》 [種姓] 家柄。経歴。

素頓狂《すっとんきょう》 俗語で調子はずれでまがぬけている。

素破抜《すっぱぬ》**く** [透破抜く] 人の秘密をあばく。

素麺《そうめん》 [索麺] めん類の一。

素気無《そっけな》**い** [すげない] 愛想がない。

素見《ひやかし》 [冷かし] 買う気がないのに値段を聞いたりする。

素《もと》**より** [固より] いうまでもなく。

【紐】 チュウ

紐帯《ちゅうたい》 [じゅうたい] 物事を結びつけているもの。

紐《ひも》 「—つき」「腰—」「ゴム—」

【納】 ノウ・ナッ・ナ・ナン・トウ おさめる・おさまる

納豆《なっとう》 大豆を納豆菌で発酵させて作った食品。

納屋《なや》 物置小屋。

納戸《なんど》 衣服や調度などをしまっておく部屋。

【紛】 フン まぎれる・まぎらわしい

紛《まが》**い物**《もの》 [擬い物] にせもの。

紛《まが》**う** [まごう] よく似ていて見まちがえる。「見—」

紛《まぐ》**れ** 「—当たり」「気—」

【紊】 ビン・ブン

紊乱《びんらん》 [ぶんらん] の慣用読み。乱れる。「風紀—」

【経】 ケイ・キョウ へる

経緯《いきさつ》 事の経過。細かい事情。

経帷子《きょうかたびら》 死者に着せる白衣。

経木《きょうぎ》 木材を紙のように薄く削り食べ物を包むもの。

経《た》**つ** 時が過ぎてゆく。「時間が—」

経糸《たていと》 [縦糸] ⇔緯糸（よこいと）

経巡《へめぐ》**る** あちこちめぐり歩く。遍歴する。

【紺】 コン

紺青《こんじょう》 あざやかな明るい青色。

紺碧《こんぺき》 深い青色。「—の海」

【細】 サイ ほそい・ほそる・こまか・こまかい

細緻《さいち》 こまかく綿密なこと。

細波《さざなみ》 [小波・漣] 細かく立つ波。

細雪《ささめゆき》 細かに降る雪。

細《ささや》**か** 小さくて目立たない。「—な贈り物」

細石《さざれいし》 小さな石。

細流《せせらぎ》 小さな浅い川の流れ。

細面《ほそおもて》 ほっそりした顔。「—の美人」

【紮】 サツ

紮《から》**げる** [絡げる] しばりたばねる。

【終】 シュウ おわる・おえる

終《しま》**う** [仕舞う・了う] 終わりにする。

終焉《しゅうえん》 一生を終わること。「—の地」

終《つい》**ぞ** 今までいちども。「—見かけなかった」

終《つい》**に** [遂に・竟に] 「—完成した」

終《つい》**の住処**《すみか》 [終の栖] 最後に住む所。

終日《ひねもす》 ［ひもすがら］ 朝から夜まで。一日中。

終夜《よもすがら》 夜通し。一晩中。

【紲】 セツ

紲《きずな》 ［絆］ 断ちがたい結びつき。「親子の—」

【紬】 チュウ

紬《つむぎ》 和服用の絹織物。「大島—」「結城（ゆうき）—」

【絆】 ハン

絆《きずな》 ［紲］ 断ちがたい結びつき。「親子の—」

絆創膏《ばんそうこう》 傷口を保護するもの。

絆《ほだ》される 人情にひかれてその気になる。「情に—」

【給】 キュウ

給《たま》う ［賜う］ くださる。なさる。

【結】 ケツ むすぶ・ゆう・ゆわえる

結縁《けちえん》 仏教語で修行の縁を結ぶ。

結納《ゆいのう》 婚約のしるしに金品を贈ること。

結《ゆわ》える 結ぶ。しばる。

【絢】 ケン

絢爛《けんらん》 きらびやかで美しい。「—豪華」

【絎】 コウ

絎《く》ける 縫い目を表に出さないように縫う。

【紫】 シ むらさき

紫宸殿《ししんでん》 平安京の内裏の正殿。

【絨】 ジュウ

絨緞《じゅうたん》 ［絨毯］ 毛で織った厚地の敷物。カーペット。

【絣】 ホウ

絣《かすり》 ［飛白］ 「—の着物」「紺—」

【絡】 ラク からむ・からまる

絡繰《からくり》 ［機関］ 仕掛け。「人形—」

絡《から》げる ［紮げる］ しばりたばねる。

【継】 ケイ つぐ

継《つ》ぎ接《は》ぎ 「—工事」「—だらけの服」

継子《ままこ》 血のつながりのない子。「—扱い」⇔継親

【綺】 キ

綺羅星《きらぼし》 暗夜にきらきら輝く無数の星。

綺麗《きれい》 ［奇麗］ 「—さっぱり」「—好き」「身—」

【綽】 シャク

綽名《あだな》 ［渾名］ ニックネーム。

【緒】 ショ・チョ お

緒《いとぐち》 ［糸口］ 物事の始まり。「—をつかむ」

【総】 ソウ

総《すべ》て ［凡て・全て］ ことごとく。全部。

総《す》べる ［統べる］ 統一する。

総嘗《そうな》め 全体をおおいつくす。「火が町を—にした」

総総《ふさふさ》 ［房房］ 「—とした髪」「—と実る」

【綻】 タン ほころびる

綻《ほころ》びる 花のつぼみが少し開く。また顔が穏やかになる。

【綴】 テイ・テツ

綴《つづ》る つなぎ合わせる。またことばをつらねて文章を作る。

綴織《つづれおり》 色糸で模様を織り出した織物。

綴蓋《とじぶた》 壊れたのを修理したふた。「破鍋（われなべ）に―」

綴《と》じる 紙などを重ねて一つづりにする。「原稿を―」

【絢】 トウ

絢《な》い交《ま》ぜる さまざまなものをまぜ合わせる。

絢《な》う 「縄を―」

【緋】 ヒ

緋《あけ》 ［朱］ 朱色。

緋色《ひいろ》 濃く明るい朱色。

緋縅《ひおどし》 緋色の鎧（よろい）。

【網】 モウ あみ

網代《あじろ》 「―編み」「―垣」「―車」

【綾】 リョウ

綾《あや》 ［文］「ことばの―」「話の―」「文章の―」

【緑】 リョク・ロク みどり

緑青《ろくしょう》 銅にできる緑色のさび。

【綸】 リン

綸子《りんず》 絹製の紋織物の一。

【縁】 エン ふち

縁《えにし》 ゆかり。えん。「深い―に結ばれる」

縁《へり》 ふち。端。「川の―」「畳の―」

縁《ゆかり》 ［所縁］「縁（えん）も―ない」

縁《よすが》 ［便］ 手がかり。よりどころ。

縁戚《えんせき》 親類。親戚。

縁《よ》る ［因る・由る］ それに関係がある。

【緩】 カン ゆるい・ゆるやか・ゆるむ・ゆるめる

緩《ぬる》い きびしさがない。「手―」「なま―」

【緞】 ドン

緞子《どんす》 紋織物の一。「金襴―」

緞帳《どんちょう》 豪華で厚地の舞台の幕。「―芝居」

【編】 ヘン あむ

編笠《あみがさ》 昔、イグサ・スゲなどで編んだ頭にかぶる笠。

編纂《へんさん》 編集。「市史の―」

【緯】 イ

緯糸《よこいと》 ［ぬきいと］［横糸］ ⇕ 経糸（たていと）

【縊】 イ

縊死《いし》 首をくって死ぬ。首つり。

縊《くび》れる 首をくって死ぬ。

【縕】 オン・ウン

縕袍《どてら》 ［縕袍］ 綿を入れた防寒用の和服。

【縞】 コウ

縞《しま》 たてや横に筋がある柄。「―柄」「―模様」

【縒】 シ

縒《よ》る ［撚る］「糸を―」

【縦】 ジュウ たて

縦令《たとえ》 ［たとい］［仮令］ もし。かりに。

縦《ほしいまま》 ［恣・擅］ 自分の思うまま。

縦《よし》んば たとえ。もし。「―それがだめでも」

【緻】チ

緻密《ちみつ》　綿密なこと。「―な計画」

【縋】ツイ

縋《すが》る　しがみつく。頼りとする。「泣き―」「人情に―」

【縢】トウ

縢《かが》る　糸をからげて縫う。

【繁】ハン

繁繁《しげしげ》　たび重なるようす。「―と通う」

繁《しげ》る　［茂る］「草が生い―」

繁昌《はんじょう》　［繁盛］「商売―」

【縫】ホウ　ぬう

縫包《ぬいぐる》み　「―のクマ」「パンダの―」

【徽】キ

徽章《きしょう》　［記章］帽子や衣服につける金属製のしるし。

【縮】シュク　ちぢむ・ちぢまる・ちぢめる・ちぢれる・ちぢらす

縮織《ちぢみおり》　略して「ちぢみ」。細かいしわを織り出した織物。

縮緬《ちりめん》　絹織物の一。「緋（ひ）―」

【纖】セン

纖六本《せんろっぽん》　［千六本］ダイコンなどを千切りにすること。

【繃】ホウ

繃帯《ほうたい》　［包帯］傷口などを保護するために巻く布。

【縷】ル

縷縷《るる》　「―説明する」「―申し述べる」

【縺】レン

縺《もつ》れる　「足が―」「糸が―」「話が―」

【繙】ハン・ホン

繙読《はんどく》　書物をひもといて読む。

繙《ひもと》く　書物をひらいて読む。

【繫】ケイ

繫留《けいりゅう》　［係留］「船を―する」

繫《つな》ぐ　「犬を―」「電話を―」「望みを―」

【繰】くる

繰言《くりごと》　同じことをくり返しくどくどという。

【繻】シュ

繻子《しゅす》　絹織物の一。女の帯などを作る。

【纏】テン

纏《まつ》わる　「子犬が―」「事件に―話」

纏《まと》う　まきつける。身につける。

纏《まと》まる　「意見が―」「考えが―」「話が―」

缶部　ほとぎへん

【罅】カ

罅《ひび》　陶器やガラスの細かい割れ目。「―が入る」

羊（⺶）部　ひつじへん

【羊】ヨウ　ひつじ

羊羹《ようかん》　和菓子の一。「芋―」「栗―」

【美】ビ　うつくしい

美味《うま》い ［甘い・旨い］おいしい。⇔不味い（まずい）

美味《おい》しい うまい。⇔不味い

美人局《つつもたせ》 女が情夫と示し合わせ金品をゆすること。

美貌《びぼう》 美しい顔かたち。

美事《みごと》 ［見事］すばらしいこと。巧みなこと。

【羞】 シュウ

羞恥心《しゅうちしん》 恥ずかしく感じる気持ち。

羞《は》じる ［恥じる］恥ずかしく思う。

【義】 ギ

義兄《あに》 ［ぎけい］同様に「義姉 あね、義弟 おとうと、義妹 いもうと」とも。

義捐金《ぎえんきん》 ［義援金］慈善のための寄付金。

義侠心《ぎきょうしん》 弱い人の味方となる気持ち。おとこぎ。

【群】 グン むれる・むれ・むら

群青色《ぐんじょういろ》 あざやかな藍色。

群棲《ぐんせい》 動物がむらがって住んでいること。

【羨】 セン うらやむ・うらやましい

羨《うらや》む うらやましがる。

羨望《せんぼう》 「―の的」「―のまなざし」

羽（羽）部 はねづくり

【羽】 ウ は・はね

羽交絞《はがいじ》め 相手が動けないよう強くしめつける。

羽衣《はごろも》 天女が着て空を飛ぶという衣。「天（あま）の―」

羽撃《はばた》く ［羽搏く］「世界に―」

羽《わ》 鳥・ウサギを数える語。

【翁】 オウ

翁《おきな》 男性の老人の尊称。⇔媼（おうな）

【翅】 シ

翅《はね》 ［羽］鳥や昆虫の羽。「トンボの―」

【翔】 ショウ

翔《かけ》る 空高く飛ぶ。「天（あま）―」

翔《と》ぶ ［飛ぶ］空を飛ぶ。

【翠】 スイ

翠《みどり》 ［緑］草木の葉の色。

【翡】 ヒ

翡翠《ひすい》 緑色の宝石の一。また小鳥のカワセミの別称。

【翩】 ヘン

翩翻《へんぽん》 旗などがひるがえるさま。

【翳】 エイ

翳《かげ》る ［陰る・蔭る］光が当たらず暗くなる。

翳《かざ》す 陰をつくる。「手を―」

翳《かす》む 物がはっきりと見えにくい。

【翻】 ホン ひるがえる・ひるがえす

翻弄《ほんろう》 思うままにもて遊ぶ。

翻筋斗打《もんどりう》つ とんぼがえりをする。

【耀】 ヨウ

耀《かがや》く ［輝く］きらめく。

老部　おいかんむり

【老】 ロウ　おいる・ふける

老耄《おいぼれ》 年をとって体や頭の働きがにぶくなる。

老女《おうな》 [媼・嫗] 年老いた女。⇔翁（おきな）

老舗《しにせ》 [ろうほ] 何代もつづいている商店。

老成《ませ》る 年のわりに大人びる。「お―な子」

老獪《ろうかい》 悪がしこい。ずるい。

老軀《ろうく》 年をとって衰えた体。

老爺《ろうや》 年をとってよぼよぼになった男。⇔老婆

【耄】 ボウ・モウ

耄《ぼ》ける [惚ける・呆ける] もうろくする。

耄碌《もうろく》 老いぼれる。ぼける。

而部

【而】 ジ

而《しか》も [然も] そのうえ。

而《しこう》して [しかして] そうして。そして。

而立《じりつ》 三十歳の称。

耒部　すきへん

【耕】 コウ　たがやす

耕耘機《こううんき》 田畑を耕す機械。

耳部　みみへん

【耳】 ジ　みみ

耳順《じじゅん》 六十歳の称。

耳聡《みみざと》い 耳がはやい。

耳朶《みみたぶ》 [じだ] 耳の下の柔らかい部分。

耳漏《みみだれ》 [耳垂れ] 耳から分泌液が流れ出る病気。

耳環《みみわ》 [耳輪] イヤリング。

【耽】 タン

耽溺《たんでき》 酒や女におぼれる。

耽読《たんどく》 本を読みふける。

耽《ふけ》る 心をうばわれ熱中する。「読書に―」

【聊】 リョウ

聊《いささ》か [些か] わずかばかり。少々。

【聖】 セイ

聖人《しょうにん》 仏・菩薩のこと。また知徳のすぐれた僧。

聖廟《せいびょう》 聖人の霊をまつった所。聖堂。

聖《ひじり》 聖人。高僧。天皇。

【聟】 セイ

聟《むこ》 「婿」の俗字。娘の夫。「―をもらう」⇔嫁

【聡】 ソウ

聡《さと》い [敏い] 理解が早い。かしこい。

聡明《そうめい》 頭がよい。かしこい。

【聢】 しか

聢《しか》と　[確と]　たしかに。しっかりと。

聢《しっか》り　[確り]「気を―持つ」「紐を―結ぶ」

【聳】ショウ

聳《そそ》り立《た》つ　高くそびえ立つ。

聳《そばだ》つ　[峙つ]　高くそびえる。

聳《そび》える　山やビルが高く立つ。

【聾】ロウ

聾《ろう》唖《あ》　耳が聞こえず話すこともできないこと・人。

聾《ろう》する　耳が聞こえない。「耳を―ばかりの爆音」

肉部

＊月→109頁

【肉】ニク

肉刺《まめ》　「血―」「手に―ができる」

【腐】フ　くさる・くされる・くさらす

腐《くさ》す　他人を悪くいう。けなす。

腐爛《ふらん》　[腐乱]「―死体」

自部

【自】ジ・シ　みずから

自惚《うぬぼ》れ　[己惚れ]　自分で自分がすぐれていると思う。

自《おの》ずから　ひとりでに。自然に。

自嘲《じちょう》　自分で自分をあざける。

自棄《やけ》　「―くそ」「―酒」「―をおこす」

自《より》　起点をあらわす語。「自 一日、至十日」

【臭】シュウ　くさい・におう

臭《にお》う　臭気がただよう。「下水が―」⇔匂う

臼部

【臼】キュウ　うす

臼《うす》　餅をつく道具。⇔杵（きね）

臼歯《きゅうし》　食べ物をかみくだく歯。

【舂】ショウ

舂《つ》く　[搗く]「餅を―」

【舅】キュウ

舅《しゅうと》　夫または妻の父。⇔姑（しゅうとめ）

【興】コウ・キョウ　おこる・おこす

興醒《きょうざ》め　興味がそがれること。

舌部　したへん

【舌】ゼツ　した

舌舐《したなめず》り　舌を出して唇をなめる。

舌鋒《ぜっぽう》　するどい弁舌。「―するどく」

【舐】シ

舐《な》める　[嘗める]「苦汁を―」「辛酸を―」

舟部　ふねへん

【般】ハン

般若《はんにゃ》　能面の一つで鬼女の顔。「―心経」

般若湯《はんにゃとう》　僧が使う隠語で酒。

【舫】　ホウ

舫《もや》う　船をつなぎとめる。

【舷】　ゲン

舷《げん》　船の側面。ふなべり。

【舳】　ジク

舳先《へさき》　［舳］　船首。

舳《みよし》　［船首］　船の先端。へさき。

【船】　セン　ふね・ふな

船長《ふなおさ》　船頭。

船軍《ふないくさ》　船に乗って戦うこと。

船縁《ふなべり》　船のへり。ふなばた。

船首《みよし》　［舳］　船の先端。へさき。

【舵】　ダ

舵《かじ》　船尾にある船の進行方向を決める装置。

【艀】　フ

艀《はしけ》　陸と船の間を行き来する小船。

【艘】　ソウ

艘《そう》　船を数える語。「一―の船」

【艤】　ギ

艤装《ぎそう》　進水した船に航海に必要な設備を整えること。

【艪】　ロ

艪《ろ》　［櫓］　船をこぐ道具。

【艫】　ロ

艫《とも》　船の後方。船尾。⇕舳先（へさき）

艮部

【良】　リョウ　よい

良《い》い　［好い・善い］「よい」のくだけた言い方。

良人《おっと》　［夫］　⇕妻

色部

【艶】　エン　つや

艶《あで》やか　なまめかしく美しい。

艶福家《えんぷくか》　女性にもてる男。

艶《つや》　「―消し」「―っぽい」「色―がいい」

艶《なま》めく　色っぽい。

虍部　とらかんむり

【虎】　コ　とら

虎口《ここう》　「―を逃れる」（非常に危険な所から脱出する）

虎巻《とらかん》　自習用の参考書。あんちょこ。「虎の巻」とも。

【虐】　ギャク　しいたげる

虐《いじ》める　［苛める］　弱い者を苦しめる。

【虚】　キョ・コ

虚《うつけ》　［空］　おろか者。まぬけ。

虚《うろ》　［空・洞］　中が空になっているもの。

虚《うつ》ろ　［空ろ］　中身がないこと。がらんどう。

虚空《こくう》 何もない空間。「—をつかむ」

虚仮《こけ》 ばかにする。「—おどし」「—にする」

虚無僧《こむそう》 禅宗の一派である普化（ふけ）宗の僧。

虚《むな》しい ［空しい］「—思い」

【虞】 おそれ

虞犯《ぐはん》 将来、罪を犯す恐れのあること。「—少年」

【虜】 リョ

虜《とりこ》 ［擒］ 捕虜。

虫部 むしへん

【虫】 チュウ むし

虫螻《むしけら》 虫をいやしめていう語。「—同然」

虫唾《むしず》 ［虫酸］「—が走る」（嫌でたまらない気持ち）

虫食《むしば》む ［蝕む］ 虫に食われてだめになる。

虫除《むしょ》け 虫がつかないようにする。

【虹】 にじ

虹《にじ》 レインボー。「七色の—」

【蚊】 か

蚊帳《かや》 ［蚊屋］ 蚊を防ぐため寝床をおおう網。

蚊遣《かやり》 蚊を追い払うためものをいぶす。「—火をたく」

【蛆】 ショ

蛆虫《うじむし》 ハエの幼虫。また、つまらない人間をののしる語。

【蛇】 ジャ・ダ へび

蛇籠《じゃかご》 竹のかごに石をつめ河川の護岸に用いたもの。

蛇蝎《だかつ》 ［蛇蠍］ 蛇とサソリ。「—のごとく嫌う」

【蛋】 タン

蛋白質《たんぱくしつ》 動植物の体を構成する有機化合物。

【蛭】 シツ

蛭子《えびす》 ［恵比寿・夷・戎］ 七福神の一。

【蜃】 シン

蜃気楼《しんきろう》 光の屈折で、ないものがあるように見える現象。

【蛻】 ゼイ

蛻《もぬけ》の殻《から》 探す相手が逃げてからになった状態。

【蜂】 ホウ はち

蜂起《ほうき》 「一斉—」「武装—」

【蛹】 ヨウ

蛹《さなぎ》 変態をする昆虫の発育の一段階。

【蜿】 エン

蜿蜒《えんえん》 ［蜿蜿・蜒蜒］「—長蛇の列」

【蜜】 ミツ

蜜《みつ》 ミツバチが集めた液。「蜂（はち）—」

蜜月《みつげつ》 結婚したばかりのころ。

【蝟】 イ

蝟集《いしゅう》 多くのものが一か所にむらがる。密集。

【蝦】 カ

蝦蟇口《がまぐち》 口金のついた財布。

【蝕】 ショク

蝕《むしば》む ［虫食む］ 虫に食われてだめになる。

【蝶】 チョウ

蝶番《ちょうつがい》 ドアを開閉するための金具。

【融】 ユウ

融《と》ける ［溶ける］「氷が—」「わだかまりが—」

【蟄】 チツ

蟄居《ちっきょ》 家に閉じこもって外出しないこと。

【螺】 ラ

螺旋《ねじ》 ［螺子・捩子・捻子］「—を巻く」

螺旋《らせん》 「—階段」

螺鈿《らでん》 貝殻を用いた漆工芸の技法の一。

螺髪《らほつ》 仏像のらせん状の頭髪。

【蟬】 セン

蟬時雨《せみしぐれ》 多くのセミが鳴きたてるさま。

蟬蛻《せんぜい》 セミのぬけ殻。またさっぱり抜け出ること。

【蟠】 バン

蟠踞《ばんきょ》 ［盤踞］ 根を張って勢力を振るう。

蟠《わだかま》り 不満があって気持ちがさっぱりしない。

【蟹】 カイ

蟹行《かいこう》 カニのように横に歩くこと。「—文字」

蟹股《がにまた》 両足が外に曲がっていること。O脚。

【蟻】 ギ

蟻酸《ぎさん》 アリやハチの体内にある刺激性の酸。

【蠕】 ゼン

蠕動《ぜんどう》 うじ虫のように動くさま。うごめくこと。

【蠢】 シュン

蠢《うごめ》く もぞもぞと動く。

蠢動《しゅんどう》 陰でこそこそと動く。

【蠟】 ロウ

蠟《ろう》 「—紙」「—石」

蠟燭《ろうそく》 明かりをとるもの。

【蠱】 コ

蠱惑的《こわくてき》 心をまどわされそうな魅力を持っているさま。

血部

【血】 ケツ ち

血脈《けちみゃく》 仏教語で師から弟子へと仏法を伝えること。

血痕《けっこん》 血のついたあと。

血痰《けったん》 血の混じったたん。

血腥《ちなまぐさ》い 血のにおいがする。「—世の中」

血塗《ちまみ》れ 血だらけ。

【衆】 シュウ・シュ

衆寡《しゅうか》 「—敵せず」（少人数では多人数にかなわない）

衆生《しゅじょう》 仏教語であらゆる生き物。

衣部

＊衤→147頁

【衣】 イ ころも

衣桁《いこう》 着物などをかける家具。

衣裳《いしょう》 ［衣装］ 衣服。着物。

衣鉢《いはつ》 師から伝えられた仏教の奥儀。「—を継ぐ」

衣紋掛《えもんかけ》 ［衣文掛］ 着物を掛けるもの。

衣《きぬ》 衣服。着物。「濡れ—」「歯に—着せぬ」

衣被《きぬかつぎ》 皮つきのままゆでて食べる里芋。

衣更《ころもが》え ［更衣］ 季節ごとに着替えること。

【表】 ヒョウ おもて・あらわす・あらわれる

表着《うわぎ》 ［上着］ 下着の上に着るもの。

表六玉《ひょうろくだま》 まぬけな人をののしっていう語。

【衰】 スイ おとろえる

衰頽《すいたい》 ［衰退］ 勢いがなくなる。

【袈】 カ

袈裟《けさ》 僧が肩から掛ける長方形の布。「—掛け」

【装】 ソウ・ショウ よそおう

装幀《そうてい》 ［装丁・装釘］ 本の表装。

装塡《そうてん》 中につめこんで装置する。「銃に弾を—する」

装《よそ》う 飲食物を器に盛る。「ご飯を—」

【裂】 レツ さく・さける

裂地《きれじ》 ［切地・布地］ 布の切れはし。

裂帛《れっぱく》 絹を引き裂くような音・声。「—の気合」

【裏】 リ うら

裏漉《うらご》し 芋などを目の細かい金網でこす。

裏店《うらだな》 裏通りや路地の奥の粗末な貸家。

【裳】 ショウ

裳裾《もすそ》 女性の着物の裾。「—をなびかせる」

【襞】 ヘキ

襞《ひだ》 衣服の折り目。「スカートの—」

襾部

【要】 ヨウ いる・かなめ

要《かなめ》 もっともたいせつな部分。「扇の—」「肝心—」

要塞《ようさい》 とりで。陣地。

要諦《ようてい》 ［ようたい］ 物事の肝心なところ。

臣部

【臥】 ガ

臥《ふ》す 体を横にする。床に寝る。「病の床に—」

見部

【見】 ケン みる・みえる・みせる

見《まみ》える お目にかかる。「敵に—」

見出《みいだ》す みつける。発見する。

見栄《みえ》 自分をよく見せようとうわべを飾る。「—っぱり」

見得《みえ》 歌舞伎で役者が目立つしぐさをする。「—を切る」

見縊《みくび》る 軽くみてあなどる。馬鹿にする。

見応《みごた》え 見るだけの価値。「—がある」

見窄《みすぼ》らしい 身なりが貧弱。「—格好」

見世《みせ》 ［店］ 商店。「仲—」

見《み》て呉《く》れ 外見。「—がいい」「—は立派」

見咎《みとが》める　見て非難する。とがめる。

見蕩《みと》れる　［見惚れる］　うっとりとして見る。

見做《みな》す　［看做す］　見てそうときめる。

見馴《みな》れる　［見慣れる］　「―た風景」

見悪《みにく》い　［見難い］　よく見えない。⇔見易い

見遁《みのが》す　［見逃す］　見おとす。大目にみる。

見晴《みは》るかす　はるか遠くまで見渡す。

見紛《みまが》う　［みまごう］　見まちがえる。

見遣《みや》る　遠くのほうを眺める。

見様見真似《みようみまね》　人のすることをまねる。

【視】　シ

視《み》る　［見る・観る］　「景色を―」「夢を―」

【覚】　カク　おぼえる・さます・さめる

覚《おぼ》しい　［思しい］　…と思われる。

覚束無《おぼつかな》い　はっきりしない。

覚醒剤《かくせいざい》　神経を興奮させる薬。

覚《さと》る　［悟る］　「真理を―」「死期を―」

【覗】　シ

覗《うかが》う　［窺う］　そっとのぞき見る。

覗《のぞ》く　すきまや小さな穴から見る。「―き見る」

【親】　シン　おや・したしい

親父《おやじ》　［親爺・親仁］　父親。男の老人。

親許《おやもと》　［親元］　親のいる所。

親炙《しんしゃ》　尊敬する人に親しく接して感化を受ける。

親戚《しんせき》　親類。親族。

親睦《しんぼく》　互いに親しみあうこと。「―団体」

親《ちか》しい　［近しい］　したしい。「―間柄」

【観】　カン

観《み》る　［見る・視る］　「景色を―」「夢を―」

【覿】　テキ

覿面《てきめん》　たちどころに現れる。「効果―」「天罰―」

角部　つのへん

【角】　カク　かど・つの

角逐《かくちく》　せりあい。

角《すみ》　［隅］　「片―」「四―」

角力《すもう》　［相撲］　「腕―」「押し―」

【解】　カイ・ゲ　とく・とかす

解《げ》せない　理解できない。納得できない。

解《ほぐ》れる　もつれたものがとける。「気分が―」

解《ほつ》れる　結び目がほどける。「糸が―」

解《ほど》く　「荷物を―」「紐が―ける」

解《わか》る　［分かる・判る］　「結果が―」

言部　ごんべん

【言】　ゲン・ゴン　いう・こと

言《い》い種《ぐさ》　［言い草］　ものの言い方。言い分。

言《い》い悪《にく》い　［言い難い］　言うのをためらう。

言質《げんしつ》　「げんち」の慣用読み。のちに証拠となることば。

言霊《ことだま》　ことばに宿っている神秘的な霊力。

言伝《ことづて》　ことづけ。伝言。

言祝《ことほ》ぐ　［寿ぐ］　祝福する。

【訃】　フ

訃音《ふいん》　死亡の知らせ。

訃報《ふほう》　死亡の知らせ。

【訓】　クン

訓《よ》む　［読む］　漢字を訓読する。

【訊】　ジン

訊《き》く　［聞く］　問いただす。「事情を―」

訊問《じんもん》　［尋問］　犯罪者を取り調べる。

訊《たず》ねる　［尋ねる］　わからないことを聞く。

【託】　タク

託《かこ》つ　恨みに思う。ぐちをいう。「不遇を―」

託《かこつ》ける　「仕事に―て遊ぶ」

託《ことづ》ける　［言付ける］　人に頼んで伝えてもらう。

【訛】　カ

訛声《だみごえ》　［濁声］　にごった声。なまりのある声。

訛《なまり》　「お国―」「関西―」「東北―」

【訝】　ガ

訝《いぶか》しい　疑わしい。あやしい。

【許】　キョ　ゆるす

許多《あまた》　［数多］　数が多いこと。「引く手―」

許嫁《いいなずけ》　［許婚］　婚約した相手。

許《ばか》り　「心―の品」「それ―は」「できた―」

許《もと》　［元］　「親―」「国―」

【訣】　ケツ

訣別《けつべつ》　［決別］　別れる。別離。

【設】　セツ　もうける

設《しつら》える　用意する。「会場を―」

【訥】　トツ

訥訥《とつとつ》　［吶吶］　口ごもりながら話すさま。「―と語る」

訥弁《とつべん》　つかえながらの下手な話し方。

【訪】　ホウ　おとずれる・たずねる

訪《と》う　［おとなう］　訪問する。訪れる。

【詠】　エイ　よむ

詠《うた》う　短歌・詩などをつくる。

詠《よ》む　和歌・詩などをつくる。

【詐】　サ

詐《いつわ》る　［偽る］　うそをつく。

【詞】　シ

詞《ことば》　［言葉］　「―書（がき）」「枕―」

詞藻《しそう》　文章を飾ることば。また詩歌・文章。

【詛】　ソ

詛《のろ》う　［呪う］　恨む相手に災いが起こるよう祈る。

【証】　ショウ

証《あかし》　「身の―を立てる」

【診】シン　みる

診《み》る　診察する。「患者を―」

【註】チュウ

註釈《ちゅうしゃく》　[注釈]　意味をわかりやすく説明する。

【詭】キ

詭計《けい》　人をだます計略。

詭《き》弁《べん》　こじつけの弁論。「―を弄（ろう）す」

【詰】キツ　つめる・つまる・つむ

詰《なじ》る　とがめて問いつめる。

【詣】ケイ　もうでる

詣《もう》でる　神社やお寺にお参りする。

【詳】ショウ　くわしい

詳《つまび》らか　[審らか]　あきらかにする。

【詮】セン

詮《かい》　[甲斐]　「―がない」「生き―」「年―もなく」

詮方無《せんかたな》い　[為方無い]　しかたがない。

詮議《せんぎ》　相談して事をきめる。また罪人を取り調べる。

詮索《せんさく》　[穿鑿]　細かいことまで調べる。

【詫】タ

詫《わ》びる　あやまる。謝罪する。「失礼を―」

【誂】チョウ

誂《あつら》える　注文して作らせる。「洋服を―」

【誉】ヨ　ほまれ

誉《ほ》める　[褒める]　賞賛する。

【誡】カイ

誡《いまし》める　[戒める]　悪いところを注意する。

【誑】キョウ

誑《たぶら》かす　心を迷わせてだます。あざむく。

誑《たら》し　ことばたくみにだます。「―込む」「女―」

【語】ゴ　かたる・かたらう

語部《かたりべ》　古い伝承を語り伝える人。

語彙《ごい》　用語。ボキャブラリー。「基本―」

語呂《ごろ》　[語路]　「―合わせ」「―がいい」

【誤】ゴ　あやまる

誤謬《ごびゅう》　まちがい。あやまり。

誤魔化《ごまか》す　人の目をまぎらわして悪いことをする。

【読】ドク・トク・トウ　よむ

読点《とうてん》　文章の途中にうつ「、」。「句―」⇔句点

読経《どきょう》　声を出してお経をよむ。

読誦《どくしょう》　声に出して読むこと。朗読。

読本《とくほん》　国語の教科書。入門書。「文章―」

【認】ニン　みとめる

認《したた》める　書類や手紙を書く。「手紙を―」

【誣】ブ・フ

誣《し》いる　事実をまげて人を悪くいう。

誣告《ぶこく》　人を罪におとしいれようとして告訴する。

【誘】ユウ　さそう

誘《いざな》う　さそう。すすめる。

誘《おび》き寄《よ》せる　だまして近くへ来させる。

【誼】　ギ

誼《よしみ》　［好］「―を結ぶ」「同郷の―」

【諄】　ジュン

諄《くど》い　しつこい。うるさい。「まわり―」

諄諄《くどくど》しい　いかにもくどい。

諄諄《じゅんじゅん》　ていねいに説き聞かせる。「―と説く」

【諸】　ショ

諸口《しょくち》　いろいろの口座・項目。

諸手《もろて》　［両手］両方の手。「―をあげて賛成」

諸肌《もろはだ》　［諸膚］両肩から腕にかけての肌。「―脱ぎ」

諸諸《もろもろ》　さまざまのもの・こと。

【誰】　だれ

誰何《すいか》　「誰か」と声をかけ名を問いただすこと。

誰《だれ》　［たれ］「―彼なしに」「―しも」「―ひとり」

誰某《だれそれ》　ある人をばく然と指す言い方。

【請】　セイ・シン　こう・うける

請負《うけおい》　土木・建築工事などを引き受ける。

請《しょう》じ入《い》れる　客などを招き入れる。

請来《しょうらい》　仏像やお経を外国から持ってくること。

【諍】　ソウ

諍《あらが》う　［抗う・争う］さからう。

諍《いさか》い　言い争うこと。けんか。

【諾】　ダク

諾《うべな》う　［宜なう・肯う］承諾する。

【諂】　テン

諂《へつら》う　おもねる。きげんをとる。

【誹】　ヒ

誹《そし》る　［謗る・譏る］人のことを悪くいう。

誹諧《はいかい》　［俳諧］俳句や連句の総称。

誹謗《ひぼう》　悪口をいう。「―中傷」

【諒】　リョウ

諒解《りょうかい》　［了解］理解して承認する。

諒承《りょうしょう》　［了承］承知する。「―済み」

【論】　ロン

論《あげつら》う　物事の可否をあれこれ言いたてる。

論駁《ろんばく》　相手の意見を攻撃する。

【諳】　アン

諳誦《あんしょう》　［暗唱・暗誦］書いたものを見ずにそらでいう。

諳《そら》じる　暗記する。

【謂】　イ

謂《いい》　わけ。…という意味。「何の―ぞや」

謂《い》う　［言う・云う］話す。しゃべる。

謂《いわ》ば　［言わば］言ってみれば。

謂《いわ》れ　言われていること。由来。

謂《おも》えらく　［思えらく・以為らく］思うことには。

【諱】　キ・イ

諱《いみな》　死者の生前の名前。また死後につけた称号。

【諧】カイ

諧謔《かいぎゃく》　しゃれ。ユーモア。

【諫】カン

諫《いさ》める　目上の人に忠告する。

諫言《かんげん》　目上の人をいさめる。

【諺】ゲン

諺《ことわざ》　古くから言われた教訓などを含んだ文句。

【諡】シ

諡《おくりな》　［贈名］死後に贈られる称号。

【諜】チョウ

諜報《ちょうほう》　敵の動静をさぐって知らせる。「―機関」

【諦】テイ　あきらめる

諦《あきら》める　断念する。思い切る。

諦観《ていかん》　あきらめること。悟り。

【諷】フウ

諷刺《ふうし》　［風刺］「―漫画」

【謀】ボウ・ム　はかる

謀《たばか》る　計略を用いてだます。たぶらかす。

謀《はかりごと》　たくらみ。計略。

【謙】ケン

謙遜《けんそん》　へりくだること。

謙《へりくだ》る　［遜る］謙遜する。

【謗】ボウ

謗《そし》る　［譏る・誹る］人のことを悪くいう。

【謎】なぞ

謎《なぞ》　「―をかける」「―をとく」

【謳】オウ

謳《うた》う　「憲法に―われている」

謳歌《おうか》　ほめたたえる。「青春を―する」

【謦】ケイ

謦咳《けいがい》　「―に接する」（尊敬する人にじかに接する）

【謬】ビュウ

謬《あやま》る　［誤る］まちがえる。

謬見《びゅうけん》　まちがった考え。

【譏】キ

譏《そし》る　［謗る・誹る］人のことを悪くいう。

【警】ケイ

警策《きょうさく》　坐禅で肩を打つ木の棒。

警笛《けいてき》　注意をよぶため鳴らす音。

【護】ゴ

護《まも》る　［守る］「身を―」

【譫】セン

譫言《うわごと》　［囈言］高熱のとき無意識に発することば。

【譬】ヒ

譬《たとえ》　［喩］比喩。「―話」

譬喩《ひゆ》　［比喩］たとえ。

【譴】ケン

譴責《けんせき》　過失をとがめ叱ること。「―処分」

【讃】サン

讃歌《さんか》 [賛歌] ほめたたえる歌。

讃美《さんび》 [賛美] ほめたたえること。「―歌」

【讒】ザン

讒言《ざんげん》 人の悪口をいう。そしること。

谷部

【谷】コク たに

谷《きわ》まる [極まる・窮まる] 「進退―」

谷間《たにあい》 谷のふかい所。たにま。

谷《やち》 [やつ] [谷地] 谷あいなどの低湿地。

【谺】カ

谺《こだま》 [木霊] やまびこ。

【豁】カツ

豁達《かったつ》 [闊達] 物事にこだわらない。「自由―」

【谿】ケイ

谿谷《けいこく》 [渓谷] たに。

豆部 まめへん

【豆】トウ・ズ まめ

豆汁《ごじる》 [呉汁] 大豆をつぶして入れたみそ汁。

豆撒《まめま》き 節分の夜に豆をまく行事。

【豈】ガイ

豈図《あにはか》らんや どうしてそんなことを考えようか。

【豊】ホウ ゆたか

豊葦原《とよあしはら》 日本の美称。「―瑞穂の国」

豊穣《ほうじょう》 穀物が豊かにみのる。「五穀―」

豕部 いのこへん

【象】ショウ・ゾウ

象《かたど》る [模る] 物の形をうつしとる。

象嵌《ぞうがん》 [象眼] 金属に金銀をはめこむ技術。

象牙《ぞうげ》 ゾウのきば。「―の塔」

【豪】ゴウ

豪《えら》い [偉い] りっぱですぐれている。

豪奢《ごうしゃ》 ぜいたくで、はでなこと。

豸部 むじなへん

【豹】ヒョウ

豹変《ひょうへん》 意見や態度が急に変わること。

貝部 かいへん

【貝】かい

貝独楽《べいごま》 子供が遊びに使うこま。

【負】フ まける・まかす・おう

負《おぶ》う 赤ん坊を背負う。

負《お》んぶ 背負う。「―に抱っこ」

負《め》げる くじける。「―ずにがんばる」

【貫】 カン　つらぬく

貫首《かんじゅ》　[かんしゅ・かんず]［貫主］大きな寺の管長。

貫禄《かんろく》　身についた風格や威厳。

貫《ぬき》　柱と柱のあいだの横木。

【責】 セキ　せめる

責付《せっ》く　[せっつく] せきたてる。

【貪】 ドン　むさぼる

貪婪《どんらん》　非常に欲が深いこと。

貪《むさぼ》る　「―ように食う」「利益を―」

【貶】 ヘン

貶《おとし》める　見くだす。さげすむ。

貶《けな》す　悪くいう。⇕褒める

貶《さげす》む　［蔑む］ばかにする。見下げる。

【貴】 キ　たっとい・たっとぶ・とうとい・とうとぶ

貴方《あなた》　女性の場合は「貴女」

貴賤《きせん》　身分の高い人と低い人。「―の別なく」

【貰】 セイ

貰《もら》う　「―い泣き」「―い物」「お金を―」

【貯】 チョ

貯《たくわ》える　［蓄える］「食料を―」「知識を―」

貯《た》める　たくわえる。「お金を―」

【貼】 チョウ　はる

貼付《てんぷ》　「ちょうふ」の慣用読み。はりつけること。

貼《は》る　［張る］「切手を―」「障子を―」

【賄】 ワイ　まかなう

賄《まいない》　［賄賂・賂］「わいろ」の古風な言い方。

賄賂《わいろ》　私利をはかって提供する金品。袖の下。

賄《まかな》う　限られた範囲でやりくりする。「台所を―」

【賑】 シン

賑賑《にぎにぎ》しい　非常ににぎやかなこと。

賑《にぎ》やか　人出が多くさかんなさま。

【賜】 シ　たまわる

賜物《たまもの》　くだされもの。「努力の―」

【質】 シツ・シチ・チ

質種《しちぐさ》　［質草］質におく物品。

質朴《しつぼく》　［質樸］誠実で飾りけがない。

質《ただ》す　質問してはっきりさせる。「問い―」

質《たち》　生まれつきの性質。「内気な―」「―が悪い」

【賞】 ショウ

賞玩《しょうがん》　［賞翫］珍重する。賞味する。

賞牌《しょうはい》　褒美として与える記章。

【賤】 セン

賤《いや》しい　［卑しい］身分や地位が低い。

賤民《せんみん》　身分のいやしいとされた人。

【賢】 ケン　かしこい

賢所《かしこどころ》　宮中で三種の神器の鏡を安置する所。

賢《さか》しい　かしこい。また利口ぶって生意気。

【賭】 ト　かける

賭《かけ》　かけごと。ばくち。「—に負ける」

賭《か》ける　［掛ける］「勝負を—」「人生を—」

賭博《とばく》　ばくち。

【賽】　サイ

賽《さい》　［采］さいころ。「—の目」

賽子《さいころ》　［骰子］すごろくやばくちで使うもの。

賽銭《さいせん》　神仏に奉納する金銭。「—箱」

賽《さい》の河原《かわら》　死んだ子供が行くという三途（さんず）の河原。

【購】　コウ

購《あがな》う　買い求める。

【賺】　タン

賺《すか》す　だます。なだめる。「なだめ—」

【贅】　ゼイ

贅沢《ぜいたく》　必要以上にお金をかける。「—三昧（ざんまい）」

贅肉《ぜいにく》　ふとりすぎの余分な肉。

【贋】　ガン

贋作《がんさく》　にせもの。偽作。

贋《にせ》　［偽］「—札」「—物」「—者」

【贔】　ヒ

贔屓《ひいき》　目をかけ引き立てる。「—の引き倒し」

【贖】　ショク

贖《あがな》う　つぐないをする。罪ほろぼしをする。

贖罪《しょくざい》　金品や善行をつんで罪をつぐなう。

【贓】　ゾウ

贓物《ぞうぶつ》　不正な手段で手に入れた品物。

赤部

【赤】　セキ・シャク　あか・あかい・あからむ・あからめる

赤児《あかご》　［赤子］幼児。「—の手をひねるよう」

赤出汁《あかだし》　赤みそを用いた関西風のみそ汁。

赤銅色《しゃくどういろ》　艶のある赤黒い色。

赤裸裸《せきらら》　ありのまま。あからさま。

【赦】　シャ

赦免《しゃめん》　罪人の罪を許す。「—状」

赦《ゆる》す　［許す］あやまちを許す。

【赫】　カク

赫赫《かっかく》　功名などがすぐれている。「—たる戦果」

【赭】　シャ

赭土《あかつち》　［しゃど］［赤土］粘土質の赤い色の土。

赭《あか》ら顔《がお》　［赤ら顔］赤みをおびた顔。

走部　そうにょう

【走】　ソウ　はしる

走狗《そうく》　人の手先として使われる者を軽蔑していう。

【起】　キ　おきる・おこる・おこす

起上小法師《おきあがりこぼし》　おもちゃの一。

起請文《きしょうもん》　神仏に誓う文書。

起《た》つ　［立つ］立ち上がる。身をおこす。

【越】 エツ こす・こえる

越度《おちど》 ［落度］ 失敗。あやまち。

越年《おつねん》 ［えつねん］ 年を越すこと。

【趨】 スウ

趨勢《すうせい》 物事の進む勢い。「時代の—」

足（⻊）部 あしへん

【足】 ソク あし・たりる・たる・たす

足掻《あが》**く** じたばたする。もがく。「悪—き」

足枷《あしかせ》 足手まといになるもの。「手枷—」

足蹴《あしげ》 足でける。ひどい扱いをする。

足手纏《あしでまと》**い** じゃまになること・人。

足許《あしもと》 ［足元・足下］「—にも及ばない」「—を見る」

足袋《たび》 和装のときの布製のはきもの。「地下—」

【距】 キョ

距《けづめ》 ［蹴爪］ 鶏などの雄の足のうしろにある突起。

【跋】 バツ

跋扈《ばっこ》 悪いものがのさばりはびこる。

跋渉《ばっしょう》 あちこちの山や川を歩き回る。「山野を—する」

跋文《ばつぶん》 あとがき。⇔序文

【跪】 キ

跪《ひざまず》**く** ［ひざまづく］ 膝を床につけてかがむ。

【跨】 コ

跨線橋《こせんきょう》 線路や道路の上にかけた橋。

跨《また》**がる** 「馬に—」「県境に—地域」

【跡】 セキ あと

跡形《あとかた》 あとに残ったしるし。「—もない」

跡絶《とだ》**える** ［途絶える・杜絶える］「音信が—」

【践】 セン

践祚《せんそ》 天皇の位を受け継ぐこと。

【跣】 セン

跣《はだし》 ［裸足］ 足に何もはいていないこと。

【路】 ロ じ

路《みち》 ［道・途］ 道路。

【跼】 キョク

跼《せぐくま》**る** 体を前にかがめ背を丸くする。

【踠】 エン

踠《もが》**く** 苦しがって手足を動かす。

【踝】 カ

踝《くるぶし》 足首の関節の両側にある突起。

【踞】 キョ

踞《うずくま》**る** ［蹲る］ しゃがむ。

【踏】 トウ ふむ・ふまえる

踏鞴《たたら》 ［蹈鞴］ 足で踏む大きなふいご。「—を踏む」

踏《ふ》**み躙**《にじ》**る** 踏み荒らす。

【蹂】 ジュウ

蹂躙《じゅうりん》 踏みにじること。「人権—」

【踵】 ショウ

踵《かかと》　足の裏の後部。

踵《きびす》　かかと。「―を返す」（引き返す）

【蹄】　テイ

蹄鉄《ていてつ》　馬のひづめに打つ鉄の金具。

蹄《ひづめ》　馬や牛などの爪。

【蹉】　サ

蹉跌《さてつ》　つまずく。行きづまる。

【蹌】　ソウ

蹌踉《そうろう》　よろめくさま。

蹌踉《よろ》**めく**　足もとがふらふらして倒れそうになる。

【蹶】　ケツ

蹶起《けっき》　[決起]　決然と行動をおこす。「―集会」

【蹴】　シュウ　ける

蹴《け》**落**《お》**とす**　けって下へ落とす。失脚させる。

蹴《け》**手繰**《たぐ》**り**　相撲の決まり手の一。

蹴躓《けつまず》**く**　「つまずく」を強めた言い方。

蹴爪《けづめ》　[距]　鶏などの雄の足のうしろにある突起。

蹴鞠《けまり》　まりをける昔の貴族の遊び。

蹴《け》**る**　「ボールを―」「要求を―」

蹴球《しゅうきゅう》　ふつうはサッカーをいう。

【蹲】　ソン・シュン

蹲《うずくま》**る**　[踞る]　しゃがむ。

蹲踞《そんきょ》　うずくまること。「―の姿勢」

蹲踞《つくばい》　茶室の入り口にある手を洗う石の鉢。

蹲《つくば》**う**　うずくまる。しゃがむ。「這い（はい）―」

【蹼】　ボク

蹼《みずかき》　[水搔き]　水鳥や両生類の足にある膜。

【躁】　ソウ

躁鬱病《そううつびょう》　精神病の一。

【躊】　チュウ

躊躇《ためら》**う**　あれこれと思いめぐらす。

躊躇《ちゅうちょ》　あれこれ迷ってためらう。

【躓】　チ

躓《つまず》**く**　[つまづく]　足先を物にあててよろける。

【躙】　リン

躙《にじ》**る**　すわったまま膝をするように動く。

躙口《にじりぐち》　茶室の特殊な小さな出入り口。

身部　みへん

【身】　シン　み

身体《からだ》　[体・軀]　「―が弱い」「―つき」

身上《しんしょう》　財産。資産。「―持ち」

身代《しんだい》　その人一身に属する財産。

身欠鰊《みがきにしん》　ニシンを干した食品。

身包《みぐる》**み**　体につけているもの全部。「―はがされる」

身拵《みごしら》**え**　服装をととのえる。身じたく。

身熟《みごな》**し**　体の動かし方。「軽やかな―」

身籠《みごも》**る**　妊娠する。

身動《みじろ》ぎ　体をちょっと動かす。「―もしない」

身嗜《みだしな》み　服装などをきちんとする。「―がいい」

身形《みなり》　衣服をつけた姿。「きちんとした―」

身代金《みのしろきん》　人身売買の代金。

身《み》の丈《たけ》　［身の長］　背たけ。身長。

身贔屓《みびいき》　自分に関係ある人をひいきする。

身許《みもと》　［身元］　「―が確か」「―保証人」

【躱】　タ

躱《かわ》す　「追撃を―」「身を―」

【躾】　しつけ

躾《しつけ》　礼儀作法を身につけさせる。「―がいい」

【軀】　ク

軀《からだ》　［体・身体］　「―が弱い」「―つき」

軀幹《くかん》　人間の体。胴体。

軀《むくろ》　［骸］　なきがら。

【軈】　やがて

軈《やが》て　そのうち。ほどなく。

車部　くるまへん

【軋】　アツ

軋轢《あつれき》　争いあって仲が悪くなる。仲たがい。

軋《きし》む　物と物がこすれあって音をたてる。

【軍】　グン

軍《いくさ》　［戦］　戦争。戦い。

【転】　テン　ころがす・ころがる・ころげる・ころぶ

転寝《うたたね》　寝るつもりはないのにうとうと眠る。

転寝《ごろね》　ふとんも敷かずにそのまま寝る。

転《こ》ける　［倒ける］　ころぶ。

転柿《ころがき》　［枯露柿］　干し柿。

転轍機《てんてつき》　線路の分岐点につける装置。ポイント。

【軽】　ケイ　かるい・かろやか

軽蔑《けいべつ》　あなどる。さげすむ。「―のまなざし」

【較】　カク

較《くら》べる　［比べる・競べる］　「身長を―」「成績を―」

【輔】　ホ

輔佐《ほさ》　［補佐］　「―官」「―役」

輔弼《ほひつ》　天皇の政治を補佐する。

【輩】　ハイ

輩《ともがら》　仲間。

輩《ばら》　［儕］　人を見下したときに使う語。「奴―」

輩《やから》　よくない仲間。「不逞（ふてい）の―」

【輻】　フク

輻射熱《ふくしゃねつ》　放射熱。

輻輳《ふくそう》　［輻湊］　物事が一か所に集まり込み合う。

【輿】　ヨ

輿《こし》　昔の乗り物の一。「玉の―」「御（み）―」

輿望《よぼう》　世間の人から受ける期待。「―をになう」

輿論《よろん》　［世論］　「―調査」

【轆】ロク

轆轤《ろくろ》 回転運動をする器械。「—をまわす」

轆轤首《ろくろっくび》 首がのびたりちぢんだりする化け物。

【轍】テツ

轍《てつ》 「前車の—を踏む」（前の人と同じ失敗をする）

轍《わだち》 車輪のあと。

【轟】ゴウ

轟音《ごうおん》 とどろきわたる大きな音。

轟轟《ごうごう》 大きな音がとどろきひびく形容。

轟沈《ごうちん》 砲撃で艦船を短時間に沈める。

轟《とどろ》く 「悪名が—」「胸が—」

【轡】ヒ

轡《くつわ》 馬の口にかませる金具。「—を並べる」

【轢】レキ

轢《ひ》く ［引く］「自動車に—かれる」

轢死《れきし》 車や列車にひかれて死ぬ。

辛部

【辛】シン からい

辛《かのと》 十干の八番目。

辛辛《からがら》 やっとのことで助かる。「命—」

辛子《からし》 ［芥子］香辛料の一。「唐（とう）—」

辛《かろ》うじて やっとのことで。

辛気臭《しんきくさ》い いらいらする。じれったい。

辛辣《しんらつ》 非常に手きびしい。

辛《つら》い 「—目にあう」「聞き—」

【辞】ジ やめる

辞《ことば》 ［言葉］「開会の—」

【辟】ヘキ

辟易《へきえき》 しりごみする。また困りはてる。

【辣】ラツ

辣腕《らつわん》 敏腕。すご腕。「—をふるう」

辰部

【辰】シン

辰砂《しんしゃ》 深紅色の光沢のある鉱物。

辰《たつ》 十二支の五番目。龍。

辰巳《たつみ》 ［巽］東南の方角。「—芸者」

【辱】ジョク はずかしめる

辱《はじ》 ［恥］「—の上塗り」「—をすすぐ」

辱《はずかし》める 恥をかかせる。

辱《かたじけな》い ［忝い］感謝にたえない。

酉部 とりへん・ひよみのとり

【酉】ユウ

酉《とり》 十二支の十番目。鶏。「—の市」

【酌】シャク くむ

酌《く》む 酒をついで飲む。

【酒】シュ　さけ・さか

酒粕《さけかす》　[酒糟]　酒をしぼったあとに残ったもの。

酒肴《しゅこう》　酒とおつまみ。「―料」

酒盗《しゅとう》　カツオのはらわたで作った塩辛。

【配】ハイ　くばる

配膳《はいぜん》　料理を膳に並べる。

配流《はいる》　島流し。流罪（るざい）。

【酣】カン

酣《たけなわ》　[闌]　物事の真っ最中。「宴―」

【酬】シュウ

酬《むく》いる　[報いる]　人から受けたことにお返しする。

【酪】メイ

酩酊《めいてい》　ひどく酒に酔うこと。

【酷】コク

酷《きび》しい　[厳しい]「―試練」「風当たりが―」

酷《ひど》い　[非道い]「―雨」「―話」

酷《むご》い　[惨い]　ひどい。残酷である。

【酸】サン　すい

酸鼻《さんび》　むごたらしいありさま。

酸茎《すぐき》　京都特産のカブの漬物。

【醇】ジュン

醇朴《じゅんぼく》　[純朴・淳朴]　素直で飾り気のないこと。

【醂】リン

醂《さわ》す　カキのしぶをぬくこと。

【醒】セイ

醒《さ》める　[覚める]「酒の酔いが―」

【醍】ダイ

醍醐味《だいごみ》　何ものにも変えがたい最高の味わい。

【醜】シュウ　みにくい

醜名《しこな》　[四股名]　相撲の力士の呼び名。

醜女《しこめ》　器量の悪い女。⇕醜男

醜男《ぶおとこ》　顔のみにくい男。⇕醜女

【醬】ショウ

醬油《しょうゆ》　大豆から作る日本独特の調味料。

醬《ひしお》　なめみその一種。

【醪】ロウ

醪《もろみ》　[諸味]　まだかすをこしていない酒やしょうゆ。

【醸】キョ

醵金《きょきん》　[拠金]　社会事業のため金銭を出し合う。

醵出《きょしゅつ》　[拠出]　ある目的のため金銭を出し合う。

釆部　のごめへん

【釈】シャク

釈迦牟尼《しゃかむに》　仏教の開祖。おしゃかさま。

釈奠《せきてん》　孔子をまつる祭礼。

【釉】ユウ

釉《うわぐすり》　[釉薬]　陶器にかけるガラス質のもの。

釉薬《ゆうやく》　陶器にかけるうわぐすり。

里部　さとへん

【重】　ジュウ・チョウ　え・おもい・かさね る・かさなる

重石《おもし》　[重し]「—をのせる」

重重《じゅうじゅう》　かさねがさね。くれぐれも。

【野】　ヤ　の

野点《のだて》　野外でおこなう茶会。

野垂死《のたれじに》　みじめな死に方。

野辺《のべ》　野原。「—の送り」

野良《のら》　「—犬」「—仕事」

野分《のわき》　木枯らし。「—立つ」

野禽《やきん》　野鳥。⇔家禽

野次《やじ》　[弥次]「—馬」「—を飛ばす」

野鄙《やひ》　[野卑] 下品でいやしい。

野暮《やぼ》　気が利かない。「—ったい」

麦（麥）部　ばくにょう

【麩】　フ

麩《ふ》　小麦粉で作った食品。

麩《ふすま》　[麬] 小麦を粉にするときに出るかす。

【麴】　キク

麴《こうじ》　[糀] 酒やみそを作るこうじかび。

【麺】　メン

麺《めん》　そば・うどんの類。「—類」「乾—」

金部　かねへん

【金】　キン・コン　かね

金釘流《かなくぎりゅう》　下手な字をあざけっていう語。

金蔓《かねづる》　お金を手に入れる手づる。

金団《きんとん》　豆・芋・栗などを甘く煮た食品。「栗—」

金箔《きんぱく》　金を紙のように薄くのばしたもの。

金平牛蒡《きんぴらごぼう》　ゴボウを使った料理。

金無垢《きんむく》　不純物を含まない金。

金襴緞子《きんらんどんす》　金襴を使った豪華な布地。

金毘羅《こんぴら》　[金比羅] 薬師十二神将の一。

金輪際《こんりんざい》　断じて。絶対に。

【針】　シン　はり

針孔《めど》　「針の—に糸を通す」

【釘】　テイ

釘《くぎ》　「—づけ」「—を打つ」「—を差す」

【釜】　かま

釜《かま》　「—飯」「圧力—」「電気—」

【釣】　チョウ　つる

釣果《ちょうか》　釣りの成果。

釣餌《つりえ》　釣りに使うえさ。

釣瓶《つるべ》　井戸の水を汲むための桶。「秋の日は—落とし」

【鈍】　ドン　にぶい・にぶる

鈍《おぞ》ましい　うとましい。おろかしい。

鈍《なまくら》　刃物の切れ味が悪い。「―刀」

鈍《なま》る　勢いや力が弱くなる。「腕が―」

鈍色《にびいろ》　濃いねずみ色。

鈍《のろ》い　動作がにぶい。のろま。

鈍間《のろま》　動作が遅いこと・人。まぬけ。

【鉞】　エツ

鉞《まさかり》　木を切るのに用いる大きな斧（おの）。

【鉤】　コウ

鉤《かぎ》　先の曲がった金属製の棒。「自在―」

鉤裂《かぎざ》き　衣服をくぎに引っかけ鉤の形にさくこと。

鉤素《はりす》　釣り糸の一部分。

【鉈】　シャ・タ

鉈《なた》　薪割りなどに使う刃物。

【鉦】　セイ・ショウ

鉦《かね》　金属製の仏具。「―や太鼓でさがす」

鉦《しょう》　金属製の打楽器。

【鉄】　テツ

鉄気《かなけ》　［金気］水にとけた鉄分。「―がする水」

鉄棒《かなぼう》　［金棒］「鬼に―」

鉄漿《かね》　昔、既婚の女性がお歯黒に用いた液。

鉄《くろがね》　てつ。⇔銅（あかがね）・黄金（こがね）・銀（しろがね）

鉄槌《てっつい》　［鉄鎚］きびしい制裁。「―を下す」

【鉋】　ホウ

鉋《かんな》　木材の表面を削る大工道具の一。

【銜】　カン・ガン

銜《くわ》える　「たばこを―」「指を―」

【銀】　ギン

銀鼠《ぎんねず》　銀色を帯びたねずみ色。

銀鱗《ぎんりん》　波間に光って見える魚。

銀《しろがね》　ぎん。⇔銅（あかがね）・鉄（くろがね）・黄金（こがね）

【銓】　セン

銓衡《せんこう》　［選考］人物を調べ選ぶこと。「―試験」

【銛】　セン

銛《もり》　魚を突き刺してとる道具。

【銅】　ドウ

銅《あかがね》　どう。⇔鉄（くろがね）・黄金（こがね）・銀（しろがね）

銅鐸《どうたく》　弥生時代に作られた釣鐘形の青銅器。

銅鑼《どら》　金属製の打楽器の一。また船出の合図に打ち鳴らすかね。

【鉾】　ボウ

鉾《ほこ》　［矛・戈］古代の武器の一。「―を納める」

【銚】　チョウ

銚子《ちょうし》　酒をつぐ柄のついた器。また徳利。

【鋏】　キョウ

鋏《はさみ》　［剪刀］物を切る道具。「―を入れる」

鋏《やっとこ》　針金や板金をはさむ道具。

鋏《はさ》む　［剪む］はさみで切る。「枝を―」

【銹】　シュウ

銹《さび》　［錆］金属の表面に生じる酸化物。「身から出た―」

【鋤】ジョ

鋤《すき》 ［犂］農具の一。「鋤」は人間が、「犂」は牛馬が使う。

鋤焼《すきやき》 牛肉を焼きながら食べる鍋料理。

鋤《す》く 田畑の土を耕す。

【銷】ショウ

銷夏《しょうか》 ［消夏］夏の暑さをしのぐ。

銷沈《しょうちん》 ［消沈］元気がなくなる。「意気―」

【鋳】チュウ いる

鋳潰《いつぶ》す 金属製品をとかしてもとの地金にもどす。

鋳物《いもの》 とかした金属を型に流して作った器物。

【鋒】ホウ

鋒《きっさき》 ［切先］刀の先端の部分。

鋒《ほこさき》 ［矛先］「―が鈍る」「―を転ずる」

【鋲】ビョウ

鋲《びょう》 紙などをとめるピン。「画―」

【鋸】キョ

鋸《のこぎり》 木材などを切る道具。

【錦】キン にしき

錦紗《きんしゃ》 ［金紗］和服用の高級な絹織物。

錦《にしき》 厚地の絹織物の総称。「―の御旗」「故郷に―を飾る」

【錯】サク

錯綜《さくそう》 複雑に入り組む。

【錫】セキ・シャク

錫杖《しゃくじょう》 修験者や僧侶が持ち歩く杖。

錫《すず》 金属元素の一。

【錘】スイ

錘《おもり》 ［重り］重さを増すためにつけるもの。

【錐】スイ

錐《きり》 木材に小さな穴をあける道具。

錐揉《きりも》み 飛行機が回転しながら落ちること。

【錆】セイ

錆《さび》 ［銹］金属の表面に生じる酸化物。「身から出た―」

【錚】ソウ

錚錚《そうそう》 すぐれた人物の形容。「―たるメンバー」

【錬】レン

錬《ね》る ［練る］金属を焼いてきたえる。

【録】ロク

録《と》る ［取る］録音する。

【鍋】なべ

鍋《なべ》 炊事道具の一。「―釜」「―焼うどん」

【鍔】ガク

鍔《つば》 ［鐔］「刀の―」「帽子の―」

鍔迫合《つばぜりあ》い 互いに激しく勝負を争うこと。

【鍵】ケン かぎ

鍵《かぎ》 「―穴」「―をあける」「―を握る」

鍵盤《けんばん》 ピアノやオルガンのキー。

【鍬】ショウ

鍬《くわ》 農具の一。「―入れ式」

【鍾】 ショウ

鍾乳洞《しょうにゅうどう》 石灰岩地にできた大きなほら穴。

【鍼】 シン

鍼灸《しんきゅう》 [針灸] はりときゅう。「—術」

鍼《はり》 鍼灸で使う針状の器具。またその技術。

【鍛】 タン きたえる

鍛冶《かじ》 金属をきたえて器具を作る。「—屋」「刀—」

鍛錬《たんれん》 [鍛練] 心身をきたえ技をみがく。

【鍍】 ト

鍍金《めっき》 [ときん] [滅金] 「—がはげる」「金—」

【錨】 ビョウ

錨《いかり》 [碇] 船をとめておくためのおもり。

【鎧】 ガイ

鎧《よろい》 [甲] 昔、戦場で着用した武具。

【鎬】 コウ

鎬《しのぎ》 「—を削る」（激しく争うこと）

【鎖】 サ くさり

鎖《さ》す 戸や窓をとざす。

鎖《とざ》す [閉ざす] 戸や門をしめて錠（じょう）をおろす。

【鎗】 ソウ

鎗《やり》 [槍・鑓] 昔の武器の一。「一番—」

【鎌】 レン

鎌《かま》 稲や草を刈る農具の一。「—をかける」

【鎹】 かすがい

鎹《かすがい》 二つの木材をつなぐコの字状の釘。「子は—」

【鏨】 ザン

鏨《たがね》 石や鉄板を削るときに使う鋼鉄製ののみ。

【鏃】 ゾク

鏃《やじり》 [矢尻] 矢の先のとがった部分。

【鏝】 マン

鏝《こて》 壁を塗る道具。また熱して布のしわをのばすもの。

【鏤】 ロウ・ル

鏤《ちりば》める 金銀などをあちこちにはめ込む。

【鐚】 ア

鐚一文《びたいちもん》 ごくわずかなお金。「—まけない」

鐚銭《びたせん》 室町時代から江戸時代にかけての粗悪な銭。

【鐔】 タン

鐔《つば》 [鍔] 「刀の—」「帽子の—」

【鐙】 トウ

鐙《あぶみ》 馬の鞍（くら）の両側にある足をかける馬具。

【鑓】 やり

鑓《やり》 [槍・鎗] 昔の武器の一。「一番—」

【鑑】 カン かんがみる

鑑《かがみ》 手本。模範。「武士の—」

鑑《かんが》みる 先例に照らして考える。

【鑢】 リョ

鑢《やすり》 金属などの表面をみがく工具。「紙—」

【鑷】 ジョウ

鑷子《けぬき》 [毛抜] 毛やとげなどを抜くもの。

【鑿】 サク

鑿《のみ》 木材や石材を加工するのに用いる工具。

長部

【長】 チョウ ながい

長《おさ》 仲間の中でいちばん上に立つ人。かしら。

長《た》ける ある面にすぐれている。「世故(せこ)に―」

長《ちょう》ずる 成長する。すぐれる。

長蛇《ちょうだ》 「―を逸す」(非常に惜しい人物や物を取りそこなう)

長《とこ》しえ [常しえ・永久] 永く変わらないこと。

長月《ながつき》 陰暦九月の別称。

長刀《なぎなた》 [薙刀] 長い柄の先に刃をつけた武器。

長押《なげし》 日本建築で柱と柱の間にとりつける横木。

長閑《のどか》 おだやかなようす。「―な春の日」

門部 もんがまえ・かどがまえ

【閂】 サン

閂《かんぬき》 門を閉めるための横木。

【閃】 セン

閃光《せんこう》 瞬間的にきらめく光。

閃《ひらめ》く 一瞬、ぴかっと光る。「アイデアが―」

【閉】 ヘイ とじる・とざす・しまる・しめる

閉《た》てる 戸や障子を閉める。

閉塞《へいそく》 閉じふさぐ。「腸―」

【閊】 つか

閊《つか》える [支える] 「車が―」「仕事が―」

【開】 カイ ひらく・ひらける・あく・あける

開《あ》け閉《た》て あけたりしめたり。

開眼《かいげん》 「大仏―」。「かいがん」は意味が異なる。

開《はだ》かる ひろがる。前をふさぐように立つ。「立ち―」

開《はだ》ける 衣服の合わせ目が開く。「着物の前が―」

【間】 カン・ケン あいだ・ま

間《あい》 物と物、事と事とのあいだ。「幕―」「山―」

間着《あいぎ》 [合着] 合服。

間《あい》の子《こ》 [合の子] 混血児の俗称。

間《あい》の手《て》 [合の手] 「―を入れる」

間《あわい》 あいだ。すきま。

間隙《かんげき》 すきま。「―をぬう」

間歇泉《かんけつせん》 周期的に熱湯をふきあげる温泉。

間諜《かんちょう》 スパイ。まわし者。

間怠《まだる》っこい じれったい。のろくさい。

【閑】 カン

閑古鳥《かんこどり》 「―が鳴く」(客が集まらずさびしいさま)

閑《ひま》 [暇] 「―がかかる」「―つぶし」

閑人《ひまじん》 [暇人] ひまな人。

【閏】 ジュン

閏年《うるうどし》 平年より暦の日数が多い年。

【関】カン　せき

関《かか》わる　［係る］関係する。

関脇《せきわけ》　大相撲の番付で大関の次の地位。

【閨】ケイ

閨秀《けいしゅう》　学問・芸術にすぐれた女性。「—作家」

閨閥《けいばつ》　妻の一族を中心とした勢力。

閨房《けいぼう》　女性または夫婦の寝室。

閨《ねや》　寝室。

【閲】エツ

閲《けみ》する　調べて改める。また時を経過する。

【閻】エン

閻魔《えんま》　仏教で地獄の大王。「—帳」

【閾】イキ

閾《しきい》　［敷居］「—が高い」⇕鴨居

【闇】やみ

闇《やみ》　「—取引」「—夜」「暗—」

闇雲《やみくも》　むやみ。やたら。「—に突っ走る」

【闊】カツ

闊達《かったつ》　［豁達］物事にこだわらない。「自由—」

闊歩《かっぽ》　堂々と歩く。また自由に行動する。

闊葉樹《かつようじゅ》　「広葉樹」の旧称。⇕針葉樹

【闌】ラン

闌《すが》れる　草花が枯れはじめる。

闌《たけなわ》　［酣］物事の真っ最中。「宴—」

闌《た》ける　盛りになる。また盛りを少し過ぎる。

【闖】チン

闖入《ちんにゅう》　ことわりなく突然に入り込む。「—者」

【闡】セン

闡明《せんめい》　道理や意味を明らかにする。

隹部　ふるとり

【雀】ジャク

雀躍《こおど》り　［小躍り］おどりあがって喜ぶ。

雀斑《そばかす》　顔にできる茶褐色の小さな斑点。

【雁】ガン

雁首《がんくび》　俗語で人の頭。「—をそろえる」

雁字搦《がんじがら》め　縄などで厳重にしばり動けなくする。

雁擬《がんもどき》　油揚げの一種。ガンの肉のようにうまいの意から。

【集】シュウ　あつまる・あつめる・つどう

集《すだ》く　虫が集まって鳴く。

集《たか》り　人をおどして金品をまきあげる。

集《たか》る　一か所に集まる。「ハエが—」

【雄】ユウ　お・おす

雄蕊《おしべ》　種子植物の生殖器官。⇕雌蕊

雄叫《おたけ》び　勇ましい叫び声。「—をあげる」

雄鳥《おんどり》　おすの鳥。鶏の場合は「雄鶏」。⇕雌鳥

雄渾《ゆうこん》　のびのびと力強い。

【雅】ガ

雅《みやび》やか　上品で優美なさま。

【雑】　ザツ・ゾウ

雑魚《ざこ》　種類の入りまじった小魚。「―寝」

雑沓《ざっとう》　［雑踏］　多くの人で込み合う。

雑駁《ざっぱく》　雑然としてまとまりがない。

雑巾《ぞうきん》　汚れたところをふく布。「―がけ」

雑作《ぞうさ》無《な》い　［造作無い］　たやすい。

雑《ま》じる　［混じる・交じる］　いろいろなものが混在する。

【雌】　シ
め・めす

雌蕊《めしべ》　種子植物の生殖器官。⇔雄蕊

雌鳥《めんどり》　めすの鳥。鶏の場合は「雌鶏」。⇔雄鳥

【雖】　スイ

雖《いえど》も　けれども。だけども。

【雛】　スウ

雛《ひな》　［ひよこ］　卵からかえったばかりの鳥。

【難】　ナン
かたい・むずかしい

難《にく》い　［悪い］　「歩き―」「聞き―」「こわれ―」

雨部　あめかんむり・あまかんむり

【雨】　ウ
あめ・あま

雨晒《あまざら》し　雨にぬれるまま。

雨催《あまもよ》い　雨の降りそうな空模様。

雨月《うげつ》　陰暦五月の別称。

【雪】　セツ
ゆき

雪花菜《おから》　豆腐を作ったあとのかす。食用。

雪駄《せった》　草履の一種。

雪隠《せっちん》　便所。かわや。

雪庇《せっぴ》　ひさしのように張り出してつもった雪。

雪《そそ》ぐ　［すすぐ］　「汚名を―」

雪崩《なだれ》　斜面につもった雪がくずれ落ちる。

雪洞《ぼんぼり》　昔、照明に使った小形のあんどん。

雪消《ゆきげ》　「雪どけ」の雅語的な表現。

雪融《ゆきど》け　［雪解け］　雪がとけること。

雪催《ゆきもよ》い　雪が降りそうなさま。⇔雨催い

【雫】　ダ

雫《しずく》　［滴］　水や液体のしたたり。「―がたれる」

【雲】　ウン
くも

雲丹《うに》　ウニ（海胆）の卵巣を塩漬けにした食品。

雲霞《うんか》　雲とかすみ。また多くのものがむらがり集まるさま。

雲散《うんさん》　あとかたもなく消える。「―霧消」

雲母《うんも》　［きらら］　鉱物の一。

雲脂《ふけ》　［頭垢］　頭皮にできる白いあか。

【電】　デン

電《いなずま》　［いなづま］［稲妻］　いなびかり。

【雹】　ハク

雹《ひょう》　積乱雲から降ってくる氷塊。

【雷】　ライ
かみなり

雷《いかずち》　「かみなり」の古称。

【零】レイ

零落《おちぶ》れる　［落魄れる］生活がみじめになる。

零《こぼ》れる　［溢れる］「涙が―」「吹き―」

【震】シン　ふるう・ふるえる

震駭《しんがい》　驚きふるえあがる。

震撼《しんかん》　ふるえ動く。「世間を―とさせた」

【霊】レイ・リョウ　たま

霊《たま》　［魂］死者のたましい。みたま。

霊柩車《れいきゅうしゃ》　柩（ひつぎ）をはこぶ車。

霊廟《れいびょう》　先祖の霊をまつった建物。

【霍】カク

霍乱《かくらん》　暑気あたりなどの急性の病気。「鬼の―」

【霖】リン

霖雨《りんう》　何日もつづく雨。ながあめ。

【霙】エイ

霙《みぞれ》　雨まじりの雪。

【霞】カ

霞《かすみ》　春に発生するうすい霧の一種。「春―」

霞《かす》む　霞が立ちこめたようにうすぼんやり見える。

【霜】ソウ　しも

霜月《しもつき》　陰暦十一月の別称。

霜害《そうがい》　霜のため農作物がうける被害。

【霰】サン

霰《あられ》　空中の水蒸気が氷結して降ってくるもの。「雨―」

【霹】ヘキ

霹靂《へきれき》　激しく鳴る雷。「晴天の―」

【露】ロ・ロウ　つゆ

露《あらわ》　［顕］まる見え。おおっぴら。「肌も―に」

【靄】アイ

靄《もや》　空気中に水蒸気がたちこめる。「―がかかる」「朝―」

青部

【青】セイ・ショウ　あお・あおい

青《あお》っ洟《ぱな》　子供などがたらす青みがかった鼻じる。

青鈍《あおにび》　青みがかったはなだ色。

青海波《せいがいは》　雅楽の曲名の一。

【静】セイ・ジョウ　しず・しずか・しずまる・しずめる

静寂《しじま》　静まりかえっていること。「夜の―」

静謐《せいひつ》　静かでおだやか。

非部

【非】ヒ

非《あら》ず　そうではない。「さに―」「なきにしも―」

非業《ひごう》　思いもよらない災難による死。「―の最期」

非道《ひど》い　［酷い］「―雨」「―話」

非力《ひりき》　力が弱い。力量が足りない。

【靡】ビ

靡《なび》く　「風に―」「草木も―」

斉（齊）部

【斉】セイ

斉《ひと》しい ［等しい］同じ。似ている。

【斎】サイ

斎宮《いつきのみや》 大嘗祭の祭場となる神殿。

斎《い》む ［忌む］けがれを避け身を清めつつしむ。

【齎】セイ

齎《もたら》す 持って来る。「被害を—」「朗報を—」

面部

【面】メン おも・おもて・つら

面舵《おもかじ》 船のかじのとり方の一。⇔取舵（とりかじ）

面映《おもはゆ》い 恥ずかしい。てれくさい。

面窶《おもやつ》れ 心労などで顔がやせ衰えて見える。

面皰《にきび》 思春期に顔にできる小さなできもの。

面喰《めんくら》う 驚いてまごつく。

面子《めんこ》 子供の遊び道具の一。

面疔《めんちょう》 顔にできる悪性のはれもの。

面体《めんてい》 身分や行状を表すものとしての顔つき。

面罵《めんば》 面と向かってののしる。

面目《めんぼく》 ［めんもく］「—次第もない」「—丸つぶれ」

面妖《めんよう》 怪しいようす。「はて—な」

【靨】ヨウ

靨《えくぼ》 ［笑窪］「あばたも—」

革部 かわへん

【革】カク かわ

革《あらた》まる 病気が急に悪くなる。急変する。

【靭】ジン

靭帯《じんたい》 骨と骨をつなぐ弾力のある筋。

【鞄】ホウ

鞄《かばん》 「—持ち」「手さげ—」

【鞍】アン

鞍馬《あんば》 体操競技の一。

鞍《くら》 人が乗るため馬の背に置く馬具。

【鞐】こはぜ

鞐《こはぜ》 ［小鉤］足袋（たび）をとめる爪形のもの。

【鞘】ショウ

鞘《さや》 刀を入れる細長い筒状のもの。

鞘当《さやあて》 意地の張り合い。「恋の—」

【鞠】キク

鞠《まり》 ［毬］「—つき」「—投げ」

【鞣】ジュウ

鞣革《なめしがわ》 毛皮の毛や脂をとって柔らかくしたもの。

【鞭】ベン

鞭撻《べんたつ》 「今後ともご指導、ご—のほど」

鞭《むち》 ［笞］「愛の—」「老骨に—打つ」

【韛】フク

韛《ふいご》 ［韛］鍛冶屋が使う簡単なしくみの送風器。

韋　部　なめしがわ

【韋】イ

韋駄天《いだてん》 足の速い人。「―走り」

【韜】トウ

韜晦《とうかい》 自分の才能などを隠すこと。

音　部

【音】オン・イン　おと・ね

音沙汰《おとさた》 たより。消息。「―がない」

音曲《おんぎょく》 琴・三味線に合わせてうたう俗曲。

音叉《おんさ》 鋼鉄で作ったU字形の発音体。

音頭《おんど》 「―取り」「―をとる」「東京―」

頁　部　おおがい

【頁】ケツ

頁岩《けつがん》 堆積岩の一。泥板岩に同じ。

【頃】ころ

頃《ころ》 「今―」「子供の―」「年―」

【頂】チョウ　いただく・いただき

頂戴《ちょうだい》 「もらう」の謙譲語。「―物」

【項】コウ

項《うなじ》 首のうしろの部分。えりくび。

項垂れる《うなだれる》 首を前に垂れる。

【須】ス・シュ

須弥山《しゅみせん》 仏教で世界の中心にあるという高山。

須く《すべからく》 ぜひとも。当然。

【頑】ガン

頑な《かたくな》 素直でない。がんこ。「―な性格」

頑是無い《がんぜない》 聞きわけがない。「まだ―子供」

【頌】ショウ

頌春《しょうしゅん》 年賀状に書くことば。

頌する《しょうする》 功績を文章にしてほめたたえる。

頌徳《しょうとく》 人の徳をほめたたえる。「―碑」

【頓】トン

頓に《とみに》 急に。にわかに。

頓狂《とんきょう》 調子はずれの言動。「素っ―」

頓挫《とんざ》 それまでの勢いが急にくじける。

頓智《とんち》 ［頓知］すばやく働く知恵。

頓痴気《とんちき》 気がきかない人。まぬけ。

頓着《とんちゃく》 ［とんじゃく］気にかけること、「無―」

頓珍漢《とんちんかん》 見当ちがい。間が抜けている。

頓馬《とんま》 俗語で間が抜けている。「―な奴」

頓と《とんと》 一向に。少しも。「―覚えがない」

【頒】ハン

頒ける《わける》 ［分ける］分配する。「実費で―」

【頗】 ハ

頗《すこぶ》る 非常に。たいへん。「―つき」

【領】 リョウ

領袖《りょうしゅう》 首領。幹部。「派閥の―」

【頷】 ガン

頷《うなず》く [首肯く]「わかった」の意であごを下に動かす。

【頬】 ほお・ほほ

頬《ほお》 [ほほ]「―が落ちる」「―ずり」「―ばる」

頬被《ほおかぶ》り [ほおかむり・ほっかぶり]

頬杖《ほおづえ》 「―をつく」

頬笑《ほほえ》む [ほおえむ][微笑む] にっこり笑う。

【頸】 ケイ

頸《くび》 [首]「―飾り」「―根っ子」「―輪」

頸枷《くびかせ》 [首枷] 罪人の首にはめる刑具。

頸椎《けいつい》 脊椎（せきつい）の最上部にある骨。

【頽】 タイ

頽《くずお》れる くずれるように倒れる。

頽廃《たいはい》 [退廃] 不健全な気風になる。

【頭】 トウ・ズ・ト あたま・かしら

頭《かぶり》 「―を振る」（頭を左右にふり拒否の意を示す）

頭《こうべ》 [首] あたま。くび。「―をたれる」

頭《つむり》 あたま。おつむ。

頭蓋骨《ずがいこつ》 [とうがいこつ] 頭部を形成する骨。

頭巾《ずきん》 頭や顔をおおう布。

頭陀袋《ずだぶくろ》 だぶだぶした大きな袋。

頭垢《ふけ》 [雲脂] 頭皮にできる白いあか。

【頻】 ヒン

頻《しき》りに たびたび。ひっきりなしに。

頻繁《ひんぱん》 しばしば。たびたび。

頻頻《ひんぴん》 何度もつづけて起こる。「事件が―と起こる」

【額】 ガク ひたい

額《ぬか》ずく [ぬかづく] ひたいを地につけて拝む。

【顎】 ガク あご

顎《あご》 [頤]「―が落ちる」「―が干上がる」

【顔】 ガン かお

顔《かんばせ》 [顔容] かおつき。「花の―」

顔貌《かおかたち》 [がんぼう][顔形] かおつき。

【顕】 ケン

顕《あらわ》 [露] おおっぴら。公になる。

【題】 ダイ

題簽《だいせん》 題名を記して表紙にはる小さな紙。

題跋《だいばつ》 書物の題辞と跋文。

【類】 ルイ たぐい

類《たぐい》 [比]「―ない」「―まれな」

【顛】 テン

顛倒《てんとう》 [転倒]「主客―」「本末―」

顛末《てんまつ》 物事の始めから終わりまで。一部始終。

顛落《てんらく》 [転落] ころげ落ちる。

【顰】ヒン

顰《しか》める 「―っ面（つら）」「顔を―」

顰《ひそ》める 眉（まゆ）にしわをよせる。「眉を―」

顰《ひそみ》 「―に倣（なら）う」（人のまねをして物笑いになる）

顰蹙《ひんしゅく》 「―を買う」（人に嫌われ軽蔑される）

【顳】ショウ

顳《こめかみ》 耳の上の髪の生えぎわの所。

風部

【風】フウ・フ　かぜ・かざ

風邪《かぜ》 「―をひく」「鼻―」

風采《ふうさい》 人の見かけの姿。「―があがらない」

風袋《ふうたい》 物を量るとき品物が入っている袋や容器。

風靡《ふうび》 人々が受け入れなびく。「一世を―する」

風貌《ふうぼう》 [風丰] 風采と容貌。

風鈴《ふうりん》 夏、軒につるしその音を楽しむもの。

風情《ふぜい》 独特のおもむき。味わい。

風《ふり》 [振り] 「人の―見てわが―直せ」

風呂《ふろ》 「―場」「―をたく」「朝―」

【颪】おろし

颪《おろし》 山の上から吹きおろす風。「筑波―」

【颯】サツ

颯爽《さっそう》 きびきびとしてさわやか。

颯《さっ》と 風が急に吹いたり、雨が急に降る。

【飄】ヒョウ

飄飄《ひょうひょう》 世間離れしてつかみどころがないさま。

飛部

【飛】ヒ　とぶ・とばす

飛白《かすり》 [絣] 「―の着物」「紺―」

飛沫《しぶき》 激しい勢いで飛び散る水。「水―」

飛礫《つぶて》 [礫] 小石を投げること。またその小石。

飛燕《ひえん》 飛んでいるツバメ。「―の早業」

飛蝗《ひこう》 バッタが大群で飛行すること。

飛瀑《ひばく》 高い所から落ちる滝。

飛沫《ひまつ》 飛び散る水滴。しぶき。

食（𩙿・飠）部《しょくへん》

【食】ショク・ジキ　くう・たべる

食客《いそうろう》 [居候] 他人の家で養ってもらうこと・人。

食扶持《くいぶち》 食費。「毎月の―を出す」

食中《しょくあた》り 食中毒。

食餌療法《しょくじりょうほう》 食べるものを調節して病気を治す。

食《は》み出《で》る 収まりきらないで一部が外へ出る。

食《は》む 「牛が草を―」「緑を―」

【飢】キ　うえる

飢《かつ》える [餓える] ひどくほしがる。

飢饉《ききん》 [饑饉] 農作物が不作で飢えに苦しむ。

【飲】イン　のむ

飲兵衛《のんべえ》　［呑兵衛］　大酒飲み。

【飯】ハン　めし

飯盒《はんごう》　登山などで炊飯もできる弁当箱。

飯事《ままごと》　子供の遊び。

飯《まんま》　「めし」の幼児語。「お—の食いあげ」

飯櫃《めしびつ》　炊けたご飯を入れる木製の容器。

【飴】イ

飴《あめ》　「—と鞭（むち）」「金太郎—」「千歳（ちとせ）—」

【飽】ホウ　あきる・あかす

飽《あ》く迄《まで》　どこまでも。

【餌】ジ

餌《えさ》　飼っている動物の食べ物。

餌食《えじき》　えさとして食われるもの。「悪者の—となる」

【餓】ガ

餓《う》える　［飢える］　空腹に苦しむ。

餓《かつ》える　［飢える］　ひどくほしがる。

【餡】アン

餡《あん》　あんこ。「—ころ餅」「小倉—」「こし—」

【館】カン　やかた

館《やかた》　［屋形］　貴人の屋敷。

【餞】セン

餞別《せんべつ》　別れのしるしに金品を贈ること。

餞《はなむけ》　旅立つ人に贈る金品。せんべつ。

【餅】ヘイ　もち

餅《もち》　「—つき」「鏡—」「柏—」

【饂】ウン

饂飩《うどん》　めん類の一。「きつね—」「讃岐（さぬき）—」

【饅】マン

饅《ぬた》　魚介や野菜を酢みそであえた料理。

饅頭《まんじゅう》　「栗—」「肉—」「押しくら—」

【饐】イ・エツ

饐《す》える　飲食物が腐敗してすっぱくなる。

【饑】キ

饑餓《きが》　［飢餓］　飢えること。

饑饉《ききん》　［飢饉］　農作物が不作で飢えに苦しむ。

【饒】ジョウ

饒舌《じょうぜつ》　よくしゃべること。おしゃべり。

【饗】キョウ

饗応《きょうおう》　［供応］　酒食をふるまってもてなす。

首部

【首】シュ　くび

首肯《うけが》う　［肯う・諾う］　承知する。

首肯《うなず》く　［頷く］「わかった」の意であごを下に動かす。

首途《かどで》　［門出］　旅立ち。「人生の—」

首枷《くびかせ》　［頸枷］　罪人の首にはめる刑具。

首縊《くびく》り　首をくくって死ぬこと。首つり。

首《くび》っ丈《たけ》　ほれこむ。「彼女に—」

首《こうべ》　［頭］あたま。くび。「—をたれる」

首魁《しゅかい》　悪事の首謀者。張本人。

首級《しるし》　［首］昔、戦場で討ち取った敵将の首。

【馘】　カク

馘首《かくしゅ》　解雇すること。首切り。

香部

【香】　コウ・キョウ　か・かおり・かおる

香《かぐわ》しい　［かんばしい］［芳しい・馨しい］香りがよい。

香車《きょうしゃ》　将棋の駒の一。やり。

香盒《こうごう》　［香合］香料を入れる容器。

香奠《こうでん》　［香典］死者の霊前に供える金銭。

香具師《やし》　［野師］祭礼などに店を出す商人。てきや。

【馥】　フク

馥郁《ふくいく》　よい香りがただよう。「—と匂う」

【馨】　ケイ

馨《かお》る　［香る・薫る］よい匂いを放つ。

馨《かぐわ》しい　［かんばしい］［芳しい・香しい］香りがよい。

馬部　うまへん

【馬】　バ　うま・ま

馬喰《ばくろう》　［博労・伯楽］馬を商う人。

馬蹄形《ばていけい》　馬のひづめに似た形。U字形。

馬銜《はみ》　馬の口にくわえさせる馬具。

馬手《めて》　［右手］馬の手綱を持つ手。みぎて。⇕弓手（ゆんで）

【馭】　ギョ

馭者《ぎょしゃ》　［御者］馬車をあやつる人。

【馴】　ジュン

馴化《じゅんか》　［順化］気候・風土になれる。

馴致《じゅんち》　動物などをなれさせること。

馴染《なじみ》　「幼—」「顔—」「昔—」

馴初《なれそ》め　恋しあうきっかけ。

馴《な》れる　「野良犬が人に—」

【馳】　チ

馳走《ちそう》　おいしい料理。「ご—さま」

馳《は》せ着《つ》ける　かけつける。

【駄】　ダ

駄洒落《だじゃれ》　つまらないしゃれ。

駄弁《だべ》る　俗語でむだなおしゃべり。

駄法螺《だぼら》　大げさででたらめな話。

駄袋《だんぶくろ》　［段袋］布製の大きな袋。

【駕】　ガ

駕籠《かご》　昔の乗り物の一。

駕籠舁《かごかき》　駕籠をかつぐことを職業とした人。

【駒】　こま

駒《こま》　将棋のこま。「捨て—」「持ち—」

【駈】　ク

駈《か》ける 〔駆ける〕 速く走る。「—っこ」

【駑】 ド

駑馬《どば》 足ののろい馬。「—に鞭（むち）打つ」

【駻】 カン

駻馬《かんば》 〔悍馬〕 性質があらく人になれにくい馬。

【駿】 シュン

駿足《しゅんそく》 〔俊足〕 足の速いこと。

駿馬《しゅんめ》 足の速いすぐれた馬。

【験】 ケン・ゲン

験《げん》 加持祈禱のききめ。「—がない」「—をかつぐ」

験《しるし》 ききめがあったと認められる現象。

験《ため》す 〔試す〕「運を—」「度胸を—」

【騙】 ヘン

騙《かた》る 人をだまして金品を巻き上げる。

騙《だま》す あざむく。ごまかす。

【驀】 バク

驀進《ばくしん》 まっしぐらに進む。

驀地《まっしぐら》 目標に向かって一直線に進む。

【驚】 キョウ おどろく・おどろかす

驚愕《きょうがく》 ひどくびっくりする。

【驕】 キョウ

驕《おご》る 〔傲る・倨る〕 思い上がる。

驕児《きょうじ》 わがままな子。

驕慢《きょうまん》 おごりたかぶり人をあなどる。

【驟】 シュウ

驟雨《しゅうう》 にわか雨。通り雨。

骨部 ほねへん

【骨】 コツ ほね

骨粗鬆症《こつそしょうしょう》 骨がすかすかになる病気。

骨董《こっとう》 価値のある古道具や古美術品。

【骰】 トウ

骰子《さいころ》 〔賽子〕 すごろくやばくちで使うもの。

【骸】 ガイ

骸骨《がいこつ》 骨だけになった死体。

骸《むくろ》 〔軀〕 なきがら。

【髑】 ドク

髑髏《されこうべ》 〔しゃれこうべ・どくろ〕 風雨にさらされた頭蓋骨。

高部

【高】 コウ たかい・たか・たかまる・たかめる

高邁《こうまい》 気高くすぐれている。「—な識見」

高砂《たかさご》 謡曲の曲名の一。

高坏《たかつき》 食べ物を盛る長い足のついた台。

高嶺《たかね》 〔高根〕 高い山の峰。「—の花」

高飛車《たかびしゃ》 相手を見くびって頭ごなしに威圧する。

高天原《たかまがはら》 日本神話で神々が住むという国。

高御座《たかみくら》 天皇の座るところ。玉座。

彡部 かみかんむり・かみがしら

【髣】ホウ

髣髴《ほうふつ》 [彷彿] よく似ているさま。

【髯】ゼン

髯《ひげ》 [髭・鬚] ほおひげ。

【髷】キョク

髷《まげ》 昔の髪形の一。「ちょん―」「丸―」

【髭】シ

髭《ひげ》 [髯・鬚] 口ひげ。

【鬆】ソウ

鬆《す》 ダイコンやゴボウにできるすきま。「―が入る」

【鬘】マン

鬘《かつら》 頭にかぶる毛髪状のもの。

【鬚】シュ

鬚《ひげ》 [髯・髭] あごひげ。

【鬢】ビン

鬢《びん》 耳ぎわの髪。「―のほつれ」

【鬣】リョウ

鬣《たてがみ》 おすのライオンや馬の首の長い毛。

鬥部 たたかいがまえ・とうがまえ

【鬨】コウ

鬨《とき》の声《こえ》 [鯨波の声]「―をあげる」

【鬩】ゲキ

鬩《せめ》ぎ合《あ》い 互いに争いあう。

鬯部

【鬱】ウツ

鬱《うつ》 気持ちがふさいでいること。「―病」

鬱蒼《うっそう》 「―と木が茂る」

鬱陶《うっとう》しい 心が晴れない。

鬱憤《うっぷん》 心にたまった怒り。「―を晴らす」

鬱勃《うつぼつ》 意気のあがるさま。「―たる闘志」

鬱《ふさ》ぐ 気分が晴れない。「気が―」

鬼部 きにょう

【鬼】キ おに

鬼遣《おにやらい》 節分の行事。豆まき。

鬼子母神《きしもじん》 [きしぼじん] 安産や子育ての神。

【魁】カイ

魁偉《かいい》 顔かたちが大きくてたくましい男。「容貌―」

魁《さきがけ》 [先駆け] 人に先んずる。

【魂】コン たましい

魂《たま》 [霊] 死者のたましい。みたま。

魂消《たまげ》る びっくりする。

【魅】ミ

魅入《みい》る ［見入る］引きつけられる。「―られる」

【魔】マ

魔窟《まくつ》 悪人の集まる所。

魔除《まよけ》 魔物を近づけないためのお守り。

【魘】エン

魘《うな》される こわい夢を見ておびえる。

魚部 うおへん

【魚】ギョ うお・さかな

魚籃《ぎょらん》 釣った魚を入れるかご。びく。

魚《とと》 「さかな」の幼児語。おとと。

魚子《ななこ》 ［斜子］彫金技法の一。

魚籠《びく》 釣った魚を入れるかご。

【魯】ロ

魯鈍《ろどん》 愚かでにぶい。「―な男」

【鮓】サ

鮓《すし》 ［鮨・寿司］「稲荷―」「五目―」

【鮞】ジ

鮞《はららご》 魚類、特にサケの卵のかたまり。

【鮨】シ・キ

鮨《すし》 ［鮓・寿司］「稲荷―」「五目―」

【鯉】リ

鯉濃《こいこく》 コイを輪切りにして煮込んだ赤みそ汁。

鯉幟《こいのぼり》 五月五日の端午の節句に立てるもの。

【鯣】エキ

鯣《するめ》 イカを開いて干した食品。

【鯨】ゲイ くじら

鯨波《とき》の声《こえ》 ［鬨の声］「―をあげる」

【鯔】シ

鯔背《いなせ》 勇み肌で粋な若者。「鯔」はボラの幼魚。

【鰓】サイ

鰓《えら》 水生動物の呼吸器。「―の張った顔」

【鯱】しゃち

鯱張《しゃちほこば》る 緊張して体がかたくなる。

【鰭】キ

鰭《ひれ》 魚のひれ。「背―」「尾―」

【鰥】カン

鰥夫《やもめ》 ［寡男］妻をなくして独りでいる男。

【鰾】ヒョウ

鰾《うきぶくろ》 魚の体内にあり浮き沈みを調節する器官。

鰾膠《にべ》 ［鮸膠］海魚ニベで作るにかわ。「―もない」

【鱈】たら

鱈腹《たらふく》 俗語で腹いっぱい。「―食べる」

【鱓】セン・タ

鱓《ごまめ》 ［田作］カタクチイワシの干したもの。

【鱗】リン

鱗《うろこ》 ［こけ］魚などの体表をおおうもの。「―雲」

鱗茎《りんけい》 地下茎の一。ユリ・タマネギなど。

【鱠】カイ

鱠《なます》　［膾］なまの魚介類を使った料理。

【鱲】リョウ

鱲子《からすみ》　海魚のボラの卵巣を塩漬けにした食品。

鳥部　とりへん

【鳥】チョウ　とり

鳥瞰《ちょうかん》　高い所から見下ろす。「ー図」

鳥渡《ちょっと》　［一寸］すこし。

鳥屋《とや》　［塒］鶏などを飼う小屋。

【鳩】キュウ

鳩合《きゅうごう》　［糾合］目的のために一つにまとめる。

鳩首《きゅうしゅ》　ひたいを集めて相談する。「ー会談」

鳩尾《みずおち》　［みぞおち］腹の上、胸の下のくぼんだ所。

【鳧】フ

鳧《けり》がつく　物事の決着がつく。

【鳶】エン

鳶口《とびぐち》　物をひっかける道具。「鳶」はワシタカ科の鳥。

鳶職《とびしょく》　土木・建築工事で足場の組み立てなどをする職人。

【鴉】ア

鴉片《あへん》　［阿片］ケシの実から作る麻薬の一。

【鴨】オウ

鴨居《かもい》　敷居に対して上にわたす溝のある横木。

【鴟】シ

鴟尾《しび》　［鵄尾］社寺の屋根の飾り瓦。「鴟」はトビ。

【鵜】テイ

鵜呑《うの》み　まるのみ。人のいうことをそのまま受け入れる。

【鶏】ケイ　にわとり

鶏冠《とさか》　鶏の頭にある冠状の突起。

鶏《とり》　ニワトリ。「一番ー」「風見ー」

【鶴】つる

鶴首《かくしゅ》　物事の到来を首を長くして待つこと。

鶴嘴《つるはし》　土を掘る土木用具。

【鷹】ヨウ

鷹揚《おうよう》　［大様（おおよう）］ゆったりとしているさま。

鷹匠《たかじょう》　昔、鷹狩りのタカを飼う役の人。

鹵部

【鹹】カン

鹹水《かんすい》　塩分を含んだ天然の水。⇔淡水

鹿部

【鹿】しか・か

鹿毛《かげ》　馬の毛色の一。鹿の毛のような茶褐色。

鹿《か》の子《こ》　「ー絞り」「ーまだら」「ー餅」

鹿爪《しかつめ》らしい　形式的でかたくるしい。「ー顔つき」

鹿威《ししおど》し　田畑を荒らす鳥獣をおどすもの。

【麗】レイ　うるわしい

麗《うらら》か　空が晴れておだやかな陽気。「―な春の日」

【麓】　ロク　ふもと

麓《ふもと》　山のすそ。

【麝】　ジャ

麝香《じゃこう》　ジャコウジカからとれる香料の一種。

麻（麻）部　あさかんむり

【麻】　マ　あさ

麻幹《おがら》　［苧殻］　お盆の迎え火をたく麻の茎。

麻疹《はしか》　おもに子供がかかる伝染病の一。

麻痺《まひ》　「小児―」「心臓―」

【麾】　キ

麾下《きか》　将軍直属の部下。配下。

黄部

【黄】　コウ・オウ　き・こ

黄牛《あめうし》　［飴牛］　黄色い毛の牛。

黄疸《おうだん》　皮膚が黄色になる病気。

黄檗宗《おうばくしゅう》　日本三禅宗の一。

黄鶏《かしわ》　肉がうまいという羽が茶色の鶏。

黄粉《きなこ》　大豆の粉でだんごや餅にまぶして食べる。

黄砂《こうさ》　春、中国から強風にのり吹きとばされてくる砂。

黄金《こがね》　金（きん）。⇕銅（あかがね）・鉄（くろがね）・銀（しろがね）

黄昏《たそがれ》　夕暮れのうす暗いころ。夕方。

黄葉《もみじ》　［紅葉］　秋に木の葉が黄色に色づく。

黄泉《よみ》の国《くに》　死者の魂が行く所。あの世。

黒（黑）部

【黒】　コク　くろ・くろい

黒衣《くろこ》　［くろご］［黒子］　歌舞伎などの後見役。

黒白《こくびゃく》　良いことと悪いこと。「―をつける」

黒子《ほくろ》　皮膚にできる黒い小さな斑点。

【黙】　モク　だまる

黙《だんま》り　だまっていること。「―を決め込む」

黙禱《もくとう》　声を出さずに祈る。

黙《もだ》す　ものをいわない。だまっている。

【黛】　タイ　まゆずみ

黛《まゆずみ》　［眉墨］　まゆを描く墨。

【黝】　ユウ

黝《あおぐろ》い　［青黒い］　青味がかった黒い色。

【黴】　バイ

黴《かび》　「―が生える」「―くさい」「青―」

黴雨《ばいう》　［梅雨］　六月から七月にかけての長雨。

黴菌《ばいきん》　細菌の俗な言い方。

亀部

【亀】　キ　かめ

亀鑑《きかん》　手本。模範。かがみ。

亀甲《きっこう》 カメの甲羅。「―形」

亀卜《きぼく》 カメの甲を焼く占い。

黍部

【黎】 レイ

黎明《れいめい》 夜明け。あけぼの。「―期」

【黐】 チ

黐《もち》 虫や鳥を捕る粘り気のあるもの。「鳥―」

歯（齒）部 はへん

【歯】 シ は

歯牙《しが》 「―にもかけない」（問題にしない）

歯垢《しこう》 歯にこびりついた汚れ。

歯槽膿漏《しそうのうろう》 歯ぐきの病気。

歯軋《はぎし》**り** 歯を強くかみ音をたてる。「ごまめの―」

歯応《はごた》**え** 物をかんで堅い感じを受けること。

【齟】 ソ

齟齬《そご》 くいちがい。ゆきちがい。「―をきたす」

【齣】 セキ

齣《こま》 映画などの一場面。「日常生活のひと―」

【齢】 レイ

齢《よわい》 年齢。とし。「―七十七歳」

【齧】 ケツ

齧《かじ》**る** [噛る]「聞き―」「食い―」

齧《かぶ》**り付**《つ》**く** [噛り付く] 食いつく。かみつく。

齧歯類《げっしるい》 哺乳類の一目。リス・ネズミの類。

【齷】 アク

齷齪《あくせく》 [偓促] せかせかすること。「―と働く」

黽部

【鼈】 ベツ

鼈甲《べっこう》 亀の甲羅。「―色」「―細工」

鼎部

【鼎】 テイ

鼎《かなえ》 古代中国の銅器の一。「―の軽重を問う」

鼎談《ていだん》 三人で会談すること。三者会談。

鼎立《ていりつ》 三つの勢力が対立する。

鼻（鼻）部 はなへん

【鼻】 ビ はな

鼻聾《はなつんぼ》 鼻がつまってにおいが感じられないこと。

鼻下長《びかちょう》 女性に甘いこと。鼻の下が長い。

鼻腔《びこう》 鼻のあな。

【鼾】 カン

鼾《いびき》 睡眠中に鼻や口から出る音。「―をかく」

第二部

◉当て字・難読語のうち、四字熟語、動物名、植物名、旧国名、外来語、外国の地名に分類できるものをカテゴリー別・五十音順に配列しています。

四字熟語

❖あ行

合縁奇縁《あいえんきえん》 人と人とのつながりは不思議な縁による。

曖昧模糊《あいまいもこ》 ぼんやりとしてつかみどころがない。

悪口雑言《あっこうぞうごん》 人のことをさまざまに悪くいう。「罵詈雑言」も同意。

阿鼻叫喚《あびきょうかん》 ひどい苦しみにあって泣き叫ぶ。

蛙鳴蟬噪《あめいせんそう》 やかましく騒ぐだけで中身に乏しい議論や文章をいう。

阿諛追従《あゆついしょう》 人に気に入られようとおべっかを使う。

唯唯諾諾《いいだくだく》 自分の考えがなく人のことばに安易に従う。

意気軒昂《いきけんこう》 やる気十分、元気いっぱいなさま。

意気阻喪《いきそそう》 がっかりして気力がなくなること。「意気消沈」も同意。

異口同音《いくどうおん》 多くの人が口をそろえて同じ趣旨のことをいう。

一衣帯水《いちいたいすい》 川や海に隔てられているが距離が近く関係が深いこと。

一期一会《いちごいちえ》 人との出会いは大切にしなければならない。

一日千秋《いちじつせんしゅう》 ある物事が早く実現してほしいと首を長くして待つ。

一汁一菜《いちじゅういっさい》 一杯の汁と一種類のおかずの意から質素な食事。

一目瞭然《いちもくりょうぜん》 一目見ただけではっきりとわかるさま。

一粒万倍《いちりゅうまんばい》 ちょっとした善行から多くの幸せが得られること。

一蓮托生《いちれんたくしょう》 善悪や結果のいかんにかかわらず運命を共にする。

一攫千金《いっかくせんきん》 いちどにたやすく大金をもうける。

一家眷属《いっかけんぞく》 親族や家来筋の家族までみんな。「一族郎党」も同意。

一気呵成《いっきかせい》 何かを一気にすばやく仕上げること。

一瀉千里《いっしゃせんり》 物事がよどみなくすみやかにはかどる。

一朝一夕《いっちょういっせき》 ごく短い期間。短期間。「―にはできない」

一臂之力《いっぴのちから》 わずかな力を貸すことを謙遜していう。

慇懃無礼《いんぎんぶれい》 ことばや態度は丁重だが、心中は人を見下していること。

因循姑息《いんじゅんこそく》 以前からのやり方を改めず一時逃れをする卑劣なさま。

有為転変《ういてんぺん》 この世の物事はたえず移り変わり、永久に変わらないものはない。

烏合之衆《うごうのしゅう》 多くの人が集まっても、まったくまとまりのないさま。

右顧左眄《うこさべん》 周囲に気を使って、自分の信念に基づいた行動がとれない。

有象無象《うぞうむぞう》 世の中のくだらないもの・人。「―の集まり」

内股膏薬《うちまたごうやく》 こちらについたり、あちらについたり節操のない人。

有耶無耶《うやむや》 あるかないかはっきりしない。あいまいなこと。

紆余曲折《うよきょくせつ》 物事が込み入っていて、事情がいろいろに変化する。

雲散霧消《うんさんむしょう》 物事が雲や霧のように跡形もなく消えてしまう。

運否天賦《うんぷてんぷ》 運不運は天が与えるもので、人間の力ではどうしようもない。

栄耀栄華《えいようえいが》 富み栄えてぜいたくの限りを尽くす。

依怙贔屓《えこひいき》 一方にかたよって味方して力を貸すこと。

会者定離《えしゃじょうり》 会った者はいつか必ず別れるという仏教のおしえ。

鴛鴦之契《えんおうのちぎり》 仲のよい夫婦。「鴛鴦」はオシドリの雌雄。

椀飯振舞《おうばんぶるまい》 ［大盤］ 多くの人にご馳走したりして盛大にもてなす。

傍目八目《おかめはちもく》 ［岡目］ 物事の本質は本人より周りの人のほうがよくわかる。

温故知新《おんこちしん》 昔のことを知って新しい時代に通用する知識を得ること。

音吐朗朗《おんとろうろう》 明るく大きな声ではっきりと言うさま。

厭離穢土《おんりえど》 ［えんり］ 仏教語でこの世を汚れきった所として捨て去ること。

❖か 行

鎧袖一触《がいしゅういっしょく》 敵の力が弱く取るに足りないこと。また敵を難なく倒す。

偕老同穴《かいろうどうけつ》 夫婦仲がよくともに老い、同じ墓に葬られること。

呵呵大笑《かかたいしょう》 カラカラと大きな声を出して明るく笑う。

蝸牛角上《かぎゅうかくじょう》 小さな世界で行われるつまらない争いのたとえ。

華燭之典《かしょくのてん》 結婚式のことを美しくいうことば。

臥薪嘗胆《がしんしょうたん》 目的達成のため長い間たいへんな苦労を重ねる。

佳人薄命《かじんはくめい》 美人はとかく早死にしやすいこと。

隔靴掻痒《かっかそうよう》 物事が思うようにいかずじれったいこと、はがゆいこと。

合従連衡《がっしょうれんこう》 その時どきの利害に基づいて他と結びついたり離れたりする。

画竜点睛《がりょうてんせい》 物事のほんとうに大切な一点。「—を欠く」

夏炉冬扇《かろとうせん》 時期はずれで役に立たないもの。

侃侃諤諤《かんかんがくがく》 自分が正しいと信じるところを堂々と主張する。

眼光炯炯《がんこうけいけい》 人の心の奥底まで見通そうとする鋭い目つき。

換骨奪胎《かんこつだったい》 先人の詩文の発想を借りながら、創意工夫して創作する。

艱難辛苦《かんなんしんく》 たいへんな苦労をすること。

頑迷固陋《がんめいころう》 考え方や態度がかたくなで、正しい判断ができないこと。

騎虎之勢《きこのいきおい》 一度やり始めたら途中で止めたり後戻りできない。

旗幟鮮明《きしせんめい》 対立する二者のどちらにつくか、自分の態度をはっきりさせる。

気息奄奄《きそくえんえん》 いかにも苦しそうで、今にも息が絶え入りそうなさま。

帰命頂礼《きみょうちょうらい》 仏教語で心から仏の教えに帰依すること。

九牛一毛《きゅうぎゅうのいちもう》 きわめて多くの中のごくわずかなもの。

行住坐臥《ぎょうじゅうざが》 日常ごくふつうの立ち居ふるまい。

拱手傍観《きょうしゅぼうかん》 自分は何もしないで、部外者のような顔で見ている。

驚天動地《きょうてんどうち》 天地がひっくりかえるような騒ぎ。

興味津津《きょうみしんしん》 次々と好奇心が湧いてきて興味がつきない。

狂瀾怒濤《きょうらんどとう》 社会情勢などが混乱した状態にあること。

玉石混淆《ぎょくせきこんこう》 よいものと悪いもの、優れたものと劣ったものが混じっている。

虚心坦懐《きょしんたんかい》 わだかまりがなくさっぱりしている。

毀誉褒貶《きよほうへん》 人からほめられたり、けなされたりする。

切捨御免《きりすてごめん》 力を持つ者が無理を押しとおして顧みないこと。

欣喜雀躍《きんきじゃくやく》 喜びのあまりこおどりすること。

緊褌一番《きんこんいちばん》 気持ちを引きしめて大事な勝負にのぞむ。

琴瑟相和《きんしつそうわ》 夫婦の呼吸がぴったり合い、仲睦じい。

金城湯池《きんじょうとうち》 他から侵入しにくい場所や組織のたとえ。

君子豹変《くんしひょうへん》 本来は過ちを改めるのが早い意だが、今ではその逆の意に使われる。

鯨飲馬食《げいいんばしょく》 鯨のように飲み馬のように食べること。暴飲暴食。

軽挙妄動《けいきょもうどう》 軽はずみに向こう見ずな行動をする。

鶏口牛後《けいこうぎゅうご》 大組織の下っ端でなく、小さな組織でもそのリーダーになれの意。

軽佻浮薄《けいちょうふはく》 言動が慎重さに欠け、軽はずみなさま。

月下氷人《げっかひょうじん》 男女の縁を取り持つ人。仲人(なこうど)。

狷介固陋《けんかいころう》 自分の考えを固守して人の意見を全く聞かない。

牽強付会《けんきょうふかい》 自分に都合がいいように無理なこじつけをする。

喧喧囂囂《けんけんごうごう》 大勢の人が勝手なことを言い、やかましく騒ぐこと。

乾坤一擲《けんこんいってき》 自分の運命をかけて一か八かの大仕事をする。

捲土重来《けんどちょうらい》 いちど失敗したが再び全力で挑みかかる。

行雲流水《こううんりゅうすい》 物事に執着せず自然のままに行動する。

傲岸不遜《ごうがんふそん》 自分がいちばん偉いという顔でいばった態度をとる。

厚顔無恥《こうがんむち》 あつかましく恥知らずなこと。

巧言令色《こうげんれいしょく》 うわべを飾ったことばで他人に取り入ろうとする。

荒唐無稽《こうとうむけい》 言動に根拠がなくでたらめなこと。

好評嘖嘖《こうひょうさくさく》 多くの人が口々にほめそやすさま。

豪放磊落《ごうほうらいらく》 心が大きく明るく、小さなことにこだわらないさま。

傲慢無礼《ごうまんぶれい》 いばって人を見下し、礼儀をわきまえない。

甲論乙駁《こうろんおつばく》 お互いに自説を主張しあって議論がまとまらない。

虎視眈眈《こしたんたん》 他に先んじて抜け目なくチャンスを狙う。

古色蒼然《こしょくそうぜん》 年月を経ていかにも古びた趣が見えるさま。

五臓六腑《ごぞうろっぷ》 五臓と六腑。転じて腹の中。「―にしみわたる」

木端微塵《こっぱみじん》 粉々に砕ける。またひどく痛めつけられること。

欣求浄土《ごんぐじょうど》 仏教語で極楽浄土に往生することを願い求めること。

❖さ行

塞翁之馬《さいおうがうま》 人生はいつ何が起こるかわからないたとえ。「人間万事―」

斎戒沐浴《さいかいもくよく》　飲食や行動をつつしみ、心身の汚れを清めること。

三位一体《さんみいったい》　三つのものが互いに協力し合って一体となること。

三面六臂《さんめんろっぴ》　多方面にわたって大活躍することのたとえ。

只管打坐《しかんたざ》　禅宗でひたすら坐禅をすること。

色即是空《しきそくぜくう》　仏教語でこの世に存在する一切は空しいものの意。

獅子奮迅《ししふんじん》　早い動きで力強くあばれまわるさま。「―の大活躍」

自縄自縛《じじょうじばく》　自分の考えや行動にしばられ、動きがとれなくて苦しむこと。

死屍累累《ししるいるい》　戦場に兵士の遺体がむごたらしく積み重なった情景。

七転八倒《しちてんばっとう》　「しってん」　ひどい苦痛のためのたうちまわる。

七堂伽藍《しちどうがらん》　仏教寺院で欠かせない主要な建物。

叱咤激励《しったげきれい》　人の過ちや欠点を指摘し、励ましふるい立たせる。

四百四病《しひゃくしびょう》　人間のかかるあらゆる病気。「―の外（恋の病）」

疾風迅雷《しっぷうじんらい》　動作や行動がすばやく激しいさまのたとえ。

櫛風沐雨《しっぷうもくう》　風雨にさらされながら、苦労に耐えて活躍すること。

四面楚歌《しめんそか》　まわりをすべて敵に囲まれているさま。

遮二無二《しゃにむに》　前後の見さかいもなく、がむしゃらに突き進むさま。

周章狼狽《しゅうしょうろうばい》　あわてふためき、うろたえ騒ぐこと。

秋霜烈日《しゅうそうれつじつ》　刑罰や権威などが厳格であることのたとえ。

出藍之誉《しゅつらんのほまれ》　弟子が先生より優れているという名誉・評判。

春宵一刻《しゅんしょういっこく》　春の宵は深い趣がありこの上なくよいものである。

春風駘蕩《しゅんぷうたいとう》　何事もなく穏やかなさま。また性格がおおらかなさま。

笑止千万《しょうしせんばん》　非常にばからしいこと。

常住坐臥《じょうじゅうざが》　常日ごろ。いつも。

情緒纏綿《じょうしょてんめん》「じょうちょ」は慣用読み。こまやかな感情が心から離れないさま。

小心閑居《しょうじんかんきょ》　つまらない人は暇だとろくなことをしないこと。

小心翼翼《しょうしんよくよく》　気が小さく少しのことにもびくびくするさま。

常套手段《じょうとうしゅだん》　いつもの決まったやり方、変わりばえしない方法。

焦眉之急《しょうびのきゅう》　危険が迫っていること。また事態が切迫していること。

四六時中《しろくじちゅう》　四×六は二十四から一日中、さらにいつも・常にの意。

唇歯輔車《しんしほしゃ》　切っても切れない密接な関係のたとえ。

針小棒大《しんしょうぼうだい》　針ほどの小さなことを棒ほどに大きくいうたとえ。

心神耗弱《しんしんこうじゃく》　法律用語で精神が衰弱して正常な判断ができない状態。

人心収攬《じんしんしゅうらん》　多くの人の心をうまくとらえまとめること。

身体髪膚《しんたいはっぷ》　からだのすみずみまで、からだ全体。

森羅万象《しんらばんしょう》　宇宙に存在するすべてのもの。

酔眼朦朧《すいがんもうろう》　酒に酔って目がかすみ、物がよく見えないさま。

臍《せい》下《か》丹《たん》田《でん》 へその下三寸、ここに気力を入れると勇気が湧くという。

生《せい》殺《さつ》与《よ》奪《だつ》 生かすも殺すも思いのままで、相手の運命を自由にできる。

青《せい》天《てんの》霹《へき》靂《れき》 突然に起こった変事・大事件。大きなショックを受けること。

精《せい》励《れい》恪《かっ》勤《きん》 仕事や学業に力の限りを尽くして励むこと。

清《せい》廉《れん》潔《けっ》白《ぱく》 心や行いが清く正しく、後ろ暗いことが全くないこと。

切《せっ》磋《さ》琢《たく》磨《ま》 学問や人間性などを練り磨くこと。

切《せっ》歯《し》扼《やく》腕《わん》 怒りのぶつけどころがなく、いらいらする状態。

浅《せん》学《がく》菲《ひ》才《さい》 [非才] 才能もなく、学問も未熟なことを謙遜していう。

戦《せん》戦《せん》兢《きょう》兢《きょう》 [恐恐] 何かを恐れてびくびくするさま。

前《ぜん》途《と》遼《りょう》遠《えん》 目的を達するまでには、まだほど遠い状態にあるさま。

善《ぜん》男《なん》善《ぜん》女《にょ》 仏教に帰依（きえ）し、信心ぶかい人たち。

糟《そう》糠《こう》之《の》妻《つま》 貧しく苦しいときから苦労を共にしてきた妻をいう。

惻《そく》隠《いん》之《の》情《じょう》 困っている人を見て同情する心、かわいそうだと思う気持ち。

俗《ぞく》臭《しゅう》芬《ふん》芬《ぷん》 自分の地位や財力を誇ったり権威にこびたりする態度。

俎《そ》上《じょう》之《の》鯉《こい》 相手のなすままになるほか、どうしようもない状態のたとえ。

❖た 行

大《だい》喝《かつ》一《いっ》声《せい》 大声でしかりつけること。

泰《たい》然《ぜん》自《じ》若《じゃく》 何かが起こっても動揺せずゆったりと構えているさま。

多《た》岐《き》亡《ぼう》羊《よう》 学問の道が多方面に分かれ、なかなか真理に到達できないこと。

多《た》士《し》済《せい》済《せい》 [さいさい] すぐれた人物が大勢集まっているさま。

起《たち》居《い》振《ふる》舞《まい》 立ったりすわったり。転じて日常の動作。

知《ち》行《こう》合《ごう》一《いつ》 真の知識とは必ず行動を伴わなければならない。

魑《ち》魅《み》魍《もう》魎《りょう》 山や川の精霊や妖怪・化け物・物の怪（け）のたぐい。

長《ちょう》身《しん》痩《そう》軀《く》 背たけが高く、やせた体つきの人。

彫《ちょう》心《しん》鏤《る》骨《こつ》 生涯忘れられないような苦労をすること。

喋《ちょう》喋《ちょう》喃《なん》喃《なん》 男女が小声で楽しそうに語り合うさま。

打《ちょう》打《ちょう》発《はっ》止《し》 [丁丁] 激しく論戦を交わすさま。「—の議論」

跳《ちょう》梁《りょう》跋《ばっ》扈《こ》 悪い者がはびこりのさばる。

朝《ちょう》令《れい》暮《ぼ》改《かい》 法律や制度がたびたび変わって定まらないこと。

猪《ちょ》突《とつ》猛《もう》進《しん》 前後を顧みずがむしゃらに事を進めようとするさま。

津《つ》津《つ》浦《うら》浦《うら》 全国のいたるところ。国じゅう。

手《て》枷《かせ》足《あし》枷《かせ》 行動の自由を束縛するもののたとえ。

手《て》練《れん》手《て》管《くだ》 人を上手にだますわざ・手段。

天《てん》衣《い》無《む》縫《ほう》 性格があけっぴろげで全くこだわりがないさま。

天《てん》真《しん》爛《らん》漫《まん》 素直で明るく自然のままであるさま。

天《てん》地《ち》開《かい》闢《びゃく》 天と地ができたとき、世界の始まりの意。「—以来」

輾転反側《てんてんはんそく》　思い悩んで眠れず、何度も寝返りを打つさま。

天罰覿面《てんばつてきめん》　悪事をはたらくと、天罰がすぐに下される。

田夫野人《でんぷやじん》　教養もなくとるに足りない者の意。

天網恢恢《てんもうかいかい》　悪事をはたらけば必ず天罰がくだるという意。

蟷螂之斧《とうろうのおの》　力のない者が強者に立ち向かう愚かさのたとえ。「蟷螂」はカマキリ。

屠所之羊《としょのひつじ》　死や不幸に直面して元気がなくうちしおれるたとえ。

怒髪衝天《どはつしょうてん》　髪の毛が逆立ちするほど激しく怒るさま。

❖な　行

刃傷沙汰《にんじょうざた》　刃物で人を傷つける振る舞い。転じて血を見る騒ぎ。

拈華微笑《ねんげみしょう》　ことばを超えた深いものが心から心へ伝えられること。

嚢中之錐《のうちゅうのきり》　才能のある人は必ずその才を発揮するたとえ。

❖は　行

杯盤狼藉《はいばんろうぜき》　酒宴のあと杯や食べ残しがとり散らかっているさま。

博引旁証《はくいんぼうしょう》　多くの事例を集め、それにより事実を詳しく証明する。

白砂青松《はくしゃせいしょう》　白い砂浜、青い松原がつづく美しい海岸のたとえ。

八面六臂《はちめんろっぴ》　八つの顔と六本の腕を持つかのように大活躍すること。

罵詈雑言《ばりぞうごん》　ひどいことばで悪口を言ってののしる。「悪口雑言」も同意。

悲喜交交《ひきこもごも》　悲しみと喜びがかわるがわるやってくる。

飛耳長目《ひじちょうもく》　すぐれた情報収集力を持ち、万事に精通している。

匹夫之勇《ひっぷのゆう》　むやみに強がったり、乱暴をするだけの勇気。

髀肉之嘆《ひにくのたん》　すぐれた技量を持ちながら発揮する機会のないのを嘆く。

悲憤慷慨《ひふんこうがい》　世の乱れや人心の腐敗に対し激しく憤る。

眉目秀麗《びもくしゅうれい》　容貌がとくに優れていること。

百鬼夜行《ひゃっきやこう》　［やぎょう］　悪者どもがわがもの顔にふるまうこと。

疲労困憊《ひろうこんぱい》　疲れ果ててくたくたになる。

不羈奔放《ふきほんぽう》　束縛されるものがなく、思う存分にふるまう。

不倶戴天《ふぐたいてん》　相手を殺したいと思うほど深い憎しみがある。「―の敵」

不惜身命《ふしゃくしんみょう》　仏教語で仏法のために命を惜しまず捧げる。

不撓不屈《ふとうふくつ》　どんな困難にあっても、絶対に意志を曲げない。

刎頸之友《ふんけいのとも》　その人のためなら首を切られても悔いない友人。

片言隻句《へんげんせきく》　ほんのちょっとしたことば、ごく僅かな文句。

判官贔屓《ほうがんびいき》　［はんがん］　弱い者に同情しひいきにする。

傍若無人《ぼうじゃくぶじん》　勝手気ままにふるまい、したい放題をするさま。

茫然自失《ぼうぜんじしつ》　あまりの意外さに気がぬけてぼんやりするさま。

亡羊之嘆《ぼうようのたん》　学問の道はいろいろに分かれ、全貌を知るのは容易ではない。

放埒三昧《ほうらつざんまい》　勝手気ままな生活で酒や女にうつつを抜かす。

本末顛倒《ほんまつてんとう》 ［転倒］ 枝葉末節にとらわれて、本質を見失う。

❖ま 行

満身創痍《まんしんそうい》 周囲から非難・攻撃され、精神的にぼろぼろになるさま。

未来永劫《みらいえいごう》 これから先いつまでも。将来永遠に。

無為徒食《むいとしょく》 毎日働きもせず、ただ食べるだけの無駄な月日を送る。

矛盾撞着《むじゅんどうちゃく》 つじつまが合わないこと。

無知蒙昧《むちもうまい》 道理がわからないこと。何も知らず訳もわからないこと。

明眸皓歯《めいぼうこうし》 澄んだ瞳と白い歯から、美しい女性のたとえ。

孟母三遷《もうぼさんせん》 子供の教育にとって環境が大切だというたとえ。

諸刃之剣《もろはのつるぎ》 効果的なやり方だが、一方で危険が伴うことのたとえ。

❖や 行

夜郎自大《やろうじだい》 自分の力の程度もわきまえずいばっていること。

勇気凜凜《ゆうきりんりん》 りりしく力強い感じがあふれているさま。

融通無碍《ゆうずうむげ》 その場にあたって物事をうまく処理する。

有職故実《ゆうそくこじつ》 昔の儀式や制度・作法などを研究する学問。

余韻嫋嫋《よいんじょうじょう》 事が終わったあとも、その感動が長く残るさま。

羊頭狗肉《ようとうくにく》 見た目は素晴らしいが、中身が伴わないこと。

容貌魁偉《ようぼうかいい》 顔かたちが大きく堂々としているさま。

四方山話《よもやまばなし》 話題をきめずにするさまざまな世間話や雑談。

余裕綽綽《よゆうしゃくしゃく》 ゆったりとしていて、あせる様子が見えないさま。

❖ら 行

李下瓜田《りかかでん》 人から疑われるようなことは避けなければならないの意。

流言蜚語《りゅうげんひご》 ［飛語］ 口から口へと世間に広まったうわさ、デマ。

竜頭蛇尾《りゅうとうだび》 初めは元気がいいが、終わりは全く勢いがなくなるたとえ。

粒粒辛苦《りゅうりゅうしんく》 こつこつと苦労を重ねること。

燎原之火《りょうげんのひ》 枯れ野に火をつけたように、勢いが盛んで防ぎようがないこと。

輪廻転生《りんねてんしょう》 仏教語で命あるものは生と死を繰り返すこと。

累卵之危《るいらんのき》 卵を積み重ねるような危険なことのたとえ。

老若男女《ろうにゃくなんにょ》 老人も若者も男も女も。だれもかれも。

六根清浄《ろっこんしょうじょう》 仏教語で迷いが断ち切られ、心身が清らかになること。

❖わ 行

和気藹藹《わきあいあい》 なごやかな気分がみなぎっているさま。

動物名

❖獣

海豹《あざらし》 アザラシ科の海獣の総称。

海馬《あしか》 [海驢・葦鹿] アシカ科の海獣。

浣熊《あらいぐま》 [洗熊] アライグマ科の獣。

食蟻獣《ありくい》 アリクイ亜目の獣の総称。

鼬《いたち》 [鼬鼠] イタチ科の獣。「—ごっこ」

狗《いぬ》 [犬] 「警察の—」

猪《いのしし》 イノシシ科の獣。「—武者」

海豚《いるか》 イルカ科の海獣。

兎《うさぎ》 ウサギ科の獣。「—跳び」

狼《おおかみ》 イヌ科の獣。「一匹—」「送り—」

膃肭臍《おっとせい》 [膃肭獣] アシカ科の海獣。

河馬《かば》 カバ科の獣。

羚羊《かもしか》 [氈鹿] ウシ科の獣。特別天然記念物。

鴨嘴《かものはし》 カモノハシ科の獣。

川獺《かわうそ》 [獺・水獺] イタチ科の水生動物。

袋鼠《カンガルー》 [長尾驢] カンガルー科の獣。

狐《きつね》 イヌ科の獣。「—色」「—うどん」「—の嫁入り」

麒麟《きりん》 キリン科の獣。「—児」

蝙蝠《こうもり》 翼手類に属し空を飛ぶ獣。「—傘」

巨頭鯨《ごんどうくじら》 マイルカ科に含まれる海獣。

犀《さい》 サイ科の獣。

獅子《しし》 ライオンのこと。「—身中の虫」「—舞」

縞馬《しまうま》 [斑馬] ウマ科の馬の一種。

鯱《しゃち》 マイルカ科の海獣。また想像上の動物「しゃちほこ」。

儒艮《じゅごん》 ジュゴン科の海獣。昔は人魚と考えた。

砂滑《すなめり》 ネズミイルカ科の海獣。

海馬《セイウチ》 セイウチ科の海獣。元はロシア語。

穿山甲《せんざんこう》 センザンコウ科の獣。

狸《たぬき》 イヌ科の獣。「—親父」「—寝入り」「古—」

狆《ちん》 犬の一品種。「—くしゃ」「—ころ」

貂《てん》 イタチ科の獣。

胡獱《とど》 [海馬] アシカ科の海獣。

馴鹿《トナカイ》 シカ科の獣。

樹懶《なまけもの》 ナマケモノ科の獣。

鼠《ねずみ》 ネズミ科の獣。「—色」「—講」「—算」

貘《ばく》 [獏] バク科の獣。

熊猫《パンダ》 ジャイアント・パンダ属の中国産の獣。

羆《ひぐま》 クマ科の大形のクマ。

狒狒《ひひ》 オナガザル科の大形のサル。「—親父」

豹《ひょう》 ネコ科の猛獣。

抹香鯨《まっこうくじら》 マッコウクジラ科の歯クジラ。

鼯鼠《むささび》 [ももんが] いずれもリス科の獣。

狢《むじな》 [貉] アナグマやタヌキの別称。「同じ穴の—」

土竜《もぐら》 モグラ科の獣。別名「もぐらもち」。

山羊《やぎ》 [野羊] ウシ科の家畜。「—ひげ」

豪猪《やまあらし》 ［山荒］ 齧（げっ）歯目の獣数種の総称。

冬眠鼠《やまね》 ヤマネ科の獣。

駱駝《らくだ》 ラクダ科の獣。

猟虎《らっこ》 ［海獺・海猟］ イタチ科の海獣。

騾馬《らば》 雌の馬と雄のロバの間にできた獣。

栗鼠《りす》 リス科の獣。

驢馬《ろば》 ウマ科の家畜。

❖鳥

間鴨《あいがも》 ［合鴨］ 食用にするカモ科の鳥。

家鴨《あひる》 ［鶩］ カモ科のマガモを飼いならしたもの。

信天翁《あほうどり》 ［阿房鳥］ アホウドリ科の大形の海鳥。

鵤《いかる》 ［斑鳩］ アトリ科の鳥。

鶍《いすか》 ［交喙］ アトリ科の鳥。「―の嘴（はし）の食い違い」

鸚哥《いんこ》 オウム科の小形の鳥。

鵜《う》 ウ科の水鳥の総称。「―飼い」「―の目鷹の目」

鶯《うぐいす》 ウグイス科の小鳥。「―色」「―の谷渡り」

鶉《うずら》 キジ科の鳥。卵・肉は食用。

鷽《うそ》 アトリ科の小鳥。「―替え」（天満宮の神事）

鸚鵡《おうむ》 オウム科の鳥。「―返し」

大瑠璃《おおるり》 ヒタキ科の鳥。

鴛鴦《おしどり》 カモ科の鳥の一種。「―夫婦」

懸巣《かけす》 カラス科の鳥。

鵲《かささぎ》 カラス科の鳥。

鵞鳥《がちょう》 カモ科の雁を飼いならしたもの。

郭公《かっこう》 カッコウ科の渡り鳥。

金糸雀《カナリア》 ［金雀・時戻雀］ アトリ科の小鳥。

鴨《かも》 カモ科の水鳥。「―がねぎを背負って来る」

烏《からす》 ［鴉］ カラス科の鳥。「―の行水」「旅―」

鷗《かもめ》 カモメ科の海鳥。

川蟬《かわせみ》 ［翡翠］ カワセミ科の鳥。

雁《がん》 ［かり］ ［鴈］ カモ科の水鳥。

雉《きじ》 ［雉子］ キジ科の鳥。日本の国鳥。

啄木鳥《きつつき》 キツツキ科の鳥の総称。

孔雀《くじゃく》 キジ科の鳥。

水鶏《くいな》 ［秧鶏］ クイナ科の渡り鳥。

鳧《けり》 ［計里］ チドリ科の鳥。

鸛《こうのとり》 コウノトリ科の鳥。特別天然記念物。

駒鳥《こまどり》 ［知更鳥］ ツグミ科の鳥。

鷺《さぎ》 サギ科の鳥の総称。

鴫《しぎ》 ［鷸］ シギ科の鳥の総称。

軍鶏《しゃも》 ニワトリの一品種。闘鶏用。

四十雀《しじゅうから》 シジュウカラ科の小鳥。

十姉妹《じゅうしまつ》 カエデチョウ科の小鳥。

雀《すずめ》 ハタオリドリ科の小鳥。「―の涙」「楽屋―」「舌切り―」

鶺鴒《せきれい》 セキレイ科の水辺の小鳥。

駝鳥《だちょう》 鳥類で最大のダチョウ科の陸鳥。

矮鶏《ちゃぼ》 小形のニワトリの一品種。

鶫《つぐみ》 ［鳥馬］ ツグミ科の冬鳥。

燕《つばめ》 [乙鳥・玄鳥・烏衣] ツバメ科の益鳥。「—返し」

鳶《とび》 [とんび] タカ科の鳥。「—が鷹を生む」

鴇《とき》 [朱鷺・桃花鳥] トキ科の鳥。特別天然記念物。

鳩《はと》 ハト科の鳥の総称。「—時計」「—派」

禿鷲《はげわし》 タカ科の大形の鳥。

隼《はやぶさ》 ハヤブサ科の中形のタカ。

鷭《ばん》 [方目] クイナ科の水鳥。

雲雀《ひばり》 [告天子・叫天子・叫天雀] ヒバリ科の小鳥。

鵯《ひよどり》 [白頭鳥] ヒヨドリ科の鳥。

鶸《ひわ》 [金翅雀] アトリ科の小鳥。

梟《ふくろう》 フクロウ科の鳥。

箆鷺《へらさぎ》 トキ科の水辺の鳥。

頬白《ほおじろ》 ホオジロ科の小鳥。

杜鵑《ほととぎす》 [霍公鳥・時鳥・不如帰・子規…] カッコウ科の渡り鳥。

鶚《みさご》 タカ科の鳥。

水薙鳥《みずなぎどり》 ミズナギドリ科の海鳥。

木菟《みみずく》 [角鴟] フクロウ科の鳥。

鷦鷯《みそさざい》 [三十三才・溝三歳] ミソサザイ科の小鳥。

椋鳥《むくどり》 ムクドリ科の鳥。

目白《めじろ》 [繍眼児] メジロ科の小鳥。

鵙《もず》 [百舌] モズ科の鳥。「—の速贄（はやにえ）」

山雀《やまがら》 シジュウカラ科の小鳥。

百合鷗《ゆりかもめ》 カモメ科の水鳥。

葦切《よしきり》 ヨシキリ科の小鳥。

鷲《わし》 タカ科の鳥のうち大形のもの。「—づかみ」「—鼻」

❖魚

鮎魚女《あいなめ》 [鮎並・相嘗魚] アイナメ科の海魚。食用。

赤魚鯛《あこうだい》 [阿候鯛] フサカサゴ科の海魚。食用。

鰺《あじ》 アジ科の海魚の総称。食用。

穴子《あなご》 [海鰻] アナゴ科の海魚。食用。

鮎《あゆ》 [香魚・年魚・記月魚] アユ科の川魚。食用。

鮟鱇《あんこう》 アンコウ科の海魚。食用。「—の吊るし切り」

玉筋魚《いかなご》 [如何児・梭魚子] イカナゴ科の海魚。食用。

鶏魚《いさき》 [伊佐木] イサキ科の海魚。食用。

石首魚《いしもち》 [石持] ニベ科の海魚。かまぼこの材料。

鰯《いわし》 [鰮] ニシン科・カタクチイワシ科の海魚の総称。食用。

岩魚《いわな》 [嘉魚] サケ科の川魚。食用。

鯎《うぐい》 [石斑魚] コイ科の川魚。食用。

鱓《うつぼ》 ウツボ科の海魚。

鰻《うなぎ》 ウナギ科の川魚。食用。「—登り」「—の寝床」

潤目鰯《うるめいわし》 ニシン科の海魚。食用。

鱏《えい》 [鱝・海鷂魚] アカエイなどの軟骨魚の総称。

鰍《かじか》 [杜父魚] カジカ科の淡水魚。食用。

梶木《かじき》 [旗魚・羽魚] カジキ科の海魚。食用。

鰹《かつお》 [堅魚・松魚] サバ科の海魚。食用。「—節」

魳《かます》 [梭魚] カマス科の海魚。食用。

鰈《かれい》 カレイ科の海魚。食用。

皮剝《かわはぎ》 カワハギ科の海魚。食用。

鱚《きす》［鶏魚・鼠頭魚］キス科の海魚。食用。

黍魚子《きびなご》ニシン科の海魚。食用。

鯉《こい》コイ科の淡水魚。食用・観賞用。「―の滝登り」

小女子《こうなご》近海魚のイカナゴの別名。食用。

鯒《こち》［牛尾魚］コチ科の海魚。食用。

鰶《このしろ》ニシン科の海魚。食用。

小鰭《こはだ》海魚コノシロの幼名。食用。

鮭《さけ》［しゃけ］［石桂魚］サケ科の海魚。食用。

鯖《さば》［青花魚・青魚］サバ科の海魚。食用。「―を読む」

鮫《さめ》海産の軟骨魚の一。「―皮」「―肌」

鰆《さわら》［馬鮫魚］サバ科の海魚。食用。

細魚《さより》［針魚・鱵］サヨリ科の海魚。食用。

秋刀魚《さんま》［三摩・青串魚］サンマ科の海魚。食用。

柳葉魚《ししゃも》キュウリウオ科の海魚。食用。

舌鮃《したびらめ》［舌平目・鞋底魚］ウシノシタ科の海魚の総称。食用。

撞木鮫《しゅもくざめ》［犁頭魚］シュモクザメ科の海魚。かまぼこの材料。

介党鱈《すけとうだら》タラ科の海魚。食用。

鱸《すずき》［松江魚・紫鰓魚］スズキ科の海魚。食用。

鯛《たい》タイ科の海魚の総称。食用。「えびで―を釣る」

太刀魚《たちうお》［白帯魚］タチウオ科の海魚。食用。

竜落子《たつのおとしご》［海馬］ヨウジウオ科の海魚。

鱮《たなご》コイ科の淡水魚。

鱈《たら》［大口魚］タラ科の海魚。食用。「―腹」

泥鰌《どじょう》［鰌］ドジョウ科の淡水魚。食用。

鯔《とど》海魚のボラがさらに成長した呼称。「―のつまり」

鯰《なまず》ナマズ科の淡水魚。「ひょうたん―」

鰊《にしん》［鯡・青魚］ニシン科の海魚。食用。

鯊《はぜ》［沙魚・蝦虎魚］ハゼ科の海魚の総称。食用。

鰰《はたはた》［鱩・燭魚］ハタハタ科の海魚。食用。

魬《はまち》ブリの幼魚。おもに関西でいう。食用。

鱧《はも》ハモ科の海魚。食用。

鮠《はや》ウグイに似た川魚の俗称。

鮃《ひらめ》［平目・比目魚］ヒラメ科の海魚。食用。

鬢長《びんなが》サバ科の海魚。食用。

鱶《ふか》大形のサメ類の別称。「―のひれ」

河豚《ふぐ》［鰒・海牛］フグ科の海魚の総称。食用。

鮒《ふな》コイ科の淡水魚。食用。

鰤《ぶり》アジ科の海魚。食用。

魴鮄《ほうぼう》［竹麦魚］ホウボウ科の海魚。食用。

𩸽《ほっけ》アイナメ科の海魚。食用。

鯔《ぼら》［鰡］ボラ科の海魚。食用。

鮪《まぐろ》［金鎗魚］サバ科の海魚。食用。

鱒《ます》サケ科の海魚。食用。

翻車魚《まんぼう》マンボウ科の海魚。

鯥《むつ》ムツ科の海魚。食用。

鯥五郎《むつごろう》ハゼ科の海魚。食用。

赤目魚《めなだ》［眼奈太］ボラ科の海魚。食用。

眼撥《めばち》サバ科の海魚。食用。

眼張《めばる》 フサカサゴ科の海魚。食用。

山女《やまめ》 サケ科の淡水魚。食用。

蘭鋳《らんちゅう》 金魚の一品種。

琉金《りゅうきん》 金魚の一品種。

公魚《わかさぎ》 ［若鷺・鰙］ キュウリウオ科の淡水魚。食用。

稚鰤《わらさ》 成魚前のブリ。食用。

❖昆虫

揚羽蝶《あげはちょう》 ［鳳蝶］ アゲハチョウ科のチョウ。

虻《あぶ》 アブ科の昆虫。「―蜂取らず」

水黽《あめんぼ》 ［水馬］ アメンボ科の水生昆虫。

蟻《あり》 アリ科の昆虫。「―地獄」「―塚」

蝗《いなご》 ［稲子］ バッタ科の昆虫。稲の害虫。

蛆《うじ》 ハエやハチなどの幼虫。「―虫」

浮塵子《うんか》 ウンカ科の昆虫の総称。

蚊《か》 カ科の昆虫の総称。「―取り線香」「―の鳴くような声」

蛾《が》 鱗翅目のチョウ以外の昆虫の総称。

蜉蝣《かげろう》 ［蜻蛉］ カゲロウ目の昆虫の総称。

金蚉《かなぶん》 コガネムシ科の昆虫。作物の液を吸う害虫。

甲虫《かぶとむし》 ［兜虫］ コガネムシ科の昆虫。

蟷螂《かまきり》 ［螳螂・鎌切］ カマキリ目の昆虫の総称。

竈馬《かまどうま》 カマドウマ科の昆虫。

天牛《かみきりむし》 ［髪切虫］ カミキリムシ科の甲虫の総称。

椿象《かめむし》 ［亀虫］ カメムシ科の害虫。

蟋蟀《きりぎりす》 ［螽蟖］ キリギリス科の昆虫。

金蠅《きんばえ》 ［青蠅］ クロバエ科のハエ。

熊蜂《くまばち》 ［くまんばち］［胡蜂］ ミツバチ科の大形のハチ。

螻蛄《けら》 ケラ科の昆虫。作物の根を食う害虫。「虫―」

蟋蟀《こおろぎ》 コオロギ科の昆虫。

黄金虫《こがねむし》 ［金亀子・金牛児］ コガネムシ科の甲虫。

蜚蠊《ごきぶり》 ゴキブリ科の昆虫の総称。

芥虫《ごみむし》 ［歩行虫］ オサムシ科の昆虫。

米搗虫《こめつきむし》 ［叩頭虫］ コメツキムシ科の甲虫の総称。

似我蜂《じがばち》 ジガバチ科の昆虫。

衣魚《しみ》 ［紙魚・蠹魚］ シミ科の昆虫。紙や衣服の糊を食う。

虱《しらみ》 シラミ科の昆虫。人に寄生し血を吸う。

挙尾虫《しりあげむし》 シリアゲムシ科の昆虫の総称。

雀蜂《すずめばち》 ［胡蜂］ スズメバチ科の昆虫。毒針がある。

蟬《せみ》 セミ科の昆虫の総称。「―時雨（しぐれ）」

田鼈《たがめ》 ［水爬虫］ コオイムシ科の水生昆虫。

蝶《ちょう》 鱗翅目のガ以外の昆虫の総称。「―つがい」「―よ花よ」

寒蟬《つくつくほうし》 ［つくつく法師］ セミ科の昆虫。

天道虫《てんとうむし》 ［瓢虫］ テントウムシ科の甲虫の総称。

蜻蛉《とんぼ》 トンボ目の昆虫の総称。「―返り」「極楽―」

蚤《のみ》 ノミ目の昆虫の総称。「―の夫婦」

蠅《はえ》 イエバエ科などの昆虫の総称。「―叩き」「ごまの―」

蜂《はち》 膜翅目のうちアリ以外の昆虫の総称。「泣き面に―」

飛蝗《ばった》 ［蝗虫］ バッタ科の昆虫の総称。

羽隠虫《はねかくし》 ［隠翅虫］ ハネカクシ科の甲虫。

蜩《ひぐらし》 ［茅蜩・日暮］ セミ科の昆虫。

蚋《ぶゆ》 ［ぶよ・ぶと］ ブユ科の昆虫の総称。人畜の血を吸う。

屁放虫《へっぴりむし》 異臭を放つ昆虫の総称。

孑孑《ぼうふら》 ［ぼうふり］［孑孒］ カの幼虫。「―がわく」

水澄《みずすまし》 ミズスマシ科の水生甲虫。

蓑虫《みのむし》 ミノガ科の昆虫の幼虫。

水蠆《やご》 トンボの幼虫。

蜻蜓《やんま》 ヤンマ科のトンボ。

❖その他

浅蜊《あさり》 マルスダレガイ科の二枚貝。食用。

醤蝦《あみ》 エビに似た小さな節足動物。「―の佃煮（つくだに）」

鮑《あわび》 ［鰒・石決明］ ミミガイ科の巻貝。食用。

飯蛸《いいだこ》 ［章花魚・望潮魚］ マダコ科のタコ。食用。

烏賊《いか》 ［墨魚・柔魚］ 海に住む軟体動物。食用。

磯巾着《いそぎんちゃく》 浅い海の岩などにいる腔腸（こうちょう）動物。

磯蚯蚓《いそめ》 ［磯目］ イソメ科の環形動物の総称。釣りのえさ。

井守《いもり》 ［蠑螈］ イモリ科の両生類。

海胆《うに》 ［海栗］ 棘皮動物。食用。「雲丹」は食品のうに。

姥貝《うばがい》 バカガイ科の二枚貝。食用。

蟒蛇《うわばみ》 大きなヘビの総称。また大酒飲みのこと。

海老《えび》 ［蝦］ エビ類の総称。「―で鯛（たい）を釣る」

蛙《かえる》 ［かわず］ 両生類。「―の子は―」「―の面に水」

牡蠣《かき》 イタボガキ科の二枚貝。食用。

蝤蛑《がざみ》 ワタリガニ科のカニ。食用。

河鹿《かじか》 ［金襖子］ 渓流にすむアオガエル科のカエル。

蝸牛《かたつむり》 マイマイ科の陸生巻貝の総称。別名「でんでんむし」。

金蛇《かなへび》 ［蛇舅母］ カナヘビ科のトカゲ。

蟹《かに》 甲殻類の節足動物。「―の横這い」

蝦蟇《がま》 ヒキガエルの別名。「―口」「―の油」

響尾蛇《がらがらへび》 毒ヘビの一。

蟯虫《ぎょうちゅう》 寄生虫の一。

蜘蛛《くも》 節足動物のクモ類の総称。「―の子を散らす」

水母《くらげ》 ［海月・海舌］ 海にすむ腔腸（こうちょう）動物の総称。

蚰蜒《げじげじ》 ゲジ科の節足動物。「―眉（まゆ）」

砂蚕《ごかい》 ［沙蚕］ ゴカイ科の環形動物。釣りのえさ。

栄螺《さざえ》 ［拳螺］ サザエ科の巻貝。食用。

蠍《さそり》 サソリ目の節足動物の総称。毒針を持つ。

蝲蛄《ざりがに》 ザリガニ科の節足動物。

珊瑚《さんご》 サンゴ虫が海底の岩に作った群体の骨格。

山椒魚《さんしょううお》 両生類。

潮招《しおまねき》 ［望潮］ スナガニ科の小さなカニ。

蜆《しじみ》 ヤマトシジミガイ科の二枚貝。食用。

蝦蛄《しゃこ》 ［青竜蝦］ シャコ科の節足動物。食用。

絡新婦《じょろうぐも》 ［女郎蜘蛛・斑蛛］ 大形のクモの一種。

鼈《すっぽん》 ［泥亀］ カメの一種。食用。

鯣烏賊《するめいか》 ［柔魚］ スルメイカ科のイカ。食用。

玳瑁《たいまい》 ［瑇瑁］ ウミガメの一種。

蛸《たこ》 ［章魚］ タコ科の軟体動物の総称。食用。「―配当」「―部屋」「ゆで―」

壁蝨《だに》 ダニ目の節足動物の総称。「町の―」

田螺《たにし》 タニシ科の淡水産巻貝。

恙虫《つつがむし》 ツツガムシ科のダニの総称。恙虫病を媒介する。

螺《つぶ》 ［海螺］ 巻貝のニシ類の総称。

蜥蜴《とかげ》 ［石竜子］ トカゲ亜目の爬虫（はちゅう）類の総称。

海鼠《なまこ》 ナマコ綱の総称。食用。

蛞蝓《なめくじ》 ナメクジ科の軟体動物の総称。「―に塩」

螺《にし》 アカニシ・タニシなどの巻貝の総称。

蜷《にな》 カワニナ・ウミニナなどの巻の貝の総称。

波布《はぶ》 ［飯匙倩］ クサリヘビ科の毒ヘビ。

蛤《はまぐり》 マルスダレガイ科の二枚貝。食用。

蟇《ひきがえる》 ［がまがえる］ ［蟾蜍］ カエルの一種。

海星《ひとで》 ［海盤車・人手］ 棘皮（きょくひ）動物の一種。

蛭《ひる》 環形動物の一種。人の血を吸う。

帆立貝《ほたてがい》 ［海扇］ イタヤガイ科の二枚貝。食用。

海鞘《ほや》 ［老海鼠］ ホヤ綱に属する原索動物の総称。

法螺貝《ほらがい》 ［宝螺貝］ フジツガイ科の巻貝。食用。

舞舞螺《まいまいつぶり》 カタツムリの別称。

馬蛤貝《まてがい》 ［馬刀貝］ マテガイ科の二枚貝。食用。

蝮《まむし》 クサリヘビ科の毒ヘビ。

微塵子《みじんこ》 ［水蚤］ ミジンコ目の甲殻類。

蚯蚓《みみず》 貧毛綱の環形動物の総称。「―ばれ」

海松貝《みるがい》 ［みるくい］ ［水松貝］ バカガイ科の二枚貝。食用。

百足《むかで》 ［蜈蚣］ ムカデ綱の節足動物の一。

紋甲烏賊《もんごういか》 コウイカ科のイカ。食用。

馬陸《やすで》 ヤスデ綱に属する節足動物の総称。

宿借《やどかり》 ［寄居虫］ ヤドカリ亜目の甲殻類で貝殻に入る種。

山棟蛇《やまかがし》 ［赤棟蛇］ ナミヘビ科のヘビ。

守宮《やもり》 ［家守・壁虎］ ヤモリ科の爬虫（はちゅう）類の総称。

鰐《わに》 ワニ目の爬虫類の総称。

＊

河童《かっぱ》 ［水虎］ 川に住むという想像上の動物。

麒麟《きりん》 中国で一日に千里を走るという馬。

猩猩《しょうじょう》 中国で想像上の獣。

天狗《てんぐ》 深山に住むという想像上の動物。

鵺《ぬえ》 ［鵼］ 伝説上の怪鳥。

鳳凰《ほうおう》 中国で想像上の鳥。

八岐大蛇《やまたのおろち》 霊威があるという大きなヘビ。

植物名

❖樹木（果樹を含む）

扁桃《アーモンド》 バラ科の落葉高木。実は食用。

梧桐《あおぎり》 ［青桐・青梧桐］ アオギリ科の落葉高木。

木通《あけび》 ［通草・山女］ アケビ科のつる性落葉低木。

紫陽花《あじさい》 ［紫陽草・八仙花］ アジサイ科の落葉低木。

梓《あずさ》 カバノキ科の落葉高木。「―弓」

翌檜《あすなろ》 ［明檜・羅漢柏］ ヒノキ科の常緑高木。

馬酔木《あせび》 ［あしび・あせぼ］ ツツジ科の常緑低木。

杏子《あんず》　［杏］　バラ科の落葉高木。実は食用、種子は薬用。

櫟《いちい》　イチイ科の常緑高木。

無花果《いちじく》　［映日果］　クワ科の落葉小高木。実は食用。

銀杏《いちょう》　［鴨脚樹・公孫樹］　イチョウ科の落葉高木。実は「ぎんなん（銀杏）」で食用。

伊吹《いぶき》　ヒノキ科の常緑小高木。

空木《うつぎ》　［卯木］　アジサイ科の落葉低木。

温州蜜柑《うんしゅうみかん》　ミカンの一品種。

金雀児《エニシダ》　［金雀枝］　マメ科の落葉低木。

榎《えのき》　ニレ科の落葉高木。

槐《えんじゅ》　マメ科の落葉高木。

桜桃《おうとう》　バラ科の落葉高木。実は「さくらんぼ」で食用。

阿利布《オリーブ》　モクセイ科の常緑高木。実から油をとる。「—油」

海棠《かいどう》　［花仙・海紅］　バラ科の落葉高木。

楓《かえで》　［鶏冠木・蛙手］　カエデ科の落葉高木。

樫《かし》　［橿・櫧］　ブナ科の常緑高木。

槲《かしわ》　［柏・檞］　ブナ科の落葉高木。

樺《かば》　カバノキ科の落葉高木の総称。

榧《かや》　イチイ科の常緑高木。

枳橘《からたち》　［枳殻・枸橘］　ミカン科の落葉低木。

落葉松《からまつ》　［唐松］　マツ科の落葉高木。

金木犀《きんもくせい》　［巌桂］　モクセイ科の常緑高木。

金柑《きんかん》　［金橘］　ミカン科の常緑低木。実は食用。

樟《くすのき》　［楠］　クスノキ科の常緑高木。

梔子《くちなし》　［山梔子］　アカネ科の常緑低木。

櫟《くぬぎ》　［橡・椚・櫪］　ブナ科の落葉高木。実は「どんぐり」。

胡頽子《ぐみ》　［茱萸］　グミ科の落葉または常緑低木。

胡桃《くるみ》　クルミ科の落葉高木。実は食用。

欅《けやき》　ニレ科の落葉高木。

楮《こうぞ》　クワ科の落葉低木。樹皮は和紙の原料。

胡椒《こしょう》　コショウ科のつる性常緑低木。実は香辛料。

児手柏《このてがしわ》　［側柏］　ヒノキ科の常緑低木。

辛夷《こぶし》　モクレン科の落葉高木。

榊《さかき》　ツバキ科の常緑小高木。神事に用いる。

石榴《ざくろ》　［柘榴・安石榴］　ザクロ科の落葉小高木。実は食用。

山茶花《さざんか》　［茶梅］　ツバキ科の常緑小高木。

五月《さつき》　［皐月］　ツツジ科の常緑低木。

朱欒《ザボン》　［香欒］　ミカン科の常緑低木。実は食用。

猿滑《さるすべり》　［百日紅・紫薇花］　ミソハギ科の落葉高木。

椹《さわら》　［弱檜・花柏］　ヒノキ科の常緑高木。

山椒《さんしょう》　［蜀椒］　ミカン科の落葉低木。実は香辛料。

椎《しい》　ブナ科の常緑高木。

樒《しきみ》　シキミ科の常緑小高木。

枝垂桜《しだれざくら》　［垂桜］　ヒガンザクラの変種で枝がたれ下がるもの。

紫檀《したん》　マメ科の常緑高木。高級家具材。

石楠花《しゃくなげ》　［石南花］　ツツジ科の常緑低木。

棕櫚《しゅろ》　ヤシ科の常緑高木。「—縄」

白樺《しらかば》　カバノキ科の落葉高木。

沈丁花《じんちょうげ》　［ちんちょうげ］［瑞香］　ジンチョウゲ科の常緑低木。

篠懸《すずかけ》の木《き》　スズカケノキ科の落葉高木。「プラタナス」とも呼ばれる。

酸橘《すだち》　ミカン科の常緑低木。実は香味料。

李《すもも》　バラ科の落葉小高木。

栴檀《せんだん》　センダン科の落葉高木。「―は双葉より芳（かんば）し」

蘇鉄《そてつ》　［鉄蕉・鉄樹］　ソテツ科の常緑樹。

橙《だいだい》　［回青橙］　ミカン科の常緑高木。実は食用。

岳樺《だけかんば》　カバノキ科の落葉高木。

橘《たちばな》　ミカン科の常緑小高木。

楤《たら》の木《き》　ウコギ科の落葉小高木。芽を食べる。

栂《つが》　マツ科の常緑高木。

黄楊《つげ》　［柘植］　ツゲ科の常緑小高木。

躑躅《つつじ》　［映山紅］　ツツジ科の常緑（または落葉）低木。

椿《つばき》　［海石榴・山茶］　ツバキ科の常緑高木。

籐《とう》　ヤシ科のつる性植物。「―椅子」

満天星《どうだんつつじ》　ツツジ科の落葉低木。

橡《とちのき》　［とち］［栃］　トチノキ科の落葉高木。

椴松《とどまつ》　マツ科の常緑高木。

団栗《どんぐり》　ブナ科のカシ・クヌギ・ナラなどの実の総称。

梨《なし》　バラ科の落葉高木。実は食用。「―の礫（つぶて）」

棗《なつめ》　クロウメモドキ科の落葉小高木。実は食べられる。

七竈《ななかまど》　バラ科の落葉高木。

楢《なら》　ブナ科の落葉高木。

楡《にれ》　ニレ科ニレ属の落葉高木の総称。

杜松《ねず》　ヒノキ科の常緑低木。

合歓木《ねむのき》　マメ科の落葉高木。

這松《はいまつ》　マツ科の常緑低木。

蕃瓜樹《パパイア》　［万寿果］　パパイア科の常緑高木。実は食用。

薔薇《ばら》　バラ科バラ属の植物の総称。

柊《ひいらぎ》　［枸骨・紅谷樹］　モクセイ科の常緑高木。

檜《ひのき》　［扁柏］　ヒノキ科の常緑高木。

枇杷《びわ》　［比巴］　バラ科の常緑高木。実は食用。

葡萄《ぶどう》　ブドウ科のつる性落葉低木。実は食用。

橅《ぶな》　［山毛欅］　ブナ科の落葉高木。

芙蓉《ふよう》　アオイ科の落葉低木。

朴《ほお》の木《き》　モクレン科の落葉高木。

木瓜《ぼけ》　［鉄脚梨・放春花］　バラ科の落葉低木。

菩提樹《ぼだいじゅ》　シナノキ科の落葉高木。

牡丹《ぼたん》　ボタン科の落葉低木。

槙《まき》　［真木］　マキ科の常緑高木。

柾《まさき》　［正木］　ニシキギ科の常緑低木。

木天蓼《またたび》　マタタビ科のつる性落葉低木。猫が好むという。

蜜柑《みかん》　ミカン科の常緑低木。実は食用。

三椏《みつまた》　ジンチョウゲ科の落葉低木。樹皮は和紙の原料。

槿《むくげ》　［木槿］　アオイ科の落葉低木。

椋《むく》の木《き》　ニレ科の落葉高木。

無患子《むくろじ》　ムクロジ科の落葉高木。実は黒く追羽根の球にする。

木犀《もくせい》　モクセイ科の常緑小高木。

木蓮《もくれん》　［木蘭］　モクレン科の落葉低木。

黐《もち》の木《き》　モチノキ科の常緑高木。

木斛《もっこく》　［厚皮香］　ツバキ科の常緑高木。

樅《もみ》　マツ科の常緑高木。

椰子《やし》　ヤシ科の常緑高木。

桜桃《ゆすらうめ》　［梅桃］　バラ科の落葉低木。

柚子《ゆず》　［柚］　ミカン科の常緑小高木。実は香味料。

林檎《りんご》　バラ科の落葉高木。実は食用。

檸檬《レモン》　インド原産のミカン科の常緑低木。

連翹《れんぎょう》　モクセイ科の落葉低木。

❖草花

藍《あい》　タデ科の一年草。青色の染料をとる。

葵《あおい》　アオイ科植物の総称。また紋所の一。

茜《あかね》　［茜草］　アカネ科のつる性多年草。

薊《あざみ》　キク科の多年草。

葦《あし》　［よし］［蘆・葭］　イネ科の水辺の多年草。「考える―」

菖蒲《あやめ》　アヤメ科の多年草。「いずれが―杜若（かきつばた）」

藺草《いぐさ》　［藺・い］　イグサ科の多年草。茎で畳表を作る。

虎杖《いたどり》　タデ科の多年草。根は薬用。

鳶尾《いちはつ》　［一八・紫羅蘭］　アヤメ科の多年草。

刺草《いらくさ》　［蕁麻］　イラクサ科の多年草。

茴香《ういきょう》　セリ科の多年草。

靫蔓《うつぼかずら》　［猪籠草］　ウツボカズラ科の食虫植物。

大葉子《おおばこ》　［車前草］　オオバコ科の多年草。

朮《おけら》　キク科の多年草。根は漢方薬の材料。

含羞草《おじぎそう》　マメ科の一年草。

苧環《おだまき》　キンポウゲ科の多年草。

弟切草《おとぎりそう》　オトギリソウ科の多年草。

女郎花《おみなえし》　オミナエシ科の多年草。秋の七草の一。

沢瀉《おもだか》　［面高］　オモダカ科の水辺の多年草。

万年青《おもと》　ユリ科の常緑多年草。

杜若《かきつばた》　［燕子花・紫羅蘭］　アヤメ科の多年草。

片栗《かたくり》　ユリ科の多年草。

酢漿草《かたばみ》　［酸漿草］　カタバミ科の多年草。

蒲《がま》　ガマ科の水辺の多年草。すだれなどの材料。

茅《かや》　［萱］　チガヤ・スゲ・ススキなどの総称。

苧《からむし》　［苧麻］　イラクサ科の多年草。繊維は織物に利用。

刈萱《かるかや》　イネ科の多年草。

萱草《かんぞう》　ユリ科の多年草。

桔梗《ききょう》　キキョウ科の多年草。秋の七草の一。

金盞花《きんせんか》　キク科の一年草。

金鳳花《きんぽうげ》　［毛茛］　キンポウゲ科の多年草。

葛《くず》　マメ科のつる性多年草。秋の七草の一。

虞美人草《ぐびじんそう》　ケシ科の一年草。「ヒナゲシ」の別名。

隈笹《くまざさ》　［熊笹］　イネ科の竹。

芥子《けし》　［罌粟］　ケシ科の一年草。実から阿片をとる。

河骨《こうほね》　［川骨］　スイレン科の水生多年草。

秋桜《コスモス》　キク科の一年草。

泊夫藍《サフラン》　［番紅花］　アヤメ科の多年草。

仙人掌《サボテン》 ［覇王樹］ サボテン科の常緑多年草。

自然薯《じねんじょ》 自生するヤマノイモの別称。

芍薬《しゃくやく》 ボタン科の多年草。

秋海棠《しゅうかいどう》 ［断腸花］ シュウカイドウ科の多年草。

蓴菜《じゅんさい》 スイレン科の多年生水草。若芽は食用。

菖蒲《しょうぶ》 サトイモ科の多年草。「―湯」

忍冬《すいかずら》 スイカズラ科の常緑つる植物。

睡蓮《すいれん》 スイレン科の多年生水草。

酸模《すかんぽ》 タデ科の多年草。「スイバ」の別名。

薄《すすき》 ［芒］ イネ科の多年草。秋の七草の一。

清白《すずしろ》 ダイコンの古名。春の七草の一。

菘《すずな》 カブの古名。春の七草の一。

菫《すみれ》 スミレ属植物の総称。

芹《せり》 ［芹子・水芹］ セリ科の水辺の多年草。春の七草の一。

蓼《たで》 タデ科植物の総称。「―食う虫も好き好き」

天竺牡丹《ダリア》 キク科の多年草。

蒲公英《たんぽぽ》 キク科の多年草。

茅《ちがや》 ［茅萱・白茅］ イネ科の多年草。

鬱金香《チューリップ》 ユリ科の球根植物。

草石蚕《ちょろぎ》 シソ科の多年草。塊茎は食用。

蔦《つた》 ブドウ科の多年生落葉つる植物。

槖吾《つわぶき》 ［石蕗・急就草］ キク科の常緑多年草。

木賊《とくさ》 トクサ科の常緑シダ植物。

蕺草《どくだみ》 ドクダミ科の多年草。葉は薬用。

野老《ところ》 ［黄独］ ヤマノイモ科の多年生つる草。

黄蜀葵《とろろあおい》 ［黄葵］ アオイ科の一年草。

撫子《なでしこ》 ［瞿麦・牛王久］ ナデシコ科の一年草。

葉鶏頭《はげいとう》 ［雁来紅］ ヒユ科の一年草。

繁縷《はこべ》 ［鶏腸草］ ナデシコ科の越年草。春の七草の一。

芭蕉《ばしょう》 バショウ科の大形の多年草。

蓮《はす》 スイレン科の水生多年草。「泥中の―」「―の台（うてな）」

巴旦杏《はたんきょう》 スモモの一品種。「アーモンド」の別称。

淡竹《はちく》 中国原産のタケの一種。

薄荷《はっか》 シソ科の多年草。香料などの原料。

浜木綿《はまゆう》 ヒガンバナ科の常緑多年草。「ハマオモト」の別称。

雛罌粟《ひなげし》 ［雛芥子］ ケシ科の一年草。

蓖麻《ひま》 トウダイグサ科の一年草。ひまし油をとる。

向日葵《ひまわり》 ［日輪草］ キク科の一年草。

風信子《ヒヤシンス》 ［風信草・風見草］ ユリ科の多年草。

箒草《ほうきぐさ》 アカザ科の一年草。

鳳仙花《ほうせんか》 ツリフネソウ科の一年草。

酸漿《ほおずき》 ［ほおづき］［鬼灯］ ナス科の多年草。

真菰《まこも》 イネ科の水辺の多年草。

漫珠沙華《まんじゅしゃげ》 ヒガンバナの別名。

松葉牡丹《まつばぼたん》 スベリヒユ科の一年草。

零余子《むかご》 ［ぬかご］ ヤマノイモの珠芽。

葎《むぐら》 ヤエムグラなどの草の総称。

孟宗竹《もうそうちく》 竹の一種。たけのこは食用。

百合《ゆり》 ユリ科植物の総称。
蓬《よもぎ》 ［艾］ キク科の多年草。若い葉を草餅に用いる。
蘭《らん》 ラン科植物の総称。多年草。
竜胆《りんどう》 リンドウ科の多年草。
蓮華草《れんげそう》 マメ科の越年草。
勿忘草《わすれなぐさ》 ムラサキ科の多年草。
吾亦紅《われもこう》 ［吾木紅・地楡］ バラ科の多年草。

❖作物

浅葱《あさつき》 ［糸葱］ ユリ科の多年草。
小豆《あずき》 ［赤小豆・紅小豆］ マメ科の一年草。「―色」「―がゆ」
粟《あわ》 イネ科の一年草。五穀の一。「―立つ」「濡れ手で―」
苺《いちご》 ［莓］ バラ科の多年草または小低木。「―ジャム」

薯《いも》 ［芋・藷］ イモ類の総称。
独活《うど》 ［土当帰］ ウコギ科の多年草。「―の大木」
瓜《うり》 ウリ科の一年草の総称。「―二つ」
豌豆《えんどう》 マメ科の越年草。
燕麦《えんばく》 イネ科の一年草。実は家畜の飼料。
陸稲《おかぼ》 畑でつくる稲。⇕水稲
蕪《かぶ》 アブラナ科の越年草。
南瓜《かぼちゃ》 ウリ科のつる性一年草。「―に目鼻」
黍《きび》 イネ科の一年草。五穀の一。
甘藍《キャベツ》 アブラナ科の一、二年草。
胡瓜《きゅうり》 ［木瓜・黄瓜］ ウリ科の一年草。
慈姑《くわい》 オモダカ科の多年草。球茎を食用。「―頭」

牛蒡《ごぼう》 キク科の二年草。「―抜き」
胡麻《ごま》 ゴマ科の一年草。「―塩」「―をする」
蒟蒻《こんにゃく》 サトイモ科の多年草。「―問答」
豇豆《ささげ》 ［ささぎ］ ［大角豆］ マメ科の一年草。
紫蘇《しそ》 シソ科の一年草。薬味などに利用。
生薑《しょうが》 ［生姜］ ショウガ科の多年草。
西瓜《すいか》 ［水瓜］ ウリ科のつる性一年草。
蕎麦《そば》 タデ科の一年草。「年越し―」「引越し―」
蚕豆《そらまめ》 ［空豆］ マメ科の越年草。
煙草《タバコ》 ［莨］ ナス科の一年草。
玉葱《たまねぎ》 ユリ科の多年草。
甜菜《てんさい》 サトウダイコンの別称。

唐辛子《とうがらし》 ［蕃椒］ ナス科の一年草。「七味―」
冬瓜《とうがん》 ウリ科のつる性一年草。
玉蜀黍《とうもろこし》 イネ科の一年草。
赤茄子《トマト》 ［蕃茄］ ナス科の一年草。
茄子《なす》 ナス科の一年草。「ぼけ―」
韮《にら》 ネギ科の多年草。
人参《にんじん》 ［胡蘿蔔］ セリ科の越年草。
大蒜《にんにく》 ネギ科の多年草。
葱《ねぎ》 ［青葱］ ネギ科の多年草。「―坊主」
甘蕉《バナナ》 バショウ科の多年草。
稗《ひえ》 イネ科の一年草。実は家畜や小鳥の飼料。
瓢簞《ひょうたん》 ウリ科の一年生つる草。「―から駒が出る」

蕗《ふき》［款冬］キク科の多年草。「—の薹（とう）」

糸瓜《へちま》［天糸瓜］ウリ科のつる性一年草。

菠薐草《ほうれんそう》アカザ科の一、二年草。

真桑瓜《まくわうり》［甜瓜］ウリ科のつる性一年草。

茗荷《みょうが》ショウガ科の多年草。花の芽を食用。

薯蕷《やまのいも》［山芋］ヤマノイモ科のつる性多年草。

辣韮《らっきょう》［薤］ユリ科の多年草。鱗茎を食用。

分葱《わけぎ》［冬葱］ネギ科の多年草。

山葵《わさび》アブラナ科の多年草。渓流を好む。「—が利く」

❖その他

青海苔《あおのり》［海苔菜・乾海苔］緑藻類の海藻。食用。

恵胡海苔《えごのり》紅藻類の海藻。食用。また寒天の材料。

海髪《おごのり》［うご］［於胡海苔］紅藻類の海藻。寒天の材料。

木耳《きくらげ》キクラゲ科のキノコ。食用。

菌《きのこ》［茸・蕈］担子菌類に属する植物。

革茸《こうたけ》イボタケ科のキノコ。食用。

苔《こけ》［蘚］コケ植物の総称。「—が生える」

昆布《こんぶ》［こぶ］褐藻類の海藻。食用。

椎茸《しいたけ》キシメジ科のキノコ。食用。

羊歯《しだ》［歯朶］シダ植物の総称。

湿地《しめじ》［占地］キシメジ科のキノコ。食用。

杉苔《すぎごけ》［杉蘚］スギゴケ科のコケの総称。

薇《ぜんまい》ゼンマイ科の多年生シダ植物。山菜の一。

土筆《つくし》スギナの地下茎から出る胞子をつけた茎。

天草《てんぐさ》［心太草・太凝菜］テングサ科の海藻。寒天の材料。

滑子《なめこ》モエギタケ科のキノコ。食用。

鹿尾菜《ひじき》［鹿角菜・羊栖菜］ホンダワラ科の海藻。食用。

布海苔《ふのり》フノリ科の海藻。

馬尾藻《ほんだわら》［神馬藻］ホンダワラ科の海藻の総称。

舞茸《まいたけ》サルノコシカケ科のキノコ。食用。

松茸《まつたけ》キシメジ科のキノコ。食用。

毬藻《まりも》緑藻類の淡水産の藻。

水蘚《みずごけ》［水苔・水松］ミズゴケ科のコケ。

海松《みる》［水松］ミル科の海藻。食用。

貉藻《むじなも》モウセンゴケ科の多年生食虫植物。

毛氈苔《もうせんごけ》モウセンゴケ科の多年生食虫植物。

水雲《もずく》［海雲・海蘊］モズク科の海藻。食用。

若布《わかめ》［和布・稚海藻・裙帯菜］チガイソ科の海藻。食用。

蕨《わらび》コバノイシカグマ科のシダ類。山菜の一。

旧国名

（配列は北から南へ。国名に対応する県名はおおよそである）

陸奥国《むつのくに》青森県・岩手県・宮城県・福島県と秋田県の一部。

出羽国《でわのくに》秋田県・山形県。

常陸国《ひたちのくに》茨城県。

下野国《しもつけのくに》栃木県。

上野国《こうずけのくに》群馬県。

安房国《あわのくに》千葉県の南部。

上総国《かずさのくに》 千葉県の中央部。
下総国《しもうさのくに》 千葉県の北部と茨城県の南西部。
武蔵国《むさしのくに》 埼玉県・東京都と神奈川県の一部。
相模国《さがみのくに》 神奈川県。
佐渡国《さどのくに》 新潟県。
越後国《えちごのくに》 佐渡を除く新潟県。
越中国《えっちゅうのくに》 富山県。
能登国《のとのくに》 石川県の北部。
加賀国《かがのくに》 石川県の南部。
越前国《えちぜんのくに》 福井県の北東部。
若狭国《わかさのくに》 福井県の南西部。
甲斐国《かいのくに》 山梨県。

信濃国《しなののくに》 長野県。
飛驒国《ひだのくに》 岐阜県の北部。
美濃国《みののくに》 岐阜県の南部。
伊豆国《いずのくに》 静岡県の伊豆半島の大部分。
駿河国《するがのくに》 静岡県の中央部。
遠江国《とおとうみのくに》 静岡県の西部。
三河国《みかわのくに》 愛知県の東部。
尾張国《おわりのくに》 愛知県の北西部。
伊勢国《いせのくに》 三重県。
伊賀国《いがのくに》 三重県の北西部。
近江国《おうみのくに》 滋賀県。
山城国《やましろのくに》 京都府の南部。

丹後国《たんごのくに》 京都府の北部。
丹波国《たんばのくに》 京都府の一部と兵庫県の一部。
河内国《かわちのくに》 大阪府の東部。
和泉国《いずみのくに》 大阪府の南西部。
摂津国《せっつのくに》 大阪府の北西部と兵庫県の南東部。
播磨国《はりまのくに》 兵庫県の南部。
但馬国《たじまのくに》 兵庫県の北部。
淡路国《あわじのくに》 兵庫県の淡路島の全部。
大和国《やまとのくに》 奈良県。
紀伊国《きいのくに》 和歌山県。
因幡国《いなばのくに》 鳥取県の東部。
伯耆国《ほうきのくに》 鳥取県の西部。

出雲国《いずものくに》 島根県の東部。
石見国《いわみのくに》 島根県の西部。
美作国《みまさかのくに》 岡山県の東北部。
備前国《びぜんのくに》 岡山県の東南部。
備後国《びんごのくに》 広島県の東部。
安芸国《あきのくに》 広島県の西部。
周防国《すおうのくに》 山口県の東部。
長門国《ながとのくに》 山口県の北西部。
讃岐国《さぬきのくに》 香川県。
阿波国《あわのくに》 徳島県。
伊予国《いよのくに》 愛媛県。
土佐国《とさのくに》 高知県。

筑前国《ちくぜんのくに》 福岡県の北部。

筑後国《ちくごのくに》 福岡県の南部。

豊前国《ぶぜんのくに》 福岡県の東部と大分県の北部。

肥前国《ひぜんのくに》 佐賀県・長崎県。

壱岐国《いきのくに》 長崎県の一部。

対馬国《つしまのくに》 長崎県の一部。

肥後国《ひごのくに》 熊本県。

豊後国《ぶんごのくに》 大分県。

日向国《ひゅうがのくに》 宮崎県。

薩摩国《さつまのくに》 鹿児島県の西部。

大隅国《おおすみのくに》 鹿児島県の東部。

＊

飛鳥《あすか》 ［明日香］ 奈良盆地南部の一地方。

蝦夷《えぞ》 ［えみし］ 古代の奥羽から北海道にかけての地域。

奥羽《おうう》 陸奥（むつ）と出羽（でわ）の国。現在の東北六県。

難波《なにわ》 ［浪速・浪花・浪華］ 大阪地方の古称。

坂東《ばんどう》 神奈川県の足柄峠から東。東国。関東地方。

陸奥《みちのく》 今の東北地方をさした古称。

邪馬台国《やまたいこく》 ［やばたいこく］三世紀前半ころ日本にあった国の名。

琉球《りゅうきゅう》 現在の沖縄県の旧称。

倭《わ》 七世紀ごろまで中国・朝鮮で日本を呼んだ呼称。「魏志（ぎし）―人伝」

外来語

❖ア行

亜《アール》 メートル法の面積の単位。

氷菓子《アイスキャンデー》 氷の菓子。

翰林院《アカデミー》 「―賞」

手風琴《アコーデオン》 楽器。

土瀝青《アスファルト》 「―の道路」

紫水晶《アメジスト》 紫色の宝石の一。

亜爾加里《アルカリ》 「―性」

酒精《アルコール》 ［亜爾箇保児］「―中毒」「―ランプ」

安母尼亜《アンモニア》 窒素と水素の化合物。

洋墨《インキ》 ［インク］「マジック―」

吋《インチ》 ヤードポンド法による長さの単位。

烏竜茶《ウーロンちゃ》 中国福建省や台湾産の中国茶の一種。

火酒《ウオツカ》 ロシアの酒。

依的児《エーテル》 揮発性・燃焼性の高い液体。

越幾斯《エキス》 「果実の―」「肉の―」

耶父華《エホバ》 ［ヤハウェ］ ユダヤ教の神。

翠玉《エメラルド》 緑色の光沢のある宝石。

越列幾《エレキ》 電気のこと。

管弦楽《オーケストラ》 管弦楽団。

極光《オーロラ》 北極・南極に見られる美しい放電現象。

蛋白石《オパール》 宝石の一。

風琴《オルガン》 楽器。

自鳴琴《オルゴール》 自動演奏器。

❖カ　行

曲球《カーブ》　野球用語。

加加阿《カカオ》　ココアやチョコレートの原料。

混合酒《カクテル》　「—ドレス」「—パーティー」

瓦斯《ガス》　「都市—」「プロパン—」

加答児《カタル》　「腸—」

型録《カタログ》　商品目録。

合羽《カッパ》　雨よけに着るもの。雨ガッパ。

加特力《カトリック》　キリスト教の一派。

硝子《ガラス》　「—のコップ」「窓—」

活嘴《カラン》　水道の蛇口。

加里《カリ》　「—肥料」「青酸—」

歌留多《カルタ》　［加留多・骨牌］「いろは—」

羯布羅《カンフル》　「—注射」

煙管《キセル》　たばこを吸う道具。

規尼涅《キニーネ》　解熱剤。

餃子《ギョーザ》　中華料理の一。

切支丹《キリシタン》　［吉利支丹］「—大名」

瓩《キログラム》　メートル法の重さの単位。

粁《キロメートル》　メートル法の長さの単位。

竏《キロリットル》　メートル法の容積の単位。

倶楽部《クラブ》　「囲碁—」「記者—」

瓦《グラム》　メートル法の重さの単位。

虞利設林《グリセリン》　「ニトロ—」

礫木《クルス》　キリスト教の十字架のこと。

格魯謨《クロム》　金属元素の一。

骸炭《コークス》　石炭を乾留した燃料。

珈琲《コーヒー》　「—豆」「—ポット」

哥薩克《コサック》　ロシア民族の一。

洋杯《コップ》　「ガラスの—」

護謨《ゴム》　「消し—」「輪—」

木栓《コルク》　「—の栓」

虎列剌《コレラ》　伝染病の一。

混凝土《コンクリート》　「鉄筋—」

金平糖《コンペイトウ》　［金米糖］　砂糖菓子の一。

❖サ　行

搾菜《ザーサイ》　中国の漬物の一。

洋剣《サーベル》　西洋風の剣。

青玉《サファイア》　青色の宝石。

更紗《サラサ》　染織の一。「インド—」

散斯克《サンスクリット》　古代インドの言語。

参《サンチーム》　スイスなどの補助通貨単位。

実布的利亜《ジフテリア》　伝染病の一。

襯衣《シャツ》　肌着。またワイシャツなど。

石鹼《シャボン》　せっけん。「—玉」

三鞭酒《シャンペン》　［シャンパン］　フランス産の酒。

焼売《シューマイ》　中華料理の一。

襦袢《ジュバン》　和服用の下着。

如雨露《ジョウロ》　草花に水をかける園芸用具。
志《シリング》　イギリスなどの貨幣の旧単位。
果蜜《シロップ》　果汁に砂糖・香料を加えた飲料。
肉汁《スープ》　「野菜―」
停車場《ステーション》　鉄道の駅。
洋股《ズボン》　「半―」「替え―」
小夜曲《セレナーデ》　男が歌う恋の歌。
零《ゼロ》　「―回答」「―歳児」
糎《センチメートル》　メートル法の長さの単位。
仙《セント》　アメリカの貨幣の単位。
曹達《ソーダ》　「―水」「苛性―」

❖タ行

打《ダース》　十二個を一組と数える語。
金剛石《ダイヤモンド》　宝石の一。
単寧《タンニン》　植物に含まれる渋みの成分。
湯麵《タンメン》　中華そばの一。
乾酪《チーズ》　乳製品の一。
窒扶斯《チフス》　伝染病の一。
叉焼《チャーシュー》　やきぶた。「―麺」
炒飯《チャーハン》　やきめし。中国風の飯料理の一。
哨吶《チャルメラ》　屋台の中華そば屋が吹く木管楽器。
丁幾《チンキ》　「ヨード―」
凍原《ツンドラ》　「シベリアの―地帯」
天主《デウス》　[天有主・提宇須]　キリシタン用語で天帝。
卓子《テーブル》　「―クロス」「―スピーチ」
素描《デッサン》　下絵。「―を描く」
天幕《テント》　「―を張る」
船渠《ドック》　船の建造・修理のための施設。「人間―」
虎眼《トラホーム》　伝染性の眼病の一。
弗《ドル》　アメリカの貨幣の単位。
屯《トン》　[噸・噸・瓲]　メートル法の重さの単位。
隧道《トンネル》　山腹や海底などを掘りぬいた通路。

❖ナ行

仮漆《ニス》　塗料。
節《ノット》　船の速度の単位。

❖ハ行

酒場《バー》　カウンターで洋酒を飲ませる所。
口風琴《ハーモニカ》　楽器の一。
提琴《バイオリン》　楽器の一。
白乾児《パイカル》　コーリャンで作る中国の酒の一。
包《パオ》　モンゴルなど遊牧民族の組み立て式住居。
馬穴《バケツ》　ブリキなどで作った水を入れる容器。
籠球《バスケットボール》　球技の一。
牛酪《バター》　[乳酪]　乳製品の一。
伴天連《バテレン》　戦国時代のキリスト教の宣教師。
蜜月《ハネムーン》　新婚旅行。
婆羅門教《バラモンきょう》　古代インドの宗教の一。
抜僧謨《バリウム》　金属元素の一。

麺麭《パン》　「—粉」「食—」「菓子—」

手巾《ハンカチ》　［ハンケチ］「ハンカチーフ」の略。

把手《ハンドル》　「自転車の—」

洋琴《ピアノ》　楽器の一。

麦酒《ビール》　「生—」「缶—」

拳銃《ピストル》　武器の一。

金字塔《ピラミッド》　古代エジプトの墳墓。

天鵞絨《ビロード》　織物の一。

卓球《ピンポン》　球技の一。

呎《フィート》　ヤード・ポンド法で長さの単位。

肉叉《フォーク》　金属性の食器。

蹴球《フットボール》　球技の一。

刷子《ブラシ》　［刷毛］「歯—」

法《フラン》　フランスなどの貨幣の旧単位、スイスなどの貨幣の単位。

鞦韆《ブランコ》　子供の遊具。

錻力《ブリキ》　［鉄葉］薄い鉄板。「—板」

艦橋《ブリッジ》　［船橋］船の見張りや指揮のための場所。

頁《ページ》　「—をめくる」

黒死病《ペスト》　伝染病の一。

野球《ベースボール》　球技の一。

紅殻《ベンガラ》　［弁柄］顔料。

番瀝青《ペンキ》　ペイント。塗料。

短艇《ボート》　「モーター—」

釦《ボタン》　［鈕］「押し—」「金—」

忽布《ホップ》　ビールの原料。

磅《ポンド》　イギリスの貨幣の単位。

封度《ポンド》　［听］ヤード・ポンド法の重さの単位。

喞筒《ポンプ》　「消防—」「真空—」

❖マ行

麻雀《マージャン》　室内遊技。

麻婆豆腐《マーボーどうふ》　中華料理の一。

哩《マイル》　ヤード・ポンド法の距離の単位。

燐寸《マッチ》　「—箱」「—ポンプ」

馬克《マルク》　ドイツなどの貨幣の旧単位。

満俺《マンガン》　金属元素の一。

木乃伊《ミイラ》　「—取りが—になる」

弥撒《ミサ》　カトリックの祭式。

瓱《ミリグラム》　メートル法の重さの単位。

粍《ミリメートル》　メートル法の長さの単位。

米《メートル》　［米突］メートル法の長さの単位。

米利堅《メリケン》　アメリカ。「—粉」「—波止場」

莫大小《メリヤス》　「—のシャツ」

面子《メンツ》　面目。体面。「—がつぶれる」

麺媽《メンマ》　食品の一。しなちく。

莫爾斯《モールス》　「—信号」

❖ヤ行

碼《ヤード》　ヤード・ポンド法の長さの単位。

猶太《ユダヤ》　「—人」「—教」

瑜伽《ヨーガ》　インドの宗教的な行法。

沃度丁幾《ヨードチンキ》　傷などの消毒液。

快走艇《ヨット》　「―ハーバー」

❖ラ　行

老酒《ラオチュウ》　中国の醸造酒の一。

拉麺《ラーメン》　中華そばの一。

辣油《ラーユ》　中華料理に使う調味料。

羅紗《ラシャ》　厚地の毛織物。

羅甸《ラテン》　[拉丁]「―語」

狂詩曲《ラプソディー》　[狂想曲]　音楽用語。

喇嘛教《ラマきょう》　チベットなどの仏教の一派。

洋灯《ランプ》　「石油―」

立《リットル》　メートル法の体積の単位。

淋巴《リンパ》　「―管」「―腺」

留《ルーブル》　ロシアの貨幣の単位。

紅玉《ルビー》　赤い宝石。

留比《ルピー》　インドの貨幣の単位。

老頭児《ロートル》　老人。

浪漫的《ロマンチック》　空想的。非現実的な甘い雰囲気。

❖ワ　行

饂飩《ワンタン》　[雲呑]　中華料理の一。

＊

伊蘇普《イソップ》　イソップ物語の作者。

基督《キリスト》　キリスト教の開祖。

沙翁《シェークスピア》　イギリスの劇作家。

成吉思汗《ジンギスカン》　蒙古帝国の始祖。

忽比烈《フビライ》　[忽必烈]　ジンギスカンの孫で蒙古の皇帝、中国・元の開祖。

摩哈麦《マホメット》　イスラム教の開祖。現在は「ムハンマド」という。

外国の地名

❖ア　行

氷州《アイスランド》　北大西洋の島国。

愛蘭《アイルランド》　[愛蘭土]　アイルランド島にある国名。

亜細亜《アジア》　六大州の一。

雅典《アテネ》　ギリシアの首都。

阿弗利加《アフリカ》　六大州の一。

亜米利加《アメリカ》　大陸名・国名。

亜剌比亜《アラビア》　[亜拉毘亜]「―語」「―数字」

亜爾然丁《アルゼンチン》　国名。

英吉利《イギリス》　国名。

伊太利《イタリア》　[伊太利亜]　国名。

伊蘭《イラン》　国名。

英蘭土《イングランド》　イギリスの主要部をなす地域。

印度《インド》　国名。

維納《ウイーン》　オーストリアの首都。

烏克蘭《ウクライナ》　国名。

宇柳貝《ウルグアイ》　南米にある国名。

浦塩斯徳《ウラジオストク》　ロシアにある都市名。

烏拉児《ウラル》　ロシア中央部の地名。「—山脈」

烏魯木斉《ウルムチ》　中国新疆ウイグル自治区にある都市名。

埃及《エジプト》　国名。

濠太剌利《オーストラリア》　〔濠州・豪州〕国名。

墺太利《オーストリア》　国名。

牛津《オックスフォード》　イギリスにある都市名。「—大学」

和蘭《オランダ》　〔和蘭陀・阿蘭陀〕国名。

❖カ　行

加奈陀《カナダ》　〔加拿太〕国名。

嘉無薩加《カムチャツカ》　ロシアにある半島名。

加州《カリフォルニア》　アメリカにある州名。

玖馬《キューバ》　西インド諸島にある国名。

希臘《ギリシア》　国名。

剣橋《ケンブリッジ》　イギリスにある都市名。「—大学」

高加索《コーカサス》　黒海とカスピ海の間にある山脈。

金門橋《ゴールデンブリッジ》　アメリカのカリフォルニアにある海上を渡る橋。

臥亜《ゴア》　インド西海岸にあるポルトガルの旧植民地。

戈壁《ゴビ》　「—砂漠」

哥倫比亜《コロンビア》　南米にある国名。

❖サ　行

西貢《サイゴン》　ベトナムの都市名でホーチミン市の旧称。

薩哈刺《サハラ》　「—砂漠」

桑港《サンフランシスコ》　アメリカにある都市名。

沙市《シアトル》　アメリカにある都市名。

市俄古《シカゴ》　アメリカにある都市名。

西比利亜《シベリア》　〔西伯利亜〕ロシア東部の広大な地域。

沙室《シャム》　〔暹羅〕タイの旧称。

爪哇《ジャワ》　〔闍婆〕インドネシアの中心をなす島。

上海《シャンハイ》　中国にある都市名。

寿府《ジュネーブ》　スイスにある都市名。

星港《シンガポール》　〔新嘉坡〕国名。

瑞西《スイス》　国名。

瑞典《スウェーデン》　国名。

蘇西《スエズ》　「—運河」

蘇格蘭《スコットランド》　イギリスのグレートブリテン島北部の地方。

西班牙《スペイン》　国名。

❖タ　行

泰《タイ》　国名。旧称シャム。

捷克《チェコ》　「チェコ共和国」の略。国名。

西蔵《チベット》　中国の自治区。

智利《チリ》　国名。

丁抹《デンマーク》　国名。

独逸《ドイツ》　〔独乙〕国名。

土耳古《トルコ》　国名。

吐魯蕃《トルファン》　中国新疆ウイグル自治区のシルクロード上の地。

❖ナ　行

那波里《ナポリ》　イタリアの観光地。

新西蘭《ニュージーランド》　国名。

紐育《ニューヨーク》　アメリカにある都市名。
泥婆羅《ネパール》　インドの北部にある国名。
諾威《ノルウェー》　［那威］　国名。

❖ハ　行

海牙《ハーグ》　オランダにある都市名。
真珠湾《パールハーバー》　ハワイのオアフ島にある軍港。
貝加爾湖《バイカルこ》　ロシアにある湖。
巴奈馬《パナマ》　［巴奈麻］　国名。「―運河」
巴羅貝《パラグアイ》　南米にある国名。
巴里《パリ》　フランスの首都。
聖林《ハリウッド》　アメリカにある映画の都。
巴爾幹《バルカン》　ヨーロッパ大陸の南東部。「―半島」
布哇《ハワイ》　アメリカの州名および島々。「―諸島」
洪牙利《ハンガリー》　東ヨーロッパにある国名。
晩香坡《バンクーバー》　カナダにある都市名。
盤谷《バンコク》　タイの首都。
漢堡《ハンブルク》　ドイツにある都市名。
緬甸《ビルマ》　国名。現在の「ミャンマー」。
比律賓《フィリピン》　国名。
芬蘭《フィンランド》　国名。
伯剌西爾《ブラジル》　［巴西］　国名。
仏蘭西《フランス》　国名。
勃牙利《ブルガリア》　バルカン半島にある国名。
普魯西《プロシア》　ドイツ北部地方プロイセンの英語名。
北京《ペキン》　中国の首都。
越南《ベトナム》　国名。
秘露《ペルー》　南米にある国名。
白耳義《ベルギー》　国名。
波斯《ペルシア》　イランの旧称。
伯林《ベルリン》　ドイツの首都。
波蘭《ポーランド》　東ヨーロッパにある国名。
花瑠瑠《ホノルル》　ハワイのオアフ島にある都市名。
葡萄牙《ポルトガル》　国名。
香港《ホンコン》　中国にある都市名。もとイギリスの植民地。
孟買《ボンベイ》　インドにある都市名。

❖マ　行

澳門《マカオ》　中国にある都市名。もとポルトガルの植民地。
馬徳里《マドリード》　スペインの首都。
馬尼羅《マニラ》　フィリピンの首都。
馬耳塞《マルセイユ》　フランスにある都市名。
馬来《マレー》　インドシナ半島にある半島。
米蘭《ミラノ》　イタリアの都市名。
墨西哥《メキシコ》　国名。
墨加《メッカ》　サウジアラビアにあるイスラム教の聖地。
莫斯科《モスクワ》　ロシアの首都。
摩洛哥《モロッコ》　アフリカにある国名。
門土里留《モントリオール》　カナダにある都市名。

❖ヤ 行

欧亜《ユーラシア》 「—大陸」

欧羅巴《ヨーロッパ》 六大州の一。

❖ラ 行

拉薩《ラサ》 中国チベット自治区にある都市名。

蘭貢《ラングーン》 ミャンマー（ビルマ）の首都。

利比亜《リビア》 アフリカ北部にある国名。

羅馬尼亜《ルーマニア》 バルカン半島にある国名。

呂宋《ルソン》 フィリピンにある島名。

羅馬《ローマ》 イタリアの首都。

羅府《ロサンゼルス》 アメリカにある都市名。

露西亜《ロシア》 ［魯西亜］ 国名。

倫敦《ロンドン》 イギリスの首都。

❖ワ 行

華盛頓《ワシントン》 ［華府］ アメリカの首都。

第三部

◉第一部、第二部に収録した語彙を読みの五十音順に配列しています。

第三部は書けない漢字表記を知りたい時に、また、本書の索引としても活用してください。

❖あ

ああ 嗚呼 034
アーモンド 扁桃 211
アール 亜 219
あい 間 181
あい 藍 214
あいえんきえん 合縁奇縁 198
あいおい 相生 139
あいかた 敵娼 103
あいがも 間鴨［合鴨］ 206
あいがん 愛玩［愛翫］ 098
あいぎ 間着［合着］ 181
あいきょう 愛敬［愛嬌］ 098
あいくち 匕首［合口］ 025
あいさつ 挨拶 068
あいしょう 愛妾 098
アイスキャンデー 氷菓子 219
アイスランド 氷州 223
あいぜんみょうおう 愛染明王 098
あいそ 愛想［あいそう］ 098
あいたいずく 相対尽く 139
あいつ 彼奴［あやつ・きゃつ］ 059
あいづち 相槌 139
あいなめ 鮎魚女［鮎並・相嘗魚］ 207
あいにく 生憎 133
あいのこ 間の子［合の子］ 181
あいのて 間の手［合の手］ 181
あいびき 逢引［媾曳］ 045 091
あいぶ 愛撫 098
あいまい 曖昧 107
あいまいもこ 曖昧模糊 198
あいまって 相俟って 139
アイルランド 愛蘭［愛蘭土］ 223
あいろ 隘路 095
あう 逢う［会う］ 091
あう 遇う［遭う］ 092
あうん 阿吽［阿呍］ 094
あえぐ 喘ぐ 034
あえて 敢えて 102
あえない 敢え無い 102
あえもの 和物 032
あおい 葵 214
あおい 蒼い［青い］ 088
あおうまのせちえ 白馬節会 137
あおぎり 梧桐［青桐・青梧桐］ 211
あおぐ 扇ぐ［煽ぐ］ 100
あおぐろい 黝い［青黒い］ 195
あおっぱな 青っ洟 184
あおにび 青鈍 184
あおのり 青海苔［海苔菜・乾海苔］ 217
あおむけ 仰向け 011
あおる 呷る 031
あおる 煽る 125
あか 垢 038
あかい 紅い［赤い］ 152
あかがね 銅 178
あかぎれ 皹［ひび］［皸］ 138
あがく 足掻く 172
あかご 赤児［赤子］ 171
あかし 証 165
あかだし 赤出汁 171
あかつち 赭土［しゃど］［赤土］ 171
アカデミー 翰林院 219
あがなう 購う 171
あがなう 贖う 171
あかね 茜［茜草］ 214
あかねいろ 茜色 085
あがめる 崇める 052
あからがお 赭ら顔［赤ら顔］ 171
あからさま 明ら様［明白］ 105
あかり 灯り 124
あがりかまち 上がり框 005
あきあき 厭き厭き［飽き飽き］ 027
あきのくに 安芸国 218
あきらめる 諦める 168
あきる 厭きる［飽きる・倦きる］ 014 027
あきれる 呆れる［惘れる］ 031 064
あきんど 商人 033
あく 灰汁 124
あくせく 齷齪［偓促］ 196
あくた 芥 083
あくば 悪罵 097

あくび　欠伸　［欠］　120
あくまで　飽く迄　189
あぐむ　倦む　014
あぐら　胡坐　110
あくらつ　悪辣　097
あくりょう　悪霊　097
あけ　朱　［緋］　114 155
あけたて　開け閉て　181
あげつらう　論う　167
あげはちょう　揚羽蝶　［鳳蝶］　209
あけび　木通　［通草・山女］　211
あけぼの　曙　107
あご　顎　［頤］　187
あこうだい　赤魚鯛　［阿候鯛］　207
アコーデオン　手風琴　219
あこがれ　憧れ　［憬れ］　064
あこぎ　阿漕　094
あざ　痣　136
あさぎいろ　浅葱色　［浅黄色］　075
あさげ　朝餉　108
あざける　嘲る　035

あさつき　浅葱　［糸葱］　216
あさって　明後日　106
あさで　浅傷　［浅手］　075
あざな　字　045
あざなう　糾う　［糺う］　152
あさなぎ　朝凪　108
あさはか　浅墓　075
あさひ　旭　［朝日］　105
あさぼらけ　朝朗　108
あざみ　薊　214
あざらし　海豹　205
あさり　浅蜊　210
あさる　漁る　079
あざわらう　嘲う　［嘲笑う］　035
あし　葦　［よし］［蘆・葭］　214
あじ　鰺　207
アジア　亜細亜　223
あしか　海馬　［海驢・葦鹿］　205
あしかせ　足枷　172
あしからず　悪しからず　097
あしげ　葦毛　087

あしげ　足蹴　172
あじさい　紫陽花　［紫陽草・八仙花］　211
あしざま　悪し様　097
あした　明日　106
あした　朝　108
あしでまとい　足手纏い　172
あしもと　足許　［足元・足下］　172
あじゃり　阿闍梨　094
あしゅら　阿修羅　094
あじろ　網代　155
あすか　飛鳥　［明日香］　219
あずかる　与る　005
あずき　小豆　［赤小豆・紅小豆］　216
あずさ　梓　211
あすなろ　翌檜　［明檜・羅漢柏］　211
アスファルト　土瀝青　219
あずま　東　［吾妻］　115
あずまえびす　東夷　115
あずまや　四阿　［東屋］　036 115
あぜ　畦　［畔］　134 135

あぜくらづくり　校倉造　116
あせび　馬酔木　［あしび・あせぼ］　211
あせみずく　汗水漬　073
あせも　汗疹　073
あせる　褪せる　148
あぜん　啞然　033
あそこ　彼所　［あすこ・かしこ］［彼処］　059
あだ　仇　009
あだ　婀娜　044
あだ　徒　059
あたう　能う　110
あたかも　恰も　［宛も］　046 063
あだな　徒名　［仇名］　009 059
あだな　渾名　［綽名］　078 154
あだばな　徒花　059
あだやおろそか　徒や疎か　059
あたら　可惜　029
あたる　中る　［当たる］　006
あちこち　彼方此方　［おちこち］　059
あちら　彼方　059

あつい 篤い ［厚い］ 150
あつかん 熱燗 128
あっけ 呆気 031
あっこうぞうごん 悪口雑言 198
あっせん 斡旋 103
あっぱれ 天晴 ［適］ 041
あつらえる 誂える 166
あつれき 軋轢 174
あてがいぶち 宛行扶持 046
あてがう 宛行う ［充行う］ 016 046
あてな 宛名 046
アテネ 雅典 223
あでやか 艶やか 160
あと 痕 ［跡］ 136
あとかた 跡形 172
あとじさり 後退り ［あとずさり］ 059
あな 孔 ［穴］ 045
あながち 強ち 057
あなご 穴子 ［海鰻］ 207
あなた 彼方 059
あなた 貴方 170
あに 義兄 ［ぎけい］ 157
あにはからんや 豈図らんや 169
あによめ 嫂 ［兄嫁］ 045
あねご 姐御 ［姉御］ 043
あの 彼の 059
あばく 発く ［暴く］ 137
あばずれ 阿婆擦れ 094
あばた 痘痕 136
あばらぼね 肋骨 ［ろっこつ］ 109
あばらや 荒屋 ［荒家］ 085
あびきょうかん 阿鼻叫喚 198
あひる 家鴨 ［鶩］ 206
あぶ 虻 209
あぶくぜに 泡銭 074
あぶみ 鐙 180
あぶら 脂 ［膏］ 110 112
アフリカ 阿弗利加 223
あぶる 炙る ［焙る］ 124 125
あふれる 溢れる 078
あへん 鴉片 ［阿片］ 194
あほう 阿呆 ［阿房］ 094
あほうどり 信天翁 ［阿房鳥］ 206
あま 海女 075
あまがける 天翔る ［あまかける］ 041
あまざらし 雨晒し 183
あまた 数多 ［許多］ 102 165
あまつさえ 剰え 023
あまてらすおおみかみ 天照大御神 ［天照大神］ 041
あまねく 遍く ［普く］ 092 107
あまのじゃく 天の邪鬼 041
あまもよい 雨催い 183
あみ 醤蝦 210
あみがさ 編笠 155
あみだ 阿弥陀 094
あめ 飴 189
あめいせんそう 蛙鳴蟬噪 198
あめうし 黄牛 ［飴牛］ 195
アメジスト 紫水晶 219
あめつち 天地 041
あめのむらくものつるぎ 天叢雲剣 041
アメリカ 亜米利加 223
あめんぼ 水黽 ［水馬］ 209
あや 綾 ［文］ 103 155
あやかる 肖る 109
あやしい 妖しい ［怪しい］ 043
あやまる 謬る ［誤る］ 168
あやめ 菖蒲 214
あやめる 殺める ［危める］ 027 121
あゆ 鮎 ［香魚・年魚・記月魚］ 207
あゆついしょう 阿諛追従 198
あらいぐま 浣熊 ［洗熊］ 205
あらがう 抗う ［争う・諍う］ 008 065 167
あらかじめ 予め 007
あらかた 粗方 151
あらかん 阿羅漢 094
あらぎょう 荒行 085
あらさがし 粗探し 151
あらし 嵐 052
あらず 非ず 184
あらたか 灼か 124
あらたまる 革まる 185

あらためる　検める　[改める]　118
アラビア　亜刺比亜　[亜拉毘亜]　223
あらひとがみ　現人神　130
あらゆる　凡ゆる　[所有]　019　100
あられ　霰　184
あらわ　露　[顕]　184　187
あり　蟻　209
ありか　在処　037
ありがとう　有難う　108
ありきたり　在来り　037
ありくい　食蟻獣　205
ありさま　有様　[ありよう]　108
ありったけ　有っ丈　108
ありてい　有体　[有態]　108
ある　或　099
あるいは　或は　099
アルカリ　亜爾加里　219
アルコール　酒精　[亜爾箇保児]　219
あるじ　主　006
アルゼンチン　亜爾然丁　223
あれ　彼　059
あれこれ　彼是　059
あわ　沫　[泡]　074
あわ　粟　216
あわい　間　181
あわじのくに　淡路国　218
あわせ　袷　147
あわてる　周章てる　[慌てる]　031
あわのくに　安房国　217
あわのくに　阿波国　218
あわび　鮑　[鰒・石決明]　210
あわれむ　憐れむ　[哀れむ]　064
あん　餡　189
あんあんり　暗暗裡　[暗暗裏]　107
あんいつ　安佚　[安逸]　046
あんか　行火　058
あんぎゃ　行脚　058
あんきょ　暗渠　107
あんこう　鮟鱇　207
あんじゅ　庵主　[あんしゅ]　056
あんしょう　暗礁　107
あんしょう　暗誦　[暗唱・諳誦]　107　167
あんず　杏子　[杏]　212
あんたん　暗澹　107
あんちゃん　兄ちゃん　016
あんど　安堵　046
あんどん　行灯　058
あんば　鞍馬　185
あんばい　塩梅　039
あんばい　按配　[按排・案配]　067
あんぶん　按分　[案分]　067
あんぽんたん　安本丹　046
あんま　按摩　067
アンモニア　安母尼亜　219

❖い

い　亥　009
いい　良い　[好い・善い]　034　043　160
いい　謂　167
いいぐさ　言い種　[言い草]　164
いいだくだく　唯唯諾諾　198
いいだこ　飯蛸　[章花魚・望潮魚]　210
いいなずけ　許嫁　[許婚]　165
いいにくい　言い悪い　[言い難い]　164
いう　云う　[言う・謂う]　008　167
いえども　雖も　183
いえのころうとう　家子郎党　[郎等]　047
いえる　癒える　137
いおう　硫黄　[ゆおう]　142
いおり　庵　056
いか　紙鳶　[凧]　152
いか　烏賊　[墨魚・柔魚]　210
いが　毬　122
いがい　遺骸　093
いかいよう　胃潰瘍　109
いかが　如何　043
いかく　威嚇　044
いかさま　如何様　043
いかずち　雷　183
いかだ　筏　[桴]　149
いかつい　厳つい　049
いかでか　争でか　[如何でか]　008
いかなご　玉筋魚　[如何児・梭魚　008

子〕 207
いかに 如何に 043
いがのくに 伊賀国 218
いかばかり 如何許り 043
いがみあう 啀み合う 033
いかめしい 厳しい 049
いかり 碇〔錨〕 142 180
いかる 鵤〔斑鳩〕 206
いかん 如何〔奈阿〕 042 043
いがん 胃癌 109
いき 粋 151
いきけんこう 意気軒昂 198
いきさつ 経緯 153
いきせききる 息急き切る 097
いきそそう 意気阻喪 198
いぎたない 寝穢い 047
いきづく 息衝く 097
いきなり 行き成り 058
いきのくに 壱岐国 219
いきぼとけ 生仏 133
いぎょう 異形 134
イギリス 英吉利 223
いきりたつ 熱り立つ 128
いきりょう 生霊〔いきすだま〕 133
いきる 活きる〔生きる〕 075
いきれ 熱れ〔熅れ〕 125 128
いく 往く〔ゆく〕〔行く〕 058
いくさ 軍〔戦〕 174
いぐさ 藺草 214
いくじ 意気地 098
いくたり 幾人 055
いくどうおん 異口同音 198
いくとせ 幾年〔幾歳〕 055
いくばく 幾何〔幾許〕 055
いくび 猪首〔猪頸〕 082
いけいれん 胃痙攣 110
いけうお 活魚 075
いけす 生簀 133
いげた 井桁 008
いけづくり 活作り〔生作り〕 075
いけどり 生捕り 133
いけにえ 生贄〔犠牲〕 130 133
いけばな 活花〔生花〕 075
いける 埋ける 038
いこう 息う〔憩う〕 097
いこう 衣桁 162
いこじ 依怙地〔意固地〕 012
いさお 功〔いさおし〕〔勲〕 023 128
いさかい 諍い 167
いさき 鶏魚〔伊佐木〕 207
いさご 砂〔砂子・沙〕 142
いささか 聊か〔些か〕 008 158
いざなう 誘う 166
いさめる 諫める 168
いざよい 十六夜 025
いさりび 漁火 079
いざる 膝行る 112
いし 縊死 155
いじくる 弄る 056
いしころ 石塊〔いしくれ〕 141
いしだたみ 甃〔石畳〕 132
いしぶみ 碑〔石文〕 143
いじめる 苛める〔虐める〕 084 160
いしもち 石首魚〔石持〕 207
いしゃりょう 慰藉料〔慰謝料〕 099
いしゅう 蝟集 161
いしゅく 萎縮 086
いしょう 衣裳〔衣装〕 162
いじる 弄る 056
いす 椅子 117
いすか 鶍〔交喙〕 206
いすくめる 射竦める 048
いずくんぞ 安んぞ〔焉んぞ〕 046 127
いずこ 何処 011
いずのくに 伊豆国 218
いずみのくに 和泉国 218
いずものくに 出雲国 218
いせのくに 伊勢国 218
いずれ 何れ〔孰れ〕 011 045
いぜん 依然 012
いそ 磯 143
いそうろう 食客〔居候〕 188
いそぎんちゃく 磯巾着 210
いそじ 五十路〔五十〕 008

いそしむ 勤しむ 024
イソップ 伊蘇普 223
いそめ 磯蚯蚓 [磯目] 210
いたいけ 幼気 055
いだく 懐く [抱く] 064
いたけだか 威丈高 [居丈高] 044 050
いたずら 悪戯 097
いたずらに 徒に 059
いただく 戴く [頂く] 100
いたち 鼬 [鼬鼠] 205
いだてん 韋駄天 186
いたどり 虎杖 214
いたぶる 甚振る 133
いためる 炒める 124
イタリア 伊太利 [伊太利亜] 223
いたる 到る [至る] 022
いたわさ 板山葵 115
いたわる 労る 023
いち 壱 039
いちい 櫟 212
いちいたいすい 一衣帯水 198

いちおう 一往 [一応] 004
いちかばちか 一か八か 004
いちげん 一見 004
いちご 苺 [莓] 216
いちごいちえ 一期一会 198
いちじく 無花果 [映日果] 212
いちじつせんしゅう 一日千秋 198
いちじゅういっさい 一汁一菜 198
いちず 一途 004
いちはつ 鳶尾 [一八・紫羅蘭] 214
いちはやく 逸早く 091
いちばんどり 一番鶏 004
いちべつ 一瞥 004
いちもくりょうぜん 一目瞭然 198
いちもつ 逸物 091
いちょう 銀杏 [鴨脚樹・公孫樹] 212
いちりゅうまんばい 一粒万倍 198
いちる 一縷 004
いちれんたくしょう 一蓮托生 198
いつ 何時 011
いっかくせんきん 一攫千金 198

いっかけんぞく 一家眷属 198
いっき 一揆 004
いっきかせい 一気呵成 198
いっきく 一掬 004
いつきのみや 斎宮 185
いつくしむ 愛しむ [慈しむ] 098
いっこ 一顧 004
いっし 一矢 004
いっしゃせんり 一瀉千里 198
いっしゅう 一蹴 004
いったん 一旦 004
いっちょういっせき 一朝一夕 198
いっぱし 一端 004
いっぴのちから 一臂之力 198
いつぶす 鋳潰す 179
いつらく 佚楽 [逸楽] 011
いつわる 詐る [偽る] 165
いてき 夷狄 042
いでたち 出立ち 020
いてつく 凍て付く 019
いでゆ 出湯 020

いてる 凍てる 019
いとう 厭う 027
いとぐち 緒 [糸口] 154
いとけない 幼い [稚い] 055 145
いとこ 従兄弟 [従姉妹] 059
いとしい 愛しい 098
いとま 暇 [遑] 092 107
いとも 最も 108
いなか 田舎 133
いなご 蝗 [稲子] 209
いなす 往なす [去なす] 027 058
いなずま 電 [いなづま][稲妻] 183
いなせ 鯔背 193
いななく 嘶く 035
いなばのくに 因幡国 218
いなり 稲荷 145
いにしえ 古 029
いにょう 囲繞 [いじょう] 036
いぬ 戌 099
いぬ 狗 [犬] 205
いねこき 稲扱き 145

いねむり 居睡り［居眠り］ 050
いのしし 猪 205
いのちからがら 命辛辛 032
いのちみょうが 命冥加 032
いのる 禱る［祈る］ 144
いはい 位牌 011
いはつ 衣鉢 163
いばら 茨［棘・荊］ 085 117
いび 萎靡 086
いびき 鼾 196
いびつ 歪 121
いふ 畏怖 134
いぶ 慰撫 099
いぶかしい 訝しい 165
いぶき 息吹 097
いぶき 伊吹 212
いぶしぎん 燻し銀 126
いぶす 燻す 126
いぼ 疣 135
いほう 彙報 058
いまいましい 忌忌しい 096
いましめる 誡める［戒める］ 166
いまだに 未だに 114
いままで 今迄 009
いまもって 今以て 009
いまわのきわ 今際の際 009
いみことば 忌詞［忌言葉］ 096
いみな 諱 167
いむ 斎む［忌む］ 185
いも 薯［芋・藷］ 216
いもがら 芋幹 083
いもちびょう 稲熱病 145
いもづるしき 芋蔓式 083
いもの 鋳物 179
いもり 井守［蠑螈］ 210
いや 厭［嫌］ 027
いや 否 031
いやいや 厭厭［嫌嫌］ 027
いやいや 否否 031
いやおうなしに 否応無しに 031
いやがうえにも 弥が上にも 057
いやさか 弥栄 057
いやしい 賤しい［卑しい］ 170
いやしくも 苟も 084
いやす 癒す［医す］ 025 137
いやみ 厭味［嫌味］ 027
いよいよ 愈［弥］ 057 098
いよのくに 伊予国 218
いらいら 苛苛 084
いらう 弄う 056
いらか 甍 132
いらくさ 刺草［蕁麻］ 214
いらだつ 苛立つ 084
イラン 伊蘭 223
いりあい 入会 017
いりあい 入相 017
いりまめ 煎豆［炒豆］ 124 128
いりもやづくり 入母屋造 017
いる 煎る［炒る・熬る］ 124 128
いるか 海豚 205
いれこ 入籠 017
いれずみ 文身［入墨・刺青］ 022 103
いればくろ 入黒子 017
いれもの 容物［入れ物］ 047
いれる 容れる［入れる］ 047
いれる 淹れる［入れる］ 076
いろいろ 種種［くさぐさ］［色色］ 145
いろり 囲炉裏 036
いわ 磐［岩・巌］ 143
いわお 巌［いわ］ 052
いわく 曰く 107
いわし 鰯［鰮］ 207
いわしみず 石清水［岩清水］ 141
いわな 岩魚［嘉魚］ 207
いわば 謂ば［言わば］ 167
いわみのくに 石見国 218
いわゆる 所謂 100
いわれ 謂れ 167
いわんや 況や 074
いんいつ 淫佚［淫逸］ 076
いんえい 陰翳［陰影］ 094
インキ 洋墨［インク］ 219
いんぎんぶれい 慇懃無礼 198
イングランド 英蘭土 223

いんこ 鸚哥 206
いんこう 咽喉 032
いんこう 淫行 076
いんごう 因業 036
いんじゅんこそく 因循姑息 198
いんしん 殷賑 121
いんせい 隠棲［隠栖］ 095
いんせき 姻戚 044
いんせき 隕石 095
インチ 吋 219
インド 印度 223
いんとう 淫蕩 076
いんとん 隠遁 095
いんねん 因縁 036
いんばい 淫売 076
いんび 淫靡 076
いんぺい 隠蔽 095
いんめつ 湮滅 077
いんろう 印籠 027

❖う

う 卯 027
う 鵜 206
うい 愛い 098
ウイーン 維納 223
ういういしい 初初しい 021
ういきょう 茴香 214
ういてんぺん 有為転変 198
ういろう 外郎 040
ウーロンちゃ 烏竜茶 219
うえる 餓える［飢える］ 189
うえん 烏焉 127
ウオツカ 火酒 219
うかい 迂回 090
うがい 嗽［含嗽］ 030 035
うかがう 覗う［窺う］ 146 164
うかつ 迂闊 090
うがつ 穿つ 146
うき 浮子［浮］ 076
うきぶくろ 鰾 193
うきめ 憂目 099
うぐい 鯎［石斑魚］ 207
うぐいす 鶯 206
ウクライナ 烏克蘭 223
うけ 有卦 108
うけおい 請負 167
うけがう 首肯う［肯う・諾う］ 189
うげつ 雨月 183
うける 享ける［受ける］ 009
うける 承ける［受ける］ 101
うごうのしゅう 烏合之衆 198
うこさべん 右顧左眄 198
うごめく 蠢く 162
うさぎ 兎 205
うさんくさい 胡散臭い 110
うし 丑 005
うじ 蛆 209
うしお 潮［汐］ 080
うしとら 丑寅［艮］ 005
うしなう 喪う［失う］ 034
うしみつ 丑三［丑満］ 005
うじむし 蛆虫 161
うしろだて 後ろ盾［後ろ楯］ 059
うす 臼 159
うずく 疼く 136
うずくまる 蹲る［踞る］ 172 173
うずたかい 堆い 038
うすのろ 薄鈍 089
うすべり 薄縁 089
うずまる 埋まる 038
うずら 鶉 206
うすらひ 薄氷［うすらい］ 089
うせる 失せる 042
うそ 嘘 034
うそ 鷽 206
うぞうむぞう 有象無象 198
うそつき 嘘吐き 034
うそぶく 嘯く 035
うたう 唄う［歌う］ 032
うたう 詠う 165
うたう 謳う 168
うたかた 泡沫 074

うたぐる 疑る 135
うたげ 宴 046
うたたね 転寝 174
うだつ 梲 117
うだる 茹だる［ゆだる］ 085
うち 中［内］ 006
うち 家 047
うちのり 内法 010
うちまたごうやく 内股膏薬 198
うちわ 団扇 036
うつ 鬱 192
うつぎ 空木［卯木］ 212
うづき 卯月 027
うつけ 空［虚］ 145 160
うつす 遷す［移す］ 093
うっすら 薄ら 089
うつせみ 空蟬 145
うっそう 鬱蒼 192
うっちゃる 打遣る［打棄る］ 065
うつつ 現 130
うっとうしい 鬱陶しい 192

うつぶせ 俯せ 014
うっぷん 鬱憤 192
うつぼ 鱓 207
うつぼかずら 靫蔓［猪籠草］ 214
うつぼつ 鬱勃 192
うつむく 俯く 014
うつろ 空ろ［虚ろ］ 145 160
うでっこき 腕っ扱き 111
うてな 台 029
うでまくり 腕捲り 111
うど 独活［土当帰］ 216
うどん 饂飩 189
うなぎ 鰻 207
うなされる 魘される 193
うなじ 海路 075
うなじ 項 186
うなずく 頷く［首肯く］ 187 189
うなだれる 項垂れる 186
うなばら 海原 075
うなる 唸る 033
うに 雲丹 183

うに 海胆［海栗］ 210
うぬ 汝［己］ 053 073
うぬぼれ 自惚れ［己惚れ］ 053 159
うね 畝［畦］ 134 135
うのけ 兎の毛 017
うのはなくたし 卯の花腐し 027
うのみ 鵜呑み 194
うば 乳母［めのと］ 007
うば 姥［媼］ 044
うばがい 姥貝 210
うばざくら 姥桜 044
うぶ 初［初心］ 021
うぶぎ 産衣［産着］ 133
うぶすながみ 産土神 133
うべなう 宜なう［肯う・諾う］ 046 109 167
うま 午 026
うまい 巧い［上手い］ 005 052
うまい 甘い［旨い・美味い］ 105 133 157
うまずめ 石女 142
うまに 甘煮［旨煮］ 105 133

うまや 厩［馬屋］ 027
うみ 膿 113
うむ 倦む 014
うむ 熟む 128
うめく 呻く 031
うやむや 有耶無耶 198
うゆう 烏有 127
うよきょくせつ 紆余曲折 198
うらがれる 末枯れる 113
うらごし 裏漉し 163
うらさびしい 心寂しい［心淋しい］ 096
ウラジオストク 浦塩斯徳 223
うらだな 裏店 163
うらない 卜［占い］ 026
うらなり 末生り［末成り］ 113
うらぼん 盂蘭盆 138
うらみ 憾み 065
うらみ 怨み［恨み］ 096
うらやむ 羨む 157
うららか 麗か 195

ウラル　烏拉児　224
うり　瓜　216
うりざねがお　瓜実顔　132
うるうどし　閏年　181
ウルグアイ　宇柳貝　223
うるさい　煩い［五月蝿い］　008 125
うるさがた　煩型　125
うるち　粳　151
ウルムチ　烏魯木斉　224
うるめいわし　潤目鰯　207
うれえる　患える［憂える・愁える］　098
うれしい　嬉しい　045
うろ　空［虚・洞］　075 145 160
うろ　烏鷺　127
うろおぼえ　疎覚え　135
うろこ　鱗［こけ］　193
うろたえる　狼狽える　082
うろつく　彷徨く　058
うろぬく　疎抜く　135
うろん　胡乱　110
うわぎ　上衣［上着］　005
うわぎ　表着［上着］　163
うわぐすり　釉［釉薬］　176
うわごと　譫言［囈言］　036 168
うわさ　噂　035
うわばみ　蟒蛇　210
うんか　雲霞　183
うんか　浮塵子　209
うんさん　雲散　183
うんさんむしょう　雲散霧消　198
うんしゅうみかん　温州蜜柑　212
うんちく　蘊蓄　089
うんぬん　云云　008
うんぷてんぷ　運否天賦　199
うんも　雲母［きらら］　183

❖え

え　画［絵］　020
えい　鱏［鱝・海鷂魚］　207
えいこう　曳航　108
えいじ　嬰児［みどりご］　045
えいち　叡智［英知］　028
えいまい　英邁　084
えいようえいが　栄耀栄華　199
エーテル　依的児　219
えがく　画く［描く］　020
えがらっぽい　蘞辛っぽい［いがらっぽい］　090
エキス　越幾斯　219
えぐい　蘞い［刳い］　022 090
えくぼ　靨［笑窪］　148 185
えぐる　抉る［刳る］　022 065
えこう　回向［廻向］　036 056
えごのり　恵胡海苔　217
えこひいき　依怙贔屓　199
えさ　餌　189
えし　壊死　039
えじき　餌食　189
エジプト　埃及　224
えしゃじょうり　会者定離　199
えせ　似非［似而非］　012
えぞ　蝦夷［えみし］　219
えたい　得体　061
えだみち　岐路［きろ］　051
えちごのくに　越後国　218
えちぜんのくに　越前国　218
えっちゅうのくに　越中国　218
えと　干支［かんし］　054
えど　穢土　145
えな　胞衣　110
えにし　縁　155
エニシダ　金雀児［金雀枝］　212
えのき　榎　212
えび　海老［蝦］　210
えびす　恵比寿［夷・蛭子・戎］　042 097 161
えびちゃ　葡萄茶［海老茶］　087
えほう　吉方［恵方］　029 097
えぼし　烏帽子　127
エホバ　耶父華［ヤハウェ］　219
エメラルド　翠玉　219
えもんかけ　衣紋掛［衣文掛］　163
えら　鰓　193
えらい　豪い［偉い］　169

えらぶ 択ぶ ［選ぶ］ 066
えり 衿 ［襟］ 147
えりごのみ 選り好み 093
える 選る 093
エレキ 越列幾 219
えんえき 演繹 079
えんえん 蜿蜒 ［蜿蜿・蜒蜒］ 161
えんおうのちぎり 鴛鴦之契 199
えんか 嚥下 ［えんげ］ 036
えんきょく 婉曲 044
えんげん 淵源 077
えんご 掩護 069
えんこん 怨恨 096
えんさ 怨嗟 096
えんざい 冤罪 018
えんじ 臙脂 113
えんじゅ 槐 212
えんすい 円錐 018
えんせい 厭世 027
えんせき 縁戚 155
えんぜん 婉然 044
えんち 苑池 ［園池］ 084
えんてい 堰堤 038
えんどう 豌豆 216
えんばく 燕麦 216
えんぴ 猿臂 083
えんびふく 燕尾服 128
えんぷくか 艶福家 160
えんぺい 掩蔽 069
えんま 閻魔 182

❖お

おあい 汚穢 ［おわい］ 073
おい 甥 133
おいしい 美味しい 157
おいて 措いて 069
おいて 追風 090
おいて 於て ［於いて］ 104
おいはぎ 追剝 090
おいぼれ 老耄 158
おいら 己等 ［俺等］ 014 053
おいらん 花魁 ［華魁］ 083 086
おう 逐う ［追う］ 091
おういつ 横溢 119
おうう 奥羽 219
おうか 謳歌 168
おうが 横臥 119
オーケストラ 管弦楽 219
おうし 牡牛 ［雄牛］ 129
おうじょう 往生 058
おうせ 逢瀬 091
おうせい 旺盛 105
おうだん 黄疸 195
おうと 嘔吐 034
おうとう 桜桃 212
おうな 媼 ［嫗・老女］ 045
おうな 老女 ［媼・嫗］ 158
おうなつ 押捺 066
おうのう 懊悩 064
おうばくしゅう 黄檗宗 195
おうばんぶるまい 椀飯振舞 ［大盤］ 199
おうへい 横柄 ［押柄］ 066 119
おうまがとき 逢魔が時 091
おうみのくに 近江国 218
おうむ 鸚鵡 206
おうよう 鷹揚 ［大様（おおよう）］ 194
オーロラ 極光 219
おえしき 御会式 060
おえつ 嗚咽 034
おえらがた 御偉方 060
おおう 被う ［覆う・蔽う・蓋う・掩う］ 069 087 088 147
おおかみ 狼 205
おおぎょう 大仰 ［大形・大業］ 041
おおぎり 大喜利 ［大切り］ 041
おおげさ 大袈裟 041
おおざっぱ 大雑把 041
オーストラリア 濠太剌利 ［濠州・豪州］ 224
オーストリア 墺太利 224
おおすみのくに 大隅国 219
おおせつかる 仰せ付かる 011
おおせる 果せる ［遂せる］ 092 114

おおだな　大店　041
おおづかみ　大摑み　041
おおつごもり　大晦　[大晦日]　041
おおなた　大鉈　041
おおばこ　大葉子　[車前草]　214
おおぶり　大風　[大振り]　041
おおみそか　大晦日　041
おおむね　概ね　[大旨]　118
おおやしま　大八洲　041
おおよう　大様　[鷹揚(おうよう)]　041
おおよそ　大凡　[凡]　041
おおるり　大瑠璃　206
おおわらわ　大童　041
おか　岡　[丘]　051
おか　陸　095
おがくず　大鋸屑　041
おかしい　可笑しい　029
おかず　御菜　[御数]　060
おかどちがい　御門違い　060
おかぼ　陸稲　216
おかぼれ　傍惚れ　[岡惚れ]　015 051

おかみ　女将　042
おかみ　御内儀　[御上]　060
おかめはちもく　傍目八目　[岡目]　199
おかやき　傍焼　[岡焼]　015
おから　雪花菜　183
おがら　麻幹　[苧殻]　084 195
おがわら　牡瓦　[男瓦]　129
おかん　悪寒　097
おかんむり　御冠　060
おき　熾　[燠]　126
おきあがりこぼし　起上小法師　171
おきて　掟　069
おきな　翁　157
おきゃん　御俠　060
おく　擱く　072
おぐし　御髪　060
おくする　臆する　112
おくそく　臆測　[憶測]　112
おくつき　奥津城　042
おくて　晩稲　107

おくて　晩生　107
おくにかぶき　阿国歌舞伎　094
おくび　噯気　035
おくびょう　臆病　112
おくめん　臆面　112
おくりな　諡　[贈名]　168
おくるみ　御包み　060
おくれげ　後れ毛　059
おくればせ　後れ馳せ　059
おけ　桶　117
おけら　朮　214
おけらまいり　朮参り　[白朮参り]　113
おける　於ける　104
おこ　烏滸　127
おこうこ　御香香　060
おこし　粔籹　[興]　151
おこす　熾す　126
おごのり　海髪　[うご][於胡海苔]　217
おこぼれ　御零れ　060
おこり　瘧　136
おごる　驕る　[傲る・倨る]　015 191

おごる　奢る　042
おこわ　御強　060
おさ　長　181
おさなご　幼児　[幼子]　055
おさなじみ　幼馴染　055
おざなり　御座なり　060
おさらい　御浚い　060
おさんどん　御爨どん　060
おじ　伯父　012
おじ　叔父　028
おじいさん　御祖父さん　060
おじいさん　御爺さん　060
おしき　折敷　066
おじぎそう　含羞草　214
おしくらまんじゅう　押競饅頭　066
おじけづく　怖気づく　062
おじさん　小父さん　048
おしどり　鴛鴦　206
おしべ　雄蕊　182
おしめ　襁褓　[むつき]　148
おしゃか　御釈迦　060

おしょう 和尚 032
おしろい 白粉 137
おす 圧す［押す］ 037
おす 捺す［押す］ 069
おす 牡［雄］ 129
おずおず 怖怖［おどおど］ 062
おせちりょうり 御節料理 060
おせっかい 御節介 060
おそい 晩い［遅い］ 107
おぞましい 悍ましい 063
おぞましい 鈍ましい 177
おそれいる 畏れ入る［恐れ入る］ 134
おそれる 怖れる［恐れる・懼れる］ 062 065
おだいじん 御大尽 060
おたけび 雄叫び 182
おだてる 煽てる 125
おたびしょ 御旅所 060
おたふく 阿多福［於多福］ 094 104
おだぶつ 御陀仏 060
おだまき 苧環 214
おためごかし 御為倒 060
おちうど 落人［おちゅうど］ 087
おちこち 遠近［彼此］ 092
おちこぼれ 落零れ 087
おちど 越度［落度］ 172
おちぶれる 零落れる［落魄れる］ 087 184
おちる 堕ちる［落ちる］ 039
おちる 墜ちる［落ちる］ 039
おっくう 億劫 015
オックスフォード 牛津 224
おつけ 御付け 060
おっしゃる 仰る［仰有る］ 011
おって 追手 090
おってがき 追而書 090
おっと 良人［夫］ 160
おっとせい 膃肭臍［膃肭獣］ 205
おっとりがたな 押取刀 066
おつねん 越年［えつねん］ 172
おっぺす 押っ圧す 066
おつゆ 御汁 060
おでこ 御出子 060
おてしょ 御手塩 060
おてまえ 御点前［御手前］ 060
おでまし 御出座し 060
おでん 御田 060
おてんば 御転婆 060
おとぎばなし 御伽噺 060
おとぎりそう 弟切草 214
おどける 戯ける［お道化る］ 100
おとこぎ 俠気［男気］ 013
おとこやもめ 男鰥 134
おとさた 音沙汰 186
おとしだね 落し胤 087
おとしばなし 落し噺［落し話］ 087
おとしめる 貶める 170
おどす 威す［脅す・嚇す］ 035 044
おととい 一昨日［おとつい］ 004
おととし 一昨年 004
おとな 大人 041
おとなしい 温和しい［大人しい］ 077
おとめ 乙女［少女］ 007 049
おとり 囮 036
おどろく 愕く［驚く・駭く］ 064
おなご 女子 042
おにやらい 鬼遣 192
おの 斧 104
おのこ 男子［男］ 134
おのずから 自ずから 159
おののく 戦く［慄く］ 064 100
おのぼりさん 御上りさん 060
おば 伯母 012
おば 叔母 028
おばあさん 御祖母さん 060
おばあさん 御婆さん 060
オパール 蛋白石 219
おはぎ 御萩 060
おはこ 十八番 025
おばさん 小母さん 048
おはじき 御弾き 060
おばすてやま 姨捨山 044

おはらい　御祓い　060
おびえる　脅える［怯える］　062　110
おびきよせる　誘き寄せる　167
おひたし　御浸し　060
おびただしい　夥しい　040
おひつ　御櫃　061
おひねり　御捻り　061
おひや　御冷や　061
おひれ　尾鰭　050
おひろめ　御披露目　061
おびんずる　御賓頭盧　061
おぶう　負う　169
おぼこ　未通女　114
おぼしい　思しい［覚しい］　097　164
おぼしめす　思し召す　097
おぼつかない　覚束無い　164
おぼれる　溺れる　079
おぼろ　朧　109
おまけ　御負け　061
おまる　御虎子　061
おまんま　御飯　061
おみあし　御御足　061
おみおつけ　御味御付け　061
おみき　御神酒　061
おみくじ　御神籤　061
おみそれ　御見逸れ　061
おみなえし　女郎花　214
おみや　御土産　061
おむすび　御結び　061
おむつ　御繦褓　061
おめかし　御粧　061
おめずおくせず　怖めず臆せず　063
おめでとう　御目出度う［御芽出度う］　061
おもう　想う［思う］　098
おもうに　惟うに［思うに］　063
おもえらく　以為らく［思えらく・謂えらく］　010　167
おもかげ　俤［面影］　013
おもかじ　面舵　185
おもし　重石［重し］　177
おもだか　沢瀉［面高］　214
おもちゃ　玩具［がんぐ］　130
おもと　万年青　214
おもねる　阿る　094
おもはゆい　面映い　185
おもむろに　徐に　059
おもや　母屋［母家］　122
おもやつれ　面窶れ　185
おもり　錘［重り］　179
おもんぱかる　慮る　099
おもんみる　惟る　063
おやこ　母子　122
おやじ　親父［親爺・親仁］　164
おやつ　御八つ　061
おやま　女形［おんながた］　042
おやもと　親許［親元］　164
おやゆび　拇指［ぼし］［親指］　067
およそ　凡そ［おおよそ］　019
オランダ　和蘭［和蘭陀・阿蘭陀］　224
おり　澱［滓］　078　080
おり　檻　120
オリーブ　阿利布　212
おりから　折柄　066
おりふし　折節　066
おる　居る［いる］　050
オルガン　風琴　219
オルゴール　自鳴琴　219
おれ　俺［己］　014　053
おれきれき　御歴歴　061
おろか　疎か　135
おろし　颪　188
おろそか　疎か　135
おわす　御座す［在す］　037　061
おわりのくに　尾張国　218
おんあんぽう　温罨法　077
おんき　遠忌　092
おんぎ　恩誼［恩義］　097
おんぎょく　音曲　186
おんこちしん　温故知新　199
おんさ　音叉　186
おんぞうし　御曹司［御曹子］　061
おんたい　御大　061
おんちょう　恩寵　097

おんど　音頭　186
おんどり　雄鳥　182
おんとろうろう　音吐朗朗　199
おんなたらし　女誑し　042
おんなやもめ　女寡　042
おんねん　怨念　096
おんばひがさ　乳母日傘　007
おんぶ　負んぶ　169
おんぼう　隠亡［隠坊］　095
おんみつ　隠密　095
おんみょうどう　陰陽道［おんようどう］　094
おんりえど　厭離穢土［えんり］　199
おんりょう　怨霊　096

❖か

か　蚊　209
が　蛾　209
かあさん　母さん　122
カーブ　曲球　220
かい　隗　095
かい　櫂　120
かい　甲斐［詮］　134 166
かいい　魁偉　192
がいか　凱歌　020
かいかつ　快闊　062
かいぎゃく　諧謔　168
かいくぐる　掻い潜る　071
かいげん　開眼　181
かいこう　邂逅　093
かいこう　蟹行　162
がいこつ　骸骨　191
かいさい　快哉　062
かいざん　改竄　102
がいし　碍子　142
かいしゃ　膾炙　113
かいじゅう　晦渋　106
がいしゅういっしょく　鎧袖一触　199
かいしゅん　悔悛［改悛］　063 102
かいしょ　楷書　118
かいじん　灰燼　124
がいせき　外戚　040
かいせん　疥癬　135
がいせん　凱旋　020
がいぜんせい　蓋然性　087
かいつまむ　掻い摘む　071
かいてい　階梯　095
かいどう　海棠［花仙・海紅］　212
がいとう　外套　040
かいな　腕　111
かいのくに　甲斐国　218
かいまき　掻巻　071
かいまみる　垣間見る　038
かいめつ　潰滅［壊滅］　080
かいよう　潰瘍　080
かいらい　傀儡　015
かいり　乖離　007
かいろうどうけつ　偕老同穴　199
かいわい　界隈　134
かいわれな　穎割菜［貝割菜］　145
かう　支う　102
かえって　却って［反って］　027 028
かえで　楓［鶏冠木・蛙手］　212
かえる　反る［返る］　028
かえる　孵える　046
かえる　還る［帰る・返る］　093
かえる　蛙［かわず］　210
かえん　火焰［火炎］　123
がえんずる　肯ずる　109
かおう　花押　083
かおかたち　顔貌［がんぼう］［顔形］　187
かおる　馨る［香る・薫る］　190
がが　峨峨　052
かかあ　嚊［かか］［嬶］　035 045
がかい　瓦解　132
カカオ　加加阿　220
かかし　案山子　116
かかずらう　拘う　067
かかたいしょう　呵呵大笑　199
かかと　踵　173
かがのくに　加賀国　218
かがみ　鑑　180
かがむ　屈む　050
かがやく　耀く［輝く］　157

かがりび 篝火 150
かかる 斯かる 104
かかる 罹る 147
かがる 縢る 156
かかわる 係る［関る］ 013 182
かかわる 拘る 067
かき 花卉 083
かき 牡蠣 210
かぎ 鉤 178
かぎ 鍵 179
かきあげ 掻揚 071
かぎざき 鉤裂き 178
かきつばた 杜若［燕子花・紫羅蘭］ 214
かきむしる 掻き毟る 071
かきもち 欠餅［掻餅］ 120
かぎゅうかくじょう 蝸牛角上 199
かきょう 華僑 086
かきん 家禽 047
かきん 瑕瑾 131
かく 描く［画く］ 020 070
かく 掻く 071

かく 斯く 104
かぐ 嗅ぐ 034
かくかく 斯く斯く 104
かくしゃく 矍鑠 141
かくしゅ 馘首 190
かくしゅ 鶴首 194
かくせいざい 覚醒剤 164
がくぜん 愕然 064
かくちく 角逐 164
カクテル 混合酒 220
かくはん 攪拌 073
かくひつ 擱筆 072
がくふ 岳父 051
かくまう 匿う 025
かぐら 神楽 131
かくらん 攪乱 073
かくらん 霍乱 184
かくれが 隠れ処［隠れ家］ 095
かくれみの 隠れ蓑 095
かぐわしい 馨しい［かんばしい］［芳しい・香しい］ 084 190

かけ 賭 171
かげ 鹿毛 194
がけ 崖 052
かけい 懸樋［かけひ］［筧］ 099 149
かけことば 懸詞［掛詞］ 099
かけす 懸巣 206
かけはぎ 掛矧ぎ［掛接ぎ］ 069
かけら 欠片［欠けら］ 120
かける 翔る 157
かける 賭ける［掛ける］ 171
かける 駈ける［駆ける］ 191
かげる 翳る［陰る・蔭る］ 157
かげろう 陽炎 095
かげろう 蜉蝣［蜻蛉］ 209
かご 籠 150
かご 駕籠 190
かこう 佳肴［嘉肴］ 012 034
かこう 華甲 086
かこうがん 花崗岩 083
かごかき 駕籠舁 190
かこく 苛酷［過酷］ 084

かこつ 託つ 165
かこつける 託ける 165
かさ 嵩 052
かさ 暈 107
かさ 瘡 136
かさ 笠 149
かささぎ 鵲 206
かざす 挿頭す 068
かざす 翳す 157
かさぶた 瘡蓋 136
がざみ 蝤蛑 210
かし 河岸 074
かし 瑕疵 131
かし 樫［橿・櫧］ 212
かじ 梶 117
かじ 楫 118
かじ 舵 160
かじ 鍛冶 180
かじか 鰍［杜父魚］ 207
かじか 河鹿［金襖子］ 210
かじかむ 悴む 064

かじき 梶木［旗魚・羽魚］ 207
かしぐ 傾ぐ 015
かしぐ 炊ぐ 124
かしげる 傾げる［かたげる］ 015
かしこ 畏 134
かしこどころ 賢所 170
かしこまる 畏まる 134
かしずく 傅く 015
かしましい 姦しい 044
かしゃく 呵責 031
がじょう 牙城 129
かしょくのてん 華燭之典 199
かじる 齧る［噛る］ 035 196
かしわ 黄鶏 195
かしわ 槲［柏・檞］ 212
かしわで 柏手［拍手］ 067 116
かしわもち 柏餅 116
がしんしょうたん 臥薪嘗胆 199
かじんはくめい 佳人薄命 199
かす 滓 078
かす 粕［糟］ 151 152

ガス 瓦斯 220
かすか 幽か［微か］ 055 062
かすがい 鎹 180
かずさのくに 上総国 218
かすみ 霞 184
かすむ 翳む 157
かすむ 霞む 184
かすめる 掠める 070
かずら 葛［蔓］ 087 088
かすり 絣［飛白］ 154 188
かすりきず 掠り傷［掠り疵］ 070
かする 嫁する 045
かする 掠る［擦る］ 070 072
かすれる 掠れる［擦れる］ 070 072
かせ 枷 115
かぜ 風邪 188
かせいソーダ 苛性曹達 084
がぜん 俄然 013
かたがた 旁 104
かたき 仇［敵］ 009
かたぎ 気質［きしつ］ 122

かたくな 頑な 186
かたくり 片栗 214
かたじけない 忝い［辱い］ 096 175
かたず 固唾 037
かたぞう 堅蔵［堅造］ 038
かたづく 嫁く 045
かたつむり 蝸牛 210
かたどる 象る［模る］ 119 169
かたばみ 酢漿草［酸漿草］ 214
かたひじはる 肩肘張る 109
かたりべ 語部 166
かたる 騙る 191
カタル 加答児 220
カタログ 型録 220
かたわら 旁［傍ら・側］ 014 104
かちあう 搗ち合う 071
かちぐり 搗栗［勝栗］ 071
かちどき 勝鬨 024
がちょう 鵞鳥 206
かつ 克つ 016
かつえる 飢える［餓える］ 188 189

かつお 鰹［堅魚・松魚］ 207
かっかく 赫赫 171
かっかそうよう 隔靴掻痒 199
かっけ 脚気 110
かっけつ 喀血 033
かっこ 確乎［確固］ 143
かっこう 恰好［格好］ 063
かっこう 郭公 206
かっこむ 掻っ込む 071
かっこんとう 葛根湯 087
かっさい 喝采 033
がっさい 合切 030
がっしょうれんこう 合従連衡 199
かったつ 闊達［豁達］ 169 182
かっちゅう 甲冑 134
かつて 嘗て［曽て］ 034 108
かっとう 葛藤 087
かっぱ 喝破 033
かっぱ 河童［水虎］ 211
カッパ 合羽 220
かっぷく 恰幅 063

かっぽ 闊歩 182
かっぽう 割烹 023
かっぽれ 活惚 075
かつもく 刮目 022
かつようじゅ 闊葉樹 182
かつら 鬘 192
かてめし 糅飯 152
がてん 合点［がってん］ 030
かど 廉 056
かどで 首途［門出］ 189
カトリック 加特力 220
かどわかす 拐かす［勾引かす］ 024 066
かな 哉 032
かなう 叶う 029
かなう 適う 093
かなう 敵う 103
かなえ 鼎 196
かなくぎりゅう 金釘流 177
かなけ 鉄気［金気］ 178
かなしい 哀しい［悲しい］ 032
かなた 彼方 059

カナダ 加奈陀［加拿太］ 224
かなぶん 金蚉 209
かなへび 金蛇［蛇舅母］ 210
かなぼう 鉄棒［金棒］ 178
かなめ 要 163
かなり 可成［可也］ 029
カナリア 金糸雀［金雀・時戻雀］ 206
かに 蟹 210
がにまた 蟹股 162
かね 鉦 178
かね 鉄漿 178
かねがね 兼兼［予予］ 008 018
かねじゃく 曲尺［矩尺］ 108 141
かねづる 金蔓 177
かねて 予て［兼て］ 008
かの 彼の 059
かのう 化膿 025
かのえ 庚 055
かのこ 鹿の子 194
かのと 辛 175
かば 河馬 205

かば 樺 212
かばう 庇う 055
かばね 姓 043
かばね 屍［しかばね］［尸］ 050
かばやき 蒲焼 088
かばん 鞄 185
かび 黴 195
がびょう 画鋲 020
かふ 寡婦 048
かぶ 蕪 216
かぶきもん 冠木門 018
かぶと 兜［冑・甲］ 017 018 134
かぶとむし 甲虫［兜虫］ 209
かぶり 頭 187
かぶりつく 齧り付く［噛り付く］ 036 196
かぶる 被る 147
かぶれる 気触れる 122
かぶろ 禿［かむろ］ 017
かぶん 寡聞 048
がべい 画餅 020

かぼちゃ 南瓜 216
かま 釜 177
かま 鎌 180
がま 蝦蟇 210
がま 蒲 214
かまきり 螳螂［蟷螂・鎌切］ 209
がまぐち 蝦蟇口 161
かます 叺 029
かます 魳［梭魚］ 207
かまち 框 116
かまど 竈 146
かまどうま 竈馬 209
かまとと 蒲魚 088
かまびすしい 喧しい［囂しい］ 033 036
かまぼこ 蒲鉾 088
かみきりむし 天牛［髪切虫］ 209
かみしも 裃 147
かみそり 剃刀 022
かむ 噛む［咬む］ 032 036
がむしゃら 我武者羅 099
カムチャツカ 嘉無薩加 224

かめ 瓶 ［甕］ 132
かめむし 椿象 ［亀虫］ 209
かも 鴨 206
かもい 鴨居 194
かもしか 羚羊 ［氈鹿］ 205
かものはし 鴨嘴 205
かもめ 鷗 206
かや 蚊帳 ［蚊屋］ 161
かや 榧 212
かや 茅 ［萱］ 214
かやくめし 加薬飯 023
かやぶき 茅葺 ［萱葺］ 085 087
かやり 蚊遣 161
かゆ 粥 151
かゆい 痒い 136
かように 斯様に 104
がら 瓦落 132
からかみ 唐紙 032
からがら 辛辛 175
がらがらへび 響尾蛇 210
からくじ 空籤 145
がらくた 瓦楽多 132
からくり 絡繰 ［機関］ 119 154
からげる 絡げる ［紮げる］ 153 154
からし 芥子 ［辛子］ 083 175
からす 烏 ［鴉］ 206
ガラス 硝子 220
からすみ 鱲子 194
からだ 身体 ［体・軀］ 173 174
からたけわり 乾竹割り ［幹竹割り］ 007 055
からたち 枳橘 ［枳殻・枸橘］ 212
からっかぜ 乾っ風 ［空っ風］ 007
からっけつ 空っ穴 145
からぶき 乾拭き 007
からまつ 落葉松 ［唐松］ 212
からむし 苧 ［苧麻］ 214
からめて 搦手 070
からめる 搦める 070
カラン 活嘴 220
がらん 伽藍 012
カリ 加里 220
かりうど 狩人 ［かりゅうど］［猟人］ 082 083
かりぎぬ 狩衣 082
かりそめ 仮初 ［苟且］ 010 084
カリフォルニア 加州 224
がりべん 我利勉 099
かりゅうかい 花柳界 083
がりょうてんせい 画竜点睛 199
かるかや 刈萱 214
カルタ 歌留多 ［加留多・骨牌］ 220
かれい 鰈 207
がれき 瓦礫 132
かれこれ 彼是 ［彼此］ 059
かれさんすい 枯山水 ［こせんずい］ 115
かれる 嗄れる ［しゃがれる］ 034
かれる 涸れる 076
かれん 可憐 029
かろうじて 辛うじて 175
かろとうせん 夏炉冬扇 199
かわいい 可愛い 029
かわいそう 可哀相 ［可哀想］ 029
かわうそ 川獺 ［獺・水獺］ 205
かわす 躱す 174
かわせ 為替 126
かわせみ 川蟬 ［翡翠］ 206
かわちのくに 河内国 218
かわはぎ 皮剝 207
かわも 川面 052
かわや 厠 027
かわら 河原 ［川原］ 052 074
かわら 瓦 132
かわらけ 土器 037
かん 燗 126
かん 疳 135
かん 癇 137
がん 癌 137
がん 雁 ［かり］［鴈］ 206
かんいん 姦淫 044
かんおけ 棺桶 117
がんか 眼窩 140
かんがい 灌漑 081

かんがみる 鑑みる 180
カンガルー 袋鼠 [長尾驢] 205
かんがん 宦官 047
かんかんがくがく 侃侃諤諤 199
かんきつるい 柑橘類 115
がんくつ 岩窟 [巌窟] 051 052
がんくび 雁首 182
かんけい 奸計 [姦計] 042
かんげき 間隙 181
かんけつせん 間歇泉 181
かんげん 諫言 168
がんこうけいけい 眼光炯炯 199
かんこうれい 箝口令 149
かんこつだったい 換骨奪胎 199
かんこどり 閑古鳥 181
かんごり 寒垢離 047
がんさく 贋作 171
かんざし 簪 150
かんじ 莞爾 086
がんじがらめ 雁字搦め 182
かんじき 樏 [橇] 119

かんしゃく 癇癪 137
かんじゅ 貫首 [かんしゅ・かんず] [貫主] 170
かんじょ 寛恕 047
かんじょう 勧請 024
かんじん 勧進 024
かんじん 肝腎 [肝心] 109
かんすい 鹹水 194
かんすう 函数 [関数] 020
かんすぼん 巻子本 053
かんせい 喊声 033
かんせい 陥穽 094
がんぜない 頑是無い 186
かんせん 汗腺 073
かんぞう 萱草 214
かんだかい 疳高い [甲高い] 135
かんちょう 灌腸 [浣腸] 075 081
かんちょう 間諜 181
かんつう 姦通 044
かんてん 旱天 [干天] 105
かんとう 竿灯 148

かんどう 勘当 024
かんどころ 勘所 [甲所] 024 134
かんな 鉋 178
かんながら 随神 [惟神] 063 095
かんなづき 神無月 131
かんなめさい 神嘗祭 131
かんなんしんく 艱難辛苦 199
かんぬき 閂 181
かんば 悍馬 [駻馬] 063 191
かんばせ 顔 [顔容] 187
かんばつ 旱魃 [干魃] 105
かんぱん 甲板 [こうはん] 134
かんぴょう 干瓢 [乾瓢] 054
かんぷ 完膚 046
かんぶつえ 灌仏会 081
カンフル 羯布羅 220
かんぺき 完璧 046
かんぼく 灌木 081
がんみ 玩味 130
がんめいころう 頑迷固陋 199
がんもどき 雁擬 182

かんよう 涵養 076
かんろく 貫禄 170

❖き

き 樹 [木] 119
きい 忌諱 [きき] 096
きいっぽん 生一本 133
きいのくに 紀伊国 218
きえ 帰依 054
ぎえんきん 義捐金 [義援金] 157
きおう 競う 146
ぎおん 祇園 143
きか 几下 [机下] 019
きか 麾下 195
きが 饑餓 [飢餓] 189
ぎがく 伎楽 010
きかん 汽罐 [汽缶] 073
きかん 亀鑑 195
ききざけ 利き酒 [聞き酒] 021
ききとして 嬉嬉として 045
ききめ 利き目 [効き目] 021

ききょう　桔梗　214
ぎきょうしん　義侠心　157
ききん　飢饉［饑饉］　188 189
きく　訊く［聞く］　165
きぐ　危惧　027
きぐう　寄寓　047
きくする　掬する　069
きくらげ　木耳　217
きけい　詭計　166
きごう　揮毫　070
きこうでん　乞巧奠　007
きこうぼん　希覯本［稀覯本］　053 144
きこなす　着熟す　140
きこのいきおい　騎虎之勢　199
きこり　樵［樵夫］　119
きざ　気障　122
きさき　后［妃］　030 043
きざす　萌す［兆す］　086
きざはし　階　095
きさらぎ　如月［更衣］　043 108
ぎさん　蟻酸　162
きじ　素地［生地］　152
きじ　雉［雉子］　206
きしせんめい　旗幟鮮明　199
ぎじばり　擬餌針［擬餌鉤］　072
きしむ　軋む　174
きしめん　棊子麺　117
きしもじん　鬼子母神［きしぼじん］　192
きしょう　徽章［記章］　156
きしょうもん　起請文　171
きしょく　気色　122
きじん　畸人［奇人］　135
きす　鱚［鶏魚・鼠頭魚］　208
きず　疵［傷・創］　023 136
きず　瑕［傷］　131
きずあと　傷痕［疵痕］　015
きずい　奇瑞　042
きすう　帰趨　054
きずな　絆［紲］　154
きせい　帰省　054
キセル　煙管　220
きぜわしい　気忙しい　123
きせん　貴賤　170
きぜん　毅然　122
ぎそう　艤装　160
きそうせい　帰巣性　054
きそくえんえん　気息奄奄　199
きそば　生蕎麦　133
きそん　毀損　122
きたい　危殆　027
きたい　希代［稀代］　053 144
きたす　来す　114
きたない　穢い［汚い］　145
きたん　忌憚　096
きちょうめん　几帳面　019
きちんやど　木賃宿　113
きつおん　吃音　029
きっきん　喫緊　033
きづけ　気付　123
きっこう　拮抗　068
きっこう　亀甲　196
きっさき　鋒［切先］　179
きっしょう　吉祥［きちじょう］　029
きっすい　吃水［喫水］　030
きっすい　生粋　133
きつつき　啄木鳥　206
きっと　急度［屹度］　051 097
きつね　狐　205
きつねつき　狐憑　081
きっぷ　気っ風　123
きつりつ　屹立　051
きて　来手　114
きとう　祈禱　131
きなこ　黄粉　195
キニーネ　規尼涅　220
きぬ　衣　163
きぬかつぎ　衣被　163
きぬぎぬ　後朝［衣衣］　059
きね　杵　115
きねづか　杵柄　115
きのう　昨日　106
きのえ　甲　134
きのえね　甲子［かっし］　134

きのこ　菌［茸・蕈］　217
きのと　乙　007
きば　牙　129
きび　黍　216
きびしい　酷しい［厳しい］　176
きびす　踵　173
きびなご　黍魚子　208
きひん　気稟　123
きべん　詭弁　166
きぼく　亀卜　196
ぎぼし　擬宝珠　072
きまぐれ　気紛れ　123
きまま　気儘　123
ぎまん　欺瞞　120
きみょうきてれつ　奇妙奇天烈　042
きみょうちょうらい　帰命頂礼　199
きめ　木理［木目］　113
きめこまかい　肌理細かい　109
きめる　極める［決める］　117
きも　胆［肝］　110
きもいり　肝煎　109
きもったま　肝っ魂［肝っ玉］　109
きゃしゃ　華奢［花車］　083　086
きやせ　着痩　140
きゃたつ　脚立　111
きゃはん　脚絆［脚半］　111
キャベツ　甘藍　216
きゃら　伽羅　012
きやり　木遣　113
きゆう　杞憂　114
きゅう　灸　124
きゅうかく　嗅覚　034
きゅうかつ　久闊　007
きゅうきゅう　汲汲　073
きゅうぎゅうのいちもう　九牛一毛　199
きゅうきょ　急遽　097
きゅうごう　鳩合［糾合］　194
きゅうし　臼歯　159
きゅうしゃ　厩舎　027
きゅうしゅ　鳩首　194
きゅうしゅん　急峻　097
ぎゅうじる　牛耳る　129
きゅうす　急須　097
きゅうせんぽう　急先鋒　097
きゅうそ　窮鼠　146
きゅうだん　糾弾［糺弾］　152
きゅうてき　仇敵　009
キューバ　玖馬　224
ぎゅうひ　求肥　123
きゅうり　胡瓜［木瓜・黄瓜］　216
きゅうろう　旧臘　105
きょう　今日　009
きょうあい　狭隘　082
きょうおう　饗応［供応］　189
ぎょうが　仰臥　011
きょうかいし　教誨師　102
きょうかく　侠客　013
きょうがく　驚愕　191
きょうかたびら　経帷子　153
きょうぎ　経木　153
ぎょうぎょうしい　仰仰しい　011
きょうきん　胸襟　110
きょうく　恐懼　097
きょうけち　夾纈　042
ぎょうこう　僥倖　015
きょうさ　教唆　102
ギョーザ　餃子　220
きょうさく　狭窄　082
きょうさく　警策　168
きょうざつぶつ　夾雑物　042
きょうざめ　興醒め　159
ぎょうさん　仰山　011
きょうじ　脇士［わきじ］［脇侍・夾侍］　110
きょうじ　矜恃［矜持］　141
きょうじ　驕児　191
きょうしゃ　香車　190
ぎょうじゅうざが　行住坐臥　199
きょうしゅぼうかん　拱手傍観　199
きょうじん　兇刃［凶刃］　016
きょうじん　強靭　057
きょうせい　匡正　025
きょうせい　嬌声　045
きょうそう　狂躁［狂騒］　081

きょうだ　怯懦　062
きょうだい　姉妹［しまい］［兄弟］　043
きょうだん　兇弾［凶弾］　016
ぎょうちゅう　蟯虫　210
きょうてんどうち　驚天動地　199
きょうど　匈奴　024
きょうとうほ　橋頭堡　119
きょうにん　杏仁［あんにん］　114
きょうふう　矯風　141
きょうべん　教鞭　102
きょうぼく　喬木　033
きょうまん　驕慢　191
きょうみしんしん　興味津津　199
きょうらんどとう　狂瀾怒濤　200
きょうりょう　橋梁　119
きょうりん　杏林　114
きょかい　巨魁［渠魁］　025 077
きょきん　醵金［拠金］　176
きょく　巨軀　025
ぎょくせきこんこう　玉石混淆　200
ぎょしゃ　馭者［御者］　190
ぎょしやすい　御し易い　061
きょしゅつ　醵出［拠出］　176
きょしんたんかい　虚心坦懐　200
きょそ　挙措　101
きよほうへん　毀誉褒貶　200
きよめる　浄める［清める］　075
ぎょらん　魚籃　193
きらぼし　綺羅星　154
きらめく　煌めく　125
きり　限り［切り］　094
きり　錐　179
きりぎりす　蟋蟀［螽蟖］　209
きりこ　切籠［切子］　021
ギリシア　希臘　224
キリシタン　切支丹［吉利支丹］　220
きりすてごめん　切捨御免　200
キリスト　基督　223
きりもみ　錐揉み　179
ぎりょう　伎倆［技量］　010
きりん　麒麟　205
きりん　騏驎　211
きる　伐る［切る］　011
きる　剪る［切る］　021
きる　截る［切る］　100
きる　斬る［切る］　104
きれい　綺麗［奇麗］　154
きれじ　布地［切地・裂地］　053 163
きれっと　切処［切戸］　021
キログラム　瓩　220
キロメートル　粁　220
キロリットル　竏　220
きわどい　際疾い　096
きわまる　谷まる［極まる・窮まる］　169
きわめがき　極書　117
きをてらう　奇を衒う　042
きん　斤　103
きんかん　金柑［金橘］　212
きんきじゃくやく　欣喜雀躍　200
きんこんいちばん　緊褌一番　200
きんしつそうわ　琴瑟相和　200
きんしゃ　錦紗［金紗］　179
きんじゅう　禽獣　144
ぎんしょう　吟誦［吟唱］　030
きんじょうとうち　金城湯池　200
きんせんか　金盞花　214
きんだち　公達　017
きんちゃく　巾着　053
きんとん　金団　177
ぎんねず　銀鼠　178
きんばえ　金蠅［青蠅］　209
きんぱく　金箔　177
きんぴらごぼう　金平牛蒡　177
きんぽうげ　金鳳花［毛茛］　214
きんむく　金無垢　177
きんもくせい　金木犀［巌桂］　212
きんらんどんす　金襴緞子　177
ぎんりん　銀鱗　178

❖く

ぐあい　工合［具合］　052
くい　杭［杙］　114 115
くいな　水鶏［秧鶏］　206

くいぶち　食扶持　188
くう　喰う　034
ぐうきょ　寓居　047
ぐうわ　寓話　047
くおん　久遠　007
くがい　苦界　084
くかん　軀幹　174
くぎ　釘　177
くぎょう　公卿　017
くぐつ　傀儡　015
くくる　括る　067
くぐる　潜る　080
くげ　供花［供華］　012
くげ　公家　017
くけい　矩形　141
くける　絎ける　154
ぐさ　種［草］　145
くさいきれ　草熱れ　085
くさす　腐す　159
くさなぎのつるぎ　草薙の剣　085
くさび　楔　118

くさぶき　草葺　085
くさむしり　草毟り　085
くさむす　草生す［草産す］　085
くさむら　草叢［叢］　028 085
くし　串　006
くし　櫛　120
くじ　籤　151
くじく　挫く　068
くしくも　奇しくも　042
くしけずる　梳る　117
くじゃく　孔雀　206
くしゃみ　嚔［くさめ］　036
くじゅう　苦汁　084
くじゅう　苦渋　084
くず　屑　051
くず　葛　214
ぐず　愚図　098
くずおれる　頽れる　187
くすぐる　擽る　072
くずこ　葛粉　087
くすだま　薬玉　089

くすのき　樟［楠］　212
くすぶる　燻る［ふすぶる］　126
くぜつ　口舌［口説］　028
くせもの　曲者　108
くそ　糞［屎］　050 152
くたびれる　草臥れる　085
くだもの　果物　114
くだり　件　011
くだり　行　058
くだる　降る［下る］　094
くだん　件　011
くちうら　口占［口裏］　028
くちごもる　口籠る　028
くちずさむ　口遊む［口吟む］　028
くちすすぐ　嗽ぐ［漱ぐ］　035
くちづて　口伝　028
くちなし　梔子［山梔子］　212
くちばし　嘴［喙］　033 035
くちもと　口許［口元］　028
くつ　沓　123
くっきょう　究竟［くきょう］　145

くっさく　掘鑿［掘削］　069
くつろぐ　寛ぐ　047
くつわ　轡　175
くでん　口伝　028
くどい　諄い　167
ぐどう　求道　123
くどく　功徳　023
くどくどしい　諄諄しい　167
くに　邦［国］　093
くにぶり　国風［国振り］　037
くぬぎ　櫟［橡・椚・櫪］　212
ぐはん　虞犯　161
くび　頸［首］　187
くびかせ　首枷［頸枷］　187 189
くびくくり　首縊り　189
ぐびじんそう　虞美人草　214
くびったけ　首っ丈　190
くびれる　括れる　067
くびれる　縊れる　155
ぐぶ　供奉　012
くべる　焼べる　125

くぼむ　凹む　［窪む］　020　146
くま　隈　095
ぐまい　愚昧　098
くまざさ　隈笹　［熊笹］　214
くまなく　隈無く　095
くまのい　熊胆　128
くまばち　熊蜂　［くまんばち］［胡蜂］　209
ぐみ　胡頽子　［茱萸］　212
くみしやすい　与し易い　005
くみする　与する　005
くむ　汲む　073
くむ　酌む　175
くも　蜘蛛　210
くもん　苦悶　084
くやしい　口惜しい　［悔しい］　029
くゆらす　燻らす　126
くら　庫　［蔵・倉］　056
くら　鞍　185
くらう　喰らう　034
くらげ　水母　［海月・海舌］　210
くらざらえ　蔵浚え　088
クラブ　倶楽部　220
くらべる　競べる　［比べる・較べる］　146　174
くらます　晦ます　106
くらむ　眩む　139
グラム　瓦　220
くらやみ　暗闇　107
くり　庫裡　［庫裏］　056
くりごと　繰言　156
グリセリン　虞利設林　220
くりぬく　刳り貫く　022
くりぶね　刳舟　022
くりや　厨　027
クルス　礫木　220
くるぶし　踝　172
くるま　俥　013
くるみ　胡桃　212
くるむ　包む　024
くるめく　眩めく　139
くるわ　郭　［廓・曲輪］　056　094　108
くれぐれ　呉呉　030
くれなずむ　暮れ泥む　107
くれる　呉れる　030
ぐれん　紅蓮　152
ぐれんたい　愚連隊　098
くろ　畔　134
ぐろう　愚弄　098
くろうと　玄人　132
くろがね　鉄　178
くろこ　黒衣　［くろご］［黒子］　195
クロム　格魯謨　220
くわ　鍬　179
くわい　慈姑　216
くわえる　銜える　178
くわしい　精しい　［詳しい・委しい］　043　151
くんしひょうへん　君子豹変　200
ぐんじょういろ　群青色　157
くんせい　燻製　［薫製］　126
ぐんせい　群棲　157

❖け

け　卦　026
けい　罫　147
げいいんばしょく　鯨飲馬食　200
げいか　猊下　082
けいがい　謦咳　168
けいがいか　形骸化　058
けいかぼく　珪化木　130
けいがん　慧眼　［炯眼］　099　124
げいぎ　芸妓　084
けいきょもうどう　軽挙妄動　200
けいけん　敬虔　102
けいこ　稽古　145
けいこうぎゅうご　鶏口牛後　200
けいこく　谿谷　［渓谷］　169
けいじじょう　形而上　058
けいしゅう　閨秀　182
けいせい　傾城　015
けいそ　珪素　130
けいちつ　啓蟄　033

けいちょうふはく　軽佻浮薄　200
けいつい　頸椎　187
けいてき　警笛　168
けいばつ　閨閥　182
げいひんかん　迎賓館　090
けいべつ　軽蔑　174
けいぼう　閨房　182
けいもう　啓蒙　033
けいりゅう　繋留［係留］　156
けいれん　痙攣　136
けう　希有［きゆう］［稀有］　053 144
けおされる　気圧される　123
けおとす　蹴落とす　173
けが　怪我　062
けがれる　穢れる［汚れる］　145
げき　檄　119
げきこう　激昂［激高］　080
げきりん　逆鱗　090
げくう　外宮　040
けげん　怪訝　062
げこ　下戸　004

げこくじょう　下剋上［下克上］　004
けごんしゅう　華厳宗　086
けさ　今朝　009
けさ　袈裟　163
げさく　戯作　100
けし　芥子［罌粟］　214
げし　夏至　040
けしかける　嗾ける　035
けしからん　怪しからん　062
けしきばむ　気色ばむ　123
げじげじ　蚰蜒　210
げしゅにん　下手人　004
げす　下種［下衆・下司］　005
けずね　毛脛［毛臑］　122
げせない　解せない　164
げせわ　下世話　005
げせん　下賤　005
けた　桁　116
げた　下駄　005
けたい　懈怠［かいたい］　064
げだい　外題　040

けたぐり　蹴手繰り　173
けだし　蓋し　087
けだもの　獣　130
けだるい　気怠い　123
けち　吝嗇［りんしょく］　031
けちえん　結縁　154
けちみゃく　血脈　162
げっかひょうじん　月下氷人　200
けつがん　頁岩　186
けっき　蹶起［決起］　173
けっこん　血痕　162
げっしるい　齧歯類　196
けったい　希代　053
けったん　血痰　162
げっぺい　月餅　108
けつべつ　訣別［決別］　165
けつまずく　蹴躓く　173
けづめ　蹴爪［距］　172 173
げてもの　下手物　005
けなげ　健気　014
けなす　貶す　170

げに　実に　046
けぬき　鑷子［毛抜］　181
けばり　毛鉤　122
げびる　下卑る　005
けまり　蹴鞠　173
けまん　華鬘　086
けみする　閲する　182
けむり　烟［煙］　124
けやき　欅　212
けら　螻蛄　209
けり　鳧［計里］　206
けりがつく　鳧がつく　194
ける　蹴る　173
けれん　外連　040
けん　妍　044
けん　腱　111
げん　舷　160
げん　験　191
けんいん　牽引　130
けんうん　巻雲［絹雲］　053
けんか　喧嘩　033

けんかい 狷介 082
けんがい 懸崖 099
けんかいころう 狷介固陋 200
けんかく 剣客 [けんきゃく] 022
げんがくてき 衒学的 060
けんきょうふかい 牽強付会 200
けんげき 剣戟 022
けんけんごうごう 喧喧囂囂 200
けんこうこつ 肩胛骨 [肩甲骨] 109
げんこつ 拳骨 101
けんこんいってき 乾坤一擲 200
けんさん 研鑽 142
げんしつ 言質 [げんち] 165
けんしょうえん 腱鞘炎 111
けんせい 牽制 130
けんせき 譴責 168
けんそう 喧噪 [喧騒] 033
げんぞく 還俗 093
けんそん 謙遜 168
けんたい 倦怠 014
けんだま 拳玉 [剣玉] 101
けんたんか 健啖家 014
けんちんじる 巻繊汁 053
けんつく 剣突 022
けんでん 喧伝 033
けんどちょうらい 捲土重来 200
げんなま 現生 130
げんのう 玄翁 132
けんのん 剣呑 [険呑] 022 095
けんばん 鍵盤 179
ケンブリッジ 剣橋 224
けんぺいずく 権柄尽く 119
けんぺいりつ 建蔽率 056
げんまん 拳万 101
けんらん 絢爛 154
けんろう 堅牢 038
げんわく 眩惑 139

❖こ

こ 児 [子] 016
ゴア 臥亜 224
こい 鯉 208
ごい 語彙 166
こいき 小粋 [小意気] 048
こいこく 鯉濃 193
こいつ 此奴 [こやつ] 120
こいぬ 仔犬 [子犬・小犬] 010
こいねがう 希う [冀う・庶幾う] 018 053 056
こいのぼり 鯉幟 193
こう 乞う [請う] 007
こう 斯う 104
こういん 勾引 [拘引] 024
こううんき 耕耘機 158
こううんりゅうすい 行雲流水 200
こうえい 後裔 059
ごうおん 轟音 175
ごうか 劫火 023
こうがい 梗概 117
こうがい 笄 149
こうかく 口角 029
こうかくるい 甲殻類 134
コーカサス 高加索 224
こうかつ 狡猾 082
こうかん 巷間 053
こうがん 睾丸 147
ごうかん 強姦 057
こうがんざい 抗癌剤 065
ごうがんふそん 傲岸不遜 200
こうがんむち 厚顔無恥 200
こうぎ 交誼 009
こうぎ 好誼 042
ごうき 剛毅 022
こうきょ 溝渠 078
こうきょ 薨去 089
こうげんびょう 膠原病 112
こうげんれいしょく 巧言令色 200
こうこう 口腔 [こうくう] 029
こうこう 膏肓 112
こうこう 煌煌 125
こうごう 香盒 [香合] 190
ごうごう 轟轟 175
こうごうしい 神神しい 131
こうこうや 好好爺 042

こうこつ　恍惚　063
こうさ　黄砂　195
こうさてん　交叉点［交差点］　009
こうし　嚆矢　035
こうし　犢［子牛・仔牛］　130
こうじ　好餌　043
こうじ　小路　048
こうじ　麴［糀］　151 177
ごうし　合祀　030
ごうし　郷士　094
ごうしゃ　豪奢　169
こうしょう　哄笑　032
こうしん　亢進［昂進］　009 105
こうじん　後塵　059
こうしんづか　庚申塚　055
こうずか　好事家　043
こうずけのくに　上野国　217
こうずる　昂ずる［高ずる］　105
こうせき　口跡　029
こうせつ　巷説　053
こうぜつ　口舌　028
こうぞ　楮　212
こうそう　宏壮［広壮］　046
こうたけ　革茸　217
こうち　巧緻　052
こうち　狡智［狡知］　082
こうちゃく　膠着　112
こうちょうどうぶつ　腔腸動物　111
ごうちん　轟沈　175
ごうつくばり　強突張り　057
こうでん　香奠［香典］　190
ごうてんじょう　格天井　116
こうとう　叩頭　029
こうとう　紅灯　152
こうとうがん　喉頭癌　033
こうとうむけい　荒唐無稽　200
こうなご　小女子　208
こうのとり　鸛　206
こうばい　勾配　024
こうばしい　芳ばしい［香ばしい］　084
ごうはら　業腹　118
こうはん　広汎［広範］　055
コーヒー　珈琲　220
こうひょうさくさく　好評嘖嘖　200
こうべ　首［頭］　187 190
こうぼう　光芒　016
ごうほうらいらく　豪放磊落　200
こうほね　河骨［川骨］　214
こうまい　高邁　191
ごうまん　傲慢　015
ごうまんぶれい　傲慢無礼　200
こうむる　蒙る［被る］　088
ごうも　毫も　122
こうもり　蝙蝠　205
こうもん　肛門　109
こうや　曠野［広野］　107
こうやく　膏薬　112
こうらん　勾欄［高欄］　024
こうり　行李　058
ごうりき　強力［剛力］　057
こうりょう　荒寥［荒涼］　085
ゴールデンブリッジ　金門橋　224
こうろんおつばく　甲論乙駁　200
こえたご　肥担桶　109
コークス　骸炭　220
こおどり　雀躍り［小躍り］　048 182
こおろぎ　蟋蟀　209
ごかい　砂蚕［沙蚕］　210
こかつ　涸渇［枯渇］　076
こがね　黄金　195
こがねむし　黄金虫［金亀子・金牛児］　209
こがらし　凩［木枯し］　020
こかんせつ　股関節　109
こき　古稀［古希］　029
こきおろす　扱き下ろす　065
ごきぶり　蜚蠊　209
こきゅう　胡弓　110
こく　扱く　065
こく　濃　080
こく　放く　102
こぐ　漕ぐ　079
こくう　虚空　161

こくじ　国璽　037
ごくつぶし　穀潰し　145
こくびゃく　黒白　195
こけ　虚仮　161
こけ　苔　[蘚]　217
こけし　小芥子　048
こけむす　苔生す　[苔蒸す]　084
こけら　杮　115
こけらおとし　杮落し　115
こけらぶき　杮葺き　115
こける　転ける　[倒ける]　014 174
こける　痩ける　136
こけん　沽券　074
ここ　呱呱　031
ここ　此処　[此所]　120
ここう　糊口　152
ここう　虎口　160
ここち　心地　096
ここに　此に　[是に・爰に・茲に]　085 106 120 128
ここのそじ　九十路　[九十]　007
こころばえ　心延え　096
こころばかり　心許り　096
こころばせ　心馳せ　096
こころもとない　心許無い　096
ござ　茣蓙　086
こさい　巨細　025
こざかしい　小賢しい　048
こさつ　古刹　029
コサック　哥薩克　220
ごさん　午餐　026
こし　輿　174
こじ　居士　050
こじあける　抉じ開ける　065
こしあん　漉餡　080
こしかた　来し方　114
こしき　甑　132
こじき　乞食　007
こしぎんちゃく　腰巾着　112
こしけ　帯下　[腰気]　054
こしたんたん　虎視眈眈　200
こしつ　痼疾　136
こしゃく　小癪　049
こじゅうと　小舅　049
こじゅうとめ　小姑　[こじゅうと]　049
こしょう　胡椒　212
ごしょう　後生　059
ごしょうばん　御相伴　061
こしょくそうぜん　古色蒼然　200
こしらえる　拵える　068
こじる　抉る　065
ごじる　呉汁　[豆汁]　030 169
こじれる　拗れる　066
ごしんぞう　御新造　[ごしんぞ]　061
こす　濾す　[漉す]　080 081
ごす　呉須　030
こすい　狡い　082
こずえ　梢　117
コスモス　秋桜　214
こする　擦る　072
ごする　伍する　011
ごぜ　瞽女　141
こぜりあい　小競合い　049
こせんきょう　跨線橋　172
ごぞうろっぷ　五臓六腑　200
こそく　姑息　043
こそげる　刮げる　022
こぞって　挙って　101
こだいぎれ　古代裂　[古代切]　029
こたえる　堪える　038
こたえる　応える　096
ごたく　御託　061
こたつ　炬燵　[火燵]　123 124
こたび　此度　120
こだま　木霊　[谺]　113 169
こだわる　拘る　067
こち　東風　115
こち　鯒　[牛尾魚]　208
ごちそう　御馳走　061
こちとら　此方人等　120
こちら　此方　[こっち]　120
こづか　小柄　049
こづかい　小遣い　049
こづく　小突く　049

こっけい　滑稽　078
こつこつ　兀兀［矻矻］　016 142
こつぜん　忽然　096
こつそしょうしょう　骨粗鬆症　191
こっとう　骨董　191
こっぱ　木端　113
こっぱみじん　木端微塵　200
コップ　洋杯　220
こて　籠手　150
こて　鏝　180
こと　糊塗　152
ごと　毎　122
ことごとく　尽く［悉く］　050 098
ことし　今年　009
ことじ　琴柱　131
ごとし　如し　043
ことだま　言霊　165
ことづける　託ける［言付ける］　165
ことづて　言伝　165
ことなかれ　事勿れ　008
ことば　詞［言葉］　165
ことば　辞［言葉］　175
ことほぐ　寿ぐ［言祝ぐ］　048 165
ことわざ　諺　168
ことわり　理　131
こないだ　此間　120
こなから　小半［二合半］　008 049
こなす　熟す　128
こなた　此方　120
こぬかあめ　小糠雨［粉糠雨］　049
こねる　捏ねる　068
このあいだ　此の間　120
このしろ　鰶　208
このてがしわ　児手柏［側柏］　212
このわた　海鼠腸　075
こば　木端［木羽］　113
こはく　琥珀　131
こはぜ　鞐［小鉤］　049 185
こはだ　小鰭　208
ごはっと　御法度　061
こばなし　小咄［小話・小噺］　049
ゴビ　戈壁　224
こびき　木挽　113
ごびゅう　誤謬　166
こひょう　小兵　049
こびる　媚びる　044
こぶ　瘤　137
ごぶさた　御無沙汰　061
こぶし　拳　101
こぶし　辛夷　212
こぶん　乾分［子分・乾児］　007
ごふん　胡粉　110
ごへい　御幣　061
ごぼう　牛蒡　216
こぼれる　零れる［溢れる］　078 184
こぼれる　毀れる　122
こぼんのう　子煩悩　045
こま　独楽　082
こま　駒　190
こま　齣　196
ごま　胡麻　216
こまいぬ　狛犬　082
ごまかす　誤魔化す　166
こまた　小股　049
こまどり　駒鳥［知更鳥］　206
こまぬく　拱く［こまねく］　068
こまめ　小忠実　049
ごまめ　鱓［田作］　134 193
こまやか　濃やか［細やか］　080
ごみ　塵［芥］　039 083
ごみむし　芥虫［歩行虫］　209
こむ　混む［込む］　076
ゴム　護謨　220
こむそう　虚無僧　161
こむら　腓［膊］　111
こめかみ　顳　188
こめつきむし　米搗虫［叩頭虫］　209
こめびつ　米櫃　151
こも　薦［菰］　086 089
こもかぶり　薦被り　089
こもごも　交交　009
こもる　隠る［籠る］　095 150
こよい　今宵　009
ごようたし　御用達［ごようたつ］　061

こより 紙縒［紙捻・紙撚］ 152
こらえる 堪える［怺える］ 038 063
ごらくいん 御落胤 061
こり 垢離 038
こり 狐狸 081
ごりやく 御利益 061
コルク 木栓 220
これ 此［是・之］ 006 106 120
これしき 此式［是式］ 106 120
こればかり 此許り［是許り］ 106 121
コレラ 虎列刺 220
ころ 頃［比］ 122 186
ごろ 語呂［語路］ 166
ころう 固陋 037
ころう 狐狼 081
ころがき 転柿［枯露柿］ 116 174
ごろつき 破落戸［ならずもの］ 142
ごろね 転寝 174
ころもがえ 衣更え［更衣］ 108 163
コロンビア 哥倫比亜 224
こわい 強い 057
こわい 恐い［怖い］ 097
こわくてき 蠱惑的 162
こわごわ 恐恐［怖怖］ 097
こわだか 声高 039
こわっぱ 小童 049
こわばる 強張る［硬張る］ 057 142
こわめし 強飯 057
こわもて 強面 057
こわもて 恐持て［強持て］ 097
こわれる 毀れる［壊れる］ 122
ごんぎょう 勤行 024
ごんぐじょうど 欣求浄土 200
コンクリート 混凝土 220
ごんげ 権化 119
こんこう 混淆［混交］ 076
こんこん 滾滾［渾渾］ 078 079
こんこん 昏昏 105
こんじゃく 今昔 009
こんじょう 今生 009
こんじょう 紺青 153
こんしん 渾身 078
こんすい 昏睡 105
こんせき 痕跡 136
こんてい 根柢［根底］ 116
こんとう 昏倒 105
ごんどうくじら 巨頭鯨 205
こんとん 渾沌［混沌］ 078
こんにゃく 蒟蒻 216
こんぴら 金毘羅［金比羅］ 177
こんぶ 昆布［こぶ］ 217
コンペイトウ 金平糖［金米糖］ 220
こんぺき 紺碧 153
こんぽう 梱包 117
こんぼう 棍棒 118
こんりゅう 建立 056
こんりんざい 金輪際 177
こんろ 焜炉 125

❖さ

ザーサイ 搾菜 220
サーベル 洋剣 220
さい 賽［采］ 115 171
さい 犀 205
さいえん 才媛 065
さいおうがうま 塞翁之馬 200
さいかいもくよく 斎戒沐浴 201
さいぎしん 猜疑心 082
さいころ 賽子［骰子］ 171 191
サイゴン 西貢 224
さいさき 幸先 055
さいし 祭祀 144
さいしょう 妻妾 043
さいせん 賽銭 171
さいち 細緻 153
さいづち 才槌 065
さいなむ 苛む［嘖む］ 034 084
さいのかわら 賽の河原 171
さいはい 采配 115
さいばし 菜箸 086
さいり 犀利 130
さえずる 囀る 036
さえのかみ 塞の神［さいのか

み〕〔障の神・道祖神〕 039 092 096
さえる 冴える 019
さお 竿〔棹〕 118 148
さおとめ 早少女〔早乙女〕 105
さが 性 062
さかい 界〔境〕 134
さかき 榊 212
さかさま 倒〔逆様〕 014
さかしい 賢しい 170
さかずき 盃〔杯〕 138
さかな 肴 109
さかねじ 逆捩じ 090
さかのぼる 溯る〔遡る〕 079 093
さがみのくに 相模国 218
さかやき 月代〔月額〕 108
さかん 左官〔しゃかん〕 052
さぎ 鷺 206
さきおととい 一昨昨日 004
さきおととし 一昨昨年 004
さきがけ 魁〔先駆け〕 192
さぎちょう 左義長 052
さきもり 防人 094
さぎり 狭霧 082
さく 柵 116
さくそう 錯綜 179
さくばく 索莫〔索漠〕 152
さくれつ 炸裂 124
ざくろ 石榴〔柘榴・安石榴〕 212
さけ 鮭〔しゃけ〕〔石桂魚〕 208
さけかす 酒粕〔酒糟〕 176
さげすむ 蔑む〔貶む〕 088 170
さげる 提げる〔下げる〕 070
ざこ 雑魚 183
ささい 些細〔瑣細〕 008 131
さざえ 栄螺〔拳螺〕 210
ささげ 豇豆〔ささぎ〕〔大角豆〕 216
ささげる 捧げる 070
ささなき 小鳴き〔笹鳴き〕 049
さざなみ 細波〔小波・漣〕 049 080 153
ささめゆき 細雪 153
ささやか 細か 153
ささやく 囁く〔私語く〕 036 144
さざれいし 細石 153
さざんか 山茶花〔茶梅〕 212
さし 止し 120
さし 砂嘴 142
さじ 瑣事〔些事〕 008 131
さじ 匙 025
さしえ 挿画〔挿絵〕 068
さじき 桟敷 116
さしこ 刺子 022
さしたる 然したる 127
さしょう 些少 008
ざしょう 挫傷 068
さじん 砂塵〔沙塵〕 073 142
さす 射す〔差す〕 048
さす 注す〔差す・点す〕 074 127
さす 鎖す 180
ざす 座主 056
さすが 流石 076
さすらう 流離う 076
さする 摩る〔擦る〕 072 101
ざせつ 挫折 068
さぞ 嘸 035
さそり 蠍 210
さた 沙汰 073
さたん 嗟嘆 034
さつき 皐月〔五月〕 008 138
さつき 五月〔皐月〕（植物名） 212
さっそう 颯爽 188
さっと 颯と 188
ざっとう 雑沓〔雑踏〕 183
ざっぱく 雑駁 183
さつびら 札片 113
さつまのくに 薩摩国 219
さつりく 殺戮 121
さて 扨〔偖〕 014 065
さてつ 蹉跌 173
さと 郷〔里〕 094
さとい 聡い〔敏い〕 102 158
さどのくに 佐渡国 218
さとる 覚る〔悟る〕 164
さなか 最中 108
さながら 宛ら 046

さなぎ 蛹 161
さぬきのくに 讃岐国 218
さね 実 ［核］ 046 116
さば 鯖 ［青花魚・青魚］ 208
さばえ 五月蝿 008
さばく 捌く 068
さばく 沙漠 ［砂漠］ 073
サハラ 薩哈剌 224
さはんじ 茶飯事 085
さび 寂 047
さび 錆 ［銹］ 178 179
さびしい 淋しい ［寂しい］ 077
サファイア 青玉 220
サフラン 泊夫藍 ［番紅花］ 214
サボテン 仙人掌 ［覇王樹］ 215
さほど 然程 ［左程］ 127
ザボン 朱欒 ［香欒］ 212
ざま 様 ［態］ 098 119
さまつ 瑣末 ［些末］ 008 131
さまよう 彷徨う 058
さみだれ 五月雨 008
さむえ 作務衣 012
さめ 鮫 208
さめる 褪める 148
さめる 醒める ［覚める］ 176
さも 然も 127
さもあらばあれ 遮莫 093
さや 莢 086
さや 鞘 185
さやあて 鞘当 185
さやか 明か ［清か］ 077 106
さゆ 白湯 137
さよ 小夜 049
さよう 然様 ［左様］ 127
さようなら 左様なら 052
さより 細魚 ［針魚・鱵］ 208
さらいねん 再来年 018
さらう 復習う 061
さらう 攫う ［掠う］ 070 073
さらう 浚う ［渫う］ 075 078
さらけだす 曝け出す 107
サラサ 更紗 220
さらし 晒 106
さらしもの 晒者 106
さらす 晒す 106
さらす 曝す 107
さらち 新地 ［更地］ 104
ざらめ 粗目 151
さらゆ 新湯 ［更湯］ 104
ざりがに 蝲蛄 210
さりげない 然り気無い 127
さる 然る 127
さる 申 134
ざる 笊 148
さるがく 猿楽 ［申楽・散楽］ 083 102 134
さるかた 然る方 127
さるぐつわ 猿轡 083
さるすべり 猿滑 ［百日紅・紫薇花］ 212
さるまた 猿股 083
ざれうた 戯歌 100
されき 砂礫 142
されこうべ 髑髏 ［しゃれこうべ・どくろ］ 191
ざれごと 戯事 100
されど 然れど 127
さわす 醂す 176
さわやか 爽やか 129
さわら 鰆 ［馬鮫魚］ 208
さわら 椹 ［弱檜・花柏］ 212
さんいつ 散佚 ［散逸］ 102
さんか 山窩 051
さんか 讃歌 ［賛歌］ 169
ざんがい 残骸 121
ざんき 慙愧 ［慚愧］ 064 099
ざんげ 懺悔 065
さんけい 参詣 027
ざんげん 讒言 169
さんご 珊瑚 210
さんさろ 三叉路 005
さんさん 燦燦 126
さんざん 散散 102
ざんし 残滓 ［ざんさい］ 121
さんしょう 山椒 ［蜀椒］ 212
さんしょううお 山椒魚 210

さんじょく 産褥 133
ざんしん 斬新 104
さんすい 撒水［散水］ 071
さんすくみ 三竦み 005
サンスクリット 散斯克 220
さんずのかわ 三途の川 005
さんぜん 燦然 126
さんだい 参内 027
さんたん 惨憺［惨澹］ 063
サンチーム 参 220
さんび 讃美［賛美］ 169
さんび 酸鼻 176
さんぴん 三一 005
さんぷ 撒布［散布］ 071
サンフランシスコ 桑港 224
さんま 秋刀魚［三摩・青串魚］ 208
さんまい 三昧 005
さんみいったい 三位一体 201
さんめんろっぴ 三面六臂 201
さんろう 参籠 027
さんろく 山麓 051

❖し

じ 痔 136
しあさって 明明後日 106
シアトル 沙市 224
しい 思惟 097
しい 恣意 097
しい 椎 212
じいさん 爺さん 129
じいさん 祖父さん 132
しいたけ 椎茸 217
しいな 粃［秕］ 144 151
しいる 誣いる 166
シェークスピア 沙翁 223
しお 汐［うしお］［潮］ 073
しおおせる 為果せる 126
しおさい 潮騒 080
しおしお 悄悄 063
しおまねき 潮招［望潮］ 210
しおり 栞［枝折］ 116
しおりど 枝折戸 115
しおれる 萎れる 086
しが 歯牙 196
しかい 斯界 104
しがい 死骸［屍骸］ 050 121
しかく 刺客 022
シカゴ 市俄古 224
しかし 然し［併し］ 013 127
しかじか 然然［云云］ 008 127
しかず 如かず［若かず］ 043 084
じかたび 地下足袋［直足袋］ 037 139
しかつめらしい 鹿爪らしい 194
しかと 確と［聢と］ 143 159
じかに 直に 139
じがばち 似我蜂 209
しかばね 尸［屍］ 050
しかめる 顰める 188
しかも 然も［而も］ 127 158
しからば 然らば 127
しがらみ 柵 116
しかり 然り 127
しかる 叱る 029
しかるべく 然る可く 127
しがん 此岸 121
しかんたざ 只管打坐 201
しぎ 鴫［鷸］ 206
じぎ 児戯 016
しきい 閾［敷居］ 182
じきじき 直直 139
しきそくぜくう 色即是空 201
しきたり 為来り［仕来り］ 010 126
しきみ 樒 212
しぎゃく 嗜虐 034
しきりに 頻りに 187
しく 如く［若く］ 043 084
しく 布く［敷く］ 053
しぐさ 仕種［仕草・科］ 010 144
じくじ 忸怩 062
じぐち 地口 037
しぐれ 時雨 106
しげき 刺戟［刺激］ 022
しげしげ 繁繁 156
しける 湿気る 078

しける 時化る 106
しげる 繁る ［茂る］ 156
しこ 指呼 068
じご 爾後 129
しこう 嗜好 034
しこう 歯垢 196
しこうして 而して ［しかして］ 158
しごく 扱く 065
しこな 醜名 ［四股名］ 036 176
しこめ 醜女 176
しこり 痼 ［凝］ 019 136
じこん 爾今 129
しさい 仔細 ［子細］ 010
しし 獣 ［猪・鹿］ 130
しし 獅子 205
じじい 爺 129
ししおどし 鹿威し 194
ししく 獅子吼 083
ししふんじん 獅子奮迅 201
しじま 静寂 184
ししまい 獅子舞 083
しじみ 蜆 210
ししゃも 柳葉魚 208
ししゅう 刺繡 022
ししゅう 屍臭 ［死臭］ 050
しじゅうから 四十雀 206
じじゅん 耳順 158
ししょう 嗤笑 034
ししょう 私娼 144
じじょうじばく 自縄自縛 201
ししるいるい 死屍累累 201
ししんでん 紫宸殿 154
しずく 雫 ［滴］ 183
しずわ 後輪 059
しせい 市井 053
しそ 紫蘇 216
しそう 使嗾 013
しそう 詞藻 165
しそうのうろう 歯槽膿漏 196
しそく 紙燭 ［脂燭］ 110 152
しそこなう 為損なう 126
しだ 羊歯 ［歯朶］ 217
したい 屍体 ［死体］ 050
したがう 随う ［従う］ 095
しだく 拉く 067
したごしらえ 下拵え 005
したたか 強か ［健か］ 014 057
したためる 認める 166
したなめずり 舌舐り 159
したばき 下穿き 005
したびらめ 舌鮃 ［舌平目・鞋底魚］ 208
しだれ 枝垂れ ［垂れ］ 038 115
しだれざくら 枝垂桜 ［垂桜］ 212
したん 紫檀 212
じだんだ 地団駄 ［地団太］ 037
しちぐさ 質種 ［質草］ 170
しちてんばっとう 七転八倒 ［しってんばってん］ 201
しちどうがらん 七堂伽藍 201
じちょう 自嘲 159
しちりん 七輪 ［七厘］ 004
しっか 膝下 112
しっかり 聢り ［確り］ 143 159
じっかん 十干 025
しっくい 漆喰 079
しつけ 躾 174
じっこん 昵懇 ［入魂］ 017 106
じっし 十指 025
しっしん 湿疹 078
しっせい 叱正 029
しっそう 失踪 042
しったげきれい 叱咤激励 201
しっと 嫉妬 045
じっぱひとからげ 十把一絡げ 025
しっぷうじんらい 疾風迅雷 201
しっぷうもくう 櫛風沐雨 201
しっぺい 疾病 135
しっぺがえし 竹篦返し 148
しっぽ 尻尾 050
しつぼく 質朴 ［質樸］ 170
しっぽくりょうり 卓袱料理 026
しつよう 執拗 038
しつらえる 設える 165
しで 垂 ［四手］ 038

しでかす　仕出来す［為出来す］010 126
しとげる　為遂げる 126
しとね　茵［褥］085 148
しとやか　淑やか 077
しとる　湿る 078
しな　科 144
しない　竹刀 148
しなう　撓う 071
しなだれる　撓垂れる 071
しなののくに　信濃国 218
しなびる　萎びる 086
じならし　地均し 037
しにざま　死様 121
しにせ　老舗［ろうほ］158
しにょう　屎尿 050
じねんじょ　自然薯 215
しのぎ　鎬 180
しのぐ　凌ぐ 019
しのだけ　篠竹 150
しのだずし　信太寿司［信田寿司］013
しのつくあめ　篠突く雨 150
しののめ　東雲 115
しのぶ　偲ぶ 014
しば　柴 116
しばし　暫し 107
しばしば　屢［屢屢］051
しばたく　瞬く［しばたたく］141
しばらく　暫く 107
しび　鴟尾［鵄尾］194
じびきあみ　地曳網［地引網］037
しひゃくしびょう　四百四病 201
しびれる　痺れる 136
しびん　溲瓶［尿瓶］050 079
しぶき　飛沫 188
ジフテリア　実布的利亜 220
しべ　蕊［蘂］088 089
シベリア　西比利亜［西伯利亜］224
しぼ　皺 138
しぼむ　萎む［凋む］019 086
しま　縞 155
しまう　終う［仕舞う・了う］007 010 153
しまうま　縞馬［斑馬］205
しみ　衣魚［紙魚・蠹魚］209
しみじみ　染染［沁沁］073 116
しみず　清水 077
しみる　凍みる 019
しみる　沁みる［染みる］073
しみる　滲みる［染みる・浸みる］075 079
しめかす　搾滓 070
しめじ　湿地［占地］217
しめなわ　注連縄［標縄・七五三縄］004 074 119
しめんそか　四面楚歌 201
しもうさのくに　下総国 218
しもたや　仕舞屋 010
しもつき　霜月 184
しもつけのくに　下野国 217
しもぶくれ　下脹れ［下膨れ］005
しもべ　僕 015
じゃかご　蛇籠 161
しゃかむに　釈迦牟尼 176
しゃく　勺 024
しゃく　癪 137
しゃくし　杓子 114
しゃくじょう　錫杖 179
しゃくどういろ　赤銅色 171
しゃくなげ　石楠花［石南花］212
しゃくねつ　灼熱 124
しゃくぶく　折伏 066
しゃくやく　芍薬 215
しゃくる　噦る 035
しゃくる　杓る 114
しゃけつ　瀉血 081
じゃけん　邪慳［邪険］093
しゃこ　蝦蛄［青竜蝦］210
じゃこう　麝香 195
しゃこうしん　射倖心［射幸心］048
しゃし　奢侈 042
しゃだつ　洒脱 075
しゃち　鯱［しゃちほこ］205
しゃちほこばる　鯱張る 193
シャツ　襯衣 220

じゃっき　惹起　098
しゃっくり　吃逆［噦］　030 035
しゃにむに　遮二無二　201
しゃば　娑婆　044
しゃふつ　煮沸　127
しゃへい　遮蔽　093
しゃべる　喋る　034
シャボン　石鹸　220
しゃみせん　三味線［さみせん］　005
シャム　沙室［暹羅］　224
しゃめん　赦免　171
しゃも　軍鶏　206
しゃもじ　杓文字　114
しゃらくさい　洒落臭い　075
しゃれ　洒落　075
じゃれる　戯れる　100
ジャワ　爪哇［闍婆］　224
シャンハイ　上海　224
シャンペン　三鞭酒［シャンパン］　220
じゅ　従　059
じゅういつ　充溢　016

しゅうう　驟雨　191
しゅうえん　終焉　153
しゅうか　衆寡　162
しゅうかいどう　秋海棠［断腸花］　215
じゅうき　什器　009
しゅうきゅう　蹴球　173
じゅうしまつ　十姉妹　206
しゅうしゅう　蒐集［収集］　087
じゅうじゅう　重重　177
しゅうしょうろうばい　周章狼狽　201
しゅうすじ　主筋　006
しゅうそうれつじつ　秋霜烈日　201
じゅうたん　絨緞［絨毯］　154
しゅうちしん　羞恥心　157
しゅうちんぼん　袖珍本　147
じゅうてん　充塡　016
しゅうと　舅　159
しゅうとめ　姑　043
じゅうにひとえ　十二単　025
しゅうび　愁眉　098
シューマイ　焼売　220

じゅうりん　蹂躙　172
しゅうれん　収斂　028
しゅかい　首魁　190
しゅくあ　宿痾　047
しゅくえん　宿怨　047
じゅくしくさい　熟柿臭い　128
しゅげんどう　修験道　058
しゅこう　酒肴　176
じゅごん　儒艮　205
しゅじゃく　朱雀［すざく］　114
しゅしょう　殊勝　121
しゅじょう　衆生　162
しゅす　繻子　156
じゅず　数珠　102
じゅすい　入水　017
しゅせんど　守銭奴　046
じゅそ　呪詛　031
じゅだい　入内　017
しゅったい　出来　020
しゅつらんのほまれ　出藍之誉　201
しゅとう　酒盗　176

ジュネーブ　寿府　224
じゅばく　呪縛　031
じゅばん　襦袢　148
ジュバン　襦袢　220
しゅみせん　須弥山　186
しゅもく　撞木　071
しゅもくざめ　撞木鮫［犁頭魚］　208
しゅよう　腫瘍　111
しゅらば　修羅場　058
しゅりけん　手裏剣　100
しゅりゅうだん　手榴弾［てりゅうだん］　100
しゅろ　棕櫚　212
しゅん　旬　105
じゅんか　馴化［順化］　190
しゅんけん　峻険［峻嶮］　052
しゅんこう　竣工［竣功］　146
じゅんさい　蓴菜　215
じゅんじつ　旬日　105
じゅんしゅ　遵守［順守］　093
しゅんじゅん　逡巡　091

じゅんじゅん 諄諄 167
しゅんしょういっこく 春宵一刻 201
しゅんせつ 浚渫 075
しゅんそく 駿足［俊足］ 191
じゅんち 馴致 190
しゅんどう 蠢動 162
しゅんぷうたいとう 春風駘蕩 201
じゅんぽう 遵法［順法］ 093
じゅんぼく 醇朴［純朴・淳朴］ 077 176
しゅんめ 駿馬 191
しょいこむ 背負込む 110
しょう 背負う［せおう］ 110
しょう 笙 148
しょう 鉦 178
じょう 帖 054
じょうい 攘夷 072
しょういだん 焼夷弾 125
しょうえん 荘園［庄園］ 085
しょうか 銷夏［消夏］ 179
しょうが 生薑［生姜］ 216
しょうがい 障碍［障害］ 096
しょうがん 賞玩［賞翫］ 170
じょうぎ 情誼［情宜］ 064
じょうご 上戸 005
じょうご 漏斗［ろうと］ 080
しょうこう 小康 049
しょうこうすい 昇汞水 105
しょうこうねつ 猩紅熱 083
しょうごく 生国［しょうこく］ 133
しょうこり 性懲り 062
じょうさい 城塞［城砦］ 038
じょうし 上梓 005
じょうし 上巳 005
しょうじいれる 請じ入れる 167
しょうしせんばん 笑止千万 201
しょうしゃ 瀟洒 081
しょうじゃ 精舎 151
じょうじゅ 成就 099
じょうじゅうざが 常住坐臥 201
しょうしゅん 頌春 186
しょうじょう 猩猩 211
じょうしょてんめん 情緒纏綿［じょうちょ］ 201
しょうじん 精進 151
しょうじんかんきょ 小人閑居 201
しょうしんよくよく 小心翼翼 201
しょうすい 傷悴 015
しょうすい 憔悴 064
しょうずい 祥瑞 132
しょうする 頌する 186
じょうぜつ 饒舌 189
しょうぜん 悄然 063
しょうそう 尚早 049
しょうそう 焦燥［焦躁］ 127
しょうたく 沼沢 074
しょうちゅう 焼酎 125
しょうちん 銷沈［消沈］ 179
しょうつき 祥月 132
じょうとうしゅだん 常套手段 201
しょうとく 頌徳 186
しょうに 小児 049
しょうにゅうどう 鍾乳洞 180
しょうにん 上人 005
しょうにん 聖人 158
しょうね 性根 062
しょうのう 樟脳 119
しょうはい 賞牌 170
しょうびのきゅう 焦眉之急 201
しょうぶ 菖蒲 215
しょうふ 娼婦 044
しょうへい 招聘 067
しょうへいが 障屏画 096
しょうゆ 醤油 176
しょうよう 従容 059
しょうよう 逍遥 091
しょうよう 慫慂 099
しょうらい 松籟 115
しょうらい 請来 167
じょうりゅう 蒸溜［蒸留］ 088
しょうりょうながし 精霊流し 151
じょうるり 浄瑠璃 075
ジョウロ 如雨露 221
しょうわる 性悪 062
しょかん 書翰［書簡］ 106

しょきあたり　暑気中り　106
しょくあたり　食中り　188
しょくざい　贖罪　171
しょくじりょうほう　食餌療法　188
しょくだい　燭台　126
しょくたく　属託　［嘱託］　051
しょくち　諸口　167
しょくぼう　属望　［嘱望］　051
しょげる　悄気る　063
しょこう　曙光　107
しょさ　所作　100
しょし　書肆　106
じょじょう　抒情　［叙情］　065
じょせい　女婿　042
しょせん　所詮　100
しょたい　世帯　［せたい］［所帯］　006
しょっぱな　初っ端　021
しょて　初手　021
じょろうぐも　絡新婦　［女郎蜘蛛・斑蛛］　210

しらかば　白樺　212
しらくも　白癬　137
しらげる　精げる　151
しらす　白洲　137
じらす　焦らす　127
しらすぼし　白子干し　137
しらせる　報せる　［知らせる］　039
しらぬい　不知火　005
しらふ　素面　［白面］　137 152
しらみ　虱　209
しり　尻　［臀］　050 113
しり　後　［尻］　059
しりあげむし　挙尾虫　209
じりき　地力　037
しりごみ　後込み　［尻込み］　059
しりすぼみ　尻窄み　050
しりぞく　斥く　［退く］　103
じりつ　而立　158
しりはしょり　尻端折り　050
しりめ　後目　［尻目］　059
シリング　志　221

しるし　徴　062
しるし　首級　［首］　190
しるし　験　191
しるしばんてん　印半纏　027
しるす　標す　［印す］　119
しるべ　標　［導］　048 119
しるべ　知る辺　141
しれつ　熾烈　126
しれもの　痴れ者　136
じれる　懊れる　［焦れる］　064
しろうと　素人　153
しろかき　代掻き　010
しろがね　銀　178
しろくじちゅう　四六時中　201
シロップ　果蜜　221
しろむく　白無垢　137
しろもの　代物　010
しわ　皺　［皴］　138
しわい　吝い　031
しわぶき　咳　032
しん　芯　084

じんあい　塵埃　039
じんうえん　腎盂炎　111
しんえん　深淵　077
しんがい　震駭　184
シンガポール　星港　［新嘉坡］　224
しんがり　殿　122
しんかん　宸翰　047
しんかん　震撼　184
しんがん　真贋　140
しんきくさい　辛気臭い　175
ジンギスカン　成吉思汗　223
しんきゅう　鍼灸　［針灸］　180
しんきろう　蜃気楼　161
しんぎん　呻吟　031
しんげん　箴言　150
しんこ　糝粉　152
しんこう　新香　［しんこ］　104
しんし　真摯　140
しんじ　信士　013
じんじつ　尽日　050
しんしほしゃ　唇歯輔車　201

しんしゃ　親炙　164
しんしゃ　辰砂　175
しんしゃく　斟酌　103
しんじょ　糝薯　152
しんしょう　身上　173
しんしょうぼうだい　針小棒大　201
しんしょく　浸蝕［浸食］　075
しんしん　深深　077
しんしんこうじゃく　心神耗弱　201
じんしんしゅうらん　人心収攬　201
じんすい　尽瘁　050
しんせき　親戚　164
しんせん　神饌　131
じんぞう　腎臓　111
しんそこ　心底［真底］　096
しんだい　身代　173
じんたい　靭帯　185
しんたいきわまる　進退谷まる　091
じんだいすぎ　神代杉　131
しんたいはっぷ　身体髪膚　201
じんちょうげ　沈丁花［ちんちょうげ］［瑞香］　212
しんちょく　進捗［進陟］　091
しんとう　滲透［浸透］　079
しんとう　神道　131
しんにゅう　之繞［しんにょう］　006
しんにょ　信女　013
しんぱく　心搏［心拍］　096
しんぴつ　宸筆　047
しんぴょうせい　信憑性　013
しんぼく　親睦　164
じんましん　蕁麻疹　088
しんめ　神馬　131
じんもん　訊問［尋問］　165
しんらつ　辛辣　175
しんらばんしょう　森羅万象　201

❖す

す　洲［州］　075
す　鬆　192
すいえん　垂涎［すいぜん］　038
すいか　誰何　167
すいか　西瓜［水瓜］　216
すいかずら　忍冬　215
すいがんもうろう　酔眼朦朧　201
ずいき　芋茎　083
すいこう　推敲　069
スイス　瑞西　224
すいせい　彗星　058
すいぞう　膵臓　112
すいたい　推戴　069
すいたい　衰頽［衰退］　163
ずいちょう　瑞兆　131
すいとう　出納　020
ずいどう　隧道　096
すいばん　推輓［推挽］　069
すいびょう　水瓶　123
すいれん　睡蓮　215
スウェーデン　瑞典　224
ずうずうしい　図図しい　036
すうせい　趨勢　172
ずうたい　図体　037
スープ　肉汁　221
ずえ　図会　037
スエズ　蘇西　224
すえる　饐える　189
すおうのくに　周防国　218
ずがいこつ　頭蓋骨［とうがいこつ］　187
すかす　賺す　171
すがすがしい　清清しい　077
すがめる　眇める　139
すがる　縋る　156
すがれる　闌れる　182
すかんぴん　素寒貧　153
すかんぽ　酸模　215
すき　数寄［数奇］　102
すき　鋤［犂］　179
すぎごけ　杉苔［杉蘚］　217
すきま　隙間［透き間］　095
すきやき　鋤焼　179
ずきん　頭巾　187
すく　漉く［抄く］　065　080
すく　梳く　117

すく 空く 145
すぐ 直ぐ 179
すく 鋤く 139
ずく 尽く 050
すくう 掬う 069
すぐき 酸茎 176
すくせ 宿世 047
すくむ 竦む 146
ずくめ 尽くめ 050
すぐる 選る 093
すぐれる 勝れる［優れる］ 024
すげかえる 挿げ替える 068
すけっと 助っ人 023
すけとうだら 介党鱈 208
すける 助ける 023
すごい 凄い 019
すごうで 凄腕 019
すこし 些し［少し］ 008
スコットランド 蘇格蘭 224
すこぶる 頗る 187
すごもり 巣籠り 049
すごろく 双六 028
すさび 遊び 092
すさまじい 凄まじい 019
すさむ 荒む［すさぶ］ 085
すさる 退る［しさる］ 090
ずさん 杜撰 114
すし 鮨［鮓・寿司］ 048 193
ずし 厨子 027
すじかい 筋違い［筋交い］ 149
すじょう 素姓［種姓］ 145 153
すす 煤 125
すず 錫 179
すずかけのき 篠懸の木 213
すすき 薄［芒］ 215
すずき 鱸［松江魚・紫鰓魚］ 208
すすぐ 漱ぐ［くちすすぐ］ 079
すすぐ 濯ぐ［そそぐ］ 081
すずしろ 清白 215
すずな 菘 215
すずめ 雀 206
すずめばち 雀蜂［胡蜂］ 209
すすめる 奨める［勧める］ 042
すすめる 薦める 089
すずり 硯 142
すすりなく 啜り泣く 033
すする 啜る 033
すそ 裾 148
すだく 集く 182
ずたずた 寸寸 048
すだち 酸橘 213
すだて 簀立 150
ずだぶくろ 頭陀袋 187
すだれ 簾 150
ずつ 宛［づつ］ 046
すっとんきょう 素頓狂 153
すっぱぬく 素破抜く［透破抜く］ 091 153
すっぽん 鼈［泥亀］ 210
ステーション 停車場 221
すでに 已に［既に］ 053
すてる 棄てる［捨てる］ 118
すな 沙［砂］ 073
すなどる 漁る 079
すなめり 砂滑 205
すなわち 即ち［則ち・乃ち］ 006 022 027
すね 脛［臑］ 111 113
すねる 拗ねる 066
すのこ 簀の子 150
すばる 昴 106
すべ 術 060
スペイン 西班牙 224
すべからく 須く 186
すべて 総て［凡て・全て］ 011 019 154
すべる 辷る［滑る］ 090
すべる 総べる［統べる］ 154
すぼむ 窄む 146
ズボン 洋股 221
すまい 住居 012
すましじる 澄汁［清汁］ 077 080
すみ 角［隅］ 164
すみか 住処［栖］ 012 117
すみれ 菫 215
すむ 清む［澄む］ 077

すむ 棲む [住む] 118
すめらみこと 天皇 [すめらぎ・すめろぎ] 041
すもう 角力 [相撲] 164
すもも 李 213
すり 掏摸 069
すりえ 摺餌 071
すりかえる 摩り替える 101
すりきず 擦傷 [擦疵] 072
すりこぎ 擂粉木 072
する 掏る 069
する 摺る [刷る] 071
する 摩る [磨る・擂る] 072 101 143
する 擦る 072
する 為る 126
ずるい 狡い 082
するがのくに 駿河国 218
するめ 鯣 193
するめいか 鯣烏賊 [柔魚] 210
すわる 坐る [座る] 037
すんごう 寸毫 048
ずんどう 寸胴 048

❖せ

せ 畝 134
せい 所為 100
セイウチ 海馬 205
せいえん 凄艶 019
せいがいは 青海波 184
せいかたんでん 臍下丹田 202
せいかん 精悍 151
せいぎょ 制禦 [制御] 022
せいこく 正鵠 [せいこう] 120
せいさつよだつ 生殺与奪 202
せいさん 凄惨 019
せいしぼさつ 勢至菩薩 024
ぜいじゃく 脆弱 110
せいぜつ 凄絶 019
せいそ 清楚 077
せいそくち 棲息地 [生息地] 118
ぜいたく 贅沢 171
せいち 精緻 151
ぜいちく 筮竹 149
せいちゅう 掣肘 101
せいてんのへきれき 青天霹靂 202
せいとん 整頓 103
ぜいにく 贅肉 171
せいひつ 静謐 184
せいびょう 聖廟 158
せいぼ 歳暮 121
せいれいかっきん 精励恪勤 202
せいれつ 清冽 077
せいれんけっぱく 清廉潔白 202
せいろ 蒸籠 [せいろう] 088
せがき 施餓鬼 104
せかす 急かす 097
せがれ 倅 [悴] 014 064
せき 咳 032
せき 堰 038
せきがく 碩学 143
せきじゅん 石筍 142
せきずい 脊髄 110
せきすん 尺寸 050
せきつい 脊椎 110
せきてん 釈奠 176
せきとして 寂として 047
せきばく 寂寞 047
せきらら 赤裸裸 171
せきりょう 寂寥 047
せきれい 鶺鴒 206
せきわけ 関脇 182
せく 塞く [堰く] 038 039
せく 急く 097
せぐくまる 跼る 172
せこ 世故 006
せこ 勢子 024
せせらぎ 細流 153
せせらわらう 嘲笑う 035
せちえ 節会 149
せちがらい 世知辛い [世智辛い] 006
せっかく 折角 066
せっかん 折檻 066
せつく 責付く [せっつく] 170

せっく　節供 ［節句］ 149
せっくつ　石窟 142
せっけん　席巻 ［席捲］ 054
せっけん　石鹼 142
せっこう　斥候 103
せっこう　石膏 142
せっさたくま　切磋琢磨 202
せっしやくわん　切歯扼腕 202
せっしょう　摂政 070
せっしょう　殺生 121
せつせつ　切切 021
せった　雪駄 183
せつだん　截断 ［切断］ 100
せっちん　雪隠 183
せっつのくに　摂津国 218
せっとう　窃盗 146
せつな　刹那 022
せっぱつまる　切羽詰る 021
せっぴ　雪庇 183
せっぷん　接吻 069
ぜっぽう　舌鋒 159
せまる　逼る ［迫る］ 092
せみ　蟬 209
せみしぐれ　蟬時雨 162
せめぎあい　鬩ぎ合い 192
せり　競 ［糶］ 146
せり　芹 ［芹子・水芹］ 215
せりだす　迫り出す 090
せりふ　台詞 ［科白］ 029 144
セレナーデ　小夜曲 221
ゼロ　零 221
せわしない　忙しない 062
せん　腺 112
ぜん　膳 112
せんえい　尖鋭 ［先鋭］ 049
せんえつ　僭越 015
せんがくひさい　浅学菲才 ［非才］ 202
せんかたない　詮方無い ［為方無い］ 126 166
せんき　疝気 135
せんぎ　詮議 166
せんこう　穿孔 146
せんこう　銓衡 ［選考］ 178
せんこう　閃光 181
せんざい　前栽 022
ぜんざい　善哉 034
せんさく　穿鑿 ［詮索］ 146 166
せんざんこう　穿山甲 205
せんじ　宣旨 046
ぜんじ　漸次 079
せんじゃ　撰者 ［選者］ 071
せんしゅう　撰集 ［選集］ 071
せんじょう　洗滌 ［せんでき］［洗浄］ 075
ぜんしょうせん　前哨戦 022
せんじょうてき　煽情的 ［扇情的］ 125
せんじる　煎じる 128
せんじん　千仞 ［千尋］ 025
せんす　扇子 100
せんぜい　蟬蛻 162
せんせんきょうきょう　戦戦兢兢 ［恐恐］ 202
せんそ　践祚 172
ぜんそく　喘息 034
せんだつ　先達 ［せんだち］ 016
せんだって　先達て 016
せんたん　尖端 ［先端］ 049
せんだん　栴檀 213
センチメートル　糎 221
せんちゃ　煎茶 128
せんてい　剪定 021
セント　仙 221
せんど　先途 016
せんどう　煽動 ［扇動］ 125
ぜんどう　蠕動 162
ぜんとりょうえん　前途遼遠 202
ぜんなんぜんにょ　善男善女 202
せんぱく　浅薄 075
せんばん　千万 025
せんびょうしつ　腺病質 112
せんべい　煎餅 128
せんべつ　餞別 189
せんべん　先鞭 016
せんぽう　先鋒 016

せんぼう　羨望　157
ぜんぼう　全貌　011
ぜんまい　発条［撥条］　072 137
ぜんまい　薇　217
せんみつや　千三屋　025
せんみん　賤民　170
せんめい　闡明　182
せんめつ　殲滅　121
せんりつ　戦慄　100
せんろっぽん　繊六本［千六本］　156

❖そ

そいつ　其奴［そやつ］　018
そう　副う［添う］　023
そう　然う　127
そう　艘　160
そうあん　草庵　085
そううつびょう　躁鬱病　173
そうが　爪牙　128
そうかい　爽快　129
そうがい　霜害　184
ぞうがん　象嵌［象眼］　169
そうきょく　箏曲　149
ぞうきん　雑巾　183
そうく　痩軀　137
そうく　走狗　171
そうくつ　巣窟　049
ぞうげ　象牙　169
ぞうけい　造詣　091
そうけだつ　寒気立つ［総毛立つ］　047
そうこう　糟糠　152
そうごう　相好　139
そうこうのつま　糟糠之妻　202
そうこく　相剋［相克］　139
そうさい　相殺［そうさつ］　139
そうざい　惣菜［総菜］　098
ぞうさない　造作無い［雑作無い］　091 183
そうし　冊子［草紙・草子・双紙］　018
そうして　然して［しかして］　128
そうしょ　叢書［双書］　028
そうじょう　僧正　015
そうしん　痩身　137
そうず　僧都［そうづ］　015
そうそう　匆匆［忽忽］　024 096
そうそう　然う然う　128
そうそう　錚錚　179
そうそふ　曽祖父　108
ソーダ　曹達　221
そうてい　装幀［装丁・装釘］　163
そうてん　装塡　163
そうとうしゅう　曹洞宗　108
そうなめ　総嘗め　154
そうに　僧尼　015
そうは　搔爬　071
そうはく　蒼白　088
そうびょう　宗廟　046
ぞうぶつ　贓物　171
そうへき　双璧　028
そうぼう　双眸　028
そうぼう　相貌　139
そうめい　聡明　158
そうめん　索麺［素麺］　152 153
そうもう　草莽　085
そうもんか　相聞歌　139
ぞうり　草履　085
そうりょ　僧侶　015
そうりょう　惣領［総領］　098
そうろう　蹌踉　173
そえぢ　添乳　077
そえる　副える［添える］　023
そきゅう　遡及［溯及］　079 093
そぐ　削ぐ［殺ぐ］　022 121
そくいんのじょう　惻隠之情　202
ぞくしゅうふんぷん　俗臭芬芬　202
ぞくじん　俗塵　013
そくぶん　仄聞　009
そげき　狙撃　082
そこ　其処［其所］　018
そご　齟齬　196
そこう　遡行［溯行］　079 093
そこう　粗肴　151
そこかしこ　其処彼処　018

そこここ　其処此処　018
そこつ　粗忽　151
そこばく　若干［そくばく］　084
そこひ　内障［内障眼・底翳］　010
そさい　蔬菜　088
そさん　粗餐　151
そしゃく　咀嚼　031
そじょう　俎上　013
そじょうのこい　俎上之鯉　202
そしる　謗る［譏る・誹る］　167 168
そすい　疏水［疎水］　135
そせい　蘇生［甦生］　089 133
そそ　楚楚　118
そそぐ　灌ぐ［注ぐ］　081
そそぐ　雪ぐ［すすぐ］　183
そそのかす　嗾す［唆す］　035
そそりたつ　聳り立つ　159
そぞろ　漫ろ　080
そだ　粗朶　151
そちら　其方［そっち］　018
そつう　疏通［疎通］　135
そっけない　素気無い［すげない］　153
そつじ　卒爾［率爾］　026 132
そつじゅ　卒寿　026
そっちのけ　其方退け　018
そっぱ　反っ歯　028
そっぽ　外方　040
そで　袖　147
そてつ　蘇鉄［鉄蕉・鉄樹］　213
そとば　卒塔婆［そとうば］［卒都婆・率塔婆］　026
そとぼり　外濠［外堀］　040
そなえる　具える［備える］　018
そなれまつ　磯馴松　143
そねむ　嫉む［妬む・猜む］　044 045 082
その　其の　018
その　苑［園］　084
そば　側［傍］　014 015
そば　蕎麦　216
そばかす　雀斑　182
そばだつ　峙つ［聳つ］　051 159
そばだてる　欹てる　120
そばづえ　側杖［傍杖］　014
そびえる　聳える　159
そもそも　抑　066
そやす　嗾す　035
そよかぜ　微風　062
そよぐ　戦ぐ　100
そらまめ　蚕豆［空豆］　216
そらんじる　諳じる　167
そり　橇　119
そる　剃る［する］　022
それ　其［夫］　018 041
それがし　某　116
それしき　其式　018
それぞれ　其其［夫夫］　018
それだけ　其丈　018
それっきり　其っ限り［其っ切り］　018
それどころ　其処　018
そればかり　其許り　018
それる　逸れる　091
そろう　揃う　070
そろばん　算盤［十露盤］　025 149
そんきょ　蹲踞　173
そんしょく　遜色　093
そんたく　忖度　062
そんぷうし　村夫子　114

❖た

ダース　打　221
たい　度い　055
たい　鯛　208
タイ　泰　224
たいあん　大安［だいあん］　041
たいえいてき　退嬰的　090
だいかついっせい　大喝一声　202
たいかんしき　戴冠式　100
たいく　体軀　012
たいこう　太閤　041
たいこうぼう　太公望　041
だいごみ　醍醐味　176
たいじ　対峙　048

たいしゃいろ　代赭色　010
たいしゃくてん　帝釈天　054
たいしょく　褪色　148
たいせき　堆積　038
だいせん　題簽　187
たいぜんじじゃく　泰然自若　202
たいだ　怠惰　097
だいだい　橙　[回青橙]　213
だいたいこつ　大腿骨　041
たいとう　擡頭　[台頭]　072
たいはい　頽廃　[退廃]　187
だいばつ　題跋　187
たいひ　堆肥　038
だいふ　乃父　007
だいぶ　大分　041
たいまい　玳瑁　[瑇瑁]　210
たいまつ　松明　115
ダイヤモンド　金剛石　221
たえ　妙　043
だえき　唾液　033
だえんけい　楕円形　118
たおやか　嫋やか　045
たおやめ　手弱女　100
たおる　手折る　100
たおれる　仆れる　[倒れる]　010
たおれる　斃れる　103
たが　箍　149
たがえる　違える　092
たかさご　高砂　191
たかじょう　鷹匠　194
だかつ　蛇蝎　[蛇蠍]　161
たかつき　高坏　191
たかね　高嶺　[高根]　191
たがね　鏨　180
たかびしゃ　高飛車　191
たかぶる　昂ぶる　[高ぶる]　105
たかまがはら　高天原　191
たかみくら　高御座　191
たがめ　田鼈　[水爬虫]　209
たからくじ　宝籤　046
たかり　集り　182
たかる　集る　182
だかんしへい　兌換紙幣　017
だき　唾棄　033
たきび　焚火　125
たきぼうよう　多岐亡羊　202
たぎる　滾る　079
たく　薫く　[炷く]　089 124
たく　焚く　125
たくあん　沢庵　[たくわん]　073
たぐい　類　[比]　122 187
たくす　托す　[託す]　065
たくはつ　托鉢　065
たくましい　逞しい　091
たくみ　工　[匠]　025 052
たくむ　巧む　[工む]　052
たくらむ　企む　010
たぐる　手繰る　100
たくわえる　貯える　[蓄える]　170
だけかんば　岳樺　213
たけだけしい　猛猛しい　082
たけなわ　酣　[闌]　176 182
たけのこ　筍　[竹の子]　149
たけみつ　竹光　148
たける　哮る　032
たける　猛る　082
たける　長ける　181
たける　闌ける　182
たこ　凧　020
たこ　胼胝　111
たこ　蛸　[章魚]　210
だし　出汁　020
だし　山車　051
たしか　慥か　[確か]　064
たしせいせい　多士済済　[さいさい]　202
たしなむ　嗜む　034
たしなめる　窘める　146
たじまのくに　但馬国　218
だしもの　演物　[出物]　079
だじゃれ　駄洒落　190
たず　田鶴　134
たすき　襷　148
たすける　扶ける　[援ける]　066 070

たずねる 訊ねる ［尋ねる］ 165
たそがれ 黄昏 195
ただ 只 029
ただ 唯 033
ただ 徒 059
たたえる 湛える 078
たたえる 称える 144
たたき 三和土 005
たたく 叩く ［敲く］ 029 103
ただごと 徒事 ［只事・唯事］ 059
ただす 糾す ［糺す］ 152
ただす 質す 170
たたずむ 佇む ［彳む］ 012 058
ただなか 直中 ［只中］ 139
ただならぬ 徒ならぬ 059
ただもの 只者 ［徒者］ 029 059
たたら 踏鞴 ［蹈鞴］ 172
たたり 祟り 143
ただれる 爛れる 126
たち 太刀 ［大刀］ 041
たち 質 170

たちいふるまい 起居振舞 202
たちうお 太刀魚 ［白帯魚］ 208
たちくらみ 立眩み 146
たちばな 橘 213
たちまち 忽ち 096
だちょう 駝鳥 206
たつ 截つ ［裁つ］ 100
たつ 発つ ［立つ］ 137
たつ 経つ 153
たつ 起つ ［立つ］ 171
たつ 辰 175
たつき 方便 ［たずき］［活計］ 075 104
だっきゅう 脱臼 111
たっけい 磔刑 143
たっちゅう 塔頭 039
たって 達て 092
だっと 脱兎 111
たつのおとしご 竜落子 ［海馬］ 208
たつみ 辰巳 ［巽］ 175
たて 楯 ［盾］ 118
たて 殺陣 122

たて 竪 ［縦］ 146
たで 蓼 215
だて 伊達 010
たていと 経糸 ［縦糸］ 153
たてがみ 鬣 192
たてひき 達引き ［立て引き］ 092
たてる 点てる 127
たてる 閉てる 181
たとえ 仮令 ［たとい］［縦令］ 010 155
たとえ 譬 ［喩］ 034 168
たどる 辿る 090
たどん 炭団 124
たな 店 055
たなおろし 店卸し ［棚卸し］ 055
たなご 鱮 208
たなごころ 掌 101
たなざらし 店晒し 055
たなばた 七夕 ［棚機］ 004 118
だに 壁蝨 211
たにあい 谷間 169
たにし 田螺 211

たぬき 狸 205
たね 胤 ［種］ 110
たね 種子 ［種］ 145
たのしい 愉しい ［楽しい］ 064
たのむ 恃む ［頼む］ 063
たばかる 謀る 168
タバコ 煙草 ［莨］ 216
たび 足袋 172
だび 荼毘 086
たぶらかす 誑かす 166
だべる 駄弁る 190
だほ 拿捕 101
だぼら 駄法螺 190
たま 偶 014
たま 珠 ［玉・球］ 130
たま 霊 ［魂］ 184 192
たまう 給う ［賜う］ 154
たまげる 魂消る 192
たまさか 偶さか 014
だます 騙す 191
たまたま 偶偶 014

たまねぎ　玉葱　216
たまもの　賜物　170
たまらない　堪らない　038
たまる　溜まる　079
だみごえ　濁声［訛声］　080 165
たむろする　屯する　051
ため　為　127
ためいき　溜息　079
ためし　例　013
ためす　験す［試す］　191
ためつすがめつ　矯めつ眇めつ　141
ためらう　躊躇う　173
ためる　矯める　141
ためる　貯める　170
たもと　袂　147
たやすい　容易い　047
たゆう　大夫［太夫］　041
たゆむ　弛む　057
たら　鱈［大口魚］　208
たらい　盥　138
たらし　誑し　166
たらちね　垂乳根　038
たらのき　楤の木　213
たらふく　鱈腹　193
ダリア　天竺牡丹　215
たる　樽　119
だるい　怠い［懈い］　065 097
たるき　垂木［棰］　038
だるま　達磨　092
たるむ　弛む　057
だれ　誰［たれ］　167
だれそれ　誰某　167
たれる　放れる　102
たわいない　他愛無い　010
たわけ　戯け［白痴］　100 137
たわごと　戯言［ざれごと］　100
たわし　束子　114
たわむ　撓む　071
たわわ　撓わ　071
たん　段［反］　121
たん　痰　136
たんか　啖呵　033
だんか　檀家　119
だんがい　弾劾　058
だんがい　断崖　104
たんげい　端倪　146
だんこ　断乎［断固］　104
だんご　団子　036
たんごのくに　丹後国　218
だんじき　断食　104
たんじゅう　胆汁　110
だんしょく　男色［なんしょく］　134
だんじり　楽車［檀尻・山車］　118
たんす　簞笥　150
たんぜん　丹前　006
たんたん　坦坦　038
たんでき　耽溺　158
たんどく　耽読　158
だんな　旦那［檀那］　105 120
タンニン　単寧　221
たんのう　堪能［かんのう］　038
たんのう　胆嚢　110
たんぱくしつ　蛋白質　161
たんばのくに　丹波国　218
だんびら　段平　121
だんぶくろ　駄袋［段袋］　190
たんぺいきゅう　短兵急　141
たんぼ　田圃　134
たんぽぽ　蒲公英　215
だんまり　黙り　195
タンメン　湯麺　221
たんもの　反物　028
だんらん　団欒　036
たんれん　鍛錬［鍛練］　180
だんろ　煖炉［暖炉］　125

❖ち

チーズ　乾酪　221
ちえ　智慧［知恵・智恵］　107
チェコ　捷克　224
ちかしい　親しい［近しい］　164
ちがや　茅［茅萱・白茅］　215
ちかん　弛緩［しかん］　057
ちぎ　地祇　037

ちきょうだい　乳兄弟　007
ちぎる　千切る　025
ちくごのくに　筑後国　219
ちくぜんのくに　筑前国　219
ちくわ　竹輪　148
ちご　稚児　145
ちこうごういつ　知行合一　202
ちしつ　知悉　141
ちそう　馳走　190
ちぢに　千千に　025
ちぢみおり　縮織　156
ちつ　帙　054
ちつ　膣　112
ちっきょ　蟄居　162
ちとせ　千歳［千年］　025
ちなまぐさい　血腥い　162
ちなみに　因に　036
ちなむ　因む　036
ちのみご　乳飲子［乳呑児］　007
ちびる　禿びる　017
ちひろ　千尋　026

チフス　窒扶斯　221
チベット　西蔵　224
ちほう　痴呆　136
ちまき　粽　151
ちまた　巷　053
ちまみれ　血塗れ　162
ちみつ　緻密　156
ちみもうりょう　魑魅魍魎　202
チャーシュー　叉焼　221
チャーハン　炒飯　221
ちゃきちゃき　嫡嫡　045
ちゃきん　茶巾　085
ちゃこし　茶漉　085
ちゃさじ　茶匙　085
ちゃしゃく　茶杓　085
ちゃせん　茶筅　085
ちゃぶだい　卓袱台　026
ちゃぼ　矮鶏　206
チャルメラ　哨吶　221
ちゃわん　茶碗　085
ちゅうしゃく　註釈［注釈］　166

ちゅうせん　抽籤［抽選］　067
ちゅうたい　紐帯［じゅうたい］　153
ちゅうちょ　躊躇　173
ちゅうぶう　中風［ちゅうふう・ちゅうぶ］　006
ちゅうぼう　厨房　027
ちゅうみつ　稠密　145
チューリップ　鬱金香　215
ちょう　挺　068
ちょう　蝶　209
ちょうあい　寵愛　048
ちょうか　釣果　177
ちょうかん　鳥瞰　194
ちょうし　銚子　178
ちょうじ　寵児　048
ちょうしょう　嘲笑　035
ちょうしんそうく　長身痩軀　202
ちょうしんるこつ　彫心鏤骨　202
ちょうずばち　手水鉢　100
ちょうずる　長ずる　181
ちょうせき　潮汐　080

ちょうそ　彫塑　058
ちょうだ　長蛇　181
ちょうだい　頂戴　186
ちょうたく　彫琢　058
ちょうたつ　暢達　107
ちょうちゃく　打擲　065
ちょうちょうなんなん　喋喋喃喃　202
ちょうちょうはっし　打打発止［丁丁］　202
ちょうちん　提灯　070
ちょうつがい　蝶番　162
ちょうど　恰度［丁度］　063
ちょうな　手斧　100
ちょうねんてん　腸捻転　112
ちょうば　嘲罵　035
ちょうほう　諜報　168
ちょうめい　澄明　080
ちょうらく　凋落　019
ちょうりょうばっこ　跳梁跋扈　202
ちょうれいぼかい　朝令暮改　202
ちょうろう　嘲弄　035

ちょくさい 直截 ［ちょくせつ］ 139
ちょこ 猪口 082
ちょこざい 猪口才 082
ちょっと 一寸 ［鳥渡］ 004 194
ちょとつもうしん 猪突猛進 202
ちょりつ 佇立 012
ちょろぎ 草石蚕 215
ちょんまげ 丁髷 004
ちり 塵 039
チリ 智利 224
ちりあくた 塵芥 039
ちりぢり 散散 102
ちりばめる 鏤める 180
ちりめん 縮緬 156
ちん 狆 205
チンキ 丁幾 221
ちんじ 椿事 118
ちんでき 沈溺 073
ちんでん 沈澱 ［沈殿］ 073
ちんとう 枕頭 115
ちんにゅう 闖入 182
ちんぷ 陳腐 095

❖つ

ついえる 潰える 080
ついかんばん 椎間板 118
ついじ 築地 150
ついしゅ 堆朱 038
ついしょう 追従 090
ついぞ 終ぞ 153
ついたち 朔日 ［朔・一日］ 108
ついたて 衝立 062
ついて 就いて 049
ついで 序 055
ついな 追儺 ［おにやらい］ 090
ついに 終に ［遂に・竟に］ 153
ついのすみか 終の住処 ［終の棲］ 153
ついばむ 啄む 033
つうぎょう 通暁 091
つうちょう 通牒 091
つうば 痛罵 136
つうよう 痛痒 136
つえ 杖 114
つか 束 114
つか 柄 116
つが 栂 213
つがい 番 135
つかえる 事える ［仕える］ 008
つかえる 支える ［閊える］ 102 181
つがえる 番える 135
つかさどる 司る ［掌る］ 029 101
つかのま 束の間 114
つかまえる 摑まえる ［捕まえる・捉まえる］ 068 071
つかまつる 仕る 010
つかむ 摑む ［攫む］ 071 073
つかる 浸かる 076
つきあい 交際 ［付合い］ 009
つぎき 接木 069
つきなみ 月次 ［月並］ 108
つぎはぎ 継ぎ接ぎ 154
つきもの 憑物 099
つきやま 築山 150
つく 即く ［就く］ 027
つく 吐く 030
つく 衝く 062
つく 撞く 071
つく 搗く ［舂く］ 071 159
つく 憑く 099
つく 点く 127
つぐ 亜ぐ ［次ぐ］ 008
つぐ 注ぐ 074
つくし 土筆 217
つくだに 佃煮 012
つくづく 熟 128
つくつくほうし 寒蟬 ［つくつく法師］ 209
つくねる 捏ねる 068
つくばい 蹲踞 173
つくばう 蹲う 173
つくばね 衝羽根 062
つぐみ 鶇 ［鳥馬］ 206
つぐむ 噤む 035

つくもがみ　九十九髪〔江浦草髪〕　007
つくり　旁　104
つくる　創る〔作る・造る〕　023
つげ　黄楊〔柘植〕　213
つけやきば　付焼刃　010
つごもり　晦〔晦日〕　106
つじうら　辻占　090
つじつま　辻褄　090
つしまのくに　対馬国　219
つた　蔦　215
つたない　拙い　067
つち　槌〔鎚〕　119
つちくれ　土塊　037
つちのえ　戊　099
つちのと　己　053
つつうらうら　津津浦浦　202
つっかいぼう　突っ支い棒　145
つつがない　恙無い　097
つつがむし　恙虫　211
つつく　突く　145
つっけんどん　突慳貪　145
つつじ　躑躅〔映山紅〕　213
つつましい　慎ましい　064
つづめる　約める　152
つつもたせ　美人局　157
つづら　葛籠　087
つづらおり　九十九折り〔葛折り〕　007 087
つづる　綴る　154
つづれおり　綴織　155
つて　伝〔伝手〕　011
つと　苞　085
つど　都度　094
つとに　夙に　020
つとめる　勉める〔努める〕　024
つなぐ　繋ぐ　156
つねる　抓る　066
つば　唾〔つばき〕　033
つば　鍔〔鐔〕　179 180
つばき　椿〔海石榴・山茶〕　213
つばぜりあい　鍔迫合い　179
つばめ　燕〔乙鳥・玄鳥・鳥衣〕　207
つばら　委曲　043
つぶ　螺〔海螺〕　211
つぶさに　具に〔悉に・備に〕　015 018 098
つぶて　礫〔飛礫〕　143 188
つぶやく　呟く　031
つぶより　粒選り　151
つぶら　円　018
つぶる　瞑る〔つむる〕　140
つぶれる　潰れる　080
つぼ　壺　040
つぼね　局　050
つぼみ　蕾〔莟〕　086 089
つま　端　146
つま　褄　148
つまさき　爪先　128
つましい　倹しい　014
つまずく　躓く〔つまづく〕　173
つまはじき　爪弾き　128
つまびく　爪弾く　128
つまびらか　詳らか〔審らか〕　048 166
つまむ　撮む〔摘む・抓む〕　066 071
つみとが　罪科　147
つみれ　摘入　071
つむぎ　紬　154
つむじ　旋毛　104
つむじかぜ　旋風　104
つむり　頭　187
つめ　爪　128
つもり　心算〔積り〕　096
つや　艶　160
つゆ　液〔汁〕　073 076
つゆ　梅雨〔ばいう〕　117
つらい　辛い　175
つらつら　熟〔熟熟〕　128
つらねる　列ねる〔連ねる〕　021
つらら　氷柱　123
つりえ　釣餌　177
つる　吊る　030
つる　蔓　088
つる　攣る　102
つるはし　鶴嘴　194

つるべ 釣瓶 177
つるむ 交尾む ［遊牝む］ 009 092
つるむ 連む 091
つれづれ 徒然 059
つわぶき 槖吾 ［石蕗・急就草］ 215
つわもの 兵 017
つわり 悪阻 ［おそ］ 097
つんざく 劈く 021
ツンドラ 凍原 221

❖て

てい 態 ［体］ 098
ていかん 諦観 168
ていけい 梯形 117
ていしょく 牴触 ［抵触］ 130
ていたらく 為体 127
ていだん 鼎談 196
ていちょう 鄭重 ［丁重］ 094
ていてつ 蹄鉄 173
ていはく 碇泊 ［停泊］ 142
ていはつ 剃髪 022
ていりつ 鼎立 196
デウス 天主 ［天有主・提宇須］ 221
テーブル 卓子 221
ておくれ 手後れ ［手遅れ］ 100
でかす 出来す 020
てかせあしかせ 手枷足枷 202
でがらし 出涸らし 020
できあい 溺愛 079
てきがいしん 敵愾心 103
できし 溺死 079
てきしゅつ 剔出 ［摘出］ 023
てきず 手創 ［手傷・手疵］ 101
てきめん 覿面 164
てぐす 天蚕糸 041
てぐすねひく 手薬煉引く 101
でくのぼう 木偶の坊 113
でくわす 出会す ［出交す］ 020
てこ 梃 ［梃子］ 117
でこすけ 凸助 020
てこずる 手古摺る ［梃摺る］ 101 117
てごたえ 手応え ［手答え］ 101
でこぼこ 凸凹 020
てごめ 手籠 ［手込］ 101
てごわい 手強い 101
でずいり 手数入り 101
てすさび 手遊び 101
でずっぱり 出突張り 020
てすり 手摺 101
てだて 手段 ［手立て］ 101
でたらめ 出鱈目 020
てだれ 手練 ［手足れ］ 101
てつ 轍 175
てっけつ 剔抉 023
デッサン 素描 221
てっしょう 徹宵 062
でっち 丁稚 004
でっちあげる 捏ち上げる 068
でっちり 出っ尻 020
てっつい 鉄槌 ［鉄鎚］ 178
てっぺん 天辺 041
てづる 手蔓 101
てておや 父親 129
てなずける 手懐ける 101
てぬぐい 手拭 101
てぬるい 手緩い 101
てのひら 掌 ［手の平］ 101
てはず 手筈 101
ではな 出端 ［出鼻］ 020
でばぼうちょう 出刃包丁 020
でばる 出張る 020
てひどい 手酷い 101
てほどき 手解き 101
てまめ 手忠実 101
てもと 手許 ［手元］ 101
てらう 衒う 060
てれんてくだ 手練手管 202
でわのくに 出羽国 217
てん 貂 205
てんいむほう 天衣無縫 202
でんがく 田楽 134
てんかん 癲癇 137
てんきぼ 点鬼簿 127
てんぐ 天狗 211

てんぐさ 天草〔心太草・太凝菜〕 217
てんこく 篆刻 150
てんさい 甜菜 216
てんじく 天竺 041
でんしょう 伝誦 011
てんしんらんまん 天真爛漫 202
てんたん 恬淡〔恬澹〕 063
てんちかいびゃく 天地開闢 202
てんちゃ 碾茶〔ひきちゃ〕 143
てんちゅう 天誅 041
てんてい 点綴〔てんてつ〕 127
てんてこまい 天手古舞 041
てんてつき 転轍機 174
てんてんはんそく 輾転反側 203
てんと 奠都 042
テント 天幕 221
てんとう 顚倒〔転倒〕 187
てんとうむし 天道虫〔瓢虫〕 209
てんどん 天丼 041
でんぱ 伝播 011
てんばつてきめん 天罰覿面 203
てんびん 天秤 041
てんぷ 貼付〔ちょうふ〕 170
でんぶ 臀部 113
でんぶ 田麩 134
でんぷやじん 田夫野人 203
てんぷら 天麩羅 041
でんぷん 澱粉 080
でんぽうはだ 伝法肌 011
デンマーク 丁抹 224
てんません 伝馬船 011
てんまつ 顚末 187
てんもうかいかい 天網恢恢 203
てんゆう 天佑〔天祐〕 041
てんらく 顚落〔転落〕 187

❖と

とあみ 投網 066
とい 樋 119
といし 砥石 142
どいつ 何奴〔どやつ〕 011
ドイツ 独逸〔独乙〕 224
とう 薹 089
とう 訪う〔おとなう〕 165
とう 籐 213
どう 如何 043
とうかい 韜晦 186
どうかつ 恫喝 063
とうがらし 唐辛子〔蕃椒〕 216
とうかん 投函 066
とうがん 冬瓜 216
どうき 動悸 024
どうきゅう 撞球 071
どうきん 同衾 030
とうぐう 春宮〔東宮〕 106
どうくつ 洞窟 075
どうけ 道化 092
どうけい 憧憬〔しょうけい〕 064
どうこう 何斯う 011
どうこく 慟哭 064
とうさん 父さん 129
とうじ 冬至 040
とうじ 蕩児 088
とうじ 杜氏 114
とうしょ 島嶼 052
どうせい 同棲 030
とうせん 当籤 058
どうぞ 何卒〔なにとぞ〕 011
とうそう 凍瘡 019
とうた 淘汰 077
どうたく 銅鐸 178
どうだんつつじ 満天星 213
どうちゃく 撞着 071
とうつう 疼痛 136
とうてき 投擲 066
とうてん 読点 166
どうてん 動顚〔動転〕 024
とうとう 滔滔 079
とうとつ 唐突 032
とうに 疾うに 135
とうば 塔婆 039
とうはん 登攀〔とはん〕 137
とうび 掉尾〔ちょうび〕 069
とうびょう 投錨 066

どうもう 獰猛 083
どうもく 瞠目 141
どうもと 筒元 [胴元] 149
とうもろこし 玉蜀黍 216
とうや 陶冶 095
とうりゅう 逗留 091
とうりょう 棟梁 118
とうろう 灯籠 124
とうろうのおの 蟷螂之斧 203
とえはたえ 十重二十重 025
とおとうみのくに 遠江国 218
とおる 徹る [通る] 062
とおる 透る [通る] 091
とが 科 [咎] 031 144
とかく 兎角 [左右] 017 052
とかげ 蜥蜴 [石竜子] 211
とかす 梳かす [解かす] 117
どかす 退かす 090
とがめる 咎める 031
とがる 尖る 049
とき 鴇 [朱鷺・桃花鳥] 207
とぎ 伽 012
ときたま 時偶 106
ときのこえ 鬨の声 [鯨波の声] 192 193
どぎも 度胆 [度肝] 055
どきょう 読経 166
ときわ 常磐 054
ときわず 常磐津 [ときわづ] 054
とぐ 磨ぐ [研ぐ] 143
どくが 毒牙 122
とくさ 木賊 215
どくしょう 読誦 166
どくだみ 蕺草 215
どくだんじょう 独壇場 082
とくと 篤と 150
とくとう 禿頭 017
とくとく 得得 061
とくひつ 禿筆 017
とくほん 読本 166
とぐろ 塒 [蜷局] 039
とげ 刺 [棘] 022 117
とげとげしい 刺刺しい 022
とける 融ける [溶ける] 162
どこ 何処 [何所] 011
とこしえ 常しえ [長しえ・永久] 054 123 181
ところ 処 [所] 020
ところ 野老 [黄独] 215
ところてん 心太 096
とさか 鶏冠 194
とざす 鎖す [閉ざす] 180
とさのくに 土佐国 218
とざま 外様 040
どさんこ 道産子 092
とし 歳 [年] 121
とじ 刀自 021
としかさ 年嵩 055
どしがたい 度し難い 056
としなみ 年次 [年並み] 055
としは 年端 055
とじぶた 綴蓋 155
としま 年増 055
としゃ 吐瀉 030
としょ 屠所 051
どじょう 泥鰌 [鰌] 208
どしょうぼね 土性骨 037
としょのひつじ 屠所之羊 203
とじる 綴じる 155
とせ 歳 [年] 055 121
とそ 屠蘇 051
とだえる 跡絶える [途絶える・杜絶える] 114 172
とたん 塗炭 039
とちのき 橡 [とち] [栃] 213
どちら 何方 011
ドック 船渠 221
とつくに 外国 040
とっくに 疾っくに 135
とっくり 徳利 062
とっさ 咄嗟 031
どっち 何方 011
とって 把手 [取っ手] 066
とつとつ 訥訥 [吶吶] 031 165
とっぴ 突飛 146

とつべん 訥弁 165
どて 土堤［土手］ 037
とてつ 途轍 091
とても 迚も 090
どてら 褞袍［縕袍］ 148 155
とと 父 129
とと 魚 193
とど 胡獱［海馬］ 205
とど 鯔 208
どどいつ 都都逸 094
どとう 怒濤 097
とどまつ 椴松 213
とどまる 止まる［留まる］ 120 134
とどろく 轟く 175
となえる 称える 144
トナカイ 馴鹿 205
どなた 何方 011
とにかく 兎に角 017
どの 何の 011
とのい 宿直 047
どのう 土嚢 037
どば 駑馬 191
とばく 賭博 171
どはずれ 度外れ 056
どはつしょうてん 怒髪衝天 203
とばり 帳［帷］ 054
とび 鳶［とんび］ 207
とびぐち 鳶口 194
とびしょく 鳶職 194
とぶ 翔ぶ［飛ぶ］ 157
どぶ 溝 078
どぶろく 濁酒 080
とぼける 惚ける［恍ける］ 063
トマト 赤茄子［蕃茄］ 216
どまんじゅう 土饅頭 037
とみこうみ 左見右見 052
とみに 頓に 186
とめど 留処［止処］ 120 134
とめる 停める［止める・留める］ 014
とも 艫 160
ともえ 巴 053
ともがら 輩 174
ともぎれ 共布［共切れ］ 017
ともしび 灯火［灯］ 124
ともに 倶に［共に］ 014
どもり 吃り 030
ともる 点る［灯る］ 124 127
とや 鳥屋［塒］ 039 194
とよあしはら 豊葦原 169
とら 寅 047
どら 銅鑼 178
とらえる 捉える［捕える］ 068
とらかん 虎巻 160
トラホーム 虎眼 221
とらわれる 囚われる［捕われる］ 036
とり 酉 175
とり 鶏 194
とりあえず 取敢えず 028
とりえ 取柄［取得］ 028
とりこ 虜［擒］ 072 161
とりで 砦 142
とる 摂る［取る］ 070
とる 獲る［捕る］ 083
とる 盗る［取る］ 138
とる 録る［取る］ 179
ドル 弗 221
トルコ 土耳古 224
トルファン 吐魯蕃 224
どれ 何れ 011
とろ 瀞 081
とろける 蕩ける［盪ける］ 088 138
とろび 弱火 057
どろまみれ 泥塗れ 074
とろろ 薯蕷 089
とろろあおい 黄蜀葵［黄葵］ 215
とわ 永久［常］ 054 123
トン 屯［頓・噸・瓲］ 221
どん 丼 008
どんきょう 頓狂 186
どんぐり 団栗 213
とんざ 頓挫 186
とんじ 遁辞 092
どんす 緞子 155

とんそう　遁走　092
とんち　頓智　［頓知］　186
とんちき　頓痴気　186
とんちゃく　頓着　［とんじゃく］　186
どんちょう　緞帳　155
とんちんかん　頓珍漢　186
とんでんへい　屯田兵　051
とんと　頓と　186
どんどやき　爆竹焼　126
トンネル　隧道　［すいどう・ずいどう］　221
どんぶり　丼　008
とんぼ　蜻蛉　209
とんま　頓馬　186
どんらん　貪婪　170

❖な

ないがしろ　蔑ろ　088
ないし　乃至　007
ないしょ　内証　［内緒］　010
ないまぜる　綯い交ぜる　155
なう　綯う　155
なえる　萎える　086
なお　猶　［尚］　049 083
なおざり　等閑　149
なおらい　直会　139
なかたがい　仲違い　011
なかだち　媒　［仲立ち］　044
ながつき　長月　181
ながとのくに　長門国　218
なかなか　却却　［中中］　027
なから　半ら　026
ながら　乍ら　007
ながらえる　存える　［長らえる・永らえる］　045
なかれ　勿れ　［莫れ］　024 086
なかんずく　就中　050
なぎ　凪　020
なきがら　亡骸　008
なぎさ　汀　［渚］　073 077
なぎたおす　薙ぎ倒す　089
なぎなた　長刀　［薙刀］　089 181
なく　啼く　［鳴く］　034
なぐ　凪ぐ　020
なぐ　和ぐ　032
なぐる　撲る　［殴る・擲る］　072
なげうつ　抛つ　067
なげうつ　擲つ　072
なげく　歎く　［嘆く］　120
なげし　長押　181
なこうど　仲人　011
なごしのつき　夏越の月　040
なさぬなか　生さぬ仲　133
なし　梨　213
なしくずし　済し崩し　077
なしとげる　為し遂げる　［成し遂げる］　127
なじみ　馴染　190
なじる　詰る　166
なす　済す　077
なす　為す　127
なす　茄子　216
なずむ　泥む　074
なする　擦る　072
なぜ　何故　［なにゆえ］　011
なぞ　謎　168
なぞらえる　準える　［准える・擬える］　019 072 079
なた　鉈　178
なだ　灘　081
なだい　名代　030
なだめる　宥める　046
なだれ　雪崩　183
なだれこむ　傾れ込む　015
なついん　捺印　069
なっとう　納豆　153
なつめ　棗　213
なでしこ　撫子　［瞿麦・牛王久］　215
なでる　撫でる　072
など　等　［抔］　066 149
などころ　名所　030
ななかまど　七竈　213
ななこ　魚子　［斜子］　103 193
ななそじ　七十路　［七十］　004

なにがし　某［何某］　011 116
なにくれ　何呉　011
なにわ　難波［浪速・浪花・浪華］　219
なにわぶし　浪花節　076
なのる　名告る［名乗る］　030
なびく　靡く　184
なぶる　嬲る　045
なべ　鍋　179
なべて　並べて　006
なへん　那辺［奈辺］　042 093
ナポリ　那波里　224
なまあくび　生欠伸　133
なまぐさい　腥い［生臭い］　112
なまくら　鈍　178
なまけもの　樹懶　205
なまける　懶ける［怠ける］　065
なまこ　海鼠　211
なまじい　憖　099
なます　膾［鱠］　113 194
なまず　鯰　208
なまつば　生唾　133
なまなか　生半　133
なまぬるい　生温い　133
なまはげ　生剝　133
なまはんか　生半可　133
なまびょうほう　生兵法　133
なまめく　艶めく　160
なまり　訛　165
なまりぶし　生節　133
なまる　鈍る　178
なみ　浪［波］　076
なみだ　涕［涙・泪］　075 076
なむ　南無　026
なめくじ　蛞蝓　211
なめこ　滑子　217
なめしがわ　鞣革　185
なめる　嘗める［舐める］　035 159
なや　納屋　153
なよたけ　弱竹　057
なら　楢　213
ならう　倣う　014
ならす　均す　037
ならずもの　波落戸　074
なり　形［態］　058 099
なりて　為り手　127
なりわい　生業　133
なる　為る　126
なる　生る　133
なるたけ　成丈　099
なるべく　成可く　099
なれそめ　馴初め　190
なれる　狎れる　081
なれる　熟れる　128
なれる　馴れる　190
なんじ　汝［爾］　073 129
なんど　納戸　153
なんなんとする　垂とする　038
なんら　何等　012

❖に

に　弐［貳］　057
にいさん　兄さん　016
にいなめさい　新嘗祭　104
にいろ　丹色　006
にえたぎる　煮え滾る　127
におう　仁王　009
におう　匂う　024
におう　臭う　159
にがり　苦塩［苦汁］　084
にかわ　膠　112
にぎにぎ　握握　070
にぎにぎしい　賑賑しい　170
にきび　面皰　185
にぎやか　賑やか　170
にくい　悪い［憎い］　097
にくい　難い［悪い］　183
にこげ　和毛［柔毛］　032
にこごり　煮凝り　127
にし　螺　211
にじ　虹　161
にしき　錦　179
にじむ　滲む　079
にしめ　煮染　127
にじりぐち　躙口　173

❖ぬ

❖ね

ねむのき　合歓木　213
ねめる　睨める　140
ねや　閨　182
ねらう　狙う　082
ねりがし　煉菓子［練菓子］　125
ねる　煉る［練る］　125
ねる　錬る［練る］　179
ねんぐ　年貢　055
ねんげみしょう　拈華微笑　203
ねんざ　捻挫　069
ねんしゅつ　捻出［拈出］　067 069

❖の

のういっけつ　脳溢血　111
のうえん　濃艶　080
のうこうそく　脳梗塞　111
のうしんとう　脳震盪　111
のうちゅうのきり　嚢中之錐　203
のがれる　遁れる［逃れる］　092
のぎ　芒［のげ］　083
のく　退く　090
のけぞる　仰け反る　011
のけもの　除者　094
のける　除ける　094
のこぎり　鋸　179
のこす　遺す［残す］　093
のし　熨斗［熨］　125
のしいか　伸烏賊　012
のしもち　伸餅　012
のす　伸す　012
のす　熨す　125
のぞく　覗く　164
のだて　野点　177
のたまう　宣う［曰う］　046 107
のたれじに　野垂死　177
ノット　節　221
のっとる　則る［法る］　022 074
のっぴき　退引き　090
のっぺいじる　濃餅汁　080
のど　喉［咽・咽喉］　032 033
のどか　長閑　181
のとのくに　能登国　218
ののしる　罵る　147
のぶれば　陳者　095
のべ　野辺　177
のべる　陳べる［述べる］　095
のぼせる　逆上せる　090
のぼり　幟　054
のみ　鑿　181
のみ　蚤　209
のみこうい　呑み行為　031
のむ　呑む［飲む］　031
のら　野良　177
のり　法［則・矩］　022 074 141
のり　海苔　075
のり　糊　152
のりと　祝詞　131
ノルウェー　諾威［那威］　225
のるかそるか　伸るか反るか　012
のれん　暖簾　107
のろい　鈍い　178
のろう　呪う［詛う］　031 165
のろける　惚気る　063
のろし　狼煙［烽火］　082 124
のろま　鈍間　178
のわき　野分　177
のんき　呑気［暢気］　031 107
のんべえ　飲兵衛［呑兵衛］　189

❖は

バー　酒場　221
ハーグ　海牙　225
ばあさん　婆さん　044
ばあさん　祖母さん　132
ハーモニカ　口風琴　221
パールハーバー　真珠湾　225
ばいう　黴雨［梅雨］　195
ばいえん　煤煙　125
バイオリン　提琴　221
はいかい　徘徊　061
はいかい　誹諧［俳諧］　167
はいがまい　胚芽米　110
パイカル　白乾児　221
バイカルこ　貝加爾湖　225

ばいきん　黴菌　195
はいずみ　掃墨［灰墨］　069
はいせつ　排泄　069
はいぜん　配膳　176
ばいせん　焙煎　125
ばいた　売女　040
はいつくばう　這い蹲う　091
はいはい　這い這い　091
はいばんろうぜき　杯盤狼藉　203
はいふ　肺腑　110
はいまつ　這松　213
はいる　這入る［入る］　091
はいる　配流　176
はう　這う　091
はうた　端唄　146
はえ　南風　026
はえ　蠅　209
はえなわ　延縄　056
パオ　包　221
はか　果［捗］　068 114
ばか　莫迦［馬鹿］　086
はがいじめ　羽交絞め　157
はかせ　博士［はくし］　026
はかどる　捗る　068
はかない　儚い［果敢無い］　016 114
はかばかしい　果果しい［捗捗しい］　068 115
はかま　袴　147
はかり　秤　144
ばかり　許り　165
はかりごと　謀　168
はかる　諮る　032
はき　破毀［破棄］　142
はぎしり　歯軋り　196
はきだめ　掃溜　069
はく　刷く　022
はく　穿く　146
はく　箔　150
はぐ　接ぐ　069
ばく　獏［貘］　205
はくあ　白堊［白亜］　137
はくいんぼうしょう　博引旁証　203
はぐくむ　育む　109
はくしゃせいしょう　白砂青松　203
はくじゅ　白寿　137
ばくしょ　曝書　107
ばくしん　驀進　191
ばくだい　莫大　086
ばくち　博打［博奕］　026
はくび　白眉　137
ばくふ　瀑布　081
はぐれる　逸れる　091
ばくろ　曝露［暴露］　107
ばくろう　博労［馬喰・伯楽］　012 026 190
はけ　刷毛　022
はげ　禿　017
はげいとう　葉鶏頭［雁来紅］　215
はげしい　烈しい［激しい・劇しい］　023 127
はげちゃびん　禿茶瓶　017
バケツ　馬穴　221
はける　捌ける　068
はげる　禿げる　017
はげわし　禿鷲　207
はこ　函［箱・匣・筥］　021 025 149
はこせこ　筥迫　149
はごたえ　歯応え　196
はこぶね　方舟［箱舟］　104
はこべ　繁縷［鶏腸草］　215
はこぼれ　刃毀れ　021
はごろも　羽衣　157
はさ　稲架　145
はざま　狭間［迫間］　082 090
はさみ　鋏［剪刀］　021 178
はさむ　鋏む［剪む］　021 178
はさむ　挿む［挟む］　068
はし　箸　150
はじ　辱［恥］　175
はしか　麻疹　195
はじく　弾く　058
はしけ　艀　160
はしご　梯子［梯］　117
はした　端　146
はじめる　創める［始める］　023

はしゃぐ 燥ぐ 126
はしゅ 播種 071
ばしょう 芭蕉 215
はしょる 端折る 146
はじる 羞じる［恥じる］ 157
はす 斜 103
はす 蓮 215
はず 筈 149
はずかしめる 辱める 175
バスケットボール 籠球 221
はすっぱ 蓮っ葉 088
はぜ 鯊［沙魚・蝦虎魚］ 208
ばせい 罵声 147
はせつける 馳せ着ける 190
はぜる 爆ぜる 126
はた 側［端・傍］ 014 015
はだ 膚［肌］ 112
バター 牛酪［乳酪］ 221
はたおり 機織 119
はだかる 開かる 181
はたき 叩き 029
はたく 叩く 029
はたけ 畠［はた］［畑］ 134
はたけ 疥 135
はだける 開ける 181
はたご 旅籠 104
はだし 跣［裸足］ 148 172
はたち 二十歳［二十・廿］ 008
はたと 礑と 143
はたはた 鰰［鱩・燭魚］ 208
はたまた 将又 048
はだれ 斑［はだら］ 103
はたん 破綻 142
はたんきょう 巴旦杏 215
はち 蜂 209
ばち 撥 072
ばち 桴［枹］ 117
はちく 淡竹 215
はちまん 八幡 017
はちめんろっぴ 八面六臂 203
はちゅうるい 爬虫類 128
はっか 薄荷 215
はっけ 八卦 017
ばっこ 跋扈 172
はっこう 薄倖［薄幸］ 089
はっさく 八朔 017
ばっし 末子［まっし］ 113
ばっしょう 跋渉 172
はっしん 発疹［ほっしん］ 137
ばっすい 抜萃［抜粋］ 066
ばった 飛蝗［蝗虫］ 209
ばってき 抜擢 066
はっと 法度 074
はっぴ 法被［半被］ 026 074
ばつぶん 跋文 172
はつもうで 初詣 021
はつらつ 潑剌 080
ばていけい 馬蹄形 190
バテレン 伴天連 221
はてんこう 破天荒 142
はと 鳩 207
はとう 波濤 074
ばとう 罵倒 147
はとこ 再従兄弟［再従姉妹］ 018
はな 洟［鼻］ 075
はな 端 146
はなし 咄［話・噺］ 032 035
はなしか 噺家［咄家］ 032 035
はなつんぼ 鼻聾 196
バナナ 甘蕉 216
はなのかんばせ 花の顔 083
はなびら 花弁［花片］ 083
はなぶさ 英［花房］ 084
パナマ 巴奈馬［巴奈麻］ 225
はなむけ 餞 189
はにかむ 含羞む 030
はにわ 埴輪 038
はね 翅［羽］ 157
ばね 発条［弾機］ 058 137
はねかくし 羽隠虫［隠翅虫］ 209
ハネムーン 蜜月［みつげつ］ 221
はねる 刎ねる 021
はねる 撥ねる 072
はば 巾 053

ばば　屎［糞］　050 152
ばばあ　婆［ばば］　044
パパイア　蕃瓜樹［万寿果］　213
はばかる　憚る　064
はばたく　羽撃く［羽搏く］　157
はばむ　沮む［阻む］　074
はびこる　蔓延る　088
はふ　破風　142
はぶ　波布［飯匙倩］　211
はべる　侍る　013
はまぐり　蛤　211
はまち　魬　208
はまゆう　浜木綿　215
はまる　嵌る［塡る］　039 052
はみ　馬銜　190
はみでる　食み出る　188
はむ　食む　188
はめ　破目［羽目］　142
はめる　嵌める［塡める］　039 052
はも　鱧　208
はや　鮠　208
はやあし　速歩［早足］　091
はやい　疾い［速い・早い］　135
はやし　囃子　036
はやす　囃す　036
はやて　疾風［しっぷう］　135
はやにえ　速贄［早贄］　091
はやびけ　早退け［早引け］　105
はやぶさ　隼　207
はやり　流行　076
はやる　逸る　091
はら　肚［腹］　109
ばら　散　102
ばら　輩［儕］　174
ばら　薔薇　213
はらいせ　腹癒せ　112
はらう　掃う［払う］　069
はらう　祓う　144
はらから　同胞［どうほう］　030
パラグアイ　巴羅貝　225
はらごしらえ　腹拵え　112
はらむ　孕む　045
バラモンきょう　婆羅門教　221
はららご　鮞　193
はらわた　腸　112
はらん　波瀾［破乱］　074
はり　梁　117
はり　玻璃　130
はり　鍼　180
パリ　巴里　225
ハリウッド　聖林　225
バリウム　抜⿰亻留謨　221
はりす　鉤素　178
ばりぞうごん　罵詈雑言　203
はりつけ　磔　143
はりまのくに　播磨国　218
はる　貼る［張る］　170
はるか　遥か　092
バルカン　巴爾幹　225
はるばる　遥遥　092
ばれく　破礼句　142
はれる　腫れる［脹れる］　111
はれんち　破廉恥　142
ハワイ　布哇　225
パン　麺麭　222
ばん　鷭［方目］　207
ばんか　挽歌　068
ばんかい　挽回　068
ハンカチ　手巾［ハンケチ］　222
はんかつう　半可通　026
ハンガリー　洪牙利　225
ばんきょ　盤踞［蟠踞］　138 162
バンクーバー　晩香坡　225
はんこ　判子　021
はんごう　飯盒　189
バンコク　盤谷　225
はんさ　煩瑣　125
ばんさん　晩餐　107
ばんじゃく　磐石［盤石］　138 143
はんじょう　繁昌［繁盛］　156
はんしんろん　汎神論　073
はんすう　反芻　028
はんせつ　半切［半折・半截］　026
ばんそうこう　絆創膏　154

はんだ　半田［盤陀］　026 138
ばんだ　万朶　005
パンダ　熊猫　205
はんだい　盤台［ばんだい］　138
はんちゅう　範疇　150
はんてん　半纏［袢纏］　026 147
はんてん　斑点　103
ばんどう　坂東　219
はんどく　繙読　156
ハンドル　把手　222
はんにゃ　般若　159
はんにゃとう　般若湯　160
はんぱ　半端　026
はんばく　反駁　028
ハンブルク　漢堡　225
はんぺん　半平［半片］　026
はんもん　煩悶　125
はんよう　汎用　073
はんらん　氾濫　073
はんりょ　伴侶　012
はんれい　凡例　019

❖ひ

ひ　陽［日］　095
ひ　杼［梭］　115
ひ　樋　119
ひ　灯　124
ピアノ　洋琴　222
ひいき　贔屓　171
ひいては　延いては　056
ひいらぎ　柊［枸骨・紅谷樹］　213
ビール　麦酒　222
ひいろ　緋色　155
ひうちいし　燧石［火打石］　126
ひえ　稗　216
ひえき　裨益　148
ひえん　飛燕　188
ひお　氷魚　123
ひおどし　緋縅　155
ひが　彼我　059
ぴかいち　光一　016
ひがし　乾菓子［干菓子］　007
ひかす　落籍す　087
びかちょう　鼻下長　196
ひがむ　僻む　016
ひからびる　乾涸びる［干乾びる］　007
ひき　尾［び］　050
ひき　疋［匹］　135
ひきうす　碾臼［挽臼］　143
ひきがえる　蟇［がまがえる］　211
ひきがね　引鉄［引金］　057
ひきこもごも　悲喜交交　203
ひきだし　抽斗［抽出］　067
ひきつる　引き攣る　057
ひきにく　挽肉　068
ひきょう　卑怯　026
ひく　挽く［引く］　068
ひく　退く［引く］　090
ひく　惹く［引く］　098
ひく　曳く［引く・牽く］　108
ひく　碾く［引く・挽く］　143
ひく　轢く［引く］　175
びく　魚籠　193
びくに　比丘尼　122
ひぐま　羆　205
ひぐらし　蜩［茅蜩・日暮］　210
びくん　微醺　062
ひげ　髭［髯・鬚］　192
ひけつ　秘訣　144
ひけん　鄙見［卑見］　094
ひご　庇護　055
ひご　籤　151
ひこう　飛蝗　188
ひごう　非業　184
びこう　鼻腔　196
ひこつ　腓骨　111
ひごと　日毎　104
ひごのくに　肥後国　219
ひざ　膝　112
ひさご　匏［瓠・瓢］　025 132
ひさし　庇［廂］　055 056
ひざまずく　跪く［ひざまづく］　172
ひさめ　氷雨　123

ひじ　肘［肱・臂］　109 113
ひしお　醤　176
ひしがた　菱形　087
ひじき　鹿尾菜［鹿角菜・羊栖菜］　217
ひしぐ　拉ぐ　067
ひしげる　拉げる［ひしゃげる］　067
ひじちょうもく　飛耳長目　203
ひしひし　犇犇　130
ひしめく　犇めく　130
ひしもち　菱餅　087
ひしゃく　柄杓　116
びしゃもんてん　毘沙門天　122
ひじり　聖　158
ひすい　翡翠　157
ピストル　拳銃　222
ひずみ　歪　121
ひせん　卑賤　026
ひぜんのくに　肥前国　219
びぜんのくに　備前国　218

ひそ　砒素　142
ひそう　悲愴　098
ひぞう　脾臓　111
ひそかに　私かに［密かに・窃かに］　047 144 146
ひそみ　顰　188
ひそめる　顰める　188
ひだ　襞　163
びたい　媚態　044
びたいちもん　鐚一文　180
ひたかくし　直隠し　139
ひたすら　只管［一向］　004 029
びたせん　鐚銭　180
ひたちのくに　常陸国　217
ひだのくに　飛騨国　218
ひたはしる　直走る　139
ひたむき　直向き　139
ひだりづま　左褄　052
ひたる　浸る　076
ひだるま　火達磨　123
ひちりき　篳篥　150

ひつ　櫃　120
ひつぎ　柩［棺］　116 117
ひっきょう　畢竟　135
びっくり　吃驚［喫驚］　030 033
ひつじ　未　114
ひっせい　畢生　135
ひっそく　逼塞　092
ひっぱく　逼迫　092
ひっぷのゆう　匹夫之勇　203
ひっぽう　筆鋒　149
ひつぼくけんし　筆墨硯紙　149
ひづめ　蹄　173
びていこつ　尾骶骨　050
ひどい　酷い［非道い］　176 184
ひといきれ　人熅れ［人熱れ］　009
ひとえ　単［単衣］　049
ひとえに　偏に　014
ひとかど　一廉［一角］　004
ひときわ　一際　004
ひとくくり　一括り　004
ひとくさり　一齣　004

ひとくだり　一行　004
ひとごと　他人事［人事］　010
ひとこま　一齣　004
ひとさらい　人攫い［人掠い］　009
ひとしい　斉しい［等しい］　185
ひとしお　一入　004
ひとしきり　一頻り　004
ひとしなみ　等し並み　149
ひとだかり　人集り　009
ひとだま　人魂　009
ひとづて　人伝　009
ひとつまみ　一撮み　004
ひとで　海星［海盤車・人手］　211
ひととせ　一年　004
ひととなり　為人　127
ひとひら　一片［一枚］　004
ひとみ　瞳［眸］　140 141
ひとみごくう　人身御供　009
ひともしごろ　火点し頃　123
ひとりぼっち　独り法師［一人法師］　082

ひとわたり　一渉り　［一渡り・一亙り］　004
ひな　雛　［ひよこ］　183
ひなげし　雛罌粟　［雛芥子］　215
ひなた　日向　105
ひなびる　鄙びる　094
ひなみ　日次　［日並］　105
ひにくのたん　髀肉之嘆　203
ひねもす　終日　［ひもすがら］　154
ひねる　陳ねる　095
ひねる　捻る　［拈る・撚る］　067 069 071
ひのえ　丙　006
ひのえうま　丙午　006
ひのき　檜　［扁柏］　213
ひのし　火熨斗　123
ひのと　丁　004
ひばく　被曝　147
ひばく　飛瀑　188
ひばし　火箸　123
ひばら　脾腹　111
ひばり　雲雀　［告天子・叫天子・叫天雀］　207
ひひ　狒狒　205
ひび　罅　156
ひぶくれ　火脹れ　123
ひぶた　火蓋　123
ひふんこうがい　悲憤慷慨　203
ひぼう　誹謗　167
びほう　弥縫　057
びぼう　美貌　157
ひぼし　干乾し　054
ひま　隙　095
ひま　閑　［暇］　181
ひま　蓖麻　215
ひまご　曽孫　［そうそん］　108
ひまじん　閑人　［暇人］　181
ひまつ　飛沫　188
ひまわり　向日葵　［日輪草］　215
びまん　瀰漫　081
ひむろ　氷室　123
ひめ　媛　［姫］　044
ひめくり　日捲り　105
ひも　紐　153
びもくしゅうれい　眉目秀麗　203
ひもち　日保ち　［日持ち］　105
ひもとく　繙く　156
ひもの　乾物　［かんぶつ］［干物］　007
ひもろぎ　神籬　131
ひやかし　素見　［冷かし］　153
びゃくごう　白毫　137
ひゃくようそう　百葉箱　137
ヒヤシンス　風信子　［風信草・風見草］　215
ひゃっきやこう　百鬼夜行　［やぎょう］　203
ひやとい　日傭い　［日雇い］　105
ひやひや　冷冷　019
ひややっこ　冷奴　019
ひゆ　譬喩　［比喩］　168
ひゅうがのくに　日向国　219
びゅうけん　謬見　168
ひょう　雹　183
ひょう　豹　205
びょう　鋲　179
ひょうい　憑依　099
びょうが　病臥　136
ひょうきん　剽軽　023
びょうく　病軀　136
ひょうせつ　剽窃　023
ひょうたん　瓢箪　216
びょうどう　廟堂　056
ひょうのう　氷嚢　123
ひょうひょう　飄飄　188
びょうぶ　屏風　051
ひょうへん　豹変　169
びょうほ　苗圃　085
ひょうぼう　標榜　119
ひょうりょう　秤量　［しょうりょう］　144
ひょうろう　兵糧　［兵粮］　017
ひょうろくだま　表六玉　163
ひよく　肥沃　109
ひよけ　日除け　105
ひよけ　火除け　124
ひよどり　鵯　［白頭鳥］　207
ひより　日和　105

ひら 片 [枚] 115 129
ひらく 拓く [開く] 067
ピラミッド 金字塔 222
ひらめ 鮃 [平目・比目魚] 208
ひらめく 閃く 181
びらん 糜爛 152
ひりき 非力 184
ひる 午 [昼] 026
ひる 放る 102
ひる 蛭 211
ひるあんどん 昼行灯 106
ビルマ 緬甸 225
ひるむ 怯む 062
ひれ 鰭 193
ひれき 披瀝 067
ひれつ 鄙劣 [卑劣] 094
ひれふす 平伏す 054
ひろ 尋 048
ひろい 博い [広い] 026
びろう 尾籠 050
ひろうこんぱい 疲労困憊 203
ビロード 天鵞絨 222
ひろがる 拡がる [広がる] 067
ひろめる 弘める [広める] 057
ひわ 鶸 [金翅雀] 207
びわ 琵琶 131
びわ 枇杷 [比巴] 213
ひわい 卑猥 [鄙猥] 026 094
ひわだぶき 檜皮葺 119
びん 罎 [瓶] 039
びん 鬢 192
びんがた 紅型 152
ひんけい 牝鶏 129
びんごのくに 備後国 218
ひんし 瀕死 081
ひんしゅく 顰蹙 188
びんしょう 敏捷 102
ひんする 瀕する 081
ひんせい 稟性 145
びんせん 便箋 013
びんなが 鬢長 208
ひんば 牝馬 129
ひんぱん 頻繁 187
ひんぴん 頻頻 187
ピンポン 卓球 222
びんらん 紊乱 [ぶんらん] 153

❖ふ

ふ 腑 111
ふ 歩 121
ふ 麩 177
フィート 呎 222
ふいく 傅育 015
ふいご 鞴 [韛] 186
ふいちょう 吹聴 030
ふいり 斑入り 103
フィリピン 比律賓 225
ふいん 訃音 165
フィンランド 芬蘭 225
ふうかん 封緘 048
ふうさい 風采 188
ふうし 諷刺 [風刺] 168
ふうたい 風袋 188
ふうてん 瘋癲 136
ふうび 風靡 188
ふうぼう 風貌 [風丰] 188
ふうりん 風鈴 188
ふえん 敷衍 [布衍] 053 103
フォーク 肉叉 222
ぶおとこ 醜男 176
ふか 孵化 046
ふか 鱶 208
ふかい 付会 010
ふがいない 腑甲斐無い [不甲斐無い] 111
ふかく 俯角 014
ふかす 蒸す 088
ぶかっこう 不恰好 [不格好] 005
ふかで 深傷 [深手] 077
ふかん 俯瞰 014
ふき 蕗 [款冬] 217
ふきかえ 葺替え 087
ふきさらし 吹曝し 030
ふきほんぽう 不羈奔放 203

ふきん　布巾　053
ふく　拭く　068
ふく　葺く　087
ふぐ　河豚［鰒・海牛］　208
ふくいく　馥郁　190
ふくさ　袱紗［帛紗・服紗］　054 147
ふくしゃねつ　輻射熱　174
ふくしゅう　復讐　061
ふくそう　輻輳［輻湊］　174
ふぐたいてん　不倶戴天　203
ふくよか　脹よか［膨よか］　111
ふくらはぎ　脹脛　111
ふくらむ　脹らむ［膨らむ］　111
ふぐり　陰嚢［いんのう］　095
ふくろう　梟　207
ふけ　雲脂［頭垢］　183 187
ふける　深ける［更ける］　077
ふける　耽る　158
ぶげんしゃ　分限者　021
ふげんぼさつ　普賢菩薩　107
ぶこく　誣告　166
ふさぐ　塞ぐ　039
ふさぐ　鬱ぐ　192
ふざける　巫山戯る　053
ぶさた　無沙汰　128
ぶざつ　蕪雑　088
ふさふさ　総総［房房］　154
ふさわしい　相応しい　139
ぶじ　蕪辞　088
ふしくれ　節榑　149
ぶしつけ　不躾［不仕付け］　006
ふしゃくしんみょう　不惜身命　203
ふす　臥す　163
ふすま　襖　148
ふすま　麩［麬］　177
ぶする　撫する　072
ふぜい　風情　188
ふせぐ　禦ぐ［防ぐ］　144
ふせん　付箋　010
ぶぜん　憮然　064
ぶぜんのくに　豊前国　219
ふぞろい　不揃い　006
ふそん　不遜　006
ふた　蓋　087
ふたの　二幅［二布］　008
ふたまた　二股［二俣］　008
ふち　扶持　066
ふち　淵　077
ぶち　斑　103
ぶちかます　打ち噛ます　065
ぶつ　打つ［撃つ・撲つ］　065 072 101
ふつかよい　宿酔［二日酔い］　047
ふづき　文月［ふみづき］　103
ふつぎょう　払暁　065
ふづくえ　文机［ふみづくえ］　103
ぶっしゃり　仏舎利　010
ふっしょく　払拭　065
ふっそ　弗素　057
ぶっちょうづら　仏頂面　010
ふつつか　不束　006
ふってい　払底　065
フットボール　蹴球　222
ふつふつ　沸沸　074
ふてい　不逞　006
ふてくされる　不貞腐れる　006
ふでまめ　筆忠実　149
ふと　不図　006
ふとう　埠頭　038
ぶどう　葡萄　213
ふとうふくつ　不撓不屈　203
ふともも　太股［太腿］　041
ふとる　肥る［太る］　109
ふとん　蒲団［布団］　088
ふな　鮒　208
ぶな　橅［山毛欅］　213
ふないくさ　船軍　160
ふなおさ　船長　160
ふなべり　船縁　160
ふぬけ　腑抜け　111
ふね　槽［舟・船］　119
ふのり　布海苔　217
フビライ　忽比烈［忽必烈］　223
ふびん　不憫［不愍］　006
ぶべつ　侮蔑　013

ふほう　訃報　165
ふみ　書［文］　106
ふみにじる　踏み躙る　172
ふもと　麓　195
ぶゆ　蚋［ぶよ・ぶと］　210
ふよう　芙蓉　213
ふようほう　芙蓉峰　084
ブラシ　刷子［刷毛］　222
ブラジル　伯刺西爾［巴西］　225
ふらち　不埒　006
ふらん　腐爛［腐乱］　159
フラン　法　222
ブランコ　鞦韆　222
フランス　仏蘭西　225
ふり　風［振り］　188
ぶり　鰤　208
ブリキ　錻力［鉄葉］　222
ブリッジ　艦橋［船橋］　222
ふりょ　俘虜　013
ぶりょう　無聊　128
ふるい　旧い［古い］　105
ふるい　篩　150
ふるう　揮う［振るう］　070
ブルガリア　勃牙利　225
ふるさと　故郷［古里・故里］　102
ふるつわもの　古兵［古強者］　029
ふれる　狂れる　081
ふろ　風呂　188
プロシア　普魯西　225
ふん　糞　152
ふんけいのとも　刎頸之友　203
ぶんごのくに　豊後国　219
ふんしょ　焚書　125
ふんしょく　扮飾［粉飾］　066
ふんそう　扮装　066
ふんどし　褌［犢鼻褌］　130　148
ぶんなぐる　打ん殴る　065
ふんにょう　糞尿　152
ふんぬ　憤怒［忿怒］　064　096
ふんぱんもの　噴飯物　035
ふんぷん　芬芬　084
ぶんべん　分娩　021
ふんまん　憤懣［忿懣］　064　096

◆へ

へ　屁　050
へい　屏［塀］　051
へいか　兵戈　018
へいげい　睥睨　140
べいごま　貝独楽　169
へいし　斃死　103
へいぜい　平生　054
へいそく　閉塞　181
へいたん　兵站　018
へいたん　平坦　055
へいどん　併呑　013
へいはく　幣帛　054
へいべい　平米　055
ページ　頁　222
ベースボール　野球　222
べからず　可からず　029
へきえき　辟易　175
へきけん　僻見　016
へきち　僻地　016
へきとう　劈頭　021
へきれき　霹靂　184
ペキン　北京　225
へぐ　剝ぐ［折ぐ］　023　066
へこおび　兵児帯　018
へこむ　凹む　020
へさき　舳先［舳］　160
べし　可し　029
へしおる　圧し折る　037
ペスト　黒死病　222
へそ　臍　113
へそくり　臍繰り　113
へた　蔕　088
へちま　糸瓜［天糸瓜］　217
べっけん　瞥見　141
べっこう　鼈甲　196
べっし　蔑視　088
へっぴりごし　屁放り腰　050
へっぴりむし　屁放虫　210
べっぴん　別嬪［別品］　021

へつらう 諂う 167
へど 反吐 028
ベトナム 越南 225
へなちょこ 埴猪口 038
へめぐる 経巡る 153
へら 篦 150
へらさぎ 篦鷺 207
べらぼう 篦棒 [便乱棒] 013 150
へり 縁 155
へりくだる 遜る [謙る] 093 168
ペルー 秘露 225
ベルギー 白耳義 225
ペルシア 波斯 225
ベルリン 伯林 225
へん 篇 [編] 150
へんがく 扁額 100
ベンガラ 紅殻 [弁柄] 222
ペンキ 番瀝青 222
へんげ 変化 040
へんげんせきく 片言隻句 203
べんざいてん 弁才天 [弁財天] 056
へんさん 編纂 155
べんたつ 鞭撻 185
へんてこ 変梃 040
へんとうせん 扁桃腺 100
へんぱ 偏頗 014
へんぴ 辺鄙 090
へんぺい 扁平 100
へんぼう 変貌 040
へんぽん 翩翻 157
へんりん 片鱗 129

❖ほ

ほいく 哺育 [保育] 032
ぼいん 拇印 067
ほうえ 法会 074
ほうおう 鳳凰 211
ぼうおく 茅屋 085
ほうが 萌芽 086
ほうかん 幇間 054
ほうがんびいき 判官贔屓 [はんがん] 203
ほうき 帚 [箒] 053 150
ほうき 蜂起 161
ほうきぐさ 箒草 215
ほうきのくに 伯耆国 218
ぼうぎょ 防禦 [防御] 094
ほうこう 咆哮 032
ほうこう 彷徨 058
ぼうこう 膀胱 112
ほうさん 硼酸 142
ほうし 放恣 [放肆] 102
ほうじちゃ 焙茶 125
ぼうじゃくぶじん 傍若無人 203
ほうじゅん 芳醇 084
ほうじょ 幇助 054
ほうじょう 豊穣 169
ほうじる 焙じる 125
ぼうず 坊主 037
ぼうぜん 呆然 [惘然] 031
ぼうぜん 茫然 085
ほうせんか 鳳仙花 215
ぼうぜんじしつ 茫然自失 203
ほうそう 疱瘡 136
ほうたい 繃帯 [包帯] 156
ぼうだい 厖大 [膨大] 027
ほうちょう 庖丁 [包丁] 055
ぼうちょう 防諜 094
ほうてき 抛擲 [放擲] 067 102
ボート 短艇 222
ほうとう 放蕩 102
ぼうとく 冒瀆 106
ほうばい 朋輩 [傍輩] 015 108
ほうはい 澎湃 080
ぼうばく 茫漠 085
ほうはつ 蓬髪 088
ほうひ 放屁 102
ほうふつ 彷彿 [髣髴] 058 192
ぼうふら 孑孑 [ぼうふり] [孑孒] 210
ほうぼう 魴鮄 [竹麦魚] 208
ぼうぼう 茫茫 085
ほうほうのてい 這這の体 091
ほうゆう 朋友 108
ぼうよう 茫洋 [芒洋] 083 085

ぼうようのたん 亡羊之嘆 203
ほうらいさん 蓬莱山 088
ほうらつ 放埓 102
ほうらつざんまい 放埓三昧 203
ポーランド 波蘭 225
ほうる 放る［抛る］ 067 102
ほうるい 堡塁［ほるい］ 039
ほうれんそう 菠薐草 217
ほうろう 琺瑯 131
ほうろく 焙烙［炮烙］ 124 125
ほえづら 吠え面 031
ほえる 吠える［吼える・咆える］ 030 031 032
ほお 頬［ほほ］ 187
ほおかぶり 頬被り［ほおかむり・ほっかぶり］ 187
ほおける 蓬ける 088
ほおじろ 頬白 207
ほおずき 酸漿［ほおづき］［鬼灯］ 215
ほおづえ 頬杖 187
ほおのき 朴の木 213
ほか 他［外］ 010

ほかす 放す 102
ぼく 僕 015
ぼくさつ 撲殺 072
ぼくする 卜する 026
ぼくぜい 卜筮 026
ぼくせん 卜占 026
ほくそ 火糞 124
ほくそえむ 北叟笑む 025
ぼくたく 木鐸 113
ぼくとつ 木訥［朴訥］ 113 114
ぼくねんじん 朴念仁 114
ほくら 神庫 131
ほぐれる 解れる 164
ほくろ 黒子 195
ぼけ 木瓜［鉄脚梨・放春花］ 213
ほけきょう 法華経 074
ぼけなす 惚茄子 063
ぼける 惚ける［呆ける・耄ける］ 031 063 158
ぼける 暈ける 107
ほこ 鉾［矛・戈］ 099 178
ほご 反故［反古］ 028

ほこさき 鋒［矛先］ 179
ほこら 祠 143
ほこりまみれ 埃塗れ 038
ほころびる 綻びる 154
ほさ 輔佐［補佐］ 174
ぼさつ 菩薩 086
ほしいまま 縦［恣・擅］ 072 097 155
ほしょう 歩哨 121
ほじょう 圃場 037
ほじる 穿る［ほじくる］ 146
ほす 乾す［干す］ 007
ほぞ 臍 113
ほぞ 枘 115
ほそおもて 細面 153
ほだ 榾 118
ぼだい 菩提 086
ぼだいじゅ 菩提樹 213
ほだされる 絆される 154
ほたてがい 帆立貝［海扇］ 211
ほだび 榾火 118
ぼたもち 牡丹餅 129

ぼたん 牡丹 213
ボタン 釦［鈕］ 222
ぼつ 歿［没］ 121
ぽっくり 木履 113
ほっけ 𩸽 208
ぼっこう 勃興 023
ぼっこん 墨痕 039
ほっす 払子 065
ほっす 法主［ほっしゅ・ほうしゅ］ 074
ほっそうしゅう 法相宗 074
ほったてごや 掘建小屋［掘立］ 069
ぼっちゃん 坊ちゃん 037
ぼっぱつ 勃発 023
ホップ 忽布 222
ほつれる 解れる 164
ほてい 布袋 053
ほてる 火照る［熱る］ 124 128
ほてん 補塡 147
ほと 陰 095
ほどく 解く 164
ほととぎす 杜鵑［霍公鳥・時鳥・不

如帰・子規…］ 207
ほとばしる 迸る 092
ほとほと 殆 121
ほとぼり 熱り 128
ほとり 辺 090
ほとんど 殆ど 121
ほにゅうるい 哺乳類 032
ほのお 焔［ほむら］［炎］ 124
ほのか 仄か［側か］ 010 014
ほのぼの 仄仄 010
ほのめかす 仄めかす 010
ホノルル 花瑠瑠 225
ぼば 牡馬 129
ほひつ 輔弼 174
ほふく 匍匐 024
ほふる 屠る 051
ほぼ 略［粗］ 135 151
ほほえむ 頰笑む［ほおえむ］［微笑む］ 062 187
ほめる 誉める［褒める］ 166
ほや 海鞘［老海鼠］ 211
ぼや 小火 049
ほら 法螺 074
ぼら 鯔［鰡］ 208
ほらがい 法螺貝［宝螺貝］ 211
ほり 濠［堀・壕］ 080
ほりゅうのしつ 蒲柳の質 088
ポルトガル 葡萄牙 225
ほれる 惚れる 063
ほろ 母衣［幌］ 054 122
ぼろ 襤褸 148
ほろびる 亡びる［滅びる］ 008
ほろよい 微酔い 062
ほんけがえり 本卦帰り 113
ぼんご 梵語 117
ホンコン 香港 225
ぼんしょう 梵鐘 117
ほんだわら 馬尾藻［神馬藻］ 217
ポンド 封度［听］ 222
ポンド 磅 222
ぼんのう 煩悩 125
ポンプ 喞筒 222
ボンベイ 孟買 225
ぼんぼり 雪洞 183
ほんまつてんとう 本末顚倒［転倒］ 204
ほんろう 翻弄 157

◆ま

マージャン 麻雀 222
マーボーどうふ 麻婆豆腐 222
まいご 迷子 090
まいしん 邁進 093
まいたけ 舞茸 217
まいない 賄［賄賂・賂］ 170
まいまいつぶり 舞舞螺 211
マイル 哩 222
まえかがみ 前屈み 022
まえもって 前以て 022
まがいもの 紛い物［擬い物］ 072 153
まがう 紛う［まごう］ 153
マカオ 澳門 225
まかせる 委せる［任せる］ 043
まがたま 勾玉［曲玉］ 024 108
まかなう 賄う 170
まかふしぎ 摩訶不思議 101
まがまがしい 禍禍しい［曲曲しい］ 108 132
まかりとおる 罷り通る 147
まき 薪［たきぎ］ 089
まき 槇［真木］ 213
まきあみ 旋網［巻網］ 104
まきえ 撒餌 071
まきえ 蒔絵 087
まく 捲く［巻く］ 069
まく 撒く 071
まく 蒔く［播く］ 071 087
まくあい 幕間 054
まぐさ 秣［馬草］ 144
まくつ 魔窟 193
まくら 枕 115
まくる 捲る 069
まぐれ 紛れ 153
まぐろ 鮪［金鎗魚］ 208

まくわうり 真桑瓜［甜瓜］217
まげ 髷 192
まげる 枉げる［曲げる］114
まことに 実に［誠に・真に］046 140
まこも 真菰 215
まさか 真逆 140
まさかり 鉞 178
まさき 柾［正木］213
まさぐる 弄る 056
まさご 真砂 140
まさに 当に［正に・将に］048 058
まさめ 柾目［正目］116
まさる 優る［勝る］016
まして 況して 074
まじない 呪い 031
まします 在す［坐す］037
まじめ 真面目 140
まじる 雑じる［混じる・交じる］183
まじろぐ 瞬ぐ 141
ます 枡［升・桝］115
ます 益す［増す］138
ます 鱒 208
まず 先ず 016
まずい 不味い 006
まずい 拙い 067
ますぐみ 斗組［枡組］103
ますます 益益 138
ますらお 益荒男［丈夫］005 138
ませる 老成る 158
また 亦［又・復］009 061
また 股 109
まだ 未だ 114
またいとこ 又従兄弟［又従姉妹］028
またがる 跨る 172
またぐら 股座 109
またぞろ 又候 028
またたび 木天蓼 213
まだら 斑 103
まだるっこい 間怠っこい 181
まち 襠 148
まちぼうけ 待ち惚け 059
まちまち 区区 025
まつ 俟つ［待つ］013
まつえい 末裔 113
まっか 真っ赤 140
まつかさ 松毬 115
まつげ 睫［睫毛］140
まつご 末期 113
まっこうくさい 抹香臭い 067
まっこうくじら 抹香鯨 205
まっさお 真っ青 140
まっさかさま 真っ逆様 140
まっしぐら 驀地 191
まっしょうしんけい 末梢神経 113
まっすぐ 真っ直 140
まつたけ 松茸 217
まっただなか 真っ直中 140
マッチ 燐寸 222
まっとう 真っ当 140
まっとうする 全うする［完うする］011 046
まつばぼたん 松葉牡丹 215
まっぴら 真っ平 140
まつやに 松脂 115
まつる 祀る［祭る］143
まつわる 纏わる 156
まで 迄 090
まてがい 馬蛤貝［馬刀貝］211
まどい 団居［円居］018 036
まとう 纏う 156
まどか 円 018
まとまる 纏まる 156
まとも 正面［直面］120 140
マドリード 馬徳里 225
まどろむ 微睡む 062
まないた 俎板［俎］013
まなざし 眼差し［目差し］138 140
まなじり 眦［眥・睚］140
まなびや 学び舎 045
まなむすめ 愛娘 098
まにまに 随に［随意に］095
マニラ 馬尼羅 225
まね 真似 140

まのあたり　目の当り　138
まばたき　瞬き［またたき］　141
まばゆい　目映い［眩い］　138 139
まばら　疎ら　135
まひ　麻痺　195
まびさし　眉庇　139
まぶか　目深　138
まぶしい　眩しい　140
まぶす　塗す　039
まぶた　目蓋［瞼］　138 141
マホメット　摩哈麦　223
まま　儘　016
ままこ　継子　154
ままごと　飯事　189
まみえる　見える　163
まみれる　塗れる　039
まむし　蝮　211
まめ　忠実　096
まめ　肉刺　159
まめまき　豆撒き　169
まもる　護る［守る］　168
まゆ　眉　139
まゆずみ　黛［眉墨］　195
まゆつばもの　眉唾物　139
まよけ　魔除　193
まり　毬［鞠］　122 185
まりしてん　摩利支天　101
まりも　毬藻　217
マルク　馬克　222
マルセイユ　馬耳塞　225
まるたんぼう　丸太棒　007
まるまげ　丸髷　007
まれ　稀［希］　053 144
マレー　馬来　225
まろやか　円やか　018
まわる　廻る［回る］　056
まんえん　蔓延　088
マンガン　満俺　222
まんかんしょく　満艦飾　078
まんげきょう　万華鏡　005
まんこう　満腔［まんくう］　078
まんじどもえ　卍巴　026
まんじゅう　饅頭　189
まんじゅしゃげ　漫珠沙華　215
まんしんそうい　満身創痍　204
まんだら　曼陀羅［曼荼羅］　106
まんぼう　翻車魚　208
まんま　飯　189
まんまく　幔幕　054

❖み

み　巳　053
み　箕　149
みいだす　見出す　163
ミイラ　木乃伊　222
みいる　魅入る［見入る］　193
みえ　見栄　163
みえ　見得　163
みお　水脈［澪］　123
みおつくし　澪標　080
みがきにしん　身欠鰊　173
みがく　研く［磨く］　142
みかど　帝［御門］　054 061
みかわのくに　三河国　218
みかん　蜜柑　213
みぎり　砌　142
みぎわ　水際［汀］　073 123
みくだりはん　三行半［三下半］　005
みくびる　見縊る　163
みぐるみ　身包み　173
みけん　眉間　139
みこ　巫女［神子］　053 132
みこ　皇子［御子］　138
みこ　皇女［御子］　138
みこし　神輿［御輿］　061 132
みごしらえ　身拵え　173
みごたえ　見応え　163
みこと　命［尊］　032 048
みごと　美事［見事］　157
みことのり　勅［詔］　023
みごなし　身熟し　173
みごもる　身籠る　173
ミサ　弥撒　222
みさき　崎［岬］　052

みさご　鶚　207
みしょう　実生　046
みじろぎ　身動ぎ　174
みじん　微塵　062
みじんこ　微塵子　[水蚤]　211
みす　御簾　061
みずおち　鳩尾　[みぞおち]　194
みずかき　蹼　[水掻き]　173
みずがき　瑞垣　131
みずかさ　水嵩　123
みずごけ　水蘚　[水苔・水松]　217
みずこぼし　水翻し　123
みずごり　水垢離　123
みずすまし　水澄　210
みずっぱな　水っ洟　123
みずてん　不見転　006
みずなぎどり　水薙鳥　207
みずのえ　壬　039
みずのと　癸　137
みずはけ　水捌け　123
みずぶくれ　水脹れ　123
みずほのくに　瑞穂国　131
みすぼらしい　見窄らしい　163
みずみずしい　瑞瑞しい　131
みせ　見世　[店]　163
みそ　味噌　032
みぞう　未曽有　114
みそか　三十日　[晦日]　005 106
みそぎ　禊ぎ　144
みそさざい　鷦鷯　[三十三才・溝三歳]　207
みそじ　三十路　[三十]　005
みそひともじ　三十一文字　005
みぞれ　霙　184
みだしなみ　身嗜み　174
みたす　充たす　[満たす]　016
みたま　御霊　[御魂]　061
みだら　淫ら　[猥ら]　076 083
みたらし　御手洗　[みたらい]　061
みだりに　妄りに　[濫りに・猥りに]　043 081 083
みち　路　[道・途]　091 172
みちしるべ　道標　092
みちのく　陸奥　219
みちのり　道程　092
みちる　充ちる　[満ちる]　016
みつ　蜜　161
みづく　水漬く　123
みつげつ　蜜月　161
みつどもえ　三つ巴　005
みつまた　三椏　213
みてくれ　見て呉れ　163
みとがめる　見咎める　164
みどり　翠　[緑]　157
みとる　看取る　139
みとれる　見蕩れる　[見惚れる]　164
みなぎる　漲る　079
みなしご　孤児　045
みなす　見做す　[看做す]　139 164
みなづき　水無月　123
みなと　湊　[港]　078
みなり　身形　174
みなれる　見馴れる　[見慣れる]　164
みにくい　見悪い　[見難い]　164
みね　嶺　[峰]　052
みの　蓑　087
みのがす　見遁す　[見逃す]　164
みのしろきん　身代金　174
みのたけ　身の丈　[身の長]　174
みののくに　美濃国　218
みのむし　蓑虫　210
みのる　稔る　[実る]　145
みはる　瞠る　[見張る]　141
みはるかす　見晴かす　164
みびいき　身贔屓　174
みまがう　見紛う　[みまごう]　164
みまさかのくに　美作国　218
みみざとい　耳聡い　158
みみず　蚯蚓　211
みみずく　木菟　[角鴟]　207
みみたぶ　耳朶　[じだ]　158
みみだれ　耳漏　[耳垂れ]　158
みみわ　耳環　[耳輪]　158
みめ　眉目　[見目]　139

みもと　身許［身元］　174
みゃくはく　脈搏［脈拍］　110
みやげ　土産　037
みやびやか　雅やか　183
みやま　深山　077
みやる　見遣る　164
みゆき　深雪　077
みょうが　冥加　018
みょうが　茗荷　217
みょうじ　苗字［名字］　084
みょうだい　名代　030
みようみまね　見様見真似　164
みょうり　冥利　019
みよし　舳［船首］　160
みらいえいごう　未来永劫　204
ミラノ　未蘭　225
ミリグラム　瓱　222
ミリメートル　粍　222
みりん　味醂　032
みる　看る　139
みる　観る［見る・視る］　164
みる　診る　166
みる　海松［水松］　217
みるがい　海松貝［みるくい］［水松貝］　211
みろくぼさつ　弥勒菩薩　057
みんちょうたい　明朝体　106

❖む

むいとしょく　無為徒食　204
むかご　零余子［ぬかご］　215
むかしかたぎ　昔気質　105
むかで　百足［蜈蚣］　211
むく　剝く　023
むく　無垢　128
むくいぬ　尨犬　049
むくいる　酬いる［報いる］　176
むくげ　槿［木槿］　213
むくどり　椋鳥　207
むくのき　椋の木　213
むくみ　浮腫　076
むぐら　葎　215
むくれる　剝れる　023
むくろ　軀［骸］　174　191
むくろじ　無患子　213
むげに　無下に　128
むこ　無辜　128
むこ　聟［婿］　158
むごい　惨い［酷い］　063　176
むこうずね　向う脛　030
むごたらしい　惨たらしい［酷たらしい］　063
むささび　鼯鼠［ももんが］　205
むさしのくに　武蔵国　218
むさぼる　貪る　170
むざん　無惨［無残・無慚］　128
むしけら　虫螻　161
むしず　虫唾［虫酸］　161
むじな　狢［貉］　205
むじなも　貉藻　217
むしばむ　蝕む［虫食む］　161
むしゃぶるい　武者震い　121
むじゅんどうちゃく　矛盾撞着　204
むしよけ　虫除け　161
むしる　毟る［挘る］　068　122
むしろ　寧ろ　048
むしろ　筵［蓆・莚］　086　087　149
むす　生す［産す］　133
むずかる　憤る［むつかる］　064
むすこ　息子　097
むせぶ　噎ぶ［咽ぶ］　032　035
むせる　噎せる　035
むそじ　六十路［六十］　017
むだ　徒［無駄］　059
むだぐち　徒口［無駄口］　060
むだぼね　徒骨［無駄骨］　060
むち　鞭［笞］　149　185
むちもうまい　無知蒙昧　204
むつ　鯥　208
むつき　睦月　140
むつごと　睦言　140
むつごろう　鯥五郎　208
むつのくに　陸奥国　217
むつまじい　睦まじい　140

むとんちゃく　無頓着［むとんじゃく］　128
むなぐら　胸座［胸倉］　110
むなしい　虚しい［空しい］　145 161
むなびれ　胸鰭　110
むね　宗［旨］　046
むべなるかな　宜なるかな［うべなるかな］　046
むやみ　無闇［無暗］　128
むら　斑　103
むらがる　叢る［群がる］　028
むらくも　叢雲［群雲］　028
むらさめ　村雨［叢雨］　028 114

❖め

め　眼［目］　140
めあわせる　妻合わせる［娶せる］　043 044
めい　姪　044
めいさつ　名刹　030
めいしゃ　眼医者［目医者］　140
めいせき　明晰　106
めいそう　冥想［瞑想］　019 140
めいてい　酩酊　176
めいど　冥途［冥土］　019
めいぼうこうし　明眸皓歯　204
めいもく　瞑目　140
めいりょう　明瞭　106
めいる　滅入る　079
めうし　牝牛［雌牛］　129
メートル　米［米突］　222
めおと　夫婦［みょうと］　041
めかけ　妾　043
めかす　粧す　151
めがね　眼鏡　140
めがわら　牝瓦［女瓦］　129
メキシコ　墨西哥　225
めくそ　目屎［目糞］　138
めくばせ　眴［目配せ］　140
めぐむ　萌む［芽ぐむ］　086
めくる　捲る　069
めぐる　回る［巡る・廻る］　036 056
めくるめく　目眩く　138
めげる　負げる　169
めこぼし　目溢し　138
めさき　目前［目先］　138
めざとい　目敏い［目聡い］　139
めしびつ　飯櫃　189
めしべ　雌蕊　183
めじろ　目白［繡眼児］　207
めす　牝［雌］　129
めちゃくちゃ　滅茶苦茶［目茶苦茶］　079
メッカ　墨加　225
めっき　鍍金［ときん］［滅金］　180
めっそう　滅相　079
めったやたら　滅多矢鱈　079
めて　馬手［右手］　029 190
めでたい　芽出度い［目出度い］　084 139
めでる　愛でる　098
めど　目処［目途］　139
めど　針孔　177
めとる　娶る　044
めなだ　赤目魚［眼奈太］　208
めのう　瑪瑙　131
めはし　目端　139
めばち　眼撥　208
めばる　眼張　209
めびな　女雛　042
めまい　目眩［眩暈］　139 140
めまぐるしい　目紛しい　139
めめしい　女女しい　042
めもと　目許［目元］　139
めやに　目脂　139
メリケン　米利堅　222
めりこむ　減り込む　078
めりはり　減張［乙張］　007 078
メリヤス　莫大小　222
めん　麺　177
めんか　棉花［綿花］　118
めんくらう　面喰う　185
めんこ　面子　185
めんたいこ　明太子　106
めんちょう　面疔　185

メンツ　面子　222
めんてい　面体　185
めんどり　雌鳥　183
めんば　面罵　185
めんぼく　面目　185
メンマ　麺媽　222
めんよう　面妖　185

❖も

もうかる　儲かる　016
もうきんるい　猛禽類　082
もうげん　妄言［ぼうげん］　043
もうじゃ　亡者　009
もうしゅう　妄執　043
もうせん　毛氈　122
もうせんごけ　毛氈苔　217
もうそうちく　孟宗竹　215
もうでる　詣でる　166
もうぼさんせん　孟母三遷　204
もうもう　濛濛［朦朦］　081 109
モールス　莫爾斯　222
もうろう　朦朧　109
もうろく　耄碌　158
もえぎいろ　萌葱色［萌黄色］　086
もえさし　燃え止し［燃え差し］　126
もえる　萌える　086
もがく　踠く　172
もぎる　捥る　070
もぐさ　艾　083
もくせい　木犀　213
もくとう　黙禱　195
もくよく　沐浴　074
もぐら　土竜　205
もくれん　木蓮［木蘭］　213
もくろみ　目論見　139
もさ　猛者　082
もしも　若しも　084
もじる　捩る　070
もず　鵙［百舌］　207
もずく　水雲［海雲・海蘊］　217
モスクワ　莫斯科　225
もすそ　裳裾　163
もだえる　悶える　098
もたげる　擡げる　072
もだす　黙す　195
もたらす　齎す　185
もたれる　凭れる　020
もち　糯　152
もち　餅　189
もち　黐　196
もちづき　望月　108
もちのき　黐の木　214
もちろん　勿論　024
もっけ　勿怪［物怪］　024 130
もっこ　畚　134
もっこく　木斛［厚皮香］　214
もっしょくし　没食子　073
もったいない　勿体無い　024
もって　以て　010
もっとも　尤も　049
もつれる　縺れる　156
もてあそぶ　玩ぶ［弄ぶ］　056 130
もてはやす　持て囃す　068
もと　許［元］　165
もどき　擬　072
もとより　固より［素より］　037 153
もとる　悖る　063
もなか　最中　108
もぬけのから　蛻の殻　161
ものうい　懶い［物憂い］　065
ものおじ　物怖じ　130
ものぐさ　物臭［懶］　065 130
ものしり　物識り［物知り］　130
ものすごい　物凄い　130
もののけ　物の怪　130
もののふ　武士　121
もはや　最早　108
もみ　籾　151
もみ　樅　214
もみあげ　揉上げ　070
もみじ　紅葉［黄葉］　152
もみじ　黄葉［紅葉］　195
もむ　揉む　070
もめごと　揉め事　070

もめん　木綿　113
もも　股［腿］　109 112
ももとせ　百歳［百年］　137
もや　靄　184
もやう　舫う　160
もやし　萌やし　086
もよい　催　015
もらう　貰う　170
もり　杜［森］　114
もり　銛　178
もれる　洩れる［漏れる］　075
もろい　脆い　110
もろこし　唐土［唐］　032
もろざし　双差し［両差し・諸差し］　028
モロッコ　摩洛哥　225
もろて　諸手［両手］　167
もろは　両刃［諸刃］　006
もろはだ　諸肌［諸膚］　167
もろはのつるぎ　諸刃之剣　204
もろみ　醪［諸味］　176
もろもろ　諸諸　167
もんごういか　紋甲烏賊　211
もんじゅ　文殊　103
もんちゃく　悶着　098
もんどりうつ　翻筋斗打つ　157
モントリオール　門土里留　225
もんめ　匁　024
もんもん　悶悶　098

❖や

ヤード　碼　222
やいと　灸　124
やいば　刃　021
やおちょう　八百長　017
やおよろず　八百万　017
やかた　館［屋形］　189
やがて　軈て　174
やかましい　喧しい　033
やから　族　104
やから　輩　174
やかん　薬缶　089
やぎ　山羊［野羊］　205
やぎひげ　山羊鬚　051
やきん　冶金　019
やきん　野禽　177
やく　妬く　044
やくさつ　扼殺　066
やくじ　薬餌　089
やくたい　益体　138
やくよけ　厄除け　027
やぐら　櫓　120
やくろう　薬籠　089
やけ　自棄　159
やけど　火傷　124
やけぼっくい　焼木杭［焼棒杭］　125
やげん　薬研　089
やご　水蠆　210
やさおとこ　優男　016
やさがし　家捜し［家探し］　047
やさかにのまがたま　八尺瓊勾玉　017
やし　香具師［野師］　190
やし　椰子　214
やじ　野次［弥次］　057 177
やしき　邸［屋敷］　093
やしゃ　夜叉　040
やしゃご　玄孫　132
やじり　鏃［矢尻］　180
やすい　廉い［安い］　056
やすい　易い　105
やすで　馬陸　211
やすやす　易易　105
やすり　鑢　180
やせる　痩せる［瘠せる］　136 137
やそじ　八十路［八十］　017
やたのかがみ　八咫鏡　017
やたら　矢鱈　141
やち　谷［やつ］［谷地］　169
やつ　奴　042
やっかい　厄介　027
やつがれ　僕　015
やつぎばや　矢継ぎ早　141
やっきょう　薬莢　089

やっこ 奴 042
やつす 俏す［窶す］ 013 146
やっつける 遣っ付ける 092
やっとこ 鋏 178
やつれる 窶れる 146
やとう 傭う［雇う］ 015
やどかり 宿借［寄居虫］ 211
やな 梁［簗］ 117 150
やに 脂 110
やにわに 矢庭に 141
やのあさって 弥の明後日 057
やひ 野鄙［野卑］ 177
やぶ 藪 089
やぶさか 吝か 031
やぶさめ 流鏑馬 076
やぶにらみ 藪睨み 089
やぶへび 藪蛇 089
やぼ 野暮 177
やまあい 山間 051
やまあらし 豪猪［山荒］ 206
やまおろし 山颪 051
やまかがし 山楝蛇［赤楝蛇］ 211
やまがそだち 山家育ち 051
やまがら 山雀 207
やまかん 山勘 051
やましい 疚しい［疾しい］ 135
やましろのくに 山城国 218
やまたいこく 邪馬台国［やばたいこく］ 219
やまたのおろち 八岐大蛇 211
やまとだましい 大和魂 041
やまとのくに 大和国 218
やまなり 山形 051
やまね 冬眠鼠 206
やまのいも 薯蕷［山芋］ 217
やまびこ 山彦 051
やまひだ 山襞 051
やまぼこ 山鉾 051
やまめ 山女 209
やまんば 山姥 051
やみ 闇 182
やみくも 闇雲 182
やむ 已む 053
やめる 止める 120
やめる 罷める［辞める］ 147
やもめ 鰥夫［寡男］ 193
やもり 守宮［家守・壁虎］ 211
やや 稍 144
ややもすれば 動もすれば 024
やゆ 揶揄 070
やよい 弥生 057
やり 槍［鎗・鑓］ 118 180
やりくり 遣り繰り 092
やる 遣る 093
やるせない 遣る瀬無い 093
やろうじだい 夜郎自大 204
やわ 柔 116
やわら 柔 116
やんごとない 止事無い 120
やんぬるかな 已んぬる哉 053
やんま 蜻蜓 210

❖ゆ

ゆあか 湯垢 078
ゆあたり 湯中り 078
ゆあみ 湯浴み 078
ゆいのう 結納 154
ゆううつ 憂鬱 099
ゆうえん 優婉［優艶］ 016
ゆうかく 遊廓［遊郭］ 092
ゆうぎ 友誼 028
ゆうきりんりん 勇気凜凜 204
ゆうげ 夕餉 040
ゆうこん 雄渾 182
ゆうしゅつ 湧出［ようしゅつ］［涌出］ 076 078
ゆうじょ 宥恕 046
ゆうずうむげ 融通無碍 204
ゆうぜん 油然 074
ゆうそくこじつ 有職故実 204
ゆうとう 遊蕩 092
ゆうなぎ 夕凪 040

ゆうひつ　右筆［祐筆］　029 132
ゆうべ　昨夜　106
ゆうまぐれ　夕間暮れ　040
ゆうやく　釉薬　176
ゆうよ　猶予　083
ユーラシア　欧亜　226
ゆえん　所以　100
ゆかた　浴衣　076
ゆがむ　歪む　121
ゆかり　縁［所縁］　100 155
ゆかん　湯灌　078
ゆき　裄　147
ゆきげ　雪消　183
ゆきどけ　雪融け［雪解け］　183
ゆきもよい　雪催い　183
ゆくえ　行方　058
ゆさん　遊山　092
ゆず　柚子［柚］　214
ゆすぐ　濯ぐ　081
ゆすらうめ　桜桃［梅桃］　214
ゆする　強請る　057

ゆせい　油井　075
ゆだねる　委ねる　043
ユダヤ　猶太　222
ゆたんぽ　湯湯婆　078
ゆとうよみ　湯桶読み　078
ゆな　湯女　078
ゆのし　湯熨　078
ゆはず　弓筈　057
ゆばり　尿　050
ゆぶね　湯槽［湯船］　078
ゆべし　柚餅子　116
ゆみなり　弓形　057
ゆめうつつ　夢現　040
ゆめうら　夢占　040
ゆめまぼろし　夢幻　040
ゆめゆめ　努努　023
ゆゆしい　忌忌しい［由由しい］　096
ゆり　百合　216
ゆりかご　揺籃［揺籠］　070
ゆりかもめ　百合鷗　207
ゆるがせ　忽せ　096

ゆるす　赦す［許す］　171
ゆるむ　弛む［緩む］　057
ゆわえる　結える　154
ゆんで　左手［弓手］　052 057

❖よ

よい　佳い［良い・善い・好い］　012
よいんじょうじょう　余韻嫋嫋　204
ようえん　妖艶　043
ようおん　拗音　066
ヨーガ　瑜伽　223
ようかい　妖怪　043
ようかい　容喙　047
ようかん　羊羹　156
ようがん　熔岩［溶岩］　125
ようさい　要塞　163
ようじ　楊枝［楊子］　118
ようしゃ　用捨［容赦］　133
ようせつ　夭折　042
ようだい　容体［容態］　047
ようたし　用達［用足し］　133

ようつい　腰椎　112
ようてい　要諦［ようたい］　163
ようとうくにく　羊頭狗肉　204
ようとして　杳として　115
ヨードチンキ　沃度丁幾　223
ようへい　傭兵　015
ようぼう　容貌　047
ようぼうかいい　容貌魁偉　204
ようやく　漸く　079
ようよう　漸う　079
ようらん　揺籃　070
ヨーロッパ　欧羅巴　226
よぎない　余儀無い　012
よぎる　過る　092
よくする　能くする　110
よくや　沃野　074
よける　避ける［除ける］　093 094
よこいと　緯糸［ぬきいと］　155
よこしま　邪　093
よこす　寄越す［遣す］　047 093
よごと　夜毎　040

よこれんぼ　横恋慕　119
よしきり　葦切　207
よしず　葭簀［葦簀］　087
よじのぼる　攀じ登る　101
よしみ　誼［好］　043 167
よじれる　捩れる　070
よじん　余燼　012
よしんば　縦んば　155
よす　止す［廃す］　056 120
よすが　縁［便］　013 155
よせ　寄席　047
よそ　余所［他所］　010 012
よそう　装う　163
よそじ　四十路［四十］　036
よだつ　弥立つ　057
よたもの　与太者　005
よだれ　涎　076
よったり　四人　036
よって　因って［依って・仍って］　009 012 036
ヨット　快走艇　223

よとぎ　夜伽　040
よどむ　淀む［澱む］　077 080
よなきそば　夜啼蕎麦　040
よなべ　夜業［夜鍋］　040
よぼう　輿望　174
よまいごと　世迷い言　006
よみがえる　甦る［蘇る］　089 133
よみする　嘉する　034
よみのくに　黄泉の国　195
よむ　詠む　165
よむ　訓む［読む］　165
よもぎ　蓬［艾］　216
よもすがら　終夜　154
よもやまばなし　四方山話　204
よゆうしゃくしゃく　余裕綽綽　204
より　撚り［縒り］　071
より　自　159
よりかかる　凭り掛かる　020
よりしろ　依代　012
よりより　度度　056
よる　依る　012

よる　因る［縁る・由る］　036 134 155
よる　拠る　067
よる　縒る［撚る］　071 155
よる　選る　093
よるべ　寄る辺　047
よろい　鎧［甲］　134 180
よろく　余禄　012
よろこぶ　悦ぶ［喜ぶ・慶ぶ］　063 099
よろしく　宜しく　046
よろず　万　005
よろめく　蹌踉めく　173
よろん　輿論［世論］　174
よわ　夜半　040
よわい　齢　196
よんどころない　拠所無い　067

❖ら

ら　等　149
ラーメン　拉麺　223
ラーユ　辣油　223
らいらく　磊落　143

ラオチュウ　老酒　223
らくいん　烙印　124
らくがん　落雁　087
らくごしゃ　落伍者　087
らくだ　駱駝　206
らくはく　落剝　087
らくはく　落魄　087
ラサ　拉薩　226
ラシャ　羅紗　223
らせん　螺旋　162
らち　埒　038
らち　拉致［らっち］　067
らちがい　埒外　038
らっきょう　辣韮［薤］　217
らっこ　猟虎［海獺・海猟］　206
らっぱ　喇叭　034
らつわん　辣腕　175
ラテン　羅甸［拉丁］　223
らでん　螺鈿　162
らば　騾馬　206
ラプソディー　狂詩曲［狂想曲］　223

らほつ　螺髪　162
ラマきょう　喇嘛教　223
らん　蘭　216
ラングーン　蘭貢　226
らんじゅく　爛熟　126
らんしょう　濫觴　081
らんだ　懶惰［らいだ］　065
らんちきさわぎ　乱痴気騒ぎ　007
らんちゅう　蘭鋳　209
ランプ　洋灯　223
らんまん　爛漫　126
らんらん　爛爛　126

❖り

りえん　梨園　117
りかかでん　李下瓜田　204
りかん　罹患　147
りくつ　理窟［理屈］　131
りげん　俚諺　013
りさい　罹災　147
りざや　利鞘　022
りす　栗鼠　206
りちぎ　律儀［律義］　059
りっすい　立錐　146
りつぜん　慄然　064
リットル　立　223
リビア　利比亜　226
りゃくだつ　掠奪［略奪］　070
りゅういん　溜飲　079
りゅうきゅう　琉球　219
りゅうきん　琉金　209
りゅうげんひご　流言蜚語［飛語］　204
りゅうちょう　流暢　076
りゅうとうだび　竜頭蛇尾　204
りゅうび　柳眉　116
りゅうりゅうしんく　粒粒辛苦　204
りょうが　凌駕［陵駕］　019 095
りょうかい　諒解［了解］　167
りょうけん　料簡［了見］　103
りょうげんのひ　燎原之火　204
りょうしゅう　領袖　187
りょうしょう　諒承［了承］　167
りょうじょく　凌辱［陵辱］　019
りょうせいるい　両棲類［両生類］　006
りょうせん　稜線　145
りょうてんびん　両天秤　006
りょりょく　膂力　112
りりしい　凛凛しい　019
りん　燐　126
りんう　霖雨　184
りんき　悋気　063
りんぎ　稟議［ひんぎ］　145
りんけい　鱗茎　193
りんご　林檎　214
りんず　綸子　155
りんどう　竜胆　216
りんねてんしょう　輪廻転生　204
リンパ　淋巴　223
りんびょう　淋病［痳病］　077

❖る

るいせん　涙腺　076
るいらんのき　累卵之危　204
ルーブル　留　223
ルーマニア　羅馬尼亜　226
ルソン　呂宋　226
るつぼ　坩堝　037
ルビー　紅玉　223
ルピー　留比　223
るり　瑠璃　131
るる　縷縷　156

❖れ

れいあんぽう　冷罨法　019
れいきゅうしゃ　霊柩車　184
れいびょう　霊廟　184
れいめい　黎明　196
れいり　怜悧　063
れいろう　玲瓏　130
れきし　轢死　175

れきせいたん 瀝青炭 081
れきど 礫土 143
れっきとした 歴とした 121
れっぱく 裂帛 163
レモン 檸檬 214
れんが 連歌 091
れんが 煉瓦 125
れんぎょう 連翹 214
れんけい 連繫 091
れんげそう 蓮華草 216
れんごく 煉獄 125
れんたん 煉炭 [練炭] 125
れんびん 憐憫 [憐愍] 064

❖ろ

ろ 艪 [櫓] 120 160
ろう 蠟 162
ろうあ 聾啞 159
ろうえい 漏洩 080
ろうかい 老獪 158
ろうがい 労咳 023
ろうきゅう 籠球 150
ろうく 老軀 158
ろうけち 臈纈 [ろうけつ] 113
ろうこ 牢固 129
ろうごく 牢獄 129
ろうしゅう 陋習 094
ろうじょう 籠城 151
ろうする 弄する 056
ろうする 聾する 159
ろうぜき 狼藉 082
ろうそく 蠟燭 162
ろうたける 臈長ける 113
ロートル 老頭児 223
ろうにゃくなんにょ 老若男女 204
ろうばい 狼狽 082
ローマ 羅馬 226
ろうや 老爺 158
ろうらく 籠絡 151
ろか 濾過 081
ろくしょう 緑青 155
ろくでなし 碌でなし 143
ろくに 陸に [碌に] 095 143
ろくまくえん 肋膜炎 109
ろくろ 轆轤 175
ろくろく 陸陸 [碌碌] 095 143
ろくろっくび 轆轤首 175
ロサンゼルス 羅府 226
ロシア 露西亜 [魯西亜] 226
ろっこんしょうじょう 六根清浄 204
ろどん 魯鈍 193
ろば 驢馬 206
ロマンチック 浪漫的 223
ろれつ 呂律 031
ロンドン 倫敦 226
ろんばく 論駁 167

❖わ

わ 環 [輪] 131
わ 羽 157
わ 倭 219
わいきょく 歪曲 121
わいく 矮軀 141
わいしょう 矮小 141
わいせつ 猥褻 083
わいだん 猥談 083
わいろ 賄賂 170
わが 吾 [我] 030
わかさぎ 公魚 [若鷺・鰙] 209
わかさのくに 若狭国 218
わかつ 別つ [分かつ] 021
わがはい 吾輩 [我輩] 030
わがまま 我儘 099
わかめ 若布 [和布・稚海藻・裙帯菜] 217
わからずや 没分暁漢 074
わかる 判る [分かる・解る] 021 164
わき 脇 [傍・側] 014 015 110
わき 腋 [脇] 111
わきあいあい 和気藹藹 204
わきが 狐臭 [腋臭] 081 111
わきまえる 弁える 056
わきみず 湧き水 [涌き水] 076 078
わく 湧く [涌く] 076 078

わくでき　惑溺　098
わくらば　病葉　136
わけぎ　分葱　[冬葱]　217
わける　頒ける　[分ける]　186
わける　別ける　[分ける]　021
わこうど　若人　084
わごん　和琴　032
わざと　態と　099
わさび　山葵　217
わざわい　禍　[災い]　132
わざわざ　態態　099
わし　儂　016
わし　鷲　207
ワシントン　華盛頓　[華府]　226
わずか　僅か　015
わすれなぐさ　勿忘草　216
わせ　早稲　105
わせ　早生　105
わた　腸　112
わだかまり　蟠り　162
わたし　私　[あたし]　144
わだち　轍　175
わだつみ　海神　[わたつみ]　075
わたる　亘る　[渡る・亙る]　008
わたる　渉る　[渡る]　077
わとじ　和綴　032
わな　罠　147
わななく　戦慄く　100
わに　鰐　211
わび　侘　[佗]　013
わびちゃ　侘茶　013
わびる　詫びる　166
わめく　喚く　033
わら　藁　089
わらいぐさ　笑い種　148
わらう　嗤う　[笑う]　034
わらぐつ　藁沓　[藁履]　089
わらさ　稚鰤　209
わらじ　草鞋　085
わらづと　藁苞　089
わらび　蕨　217
わらぶき　藁葺　089
わりご　破籠　[破子]　142
わりした　割下　023
わりない　理無い　[別無い]　021　131
わりばし　割箸　023
わるあがき　悪足掻き　098
われ　吾　[我]　030
われがね　破鐘　142
われめ　破れ目　[割れ目]　142
われもこう　吾亦紅　[吾木紅・地楡]　216
わん　椀　118
わん　碗　[埦]　143
わんきょく　彎曲　[湾曲]　058
ワンタン　餛飩　[雲呑]　223

読んで楽しむ当て字・難読語の辞典

二〇一一年六月二〇日　初版印刷
二〇一一年七月　五　日　初版発行

編　者　東京堂出版編集部

発行者　松林孝至

発行所　株式会社東京堂出版
〒一〇一-〇〇五一
東京都千代田区神田神保町一-一七
電話〇三-三二三三-三七四一
振替〇〇一三〇-七-二七〇
http://www.tokyodoshuppan.com/

印刷・製本　東京リスマチック株式会社
ISBN978-4-490-10802-6　C1581